U0940755

广东法院年鉴

2010

广东省高级人民法院编

廣東省出版集團
广东人民出版社
·广州·

图书在版编目（CIP）数据

广东法院年鉴·2010／广东省高级人民法院编. —广州：广东人民出版社，2011.11

ISBN 978-7-218-07361-3

Ⅰ. ①广… Ⅱ. ①广… Ⅲ. ①法院-广东省-2010-年鉴 Ⅳ. D926.22-54

中国版本图书馆 CIP 数据核字（2011）第 222790 号

广东法院年鉴·2010

广东省高级人民法院编

版权所有 翻印必究

出 版 人：金炳亮

责任编辑：肖风华
封面设计：邓秋萍
责任技编：黎碧霞

出版发行：广东人民出版社
地　　址：广州市大沙头四马路 10 号（邮政编码：510102）
电　　话：（020）83798714（总编室）
传　　真：（020）83780199
网　　址：http：//www. gdpph. com
印　　刷：广州市官侨彩印有限公司
书　　号：ISBN 978-7-218-07361-3
开　　本：889 毫米×1194 毫米　1/16
印　　张：24.5　　**字数**：930 千
版　　次：2011 年 11 月第 1 版　2011 年 11 月第 1 次印刷
定　　价：158.00 元

如发现印装质量问题，影响阅读，请与出版社（020-83795749）联系调换。
售书热线：（020）83790604　83791487　　**邮购**：（020）83781421

出版说明

《广东法院年鉴》是由广东省高级人民法院编辑出版的年刊，自1998年开始编印，2004年开始公开出版。它旨在全面、系统地反映全省法院开展审判和执行工作、深化法院改革、加强队伍建设和物质装备建设等方面的基本情况，为社会各界了解法院工作提供基本资料。《广东法院年鉴》的编辑出版，是整理固定我省历史司法资料、促进法院审判工作不断发展的需要，是全省各级人民法院交流经验、了解信息的需要，是对外宣传法院工作成效、展示法院风采的重要窗口，也是我省乃至我国司法建设的重要组成部分。它具有资料性、宣传性和实用性。

《广东法院年鉴》2010年刊的编写体例、风格和形式沿用2009年刊的模式，坚持图文并茂。在内容方面，更加注重其宣传性、可读性和精练性，对重大案例、重要会议（包括领导讲话）等方面的内容，采取简介或综述的形式，不再全文刊登，部分内容也作了适当调整。全书共分四编十三章。第一编《重要批示与领导讲话》，主要通过文字、图片等形式，简要介绍中央、省委、省人大和最高人民法院等领导视察我省法院工作的情况和所作的重要讲话，以及重要领导批示。第二编《全省法院工作》，全面反映全省法院2010年各项工作的基本情况，突出反映法院各项工作所取得的整体成效，重点介绍全省法院在审判、执行、改革、基层建设、队伍建设和物质装备建设等方面的突出成效及主要做法。第三编《省法院工作》，集中反映省法院各项工作的基本情况，重点反映省法院各项工作取得的成效，简要介绍省法院各部门工作的基本情况和全省法院重大会议、重大活动、重大案例及重要文件，附有2011年1月省法院向省人大所作的工作报告、省法院领导及各部门领导名录。第四编《各中级法院工作》，主要以图片和文字形式分地区反映各中院及部分基层法院工作的基本情况、法官的精神风貌及所取得的突出成绩，附有全省各中级法院和基层法院院长名录，以及截至2010年底的全省人民法庭名录。

本年鉴在编辑出版过程中，得到了省法院各位院领导、各部门及各中级法院的关心和支持，得到了广东人民出版社的支持和协助，谨在此表示感谢！本书疏漏和不当之处，敬请批评指正。

《广东法院年鉴》编纂委员会

主　任： 郑　鄂

副主任： 陈华杰　凌祁漫　李毅峰　刘恒军　徐春建　霍　敏
谭　玲　洪适权　贾永庆　聂式恢　许佩华

委　员： （以姓氏笔画为序）
万国营　王海清　田凤云　刘年夫　刘曙光
江基云　伍建昌　吴树坚　陈　孙　陈文毓
陈陟云　陈铸谋　李华楠　何碧霞　杨宗仁
林　平　林建辉　林仰平　钟勇生　敖广恩
黄　雄　黄炯猛　潘　墀

古锡麟　刘春龙　陈佩霞　赵　军　宾毅成
黄木深　谢文练

丁海湖　卫俊儒　邓　忠　王在魁　王　静
付洪林　刘思彬　任宗理　朱可胜　杨　铭
邱　丹　邱文宽　陈　冰　陈　超　陈友强
陈东茹　陈润霖　李平昌　李忠铭　沈国强
林广海　林秀雄　林宏坚　罗少雄　周　玲
周定挺　郑岳龙　胡志超　施　适　黄建屏
廖万春　廖炳新　熊正良　戴佛明

《广东法院年鉴》编辑人员

主　编： 谭　玲
副主编： 任宗理　费汉定
编　辑： 王彩妃　李　季　赖晓风
统　计： 梁春祥　雷越峰　黄海锭
美　编： 邓秋萍
翻　译： 屈　伸
摄　影： 赵　华　刘晓哲等

目录

Contents

Part One Important Instructions and Speeches by Leaders

Part Two Work in the Courts of the Whole Province

第一编

重要批示与领导讲话

▲12月26—27日，最高法院党组副书记、副院长张军出席在广东佛山召开的中国审判理论研究会刑事审判理论专业委员会年会。

▲1月5—6日，最高法院副院长万鄂湘出席在广东法官（培训）学院举行的全国第二十一届学术讨论会。

▲10月21—23日，最高法院副院长江必新出席最高法院在广东召开的全国法院“执行工作两项活动”汇报会暨能动执行工作现场会。

▲12月8日，最高法院政治部主任周泽民出席最高法院、中共广东省委在潮州联合召开的追授张林武同志“全国模范法官”、“人民的好法官”荣誉称号大会。

▲8月23日，广东省人大常委会主任欧广源出席省法院举行的“廉政宣誓”仪式。

▲1月27日，广东省委常委、政法委书记梁伟发出席广东省高级人民法院建院六十周年庆祝大会。

▲9月28日，广东省人大常委会副主任陈小川出席由省法院、省依法治省办、省政府法制办联合召开的广东省纪念行政诉讼法实施二十周年座谈会暨表彰大会。

▲1月27日，广东省政协副主席、省妇联主席温兰子出席广东省高级人民法院建院六十周年庆祝大会。

重要批示

省委书记汪洋以及最高法院王胜俊院长、沈德咏副院长、张军副院长对省法院《广东省高级人民法院关于强化法院工作执行力建设的若干意见》的批示

省委书记汪洋：强化法院工作执行力，问题看得准，工作抓得实，措施的针对性、指导性都很强，希望认真抓好落实，以促进我省法院工作再上新台阶。

最高法院院长王胜俊：广东高院在省委的领导下，工作有很多创新和突破。《关于强化法院工作执行力建设的若干意见（试行）》具有很重要的实践意义和理论意义。贯彻党中央和上级工作部署，既要坚持科学决策，又要提高决策的执行力。强化决策的执行力建设，是推动科学决策，提高司法能力，加强队伍建设，确保各项工作落实的有效载体，是确保审判机关服务大局、执法为民，公正高效司法的重要举措。希望广东高院在实践中认真总结经验，切实抓出成效。请最高人民法院办公厅以适当形式通报各地。

最高法院副院长沈德咏：推进任何工作，都离不开工作主体的决策能力和执行能力。从法院工作而言，执行力应是法院和法官司法能力的有机组成部分。广东高院着眼于提高司法能力，狠抓工作落实，强化法院工作执行力建设，制定下发《关于强化法院工作执行力建设的若干意见（试行）》，新的视角、新的方法、新的抓手，为我们提供了新的启发、新的参照和新的借鉴。建议办公厅全文转发各高级人民法院及军事法院参阅。

最高法院副院长张军：广东高院注重并狠抓执行力建设，是当前切实做好人民法院各项重点工作的关键。《若干意见》明确、具体，针对性、可操作性强。诚望狠抓落实、执行，使广东高院工作再上新台阶。

最高法院王胜俊院长、江必新副院长对省法院实施的主动执行制度改革的批示

最高法院院长王胜俊：广东省高级人民法院实施的主动执行制度改革是坚持能动司法的具体体现，是推进社会管理创新的积极探索，是实现好、维护好人民群众权益的重大举措，有效地增强了执行效率、促进了社会和谐。最高人民法院要高度重视，认真研究这项改革，在实践中进一步完善并大力推开，以更加有效地解决执行难这一社会问题。请必新同志及执行局研阅。

最高法院副院长江必新：请执行局认真学习，落实王院长批示，并以王院长批示为指导准备好广东会议文件，推广好广东高院的经验。

最高法院王胜俊院长对省法院党建工作的批示

最高法院院长王胜俊在《广东法院简报》2010年24期《支部建在法庭，党旗插到基层》上批示：请政治部阅。广东省高院抓党建工作起步早、抓得实、效果好，特别是党的十七届四中全会以来又有新发展、新成效。要认真总结他们的经验，积极推动法院的党建工作。

省委政法委书记梁伟发对省法院《关于为广州亚运会提供司法服务和司法保障的若干意见》的批示

省法院所制订的意见针对性、指导性和操作性很强，请认真贯彻落实，为“平安亚运”作出更大的贡献。

最高法院党组成员、政治部主任周泽民在追授张林武同志“全国模范法官”、“人民的好法官”荣誉称号大会上的讲话

（2010年12月8日）

同志们：

今天，最高人民法院和广东省委联合召开大会，隆重追授张林武同志“全国模范法官”和“人民的好法官”荣誉称号。在此，我代表最高人民法院党组和王胜俊院长，向张林武同志表示深切的怀念和崇高的敬意，向张林武同志的亲属表示亲切的慰问！借此机会，向始终关心和大力支持人民法院工作的广东省各级党委、人大、政府、政协以及政法各单位和社会各界表示衷心的感谢！向广东省法院广大干警表示诚挚的问候！

刚才，梁伟发书记发表了重要讲话，高度评价了张林武同志的先进事迹和崇高精神，充分肯定了广东省法院近年来的工作。近年来，广东省法院系统坚持以邓小平理论和“三个代表”重要思想为指导，深入贯彻落实科学发展观，在广东省各级党委的坚强领导、人大的有效监督和政府、政协的重视支持下，努力践行社会主义法治理念，自觉坚持“党的事业至上、人民利益至上、宪法法律至上”指导思想，紧紧围绕“为大局服务，为人民司法”主题，认真落实“从严治院、公信立院、科技强院”方针，坚持一手抓审判执行，一手抓队伍建设，各项工作都取得了新的业绩，呈现出良好的发展态势，涌现出一大批公正司法、一心为民的优秀法官，有力地树立了人民法院和法官的良好形象。张林武同志就是其中的杰出代表。张林武同志长期坚守在艰苦的基层法庭，几十年如一日，耐得住寂寞，抵得住诱惑，经得住考验，为维护人民群众的利益，积劳成疾，带病工作到生命尽头，做到了“生命不息、战斗不止”，用一颗对党和人民的赤诚之心，谱写了一曲新时期人民法官的壮丽之歌。张林武同志的事迹是平凡的，但在平凡中体现了伟大、铸就了辉煌。我们为拥有这样一位人民的好法官而倍感骄傲。张林武同志的先进事迹，集中体现了共产党员视党和人民利益高于一切的崇高品质，集中体现了人民法官为司法事业鞠躬尽瘁、死而后已的坚定信念。张林武同志与许许多多法院英雄模范人物一样，是全国法院广大干警的骄傲，是人民司法事业的脊梁，为我们树立了光辉榜样，是我们学习的楷模。全国各级法院要学习宣传张林武同志的先进事迹，教育广大干警以张林武同志为榜样，进一步增强政治素质，提高业务能力，改进工作作风，振奋精神，同心同德，不畏艰难，开拓进取，努力创造出无愧于时代、无愧于党和人民的工作业绩。

要通过学习宣传张林武，积极推进创先争优活动，切实加强人民法院党的建设。加强人民法院党的建设，是确保党对人民法院工作领导、全面促进人民法院工作发展的重要保证。今年5月，中央在全党部署开展了创先争优活动，这是新形势下加强党的建设的重要举措，也是法院系统加强党的建设的重要契机。开展创先争优活动，加强党的建设，需要坚持典型引路，这离不开对先进典型的学习宣传。张林武同志始终对党和国家充满忠诚与热爱，对人民群众怀有深厚感情，具有坚定的政治信念和崇高的理想追求。他的先进事迹和崇高精神充分体现了新时期共产党员的先进性，既是人民法院加强党建的重要成果，也是人民法院开展创先争优活动的生动教材。全国各级人民法院要把学习宣传张林武，与开展创先争优活动紧密结合起来，充分利用张林武同志先进事迹和崇高精神的感召力，鼓舞和激励人民法院广大党员干警充分发挥党员先锋作用，争当模范先进，积极建功立业，不断提高人民法院党建工作水平，以党建带队建，以队建促审判，以改革保发展。

要通过学习宣传张林武，不断推进三项重点工作。深入推进社会矛盾化解、社会管理创新、公正廉洁执法三项重点工作，关系改革发展稳定大局，关系党的执政地位巩固，关系国家长治久安，是新时期人民法院肩负的重大政治责任和法律责任，与每一位法院干警的实际工作息息相关。张林武同志忠实履行法官职责，公正廉洁执法，坚持调查研究、提前预防、主动服务，在办案中注重调解、善于调解，成功化解大量社会矛盾纠纷，有力促进社会管理和综合治理，为维护当地社会和谐稳定做出了积极贡献，是推进三项重点工作的杰出楷模。全国各级人民法院要引导广大法院干警以张林武同志为榜样，胸怀大局，恪尽职守，勇挑重担，不断提高自身素质和司法能力，坚持能动司法，遵循“调解优先，调判结合”，积极为推进三项重点工作贡献力量，努力使化解社会矛盾水平有新提高、创新社会管理方法有新进展、公正廉洁执法能力有新进步。

要通过学习宣传张林武，深入开展“人民法官为人民”

主题实践活动。人民法院的司法权源于人民，属于人民，服务人民，受人民监督，实现好、维护好、发展好广大人民群众的根本利益，是人民法院工作的根本出发点和落脚点。开展“人民法官为人民”主题实践活动，正是坚持人民法院人民性的重大举措，也是深化社会主义法治理念教育和“三个至上”指导思想，加强法院队伍建设的一项全局性、长期性任务。张林武同志始终牢记宗旨，心系百姓，服务群众，常常深入田间地头送达、调解、宣传法律知识，想方设法提高案件实际执结率，努力做到“不让走出法庭的当事人心存遗憾”，即使在病重期间依然还想着多办一些案件、多为群众解决一些困难，坚持边治疗边工作，成功办理了132件案件，以自己的实际行动完美地诠释了新时期人民法官为人民的真正内涵，是开展“人民法官为人民”主题实践活动的可贵榜样。全国各级人民法院要采取多种形式，广泛学习宣传张林武，教育广大法院干警要像张林武同志那样，身怀爱民之心，恪守为民之责，力行为民之举，始终把人民群众的利益放在首位，以司法为民、利民、便民的实际行动，回应人民群众的关切和期待，满足人民群众的司法需求，确保主题实践活动取得实效。

要通过学习宣传张林武，大力弘扬司法核心价值观。公正、廉洁、为民的司法核心价值观，是社会主义核心价值体系在司法领域的集中体现，是法院全体干警共同的价值追求，是推进人民司法事业不断前进的强大精神动力。坚持用司法核心价值观统一思想、凝聚人心、引领风尚、弘扬正气，是当前人民法院面临的一项重大任务。张林武同志在实际工作中，恪守法官职业道德和行为规范，坚持公正司法，保持清正廉洁，甘当平民法官，真心实意为老百姓排忧解难，所办理的3700余件案件无一错案，无一被投诉，无一引发上访，是践行司法核心价值观的光辉典范。全国各级人民法院要把学习宣传张林武与大力弘扬司法核心价值观有机结合起来，要求广大干警以张林武同志为榜样，深刻理解、准确把握司法核心价值观的内涵和要求，在认识、认知、认同上下功夫，认真查找自身存在的问题与不足，进一步增强接受教育、查改问题、提高素质的责任感和紧迫感，切实将司法核心价值观渗入思想、融于行动。

张林武同志的先进事迹具有鲜明的时代性，充分彰显了人民司法的人民性，可亲、可敬、可学，是人民法院的宝贵精神财富。希望广东省各级人民法院以这次表彰会为契机，在张林武同志先进事迹的感召下，坚持与时俱进、开拓创新，以更加饱满的精神和更加昂扬的斗志，满怀信心，同心同德，不断谱写人民司法事业的新华章，为夺取全面建设小康社会新胜利作出新的更大的贡献！

最高人民法院党组成员、政治部主任周泽民在广东省法院文化建设工作会议上的讲话

（2010年12月9日）

尊敬的郑鄂院长、华杰副院长、静萍副部长、双福副书记，同志们：

今天，广东法院召开全省法院文化建设工作会议，这是广东法院深入开展争当全国法院排头兵活动、推进文化建设、促进法院工作科学发展的有力举措，具有重要意义。我认为，这次会议将在广东法院建设史上留下浓墨重彩的重要一笔。刚才，郑鄂院长、静萍副部长发表了重要讲话，讲得都非常好，具有很强的指导意义和针对性。会议还隆重举行了第二批全省法院文化建设示范单位授牌仪式，聂式恢主任作了《广东法院文化建设规划2011-2015》（征求意见稿）的说明。我仔细看了《规划》，我对它的评价很高。这份《规划》观念正确，任务明确，措施得力，要求具体，同时还有执行保障，具有可操作性。希望广东法院按照《规划》扎实推进法院文化建设工作。按照《规划》要求，到2015年，各中级法院辖区内示范单位要达到30%以上。到那时，正如静萍副部长刚才提到的"文化强省的春天"一样，广东法院文化建设的春天也就到来了。在此，我代表最高人民法院党组和王胜俊院长，向广东法院文化建设示范单位表示热烈祝贺！向辛勤工作在各自岗位上的广东各级法院干警致以亲切的问候！也借此机会，向始终关心和大力支持人民法院工作的广东省各级党委、人大、政府、政协以及政法各单位和社会各界表示衷心的感谢！

近年来，广东省法院系统坚持以邓小平理论和"三个代表"重要思想为指导，深入贯彻落实科学发展观，在党委的坚强领导、人大的有效监督和政府、政协以及社会各界的重视支持下，努力践行社会主义法治理念，自觉坚持"党的事业至上、人民利益至上、宪法法律至上"指导思想，紧紧围绕"为大局服务，为人民司法"主题，认真落实"从严治院、公信立院、科技强院"方针，团结一致，锐意进取，法院的审判执行工作和队伍建设都取得了新的发展和进步。特别是广东法院近年来以高度的政治责任感和历史使命感，紧密结合工作实际，扎实开展争当全国法院排头兵活动，大力推进法院文化建设，取得了优异成绩，涌现出许多法院文化建设先进单位，为广东省法院工作的科学发展提供了强大的精神动力和智力支持。

今年以来，最高人民法院采取多种措施，不断加大文化建设力度，组织开展了首批全国法院文化建设示范单位评选活动，召开了首次全国法院文化建设工作会议，王胜俊院长在会上发表了重要讲话，对当前和今后一段时期的法院文化建设工作进行了全面部署，会后下发了《关于进一步加强人民法院文化建设的意见》这一重要指导性文件。这些都标志着全国法院文化建设已经步入了一个有统一目标、有明确方向、与人民法院工作科学发展相适应、同进步的全新发展阶段。当前，各地法院正在认真贯彻落实全国法院文化建设工作会议精神和最高法院《意见》要求，积极采取措施，进一步深入推进文化建设。从我们了解到情况看，进展都十分顺利，势头都很好。广东法院文化建设工作抓得很扎实。这次会议的召开，就是在深入调研、认真思考、充分准备的基础上进行，充分体现了广东法院争当全国法院排头兵、加强法院文化建设的力度和决心。刚才，郑鄂院长和静萍副部长，分别就如何加强广东法院文化建设发表了很好的讲话。借此机会，我就进一步深入推进法院文化建设工作，讲六点意见，供大家参考。

一、提高认识，以优秀法院文化作为建设一流法院的重要支撑

建设一流法院必须依靠优秀法院文化作支撑，这是最高法院政治部抓文化建设工作的深切体会。凡是法院文化搞得好的单位，法院和干警的精神面貌、审判执行中心工作、法院的全面建设都是做得好的。凡是出问题的单位，文化建设必定有所欠缺。这里我讲两个层面的问题：一是作为法院的一把手，抓法院文化建设是一项重要职责。法院文化是一种软实力，它渗透到法院工作的方方面面。当前法院面临的形势比较严峻，一方面是审判办案环境比较复杂，另一方面是案多人少局面比较严重。从 2005年到2009年，全国法院案件增加了25%，法官人数仅增加0.5%，人案矛盾比较严重，在广东这样的经济发达地区尤甚。所以，抓好法院文化建设，是解决当前诸多矛盾的重要抓手，它有利于我们完成审判执行工作任务，有利于提高法院良好形象，有利于提升法院软实力和干警综合素质。对这一观点，我们的院长们能早认识就能早受益，法院的各项工作就能上到一个新的层次。在这

方面，首席大法官王胜俊院长给我们带了头，郑鄂院长也带了头。在座的各位与会代表，回去之后要向党组和一把手传达好，不断提高对文化建设的认识。二是负责文化建设工作的分管领导和职能部门要起到积极推动的作用。文化建设的具体牵头部门是政工部门，但是光靠政治部主任推不动工作，因为文化建设涉及到法院的整体工作。所以，最高法院的文化建设工作会议也请各高院常务副院长参加，常务副院长抓文化建设工作是应有之义。在认识到位、一把手下定决心抓这项工作之后，文化建设能不能上层次、显水平，能不能达到理想状态，就要靠常务副院长和政治部主任了。因此，这项任务常务副院长和政治部主任责无旁贷，一定要给党组当好参谋、抓好落实。

二、坚持系统推进，注重精神文化建设

法院文化包括精神文化、行为文化、制度文化和物质文化，这四个方面相辅相成，互为补充，共同构成法院文化的完整体系。我们要防止把法院文化简单地等同于搞一些文体娱乐活动或写写画画，防止法院文化建设的单一化、片面化倾向。要坚持全方位建设、多角度塑造、立体式推进，努力构建法院文化体系，充分发挥整体功能。建设法院文化在统筹考虑、系统推进的同时，也要分清主次和轻重缓急，集中精力，抓住重点。精神文化在法院文化的四个基本内容中，属于深层次的内容，是管全面的、管长远的，而司法核心价值观在精神文化中又居于核心地位，一旦抓好了，将会产生深远影响。因此，在整体推进法院文化建设的同时，要特别注重精神文化建设，充分发挥司法核心价值观的引领作用，进一步加强对司法核心价值观的研究、教育和实践。今年，最高人民法院对《法官职业道德基本准则》和《法官行为规范》进行了重新修订，并新制定了《人民法院文明用语基本规范》。这三个文件充分体现了司法核心价值观的要求，将于近期下发，这也是实践司法核心价值观的重大举措。各级法院要高度重视，认真抓好这三个文件的学习贯彻，规范干警言行，让人民群众能真正感受到人民法院公正司法、廉洁司法、为民司法的作风和形象。

三、紧密联系实际，突出特色

我国各地经济发展不平衡，文化差异也比较大，各地法院的氛围也不一样，所以，建设法院文化不能搞大而化之、整齐划一，否则就不符合每一个法院的实际，也容易失去鲜明的个性和特色，继而失去生命力。各级法院在文化建设中，不能搞花架子，不能搞形式主义，一定要将有限的精力、人力、物力用在有价值的地方。必须按照法院文化建设的规律来办事，既要遵循最高法院的统一部署，又要坚持实事求是，充分考虑本院的历史传统和地域队伍的特点，紧密联系本院面临的形势任务与实际条件，确定重点，抓住一些具有本院特色的项目，以点带面，重点突破，力求抓出成效、抓出品牌。

四、确保全员参与，服务基层

法院文化建设的根本宗旨，就是要遵循以人为本的原则，切实尊重广大干警的主体地位，坚持用科学的理论引导人、先进的文化熏陶人、高尚的精神鼓舞人，促进广大干警的全面发展。因此，法院文化建设不是哪一个部门、某一部分人的事情，而是全体法院干警共同的事业，必须要坚持全员参与，强化干警的主人翁意识，动员和组织广大干警积极发挥才智，为法院文化建设做贡献。全国法院大多数干警在基层，基层干警承担着大部分案件的审理。可以说，基层法院是审判和执行工作的主战场，自然也是文化建设的主阵地。基层法院文化建设好不好，直接决定和影响着全国法院文化建设的成败。因此，法院文化建设的重点在基层，要坚持向基层倾斜，切实加强对基层的指导和扶持力度。一方面，要大力加强对基层法院文化建设的物质投入，有针对性地对基层法院文化建设进行资金扶持，切实提高基层法院文化基础设施建设水平；另一方面，要切实采取措施，不断加强人文关怀，丰富广大干警的业余文化生活，帮助干警缓解心理压力，保持干警身心健康，增强广大干警的职业归属感和荣誉感。

五、开展经验交流，加强典型示范

要进一步加强法院文化建设的理论研究和实践探索。注意了解法院文化建设工作的新情况、新问题，开展课题研究，加强交流研讨；注重发挥典型示范和引领作用，及时发现、总结、推广好的经验、做法，力求在法院文化建设的理论研究与实践探索上都能够取得新的突破。明年，最高法院将继续组织开展第二批“全国法院文化建设示范单位”评选活动，适时组织召开全国法院文化建设工作座谈会或现场经验交流会，为各地法院相互学习、共同提高提供有效平台。在这次会议上，广东高院重点推出了“全省法院文化建设示范单位”，组织参观学习东莞法院文化建设经验，就是很好的做法，值得各地学习借鉴。希望各级法院要加强与全国和省级法院文化建设示范单位之间的沟通交流，虚心学习，互相借鉴，不断提高工作水平。也希望今天推出的示范单位要继续总结经验，创新建设，提高水平。

六、搞好有机结合，实现全面发展

人民法院的文化建设不是孤立存在的，来源于司法实践，又运用于司法实践，与法院其他工作存在千丝万缕的联系。开展法院文化建设不能游离于法院工作之外，要正确处理好文化建设与法院其他工作的关系，实现文化建设与其他工作有机结合、相得益彰的良性循环。要坚持以文化建设创新法院党建工作，把先进法院文化所具有的时代魅力与党建工作的传统优势结合起来，深入开展“创先争优”活动和“人民法官为民”主题实践活动，进一步拓展新的领域和空间，有效提高党建工作的针对性和实效性。要把服务审判执行工作作为法院文化建设的出发点和落脚点，充分发挥法院文化所具有的春风化雨、滴水穿石的巨大魅力，影响和作用于每一个干警的司法行为，为执法办案特别是推进三项重点工作提供强大的精神动力。要通过法院文化建设进一步增强法院管理水平，充分发挥法院文化作为一种软约束、一种内

在约束、一种无形约束、一种更高层次约束的独特功能，与法院管理相互补充，实现他律与自律的有机相融，使法院管理的要求转化为每位干警的自觉行为。

加强法院文化建设是人民司法事业科学发展面临的一项重要任务。希望广东法院在各级党委的领导下，以这次会议为契机，鼓足干劲，再接再厉，进一步提高法院文化建设工作水平，为全面推进广东法院各项工作提供强大精神动力、智力支持和文化保障，为广东经济社会发展与和谐稳定做出更大的贡献！

谢谢大家！

广东省人大常委会主任欧广源在省法院法官廉政宣誓仪式上的讲话

（2010年8月23日）

同志们：

今天，我很高兴作为监誓人，参加省法院举行的首次廉政宣誓仪式，有幸亲自见证了省高院的法官们在郑鄂院长的带领下，面对国旗进行庄严的廉政宣誓。在此，我谨代表省人大常委会，向省高院的各位领导和全体干警致以崇高的敬意！

法院是一个主持公平和正义的地方，法官是一个崇高而光荣的职业。对于任何一个社会，法官的廉洁都是一个重要的政治命题。随着时代的发展和进步，在新的历史条件下，党和人民对法治、法律以及法官都提出了新的更高的要求。我们的人民法官，必须顺应时代的要求，把人民群众的呼声和需求作为第一信号，把司法办案作为第一要务，把廉洁司法作为第一准则。今天宣誓的誓词虽短，但这是省高院在经历前一阶段的“阵痛”之后，在吸取深刻教训、认真整顿作风纪律基础上，向全省人民作出的庄严承诺，勇气可嘉、影响深远、意义重大。

今年以来，全省法院在省委的正确领导下和省人大的依法监督下，认真开展最高人民法院部署的“公正、廉洁、为民”的司法核心价值观教育，省法院党组抓工作有新思路、新举措、也取得了新成效，以“排头兵达标竞赛”活动为主线，把抓队伍建设、文化建设和抓审判管理、抓执行力提到了前所未有的重要位置，并与中央对政法机关提出的“三项重点工作”紧密结合，审判执行等各项工作都是成绩斐然。特别是对“纪律教育学习月”活动高度重视，吸取正反两方面的经验教训，开展了以“加强制度教育、构筑拒腐防线”为主题的纪律教育学习月活动，“十个一”活动搞得有声有色，全省法院队伍的精神面貌有了较大改善，人民群众和各级人大代表对法院工作的满意度也有明显提高。

最后，我衷心希望全省法院的法官们把公平正义作为生命线，在“公正、廉洁、为民”的道路上阔步前进，不断取得新的更大的进步！谢谢大家！

誓　词：

坚定共产主义信念，忠实履行法律职责，践行廉政准则，公正廉洁，恪尽职守，为捍卫法律尊严、维护公平正义、促进和谐稳定而努力奋斗！

中共广东省委常委、政法委书记梁伟发在庆祝省法院建院六十周年大会上的讲话

（2010年1月27日）

各位领导、各位来宾、同志们、朋友们：

今天，省高级人民法院在这里喜迎60华诞。我受中共中央政治局委员、省委书记汪洋同志和黄华华省长的委托，代表省委、省人大、省政府、省政协和省委政法委，向省高级人民法院建院60周年表示热烈祝贺！向多年来从事法院工作的老领导、老同志，向省高院和全省法院系统全体干警表示最亲切的问候！

60年风雨砥砺，60载春华秋实。伴随着新中国成长的步伐，伴随着我省经济社会的不断发展，省法院经历了60年的成长历程。在最高法院的指导监督和省委的正确领导下，省法院牢牢把握正确的政治方向，坚持围绕中心服务大局，坚持改革创新，带领全省法院正确履行宪法和法律赋予的职责，不断提高公正司法水平，为我省经济发展、社会稳定作出了重要贡献。特别是近年来，省法院和全省法院坚持以“三个至上”为指导，深入学习实践科学发展观，紧紧围绕全省经济社会发展大局，在加快推进“三促进一保持”、应对国际金融危机、实施珠三角改革发展规划纲要、构建平安和谐广东等方面，发挥了十分重要的作用，并涌现出东莞市东城人民法庭、梅州中院及石伟文、黄学军等一批在全国具有重要影响的先进典型，各项建设均取得了显著成绩。省委对省法院工作是满意的！人民群众对法院工作的满意度也是不断提高的！

当前，新的历史时期和新的形势任务，对我省经济建设、政治建设、文化建设、社会建设和生态文明建设提出了更高要求，也为我省法院科学发展带来了前所未有的机遇和空间。胡锦涛总书记去年底视察我省时，勉励广东要努力当好推动科学发展、促进社会和谐的排头兵。在全国政法工作电视电话会议上，周永康同志强调要紧紧抓住影响社会和谐稳定的源头性、根本性、基础性问题，深入推进社会矛盾化解、社会管理创新、公正廉洁执法三项重点工作。前不久召开的省委十届六次全会，明确了当前和今后一个时期我省经济社会发展的新目标，对法院工作提出了新的更高的要求。面对新形势新任务，全省法院必须以更加奋发有为的精神状态，切实履行好神圣使命，努力开创法院工作的新局面。

一要始终坚持正确的政治方向。做好法院工作，政治方向是关键。各级法院要坚定不移地走中国特色社会主义道路，确保人民法院工作的社会主义方向。坚持以中国特色社会主义理论体系武装队伍，坚持“三个至上”，牢固树立社会主义法治理念，充分认识我国司法制度的优越性，坚决抵制各种敌对势力和西方错误思潮对我国司法制度的干扰和破坏。坚持党对法院工作的绝对领导，正确处理坚持党的领导与依法独立公正行使审判权的关系，确保党的路线方针政策在司法工作中得到不折不扣的贯彻执行。

二要始终坚持围绕中心、服务大局。人民法院既是中国特色社会主义事业的捍卫者，又是建设者。各级法院要牢固树立大局意识，为服务我省“三促进一保持”战略，服务经济发展方式转变、服务自主创新，提供更加良好的法治保障；坚持调解优先、调判结合，积极参与各地镇街综治信访维稳中心建设，积极化解社会矛盾，促进社会和谐；依法严厉打击各种严重刑事犯罪活动，依法公正审理各类民商事纠纷案件，积极推进“平安亚运”和“平安广东”建设；加大处理涉诉信访案件和执行工作力度，加大对社会弱势群体的司法救助力度，满足人民群众的合理诉求，促进民生改善。

三要坚持改革创新、锐意进取。要在总结经验的基础上，进一步解放思想，与时俱进，大力推进司法体制和工作机制的改革创新。要通过改革创新，进一步解决影响司法公正和司法效率的各种问题，建立与社会主义市场经济体制相适应、依法独立公正行使审判权的制度和机制，使我们的审判组织、审判方式、执行体制、法官管理以及司法行政等，不断适应形势发展的要求，为实现司法的公正、高效与权威提供不竭的动力。

四要始终坚持狠抓队伍建设。抓好队伍建设，是法院工作的根本与保障。加强法院队伍建设，对于确保司法公正，提高司法公信力，至关重要。各级法院要大力加强领导班子建设，不断增强总揽全局、科学决策能力。要按照最高法院的要求，深入开展“人民法官为人民”主题实践活动，进一步坚定司法工作的人民性。要充分认识党风廉政建设和反腐败斗争的长期性、复杂性、艰巨性，以铁的手腕抓好队伍廉政建设，坚决清除那些置党纪国法于不顾，敢于以身试法的害群之马，扎实有效地推进全省法院惩治和预防腐败体系建设，不断提高党风廉政建设水平。

各级党委要按照“总揽全局、协调各方”的原则，切实

加强对法院工作的领导，帮助解决法院工作中的重大问题。党的各级领导干部要带头模范遵守宪法和法律，自觉维护司法权威，支持人民法院依法独立公正行使审判权。要高度重视司法保障工作，完善司法保障机制，关心和支持法院各项基础设施建设，为构建我省更具活力的司法体制机制做出新的贡献。

各位领导、同志们，我们深信，在中共广东省委的正确领导和最高法院的正确指导下，我们一定能够不断开创新局面，铸造新辉煌。衷心祝愿省法院和全省法院在推进依法治省和中国特色社会主义民主法治建设的进程中，创造更加优异的成绩！谱写更加美好的新篇章！祝同志们身体健康、家庭幸福、事业顺利、万事如意！

谢谢大家！

中共广东省委常委、政法委书记梁伟发在追授张林武同志“全国模范法官”、“人民的好法官”荣誉称号大会上的讲话

（2010年12月8日）

最高人民法院周泽民主任、各位领导、同志们：

今天，最高人民法院、中共广东省委在潮州市隆重举行追授潮安县人民法院古巷人民法庭原审判员张林武同志“全国模范法官”和“人民的好法官”荣誉称号大会。首先，我谨代表广东省委、省委政法委，向将生命献给党和人民的审判工作，于今年2月不幸逝世的张林武同志表示沉痛的哀悼和深切的缅怀！向张林武同志的家属致以亲切的慰问！与此同时，向长期高度重视、关心和支持我省法院工作、亲自来参加会议的最高人民法院党组成员、政治部主任周泽民同志一行表示衷心的感谢！并借此机会，向为维护社会公平正义，维护我省改革发展稳定大局而勤奋工作、无私奉献的全省法院广大干警致以崇高的敬意！

待会，周泽民同志还将作重要讲话，我们一定要认真学习好、领会好、贯彻落实好;切实把学习张林武同志的先进事迹和崇高精神作为我们深入贯彻落实科学发展观，推进“三项重点工作”，加强政法队伍建设的强大动力。

近年来，我省法院系统在最高人民法院的正确指导下，坚持以邓小平理论和“三个代表”重要思想、“三个至上”为指导，始终坚持“为大局服务、为人民司法”的工作主题，深入贯彻落实科学发展观，紧紧围绕全省改革发展稳定大局，着力规范司法行为，推进公正廉洁执法，各项工作取得了显著成效。广大法院干警自觉实践社会主义法治理念，忠实履行宪法法律赋予的神圣职责，扎实推进社会矛盾化解、社会管理创新、公正廉洁执法三项重点工作，为实现司法为民、保障社会公平正义、维护社会和谐稳定作出了重要贡献。全省法院系统先后涌现出全国先进典型黄学军、荣立集体一等功的梅州市中级人民法院等一大批先进典型，得到社会各界和广大人民群众的普遍赞誉。事实证明，我省法院队伍是一支政治坚定、业务过硬、公正廉洁，党和人民信赖的队伍，张林武同志正是在新时期涌现出来的又一位杰出代表！

张林武同志1978年加入中国共产党，自1988年调入潮安县法院工作以来，20余年如一日,始终奋战在人民法院基层工作的最前线。他所承办的3700余件案件,无一错案,无一被投诉。他扎根基层,严于律己,清正廉洁,受到社会各界的高度赞誉。2005年被确诊患鼻咽癌后，他边治疗边强忍病痛坚持工作，与病魔抗争了五年之久。他先后荣立个人二等功、个人一等功，荣获“全省优秀法官”、“全省模范法官”等荣誉称号。2007年，潮州市、潮安县纪委将他列为全市、全县纪律教育学习月的先进典型。张林武同志不愧是我省广大党员干部深入贯彻落实科学发展观、自觉践行社会主义法治理念和“人民法官为人民”宗旨，坚持“三个至上”的光辉典范，是长期坚持在基层一线面对面为群众服务、为民司法的时代先锋，他对基层司法工作充满激情，他对人民群众充满爱心。他的先进事迹，生动体现了新时期共产党员爱岗敬业、无私奉献的崇高品质和人民法官的崭新风貌，不愧是广大政法干警、乃至全省广大党员干部学习的榜样。

最高人民法院和广东省委分别追授张林武同志“全国模范法官”和“人民的好法官”荣誉称号，这既是张林武同志的荣誉，也是其家属的光荣，更是全省法院系统和政法系统乃至全省广大党员干部的光荣。省委号召全省各级党组织和广大党员干部，尤其是全省各级政法机关和广大干警，要迅速掀起向“全国模范法官”张林武同志学习活动。学习张林武同志，一是学习他恪尽职守、为民服务的高尚情怀。张林武同志设身处地为当事人着想,他的“别给当事人留下遗憾、别给组织带来麻烦、别给自己的生命留下空白”处世原则，话虽朴素，但却蕴含崇高的思想境界，值得全省广大政法干警认真思考和学习。二是学习他鞠躬尽瘁、无私奉献的职业操守。张林武同志始终牢记全心全意为人民服务的宗旨,自觉服从组织安排，立足本职，兢兢业业，忘我工作。他长期带病坚持工作，2006年至2008年底病重期间，仍坚持办结案件132件，结案率达100%。三是学习他扎根基层、心系群众的百姓情结。他20多年如一日，扎根基层，想为群众所想，急为群众所急，深入实际，深入群众，为民司法，为民解忧，是一名新时期坚持群众路线的优秀工作者。四是学习他秉公司法、清正廉洁的优良作风。张林武同志忠实维护人民群众的合法权益,维护法律的尊严。当地群众信任他，遇到案件或是家庭纠纷都盼望他来办理。他始终不徇私情，廉洁自律，无任何不廉洁的投诉和反映，树立了一名人民法官清正廉洁的高大形象。广大党员干部要学习他一身正气，两袖清风，公正廉洁，不徇私情的高尚品德。

同志们，当前全国上下正深入学习贯彻党的十七届五中全会精神，我省正处于经济社会发展全面转入科学发展轨道的关键时刻，任务繁重而艰巨。面对新形势、新任务，面对人民群众新期待、新要求，全省各级党组织尤其是政法系统要以深入学习张林武同志先进事迹为契机，大力加强党员和干部队伍建设，教育引导广大党员干部特别是领导干部自觉做到立党为公、司政为民、忠诚坚定、务实清廉。要把开展向张林武同志学习活动与深入推进“三项重点工作”紧密结合起来，与创先争优活动紧密结合起来，全面深入贯彻落实科学发展观，牢固树立社会主义法治理念，踏踏实实，为广大人民群众服务，以更高的标准创新工作思路和措施，为我省努力当好推动科学发展、促进社会和谐的排头兵作出新的更大的贡献！

第二编

全省法院工作

第一章　工作概况

2010年，全省法院深入贯彻落实科学发展观，认真贯彻省十一届人大三次会议决议，扎实开展“加速推进排头兵进程”竞赛活动，紧紧围绕社会矛盾化解、社会管理创新、公正廉洁执法三项重点工作，大力加强审判、执行工作和自身建设，各项工作取得新进展，呈现出加速向好发展的态势。

一、依法履行职责，维护司法公平正义

全省法院共受理各类案件1069115件，其中新收992162件、办结1013805件，同比分别增长6.79%和8.86%。受理案件数和结案数首超100万件，取得了结案数、结案率、调解撤诉率、实际执行率上升和未结案件数、上诉率、改判发回重审率、信访投诉量下降等“四升四降”的可喜进展。

依法审结各类民商事纠纷案件561283件，同比上升12.67%。依法调处婚姻家庭继承纠纷矛盾，突出保护妇女、儿童、老人合法权益；依法调处合同纠纷矛盾，维护交易安全、促进诚信建设、服务经济发展；依法调处权属、侵权纠纷矛盾，制裁侵权行为；依法审理涉外、涉港澳台民商事和海事海商纠纷案件，有效促进经济发展。

依法审结各类刑事案件83281件，同比上升1.42%。依法严厉打击各种严重暴力犯罪，加大对多发性犯罪的打击力度，坚持从严惩治群众最愤恨的腐败犯罪，积极参与“打黑除恶”专项斗争，严厉打击欺行霸市、垄断交易等严重影响民生的犯罪行为，注重对宽严相济刑事政策的正确把握，对具有法定从宽情节的依法从宽处理，依法适用非监禁刑，进一步规范减刑、假释案件的审理，严格贯彻罪刑法定原则，对不构成犯罪的25名被告人依法宣告无罪。

依法审结各类行政案件10870件，同比上升9.67%。突出依法审理好数量庞大且涉及人民群众生产生活的资源、城建、劳动、工商、环保等类行政案件，保护行政相对人的合法权益，监督、支持行政机关依法行政。依法开展国家赔偿审判，并积极向党委、人大和政府报送“行政审判白皮书”，对完善社会管理、强化依法行政提出司法建议，促进依法治省不断深入。

二、妥善化解矛盾，促进社会和谐稳定

全省法院紧紧围绕全省经济“调结构、促转变”战略的实施，主动走访企业、群众，了解诉讼需求的新特点，努力实现依法办案与服务经济社会发展相统一、保护当事人合法权益与广大群众利益相结合。

全省法院把确保亚运平安作为头等大事，强化指导和检查。省法院出台了《关于为广州亚运会、亚残运会提供司法服务和司法保障的若干意见》，广州成立了亚运法庭，佛山、东莞、汕尾等办赛城市均抽调业务骨干，组成涉亚运案件专门合议庭，对涉亚运案件依法快立、快审、快执行、重化解，为亚运会顺利举行创造了良好的法治环境和社会治安环境。同时，加强矛盾排查，强化审判场所安全保卫，亚运期间全省法院实现安保工作零事故。

全省法院认真贯彻“调解优先，调判结合”原则，深入落实“全程、全员、全面”调解的工作方针。扩大调解案件范围，从传统民事案件拓展为商事案件调解、部分刑事案件和解、刑事附带民事案件调解、行政案件协调、执行案件和解。落实诉调对接机制，在党委领导下，积极参与和推进诉讼调解与人民调解、行政调解、行业调解等诉讼外调解对接的大调解格局建设，推行人民调解员普遍进驻法庭，并依法对非诉讼调解予以司法确认。创新突破调解难题，以保险纠纷案件为突破口，联合广东保监局共同下发意见，系统性地解决商事案件调解难问题。推行快速便捷调解，加强交通、劳动争议巡回法庭建设，促使相关纠纷案件调解更加便捷、有效。

全省法院强化立案信访窗口建设，立案信访一级窗口建设全部达到最高人民法院制定的标准，为当事人提供了更加详细的诉讼指引、更加便捷的立案服务、更加规范的信访渠道。强化涉诉信访工作，进一步明确信访案件办理流程和工作责任制，认真开展集中清理涉诉信访积案工作，信访矛盾明显减少。强化再审审查工作，省法院积极应对民事诉讼法修订后申请再审上提一级的变化，办结了8501件再审审查案件，占全省的80%。强化司法救助工作，共为28292件案件中经济确有困难的当事人减、免、缓交诉讼费，其中减免金额达1135.71万元，为4495名符合法律援助条件的刑事被告人指定律师出庭辩护，各级法院进一步加大对特困群体当事人的司法救助力度。

省法院认真抓好粤西地区综治信访维稳中心建设的督导工作，基层法院及其派出的人民法庭积极发挥在其中化解社会矛盾、创新社会管理的主体作用。加大对手机、互联网传播淫秽、诈骗信息犯罪的打击力度，促进对网络虚拟社会的管理。大力开展送法进社区、进乡镇、进校园活动，成立青

年法官法律志愿者服务队，充分运用各种形式，加强对青少年和大学生的普法宣传。

三、创新发展管理，提高办案质量效率

省法院按照整体工作争当全国法院排头兵的规划，组织全省法院深入开展“加速推进排头兵进程”竞赛活动，每季度一通报，半年一小结，年底全面总结，调动起各级法院改革创新、强化管理的积极性，推动服务科学发展、自身科学发展水平不断提升。

省法院针对过去完全依当事人申请启动执行程序，不利于债权人及时行使申请权、法院及时查控被执行财产的问题，全面推行主动执行改革。在征得债权人同意前提下，对裁判已生效、债务人逾期未自动履行的，由审判人员直接移送立案执行。以主动启动执行程序为标志，推动实施贯穿办案全过程的主动执行。突出抓好：主动清理和规范指定执行、委托执行，加强对执行款物的管理；依托党委政法委统筹的执行联动机制，加快推进执行指挥中心建设，省法院执行指挥中心的信息查询系统已建成车辆、社保等8个子系统，及时有效查控被执行人及其财产。全省法院共执结各类案件287280件，结案标的513.83亿元，同比分别上升4.67%和51.92%；未结案件为21539件，同比下降32.11%。当事人选择主动执行的案件，平均结案周期从原来3个月缩短至2个月；采用主动执行程序的案件实现零投诉。

省法院通过制定量刑规范化指导意见，明确改革的思路和方法，实行量刑纳入庭审，在庭审程序中增设量刑辩论环节，增强量刑的公开性；建立量刑标准精细化制度，为法院量刑提供更为客观、具体的标准。广州市白云区法院量刑规范化改革试点经验，被指定在全国政法工作会议上介绍推广。

全省各级法院设立专门的审判管理机构，建立健全以案件质量评估指标体系为导向，以质量管理、流程管理、绩效管理为内容，以层级管理、全面管理为格局，以信息化技术手段为支撑的审判管理工作体系。加强审判流程管理，对办案全过程实施规范化、精细化管理监控，着重强化对办案重点环节、关键节点和审理期限的监督，及时进行督办、催办。加强审判质量管理，完善科学评价案件质量的司法统计指标体系，建立常态化质量评查、重点案件评查、专项指标评查相结合的质量评查机制。通过评查，及时发现问题，制定指导性意见。加强审判绩效管理，建立法官办案质量、效率、效果等绩效档案，纳入干部人事档案管理，并作为法官工作绩效考评的直接依据。深入推进司法公开，将办案流程信息、裁判文书向当事人和社会公开，提供查询服务。

省法院强力推进信息化管理系统建设。由省法院直通各中级法院、基层法院、人民法庭的二、三、四级信息化管理网络全面联通，实现了办案业务在网上运行、审判管理在网上运作；远程提讯、远程开庭、远程培训等视频系统应用效果显著，大大提高了工作效率；数字身份认证和电子签章系统同步部署，全省已建成标清数字法庭216个，适应信息化时代的高清数字审判法庭建设紧锣密鼓进行，为实施精细化审判管理打下了科技基础，也极大地方便了当事人诉讼。

加强对基层司法业务指导和物质装备建设。强化基层办案业务指导，省法院下发了关于审理劳动争议案件、防范诉讼欺诈等指导意见，为基层法院办理疑难案件提供指导。努力提升基层司法能力，在全省开展人民法庭庭长、民事法官调解技能、刑事审判量刑规范化、执行工作、领导干部廉洁从政为主要内容的“五项培训”，大规模轮训干部，共培训干警近9000人次，着重提高做群众工作和化解矛盾的能力。加强基层司法保障工作，继续实施诉讼费统筹转移支付的办法，支援经济欠发达地区基层法院建设；及时将2亿元中央政法补贴分配到位；加强对援助补贴资金使用情况的跟踪检查，并在经费、装备分配上优先援助经济困难但工作成效好的基层法院。

四、深化队伍建设，提升司法能力水平

以党建为基础，提升队伍整体战斗力。主动作为抓党建，贯彻“以党建带队建、以队建促审判”的思路，大力加强上级法院对下级法院党建工作的指导、培训，深入开展“支部建在庭上，党旗插到基层”活动，受到中央政法委和最高人民法院的高度重视和充分肯定。积极行动抓学习，推进“学习型法院”、“学习型党组织”和法院文化建设，促进“公正、廉洁、为民”司法核心价值观的进一步树立。树立典型抓创先，大力培养、宣传先进典型人物事迹，促进队伍创先争优，潮安县法院张林武被省委和最高人民法院先后追授“人民的好法官”、“全国模范法官”荣誉称号。开拓思路抓难题，多措并举缓解案多人少和法官断层问题，全省法院公开招录了738名高学历人才；在部分市试点用编、招录、分配、待遇“四统一”的招录法官工作，由中级法院统一招录干部下派到基层法院工作；调剂录用了29名应届大学毕业生到14个欠发达地区基层法院工作；在法官断层严重的少数民族地区基层法院，公开招录了8名本科生，选送到高校定向委托培训。

以廉政为保障，维护队伍公正廉洁形象。狠抓廉洁司法教育学习，省法院组织全省法院干警观看了自主摄制的《金钱背后的阴谋》警示教育专题片；举办三级法院领导干部廉洁从政培训班和法官廉政宣誓仪式，增强廉洁自律意识。狠抓廉政制度落实，深入落实“五项廉政制度”；积极开展建立廉政风险防控体系试点工作；扎实开展司法巡查，省法院司法巡查组完成了对全省23个中级法院三年内巡查一遍的任务，提出230余条有针对性的整改意见和建议。

2010年与2009年全省法院办结各类案件对比图

单位：件

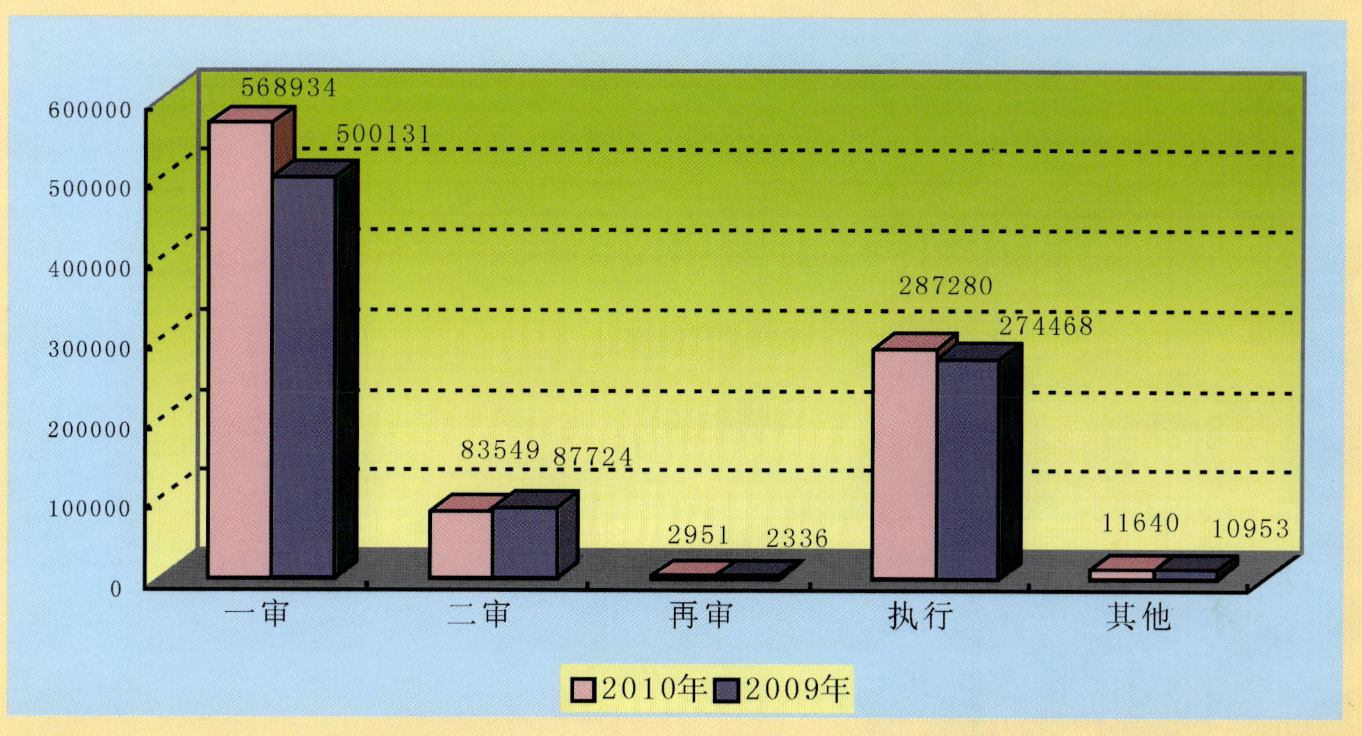

2010年全省法院民事一审结案方式比重图

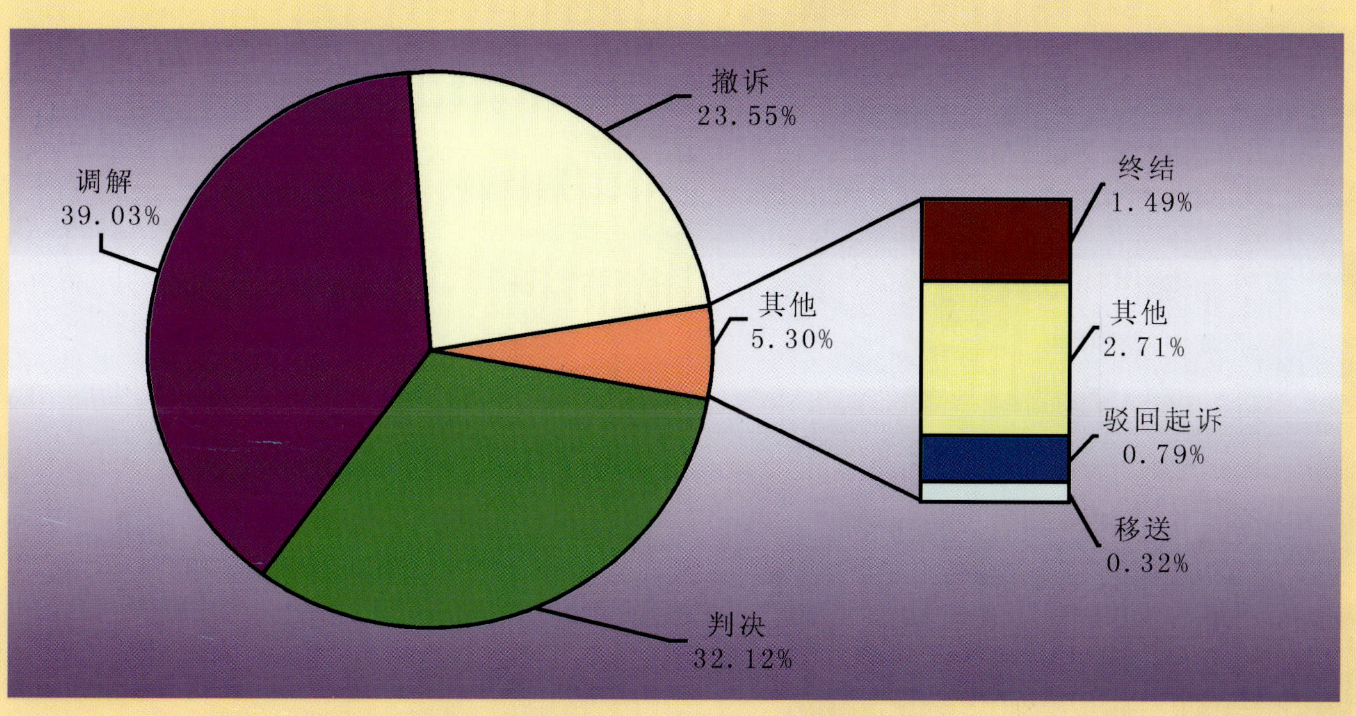

2010 年与 2009 年全省法院各类案件收结对比图

单位：件

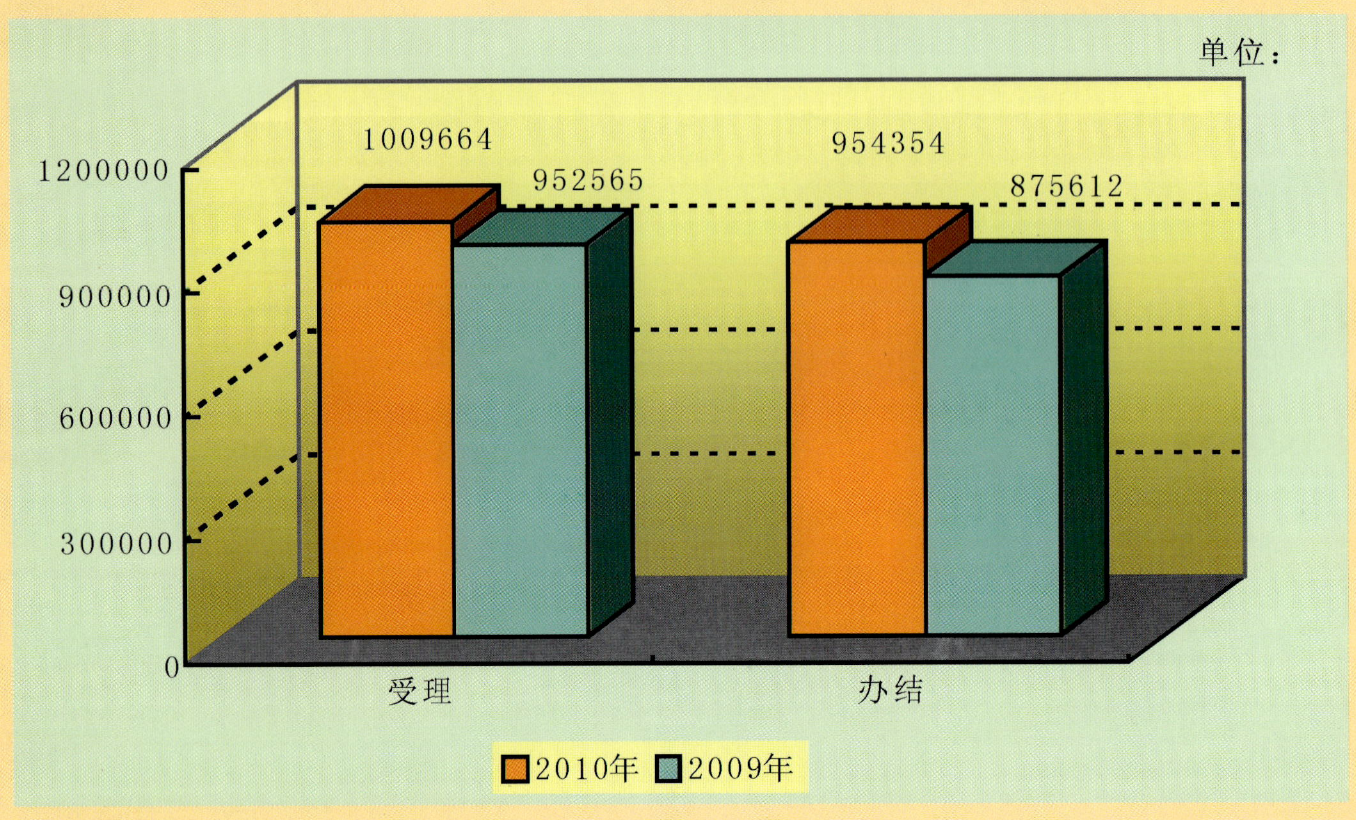

2010 年全省法院办结各类案件比重图

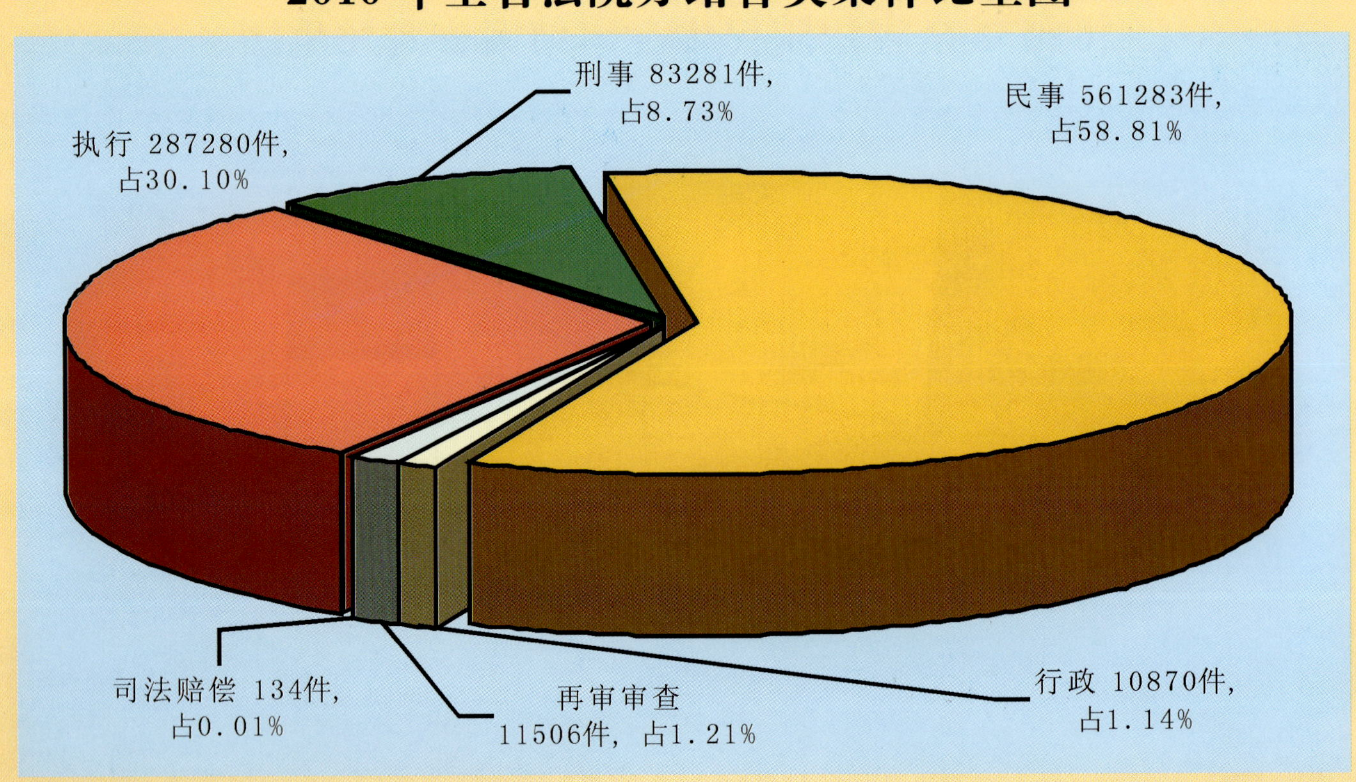

第二章　审判和执行工作

2010年，全省法院在省委的领导和最高人民法院的指导下，认真贯彻落实科学发展观，始终坚持能动司法理念，始终以促进社会和谐稳定为目标，指导和监督全省各级法院找准审判工作服务经济社会发展大局的切入点，依法开展审判执行工作，为促进经济社会又好又快发展提供有力司法保障。

一、刑事审判

全省法院共审结各类刑事案件83281件，同比上升1.42%。坚持依法严厉打击各种严重暴力犯罪，共审结故意杀人、故意伤害、强奸、绑架等严重危害社会治安犯罪一审案件30787件，判处罪犯44147人，其中判处五年以上有期徒刑直至死刑的占28.57%。坚持加大对多发性犯罪的打击力度，共审结一审毒品犯罪案件10169件、各类侵犯财产犯罪案件31922件、各类妨害社会管理秩序犯罪案件17474件。坚持从严惩治群众最愤恨的腐败犯罪，共审结一审贪污、贿赂、渎职等职务犯罪案件1314件，同比上升14.76%。积极参与“打黑除恶”专项斗争，对欺行霸市、垄断交易等严重影响民生的犯罪行为予以严厉打击，审结重大涉黑案件39件。注重抓好大案要案的审理，积极稳妥地完成阳江“3·26”黑社会性质组织犯罪等一批政治、社会影响较大，各界广为关注的案件。注重对宽严相济刑事政策的正确把握，对具有法定从宽情节的依法从宽处理，依法适用非监禁刑，共对13249名被告人判处缓刑。进一步规范减刑、假释案件的审理，共决定减刑57280人、假释2171人。严格贯彻罪刑法定原则，对不构成犯罪的25名被告人依法宣告无罪。

二、民事审判

全省法院共审结各类民商事纠纷案件561283件，同比上升12.67%。依法调处婚姻家庭继承纠纷矛盾，突出保护妇

▲7月22日，省法院在中山召开全省中级法院院长工作会议。

女、儿童、老人合法权益，共审结此类一审案件52752件。依法调处合同纠纷矛盾，维护交易安全、促进诚信建设、服务经济发展，共审结此类一审案件305070件，其中审结一审劳动争议纠纷案件85808件。依法调处权属、侵权纠纷矛盾，制裁侵权行为，共审结此类一审案件130544件，其中审结一审知识产权纠纷案件9584件。珠海中院在高新区派出的全国第一家知识产权审判庭取得良好社会效果，受到各界好评。依法审理涉外、涉港澳台民商事和海事海商纠纷案件，分别审结此类一审纠纷案件1754件、5738件和796件。

▲7月26—27日，省法院在广东法官（培训）学院召开全省法院知识产权审判工作座谈会。

三、行政审判

全省法院共审结各类行政案件10870件，同比上升9.67%。突出依法审理好数量庞大且涉及人民群众生产生活的资源、城建、劳动、工商、环保等类行政案件，保护行政相对人的合法权益，监督、支持行政机关依法行政。依法开展国家赔偿审判，对45件受到国家机关职务侵害的案件当事人决定予以国家赔偿。各级法院向同级党委、人大和政府报送“行政审判白皮书”33份，对完善社会管理、强化依法行政提出司法建议，促进依法治省不断深入。

四、审判监督

省法院积极应对民事诉讼法修订后申请再审上提一级的变化，办结了8501件再审审查案件，占全省的80%。各级法院设立专门的审判管理机构，建立健全以案件质量评估指标体系为导向，以质量管理、流程管理、绩效管理为内容，以层级管理、全面管理为格局，以信息化技术手段为支撑的审判管理工作体系。加强审判流程管理，对办案全过程实施规

▲4月14日，省法院在六楼多功能厅召开全省法院行政审判暨国家赔偿工作电视电话会议。

范化、精细化管理监控，着重强化对办案重点环节、关键节点和审理期限的监督，及时进行督办、催办。加强审判质量管理，完善科学评价案件质量的司法统计指标体系，建立常态化质量评查、重点案件评查、专项指标评查相结合的质量评查机制。加强审判绩效管理，建立法官办案质量、效率、效果等绩效档案，纳入干部人事档案管理，并作为法官工作绩效考评的直接依据。深入推进司法公开，将办案流程信息、裁判文书向当事人和社会公开，提供查询服务。

五、执行工作

以主动启动执行程序为标志，推动实施贯穿办案全过程的主动执行。突出抓好：主动清理和规范指定执行、委托执行，加强对执行款物的管理；依托党委政法委统筹的执行联动机制，加快推进执行指挥中心建设，省法院执行指挥中心的信息查询系统已建成车辆、社保等8个子系统，及时有效查控被执行人及其财产。全省法院共执结各类案件287280件，结案标的513.83亿元，同比分别上升4.67%和51.92%；未结案件为21539件，同比下降32.11%。当事人选择主动执行的案件，平均结案周期从原来3个月缩短至2个月；采用主动执行程序的案件实现零投诉。

▲7月6日下午，省法院在广东法官（培训）学院召开全省法院执行工作座谈会。

2010年全省法院各类案件收结案统计表

（表一） 单位：件

	刑事				民事				行政				国家赔偿	申诉、申请再审	执行	总计
	一审	二审（含复核）	再审	小计	一审	二审	再审	小计	一审	二审	再审	小计				
受理	75121	10031	116	85268	514089	74216	3232	591537	7445	3882	192	11519	12374	147	308819	1009664
其中新收	73940	9368	79	83387	486039	62090	2277	550406	6993	3782	153	10928	10775	123	277092	932711
结案	73632	9570	79	83281	488366	70209	2708	561283	6936	3770	164	10870	11506	134	287280	954354
未结	1489	461	37	1987	25723	4007	524	30254	509	112	28	649	868	13	21539	55310

2010年全省法院婚姻家庭、继承纠纷一审案件统计表

(表二)　　　　　　　　　　　　　　　　　　　　单位：件（万元）

		旧存	收案	结案	在审结案件中													未结	
					判决	裁定				调解	移送	其中					诉讼标的总金额	件	其中
						驳回起诉	撤诉	终结	其他			当庭宣判	涉外	涉港	涉澳	涉台			中止
婚姻家庭纠纷案件	离婚	1552	42964	43343	14086	110	8598	16	82	20272	179	15148	236	251	35	71	132129.26	1165	12
	解除非法同居关系	27	549	522	125	1	70		7	315	4	188	1	5	3	1	1862.08	55	
	婚姻无效纠纷	3	31	29	19	1	6			3		2						5	1
	撤销婚姻纠纷	1	6	7	4		2		1			1							
	婚姻自主权纠纷		2	1						1							0.30	1	
	婚约财产纠纷	5	45	45	16		10			16	3	8					720.49	6	
	登记离婚后财产纠纷	129	1182	1193	462	12	237		6	461	15	338	2	9			19962.26	114	6
	夫妻财产约定纠纷	2	39	41	9		7			25		8				1	796.25	1	
	抚养、扶养关系纠纷	85	4113	4061	754	6	383		8	2900	10	1388	13	46	11	4	5217.30	145	2
	抚育费纠纷	55	767	786	306	2	137	1	4	330	6	157	1	5			1636.96	35	
	扶养费纠纷	15	272	271	100		48		2	121		66		1			777.73	16	
	监护权纠纷	1	79	74	19		6		1	47	1	13					272.52	6	
	生身父母确认	1	2	2	1		1											1	
	赡养纠纷	12	227	226	85	2	44	6	2	87		41					204.40	11	
	确认收养关系		10	10	8					2				1			0.20		
	解除收养关系	1	37	37	12		9			16		4			1		1.65	1	
	探视子女权纠纷	7	123	123	47		16			60		26	1				52.21	7	
	分家析产	26	210	212	116		37			59		30	3	5			9510.41	25	1
	其他	14	257	257	78	2	58		11	107	1	54	1	1			1087.86	15	1
继承纠纷案件	法定继承	108	711	717	262	8	85		8	347	7	127	15	35	7		12016.82	95	4
	遗嘱继承	26	138	140	68	1	14			56	1	17	1	5			3476.01	25	
	继承权确认纠纷	5	43	38	15	1	3			18	1	4		4	1		709.59	9	1
	被继承人债务清偿纠纷	9	13	18	10		3			5			1	2			277.33	4	
	遗赠	2	17	17	10		1			6		1	1				74.30	2	
	遗赠扶养协议	1	11	13	7		4			2							97.12	3	
	其他	71	631	569	224	6	94	1	3	239	2	113	9	14	2		7965.83	133	7
合　计		2158	52479	52752	16843	152	9873	24	135	25495	230	17734	285	384	60	77	198848.89	1880	35

2010年全省法院婚姻家庭、继承纠纷二审案件统计表

(表三)

单位：件（万元）

		旧存	收案	结案	在审结案件中															未结	
					判决		裁定						调解	其中						诉讼标的总金额	件	其中
					维持	改判	发回重审	撤诉	驳回	终结	撤销原裁定	其他		开庭审理	当庭宣判	涉外	涉港	涉澳	涉台			中止
婚姻家庭纠纷案件	离婚	129	1747	1807	780	269	42	273	91	4	4	14	330	706	129	7	15	1	3	8052.04	72	1
	抚养、扶养关系纠纷	19	145	155	81	19		22	5	1		2	25	60	12		3			29.60	9	
	抚育费纠纷	12	105	117	62	24		9	5				17	23	6				1	195.79		
	扶养费纠纷	4	36	40	22	3	1	4	1				9	15	2					56.60		
	监护权纠纷		3	3	1				1				1	1								
	赡养纠纷	4	18	18	11	3	1	1					2	3						3.82	4	
	确认收养关系		1	1	1																	
	解除收养关系	1	2	2	1		1														1	
	探视子女权纠纷	1	15	16	8	1		1					6	8								
	其他	52	300	321	152	50	13	34	19		3	1	49	123	18	6	4			8862.08	28	
继承纠纷案件	法定继承	10	93	89	40	18	2	5	9		2		13	27	2	1	4			681.74	14	
	遗嘱继承	2	20	18	11	1	1	1	1				3	9	1		3			82.00	4	
	继承权确认纠纷	1	21	21	9	8			1			1	2	9						124.22	1	
	被继承人债务清偿纠纷		7	7	4	2							1							53.50		
	其他	17	97	98	44	12	7	16	3		1		15	25	1	3	8		1	590.34	15	
合计		252	2610	2713	1227	410	68	366	136	5	10	18	473	1009	171	17	37		5	18731.73	148	1
合计中对裁定上诉的案件	驳回起诉	1	12	13	–	–	–	3	5		3	2	–	–	–	1	1			–		
	不予受理		6	6	–	–	–		6				–	–	–					–		
	管辖异议	3	115	115	–	–	–	3	97		7	8	–	–	–	2	4			–	2	
	小计	4	133	134	–	–	–	6	108		10	10	–	–	–	3	5			–	2	

2010年全省法院婚姻家庭、继承纠纷再审案件统计表

(表四)　　　　单位：件（万元）

		旧存	收案	结案	在审结案件中															未结	
					判决		裁定					调解	其中						诉讼标的总金额	件	其中
					维持	改判	发回重审	撤诉	驳回	终结	其他		开庭审理	当庭宣判	涉外	涉港	涉澳	涉台			中止
婚姻家庭纠纷案件	离婚	12	18	24	9	8	4		1		1	1	13						77.00	6	
	抚养、扶养关系纠纷	2	1	3	3								2								
	抚育费纠纷		2	2		1				1			2						43.20		
	扶养费纠纷																				
	监护权纠纷		1	1		1							1								
	赡养																				
	确认收养关系																				
	解除收养关系																				
	探视子女权纠纷																				
	其他	6	6	5	4						1		2							7	
继承纠纷案件	法定继承	1	7	6	1	3			2				3						21.00	2	
	遗嘱继承	2	1	1	1															2	
	继承权确认纠纷	2		1	1								1							1	
	被继承人债务清偿纠纷		1	1	1														13.00		
	其他		1	1		1													4.00		
合　计		25	38	45	20	14	4			1	2	1	24						158.20	18	
其中	本院决定再审	3	11	12	3	5	2		1		1		5						51.20	2	
	提审	4	12	13	6	3	1		2		1		7						58.00	3	
	指令再审	6	8	8	4	2	1					1	3						28.00	6	
	抗诉	12	7	12	7	4				1			9						21.00	7	

2010年全省法院合同纠纷一审案件统计表

（表五）　　　　单位：件（万元）

	旧存	收案	结案	在审结案件中													未结	
				判决	裁定				调解	移送	其中					诉讼标的总金额	件	其中
					驳回起诉	撤诉	终结	其他			当庭宣判	涉外	涉港	涉澳	涉台			中止
合同代位权纠纷	37	245	258	134	3	58		3	56	4	48	1	9		1	28080.28	27	2
合同撤销权纠纷	36	136	140	81	2	36		1	19	1	17		1			12405.32	32	2
悬赏广告纠纷																		
买卖合同纠纷	2859	35836	36046	14139	180	9427	10	31	12009	250	7140	92	597	36	81	1061866.12	2674	57
房地产开发经营合同纠纷案件	1279	14880	15247	6159	88	2527	2	43	6407	21	3965	63	352	11	26	341480.33	982	52
供用电、水、气、热力合同纠纷	24	2045	2040	79	1	1797		4	159		206		2			5710.55	28	2
赠与合同纠纷	12	82	85	37		19			28	1	9	1	6			563.67	9	1
借款合同纠纷案件	3331	56808	57346	20497	220	19247	16	116	16989	261	11358	119	660	65	78	2818441.64	2793	91
借用合同纠纷	23	82	84	46		13		1	23	1	7	1				1084.47	21	1
租赁合同纠纷	1030	12164	12259	4547	52	5023	8	37	2566	26	3178	47	266	7	16	213893.29	933	30
融资租赁合同纠纷	45	101	116	60		15		1	38	2	12		57	1	1	14630.99	31	
建设工程合同纠纷案件	1315	4323	4677	2225	56	1007	1	21	1342	25	904	2	25	6	2	427438.35	965	56
承揽合同纠纷	534	4186	4118	1908	22	984		17	1151	36	274	9	75	2	12	93763.79	596	7
运输合同纠纷案件	139	1663	1708	648	7	510		9	527	7	136	3	23	2	2	22997.48	95	
技术合同	17	37	43	23	1	4			12	3						824.53	11	
知识产权合同	31	179	187	57		41		55	31	3	63					1480.18	23	1
仓储、保管合同	49	197	162	92	1	27		3	39		14	2	1			19221.42	87	
委托合同	188	1863	1914	977	11	446	1	10	455	14	158	9	31	3	4	43030.16	139	3
行纪合同	4	8	11	6		2			3							710.53	1	
居间合同	186	1832	1881	670	3	652		2	539	15	318	5	23	2	4	39611.05	136	7
担保合同	135	467	537	236	10	121		7	160	3	104		34		1	159493.15	67	3
典当合同	12	62	72	37	1	18			16		5			1		1605.29	13	1
保险合同	462	6306	6344	2933	40	701	1	10	2629	30	1030	3	21	1	1	62194.14	415	7
海商合同	158	654	679	185		325		2	159	8		272	31		2	118821.07	133	5
储蓄存款合同	47	398	416	163		65			188		34	1	1			8182.39	29	2
信用卡纠纷	352	25582	25484	11702	11	12977	1	14	764	15	5860	5	15	2	10	41434.09	450	
信用证纠纷	9	40	40	14		22			4			1				14398.52	8	
期货交易纠纷	1	1	2						1	1						21.71		
信托纠纷	4	4	7						6	1			1			900.66	1	
证券合同	3	3	5	4					1		1					5706.00	1	
经营合同	301	1560	1611	850	14	335	1	26	363	22	255	4	34	1	11	87778.68	251	25
中外合作勘探开发自然资源合同			1	1														
农村承包合同	151	2684	2722	754	33	1179		35	717	4	446	1	1		1	9214.37	117	5
电信合同	12	13055	13014	275	1	10470			2267	1	2054					1328.61	53	
邮政合同	1	14	13	4		4		1	4							47.89	2	
演出合同	1	2	5	2		2			1							1.80		
服务合同	460	12553	12545	3118	36	7578	16	23	1760	14	2145	14	315	1	4	31878.62	467	18
劳动争议案件	2889	84940	85808	23101	989	10688	11	113	50770	136	26623	8	1097	1	33	124612.37	1985	63
劳务合同	90	2886	2849	446	8	275		3	2116	1	1074		12		1	3409.27	131	1
其他	919	14756	14594	3239	120	3083	13		8063	76	4717	33	375	12	29	706429.14	1006	35
合　　计	17146	302634	305070	99449	1910	89678	81	588	112382	982	72155	696	4065	154	320	6524691.95	14712	477

2010年全省法院合同纠纷二审案件统计表

（表六）　　　　　　　　　　　　　　　　　　　　单位：件（万元）

	旧存	收案	结案	在审结案件中																未结	
				判决		裁定						调解	其中						诉讼标的总金额	件	其中
				维持	改判	发回重审	撤诉	驳回	终结	撤销原裁定	其他		开庭审理	当庭宣判	涉外	涉港	涉澳	涉台			中止
买卖合同	647	5630	5807	2591	704	104	675	602		43	67	1021	2186	483	34	185	11	23	104487.1738	460	7
房地产开发经营合同	924	3825	4385	2018	556	49	716	357		4	11	674	1808	395	34	58	4	9	40259.0415	365	1
供用电、水、气、热力合同	2	22	29	11	6	3	4				1	4	5		1	4		1	588.4235	1	
借款合同	381	2867	3018	1474	422	66	442	263	1	23	55	272	1129	120	20	100	14	36	334135.045	215	20
借用合同		31	50	20	4	3	4	13		5		1	2		1				1839.2	1	
租赁合同	637	2439	2774	1463	592	39	264	162	1	15	20	218	1083	125	20	58	4	1	23452.1144	293	15
融资租赁合同	5	42	44	18	7	4	7	8					17	5		8		1	2896.3617	3	
建设工程合同	295	1339	1421	661	269	60	109	141		12	21	148	490	74	3	8	2	2	70464.1386	211	7
承揽合同	103	976	1024	458	133	19	94	119		5	20	176	370	55	6	53	1	3	14995.1141	55	1
运输合同	51	266	285	143	50	3	20	21		2	8	38	98	14	2	7	1		3063.7535	29	
技术合同	2	24	16	6	5		2	2				1	3			1			277.6754	10	
知识产权合同	25	24	38	15	6		7	6				4	19		5	1			462.6697	11	
仓储、保管合同	10	67	69	44	10		2	1			1	11	25	4	3	1			1876.0197	9	
委托合同	41	274	284	150	32	8	21	29		2	5	37	104	15	6	13		2	16670.0239	28	1
担保合同	30	71	91	40	13	3	16	6			1	12	33	5	1	14			16669.3347	10	
保险合同	103	1195	1240	730	183	9	54	34		6	12	212	544	113	1	5	1	1	9848.2697	65	1
海商合同	21	115	116	65	12		4	13		1		21	32		10	4			16483.6197	20	
信用卡纠纷	9	53	59	38	5		11	1				4	16	2		4		2	52.22	3	
信用证纠纷	3	4	7	6	1								6			3			10.00		
信托纠纷																					
证券合同	1	10	6	5			1						4						9642.88	4	
经营合同	103	499	552	257	86	37	56	38		4	11	63	216	34	1	31		1	41678.10	44	
中外合作勘探开发自然资源合同			3	1								2	3								
农村承包合同	31	464	472	269	62	23	48	33		4	10	23	145	8					3768.46	20	1
电信合同	2	12	13	8	2							3	3						1.02	1	
邮政合同		5	4	2	1			1											12.00	1	
服务合同	126	946	975	494	94	9	110	51		1	5	211	376	83	2	28	1	1	2047.98	97	1
劳动争议	5887	19502	25058	14875	3263	67	1275	409	1	33	193	4942	9722	2930	26	348	11	35	50294.30	325	3
劳务合同	35	234	275	150	28	14	28	12		1	2	40	85	26	2	1		1	317.23	4	
其他	425	4012	4133	2046	463	80	409	454	2	62	68	549	1418	432	13	134	5	9	155657.68	314	13
合　计	9899	44948	52248	28058	7009	600	4379	2776	5	223	511	8687	19942	4923	191	1069	55	128	921949.85	2599	71
其中：驳回起诉	13	436	432	–	–	–	46	240		41	105	–	–	–	4	2			–	16	
其中：不予受理		207	207	–	–	–	2	114		66	25	–	–	–	2				–		
其中：管辖异议	12	2184	2189	–	–	–	81	1923		92	93	–	–	–	23	26	10	3	–	9	
其中：小　计	25	2827	2828	–	–	–	129	2277		199	223	–	–	–	29	28	10	3	–	25	

2010年全省法院合同纠纷再审案件统计表

(表七)　　　　　　　　　　　　　　　　　　　　　　　　单位：件（万元）

	旧存	收案	结案	在审结案件中															未结	
				判决		裁定					调解	其中						诉讼标的总金额	件	其中
				维持	改判	发回重审	撤诉	驳回	终结	其他		开庭审理	当庭宣判	涉外	涉港	涉澳	涉台			中止
买卖合同	130	168	251	122	41	22	19	1	6	8	32	101	5	1	3			1680.34	45	
房地产开发经营合同	102	116	170	93	20	25	5		5	10	12	104	2		2			4594.66	51	
供用电、水、气、热力合同	5	1	6	2				1	3			1							1	
借款合同	154	857	905	116	685	32	14	5	10	17	26	773	9	2	4	1		29580.19	99	3
借用合同		2	6	1	3			2				5						13.50	1	
租赁合同	47	75	96	58	19	5	3		2		9	47	2		2			574.51	26	1
融资租赁合同	1																		1	
承揽合同	12	33	37	12	11	2	4	1	3	1	3	16		1				110.22	8	
建设工程合同	59	70	92	35	23	7		2	10	4	11	56	3		1			2122.91	37	1
运输合同	9	2	8	5	2					1		3							4	
技术合同		1																	1	
知识产权合同	4		2	1	1							2							2	
仓储、保管合同	1	22	21	20							1	19						9.00	2	
委托合同	4	17	11	4	3	1				1	2	5						175.00	9	
担保合同	7	10	13	5	4	2	1		1			6			1			991.52	5	
保险合同	12	14	22	9	6	2				1	4	9						69.85	4	
海商合同																				
经营合同	12	17	17	5	9	1	1			1		8						666.22	12	1
中外合作勘探开发自然资源合同	7																		7	
农村承包合同	9	24	26	14	5	6				1		15						634.59	7	
电信合同	2																		2	
邮政合同																				
服务合同	9	41	43	30	8	1			1		3	33						451.80	7	1
劳动争议	76	252	271	51	23	1	27		18		151	171	9	1				322.14	57	
劳务合同	23	52	70		21		1			12	36	27						23.15	5	
其他	75	135	189	72	44	25	9	2	4	12	21	73	2	1	2			3218.06	21	
合　计	760	1909	2256	655	928	132	84	14	63	69	311	1474	32	6	15	1		45237.65	414	7
其中 本院决定再审	106	272	326	79	79	28	11	5	9	43	72	99	7	1	4			6056.86	54	4
其中 提审	168	1029	994	81	662	59	51	3	7	2	129	751	10	1	2			20695.82	168	2
其中 指令再审	234	325	443	256	79	12	7	2	6	19	62	173	6	4	3	1		14954.87	124	1
其中 抗诉	252	283	493	239	108	33	15	4	41	5	48	451	9		6			3530.10	68	

2010年全省法院权属、侵权纠纷及其他民事一审案件统计表

(表八)

单位：件（万元）

	旧存	收案	结案	在审结案件中													未结	
				判决	裁定				调解	移送	其中					诉讼标的总金额	件	其中
					驳回起诉	撤诉	终结	其他			当庭宣判	涉外	涉港	涉澳	涉台			中止
所有权及与所有权相关权利纠纷案件	1886	19305	19278	6443	287	3056	6	131	9293	62	4411	60	242	13	25	260988.14	1915	100
票据、证券权益纠纷案件	118	478	537	283	8	117		4	120	5	64	3	2		1	30016.90	58	1
股东权纠纷案件	346	5127	5207	824	50	440	1	13	3859	20	104	14	48	2	6	337323.25	266	17
知识产权	989	9683	9224	3031	12	3313	1	20	2799	48	644	418	33	2	23	80306.17	1448	15
不正当竞争纠纷案件	49	130	130	67	1	33			25	4	18	2	2			4881.41	51	
海事侵权纠纷	30	103	100	64		7		2	27			56	3			22623.13	33	14
人身权纠纷案件	3392	59350	59074	24105	96	4977	7	64	29732	93	11486	16	63	4	12	368105.53	3671	126
特殊侵权纠纷案件	177	1521	1478	652	15	331		13	461	6	190	2	3			186390.01	223	8
其他海事侵权纠纷案件	5	13	17	9	1	3		2	2			4				882.63	1	
其他	252	2379	2447	380	25	447			1591	4	725	3	5			75393.53	176	1
合　计	7244	98089	97492	35858	495	12724	15	249	47909	242	17642	578	401	21	67	1366910.69	7842	282
不当得利	190	3169	3244	938	33	1278		25	957	13	1231	1	10	1		15635.56	118	11
无因管理	15	4058	4064	165	3	285		1	3609	1	1833	3	8		1	6794.88	8	1
适用特别程序案件	1297	25610	25744	3611	1257	1188	7155	12218	241	74	1636	191	78	6	85	1392255.12	1163	3
总　计	8746	130926	130544	40572	1788	15475	7170	12493	52716	330	22342	773	497	28	153	2781596.26	9131	297

2010年全省法院权属、侵权纠纷及其他民事二审案件统计表

(表九)　　单位：件（万元）

	旧存	收案	结案	在审结案件中																未结	
				判决		裁定						调解	其中						诉讼标的总金额	件	其中
				维持	改判	发回重审	撤诉	驳回	终结	撤销原裁定	其他		开庭审理	当庭宣判	涉外	涉港	涉澳	涉台			中止
所有权及与所有权相关权利纠纷	433	2901	3046	1599	410	71	275	347		46	79	219	1200	152	36	67	2	3	66964.17	287	17
票据、证券权益	6	103	99	45	10	2	20	9			2	11	36	1		1			13700.22	10	1
股东权纠纷	119	488	516	266	65	6	50	81		8	7	33	198	18	30	15		3	20912.10	93	4
知识产权	121	1684	1701	580	165	4	353	231	2	17	6	343	901	7	156	21	3	27	30385.29	104	4
不正当竞争	29	56	54	21	6		8	10		1		8	26	2				2	601.50	21	
海事侵权纠纷	5	26	25	13	2		3	3				4	4		3				2118.45	6	
人身权纠纷	487	5534	5773	3132	1093	96	581	147		12	32	680	1920	287	6	33		7	26109.92	249	7
特殊侵权纠纷	45	1118	1129	214	113	6	33	38		1	7	717	851	35		4			4579.25	34	1
其他海事侵权纠纷																					
其他	687	2299	2566	1148	337	57	234	256	1	9	34	490	1039	140	1	21	1	1	37300.27	431	4
合　计	1932	14209	14909	7018	2201	242	1557	1122	3	94	167	2505	6175	642	232	162	6	43	202671.16	1235	38
不当得利	41	303	322	179	44	7	18	14		3	41	16	84	4		10			9763.79	23	2
无因管理	2	13	13	8	4					1			12			1			202.70	2	
对驳回破产申请裁定上诉		7	4	–	–		1	2			1	–	–	–					–		
总　计	1975	14532	15248	7205	2249	249	1576	1138	3	98	209	2521	6271	646	232	173	6	43	212637.66	1260	40
其中　驳回起诉	5	132	132	–	–	–	4	64		36	28	–	–	–	12				–	7	
其中　不予受理	3	182	185	–	–	–	4	139		24	18	–	–	–					–		
其中　管辖异议	5	681	682	–	–	–	29	609	1	22	21	–	–	–	56	7	1	8	–	13	
其中　小　计	13	995	999	–	–	–	37	812	1	82	67	–	–	–	68	7	1	8	–	20	

2010年全省法院权属、侵权纠纷及其他民事再审案件统计表

(表十)

单位：件（万元）

	旧存	收案	结案	在审结案件中															未结	
				判决		裁定					调解	其中						诉讼标的总金额	件	其中
				维持	改判	发回重审	撤诉	驳回	终结	其他		开庭审理	当庭宣判	涉外	涉港	涉澳	涉台			中止
所有权及与所有权相关权利纠纷	63	99	132	33	36	12	2		7	7	35	90						766.49	33	
票据、证券权益	1	1	2	1	1							1						6.00		
股东权纠纷	5	13	7	1		1	1		1	1	2	4	1					14.00	7	
知识产权	10	11	10	1	5				1	3		5			1			50.00	11	
不正当竞争		10	9						1		8	6							1	
海事侵权纠纷	2		1	1															1	
人身权纠纷	53	121	152	43	48	15	6	1	8	3	28	85	1		2			872.17	21	
特殊侵权纠纷	5	16	19	6	6	2			1	1	3	6						374.63	4	
其他海事侵权纠纷																				
其他	20	48	58	22	17	7	3		2	5	2	17			1			743.30	9	1
合　计	159	319	390	108	113	37	12	1	21	20	78	214	2		4			2826.59	87	1
不当得利	10	7	14	6	4	1	1		2			6						6.90	3	
无因管理		1	1	1																
适用特别程序案件	1	3	2					1			1								2	
总　计	170	330	407	115	117	38	13	2	23	20	79	220	2		4			2833.49	92	1
其中 本院决定再审	66	63	95	22	32	13	6		8	8	6	36						628.07	33	1
其中 提审	17	115	104	15	22	5	6	1	6	6	43	50			1			266.21	24	
其中 指令再审	34	96	104	30	35	8			6	5	20	34	2		3			1409.26	27	
其中 抗诉	53	56	104	48	28	12	1	1	3	1	10	100						529.96	8	

2010年全省法院行政一审案件统计表

（表十一）　　　　单位：件（万元）

	旧存	收案	在收案中		结案	在结案中		在审结案中																									未结	
								结案方式																	赔偿方式			其中						其中
								判决											裁定								其中							
									撤销		其中									撤诉														
	旧存	收案	单独提起行政赔偿	附带提起行政赔偿	结案	单独提起行政赔偿	附带提起行政赔偿	维持	全部	部分	重新作出具体行政行为	变更	履行法定职责	确认合法或有效	确认违法或无效	驳回诉讼请求	赔偿	不予赔偿	驳回起诉	原告主动撤诉	被告改变原具体行政行为原告撤诉	移送	终结	其他	行政赔偿调解	返还原物恢复原状	支付赔偿金	行政赔偿金额	当庭宣判	涉外	涉港	涉澳	涉台	件	中止
公安	15	658	7	35	641	10	30	97	5			3	3		3	125	1		43	323	7	2		29			1	3.48	199		1			32	3
安全	1	7			8											3				2	1			2											
资源	165	1230	9		1221	7	1	240	144	11	8		9	1	14	138	2		120	391	20	67	2	57	5				288	1				174	110
城建	99	1000	6	4	983	6	4	92	70	5	6	3	6	2	14	208	3		118	360	8	31	1	61	1		2	343.18	189	7	4			116	51
工商	17	195			182			28	8	1			2		1	36			16	74	1			15					31	1				30	5
技术监督	1	24			25			3								1				19		2							7						
计划生育		100	3	1	98	3	1	2	1							2			3	76				14					19					2	1
卫生		66			64			1					1			13			3	44				2					12					2	
药品		5			5	1		1								1		1	2																
能源		1																																1	1
农业		2			2				1							1																			
物价	1	6			7			1								1				5									3						
环保	5	90	2	16	91	2	16	12	1						3	26			4	42		1		2				0.50	19					4	
交通	3	152		4	149		3	29	3						2	41			6	65				3					18					6	
信息电讯	2	4			6											1				3				2					1						
邮电		1			1											1																			
专利	5	6			10			4	2							3				1														1	1
商标																																			
版权																																			
税务	3	41			43											17			1	20				5										1	

(续表十一)

单位：件（万元）

	旧存	收案	在收案中		结案	在结案中		在审结案中																									未结	
								结案方式																	赔偿方式			其中					件	其中
								判决											裁定															
									撤销											撤诉								其中						
											其中																							
			单独提起行政赔偿	附带提起行政赔偿		单独提起行政赔偿	附带提起行政赔偿	维持	全部	部分	重新作出具体行政行为	变更	履行法定职责	确认合法或有效	确认违法或无效	驳回诉讼请求	赔偿	不予赔偿	驳回起诉	原告主动撤诉	被告改变原具体行政行为原告撤诉	移送	终结	其他	行政赔偿调解	返还原物恢复原状	支付赔偿金	行政赔偿金额	当庭宣判	涉外	涉港	涉澳	涉台		中止
金融		5			5											2				1		1		1					2						
外汇		1																																1	
海关(含商检)		18			15			5								1			3	6									1					3	
财政		8			8			1								4			1	2															
劳动和社会保障	59	1157	4	2	1167	3	2	263	53		18		3	1		353			44	397	11	4		38					182					49	3
审计																																			
经贸		2			1														1															1	
外贸		5			5											1			2	1				1											
水利	1	26	1	2	23	2	2	2							2	3			9	5		2							1					4	2
旅游		1		1	1											1																			
烟草专卖		2			2				1											1															
司法行政	1	13			13			2	1							3			1	5				1					2					1	
民政	1	35		1	34		1	3	5				2		1				14	7		1		1					1					2	
教育		54			53				1							12			4	32				4										1	
文化	1	9			10			1												9									1						
乡政府	23	612	5	1	631	2	1	130	112	3	3		7		8	70			11	281		7		1	1			64.00	132					4	2
其他	49	1457	7	17	1432	7	15	228	44	19	3		3		14	275	1		157	498	6	107	6	72	2		1	65.11	218	3	5		1	74	12
合计	452	6993	44	84	6936	43	76	1145	452	39	38	6	36	4	62	1343	7	1	563	2670	54	225	9	311	9		4	476.27	1326	12	10		1	509	191

2010年全省法院行政二审、再审案件统计表

（表十二）　　　　单位：件

			旧存	收案	结案	在审结案件中														未结	
						判决		裁定						调解	其中						其中
						维持	改判	发回重审	撤诉	驳回	撤销原裁定指令立案审理	终结	其他		开庭审理	当庭宣判	涉外	涉港	涉澳	涉台	件	中止
二审		公安	4	217	216	181	5	1	12	11	1		5		96						5	
		土地	37	402	419	278	60	8	16	30	19	1	7		180			15			20	2
		其他	59	3163	3135	2012	127	13	221	669	17	8	64	4	1213		12	15	3	2	87	5
		合　计	100	3782	3770	2471	192	22	249	710	37	9	76	4	1489		12	30	3	2	112	7
	其中	单独提起行政赔偿	1	14	13	7	3	1		1			1		3						2	
		附带提起行政赔偿		45	44	29	1	1	2	7	1		2	1	5						1	
	其中 裁定	驳回起诉	3	241	236	–	–	–	18	156	4	9	49	–	–	–	5	4			8	
		不予受理	6	188	191	–	–	–	7	151	26		7	–	–	–		1			3	
		小　计	9	429	427	–	–	–	25	307	30	9	56	–	–	–	5	5			11	
再审		公安		1	1	1					–				1							
		土地	7	21	22	12	6	1	1		–		1	1	13						6	1
		其他	32	131	141	40	80				–	3	18		81		12		1		22	1
		合　计	39	153	164	53	86	1	1			3	19	1	95		12				39	1
	其中	单独提起行政赔偿	1	1	2	1					–		1		1							
		附带提起行政赔偿		2	2	2					–				1							
		本院决定再审	16	42	46	28	10	1	–	–	–		6	1	20		1				12	2
		提审	9	5	6	4	1				–		1		2				1		8	
		指令再审	6	80	80	9	59		–	–	–		12		44		10				6	
		抗诉	8	26	32	12	16		1		–	3			29		1				2	

2010年全省法院申诉、申请再审案件统计表

(表十三)　　　　单位：件

		旧存	收案	结案	在审结案件中							其中	审查时间			未结
					驳回	撤诉	裁定或决定			终结	其他	听证	不满三个月	三个月以上不满六个月	六个月以上	
							本院决定再审	提起再审	指令再审							
刑事		46	595	598	540	4	23	2	17		12	246	464	102	32	43
民事	婚姻家庭、继承	44	238	254	214	2	7	14	16	1		97	155	63	36	28
	合同	1313	6521	7191	5764	135	123	554	324	18	273	3259	4311	1943	937	643
	权属及侵权	156	2269	2341	2051	21	44	131	77	4	13	865	1219	857	265	84
	适用特别程序	1	5	6	4		2					1	5		1	
行政		38	1110	1078	961	5	25	17	39	6	25	560	826	191	61	70
其他		1	37	38	3				9		26	21	36		2	
合　计		1599	10775	11506	9537	167	224	718	482	29	349	5049	7016	3156	1334	868

2010年全省法院赔偿案件统计表

（表十四）　　单位：件（万元）

				旧存	收案	结案	在审结案件中				决定赔偿案件中赔偿案由												其中				赔偿金额	未结	
							撤回赔偿请求	决定赔偿	决定不赔偿	其他	错误刑事拘留	错误逮捕	错捕错判共同赔偿	再审改判无罪	刑讯逼供致人伤害、死亡	使用暴力、唆使他人使用暴力	违法使用武器、警械致人伤害、死亡	违法查封、扣押、冻结、追缴	错判罚金、没收财产	违法司法拘留、拘传、罚款	错误执行	其他	涉外	涉港	涉澳	涉台		件	其中：中止
刑事赔偿案件	法院为赔偿义务机关			2	22	23	2	12	7	2			10	1						–		1					75.12	1	
刑事赔偿案件	法院赔偿委员会受理	请求法院赔偿	不服赔偿义务机关决定		1	1			1											–									
刑事赔偿案件	法院赔偿委员会受理	请求法院赔偿	赔偿义务机关逾期不作决定																	–									
刑事赔偿案件	法院赔偿委员会受理	请求法院赔偿	小计		1	1			1											–									
刑事赔偿案件	法院赔偿委员会受理	请求其他机关赔偿	检察院	13	29	41	3	29	5	4	10	13	5	–					–	–		1					99.61	1	
刑事赔偿案件	法院赔偿委员会受理	请求其他机关赔偿	公安机关	1	6	6	2		1	3			–	–					–	–								1	
刑事赔偿案件	法院赔偿委员会受理	请求其他机关赔偿	安全机关										–	–					–	–									
刑事赔偿案件	法院赔偿委员会受理	请求其他机关赔偿	监狱管理机关										–	–					–	–									
刑事赔偿案件	法院赔偿委员会受理	请求其他机关赔偿	小计	14	35	47	5	29	6	7	10	13	5	–					–	–		1					99.61	2	
刑事赔偿案件	合计			16	58	71	7	41	14	9	10	13	15	1						–		2					174.73	3	
非刑事司法赔偿案件	法院为赔偿义务机关			8	65	63	1	4	16	42	–		–	–	–				–		3	1					44.17	10	
非刑事司法赔偿案件	法院赔偿委员会受理	请求人不服赔偿义务机关决定									–		–	–	–				–										
非刑事司法赔偿案件	法院赔偿委员会受理	赔偿义务机关逾期不作决定赔偿									–		–	–	–				–										
非刑事司法赔偿案件	法院赔偿委员会受理	小计									–		–	–	–				–										
非刑事司法赔偿案件	合计			8	65	63	1	4	16	42	–		–	–	–				–		3	1					44.17	10	
总计				24	123	134	8	45	30	51	10	13	15	1							3	3					218.90	13	

第三章　法院工作改革

2010年，全省法院坚持中国特色的社会主义司法制度，紧紧围绕人民群众普遍关心、可能影响司法公正的问题推进改革，进一步加强司法公开、司法民主、司法监督等制度的改革创新，各项工作取得明显成效。

一、深入调研，服务社会经济大局

省法院始终坚持能动司法，服务大局的理念，指导全省各级法院找准审判工作服务社会经济发展大局的切入点，为促进经济社会又好又快发展提供参谋助手作用。为积极服务保障平安亚运，省法院及时制定实施了《关于为广州亚运会提供司法服务和司法保障的若干意见》，并指导基层法院设立了亚运法庭，为平安亚运提供司法保障。为化解企业劳资纠纷，维护社会和谐稳定，省法院起草《广东省高级人民法院关于进一步发挥司法能动作用，为构建我省和谐稳定劳动关系提供司法保障的若干意见》，并积极指导基层法院妥善处理劳资纠纷案件，为维护全省劳动关系发挥了积极作用。为破解科学发展难题，推进全省法院协调发展。省法院结合全省法院工作实际和当前存在的突出问题，指导基层法院认真开展“加强司法公开”等11个重点调研课题，为解决法院工作各方面的难题进行摸底和提出对策。

二、明确目标，加速推进争当排头兵进程

省法院按照整体工作争当全国法院排头兵的规划，组织全省法院深入开展“加速推进排头兵进程”竞赛活动，将23个中级法院按照经济发展水平、案件任务量不同分成三个组，确定审判执行工作中的12项重点质效指标开展竞赛，每季度一通报，半年一小结，年底全面总结，调动起各级法院改革创新、强化管理的积极性，不断总结经验，深入查找问题，积极采取措施，努力缩小差距，推动法院工作科学发展。各项竞赛指标的达标情况形势喜人，审判执行工作在整体上取得突破性进展，在争当全国法院排头兵的进程中迈出了坚定步伐，为实现排头兵目标的决定性胜利奠定了坚实基础。

▲10月28日，省法院在深圳召开深化特区法院改革创新工作座谈会。

三、抓住重点，全面推行主动执行改革

针对过去完全依当事人申请启动执行程序，不利于债权人及时行使申请权、法院及时查控被执行财产的问题，全面推行主动执行改革。在征得债权人同意前提下，对裁判已生效、债务人逾期未自动履行的，由审判人员直接移送立案执行。以主动启动执行程序为标志，推动实施贯穿办案全过程的主动执行。突出抓好：主动

▲3月19日上午，省法院在六楼多功能厅召开全省法院“加速推进排头兵达标”竞赛活动电视电话会议。

清理和规范指定执行、委托执行，加强对执行款物的管理；依托党委政法委统筹的执行联动机制，加快推进执行指挥中心建设，省法院执行指挥中心的信息查询系统已建成车辆、社保等8个子系统，及时有效查控被执行人及其财产。同时与省维稳办、省综治委建立了综治信息通报机制，每季度召开一次联席会议，推动我省建立综合治理执行难的新格局。为加强执行申诉信访工作，省法院和部分中级法院、基层法院已正式编立执申字号的案件。执行申诉案件的收、立、办、结纳入流程基本顺畅。各级法院化解了一批重大疑难的申诉信访案件，取得了令人满意的社会效果。

四、稳步推进，扎实开展量刑规范化改革

省法院严格按照最高法院的要求，根据我省的实际，详细制定了量刑规范化指导意见，明确改革的思路和方法，实行量刑纳入庭审，在庭审程序中增设量刑辩论环节，增强量刑的公开性；建立量刑标准精细化制度，为法院量刑提供更为客观、具体的标准。全省各级法院加强协作配合，制定详细工作方案，扎实落实改革的每一项要求，明确细化改革的阶段性任务，确保改革人员到位、责任到位、工作到位。广州市白云区法院量刑规范化改革试点经验，被指定在全国政法工作会议上介绍推广。

五、健全机制，进一步加强审判管理

全省各级法院设立专门的审判管理机构，建立健全以案件质量评估指标体系为导向，以质量管理、流程管理、绩效管理为内容，以层级管理、全面管理为格局，以信息化技术手段为支撑的审判管理工作体系。加强审判流程管理，对办案全过程实施规范化、精细化管理监控，着重强化对办案重点环节、关键节点和审理期限的监督，及时进行督办、催办。加强审判质量管理，完善科学评价案件质量的司法统计指标体系，建立常态化质量评查、重点案件评查、专项指标评查相结合的质量评查机制。通过评查，及时发现问题，制定指导性意见。加强审判绩效管理，建立法官办案质量、效率、效果等绩效档案，纳入干部人事档案管理，并作为法官工作绩效考评的直接依据。深入推进司法公开，将办案流程信息、裁判文书向当事人和社会公开，提供查询服务。广州中院等试行庭审网络直播，社会反响良好。

第四章 队伍建设

2010年，全省法院牢固树立“三个至上”的指导思想，全面贯彻落实科学发展观，紧紧围绕审判执行中心工作和“社会矛盾化解、社会管理创新、公正廉洁执法”三项重点工作，始终坚持“三服务一创新”的工作理念，保持求真务实、开拓进取、公道正派、严谨细致的工作作风，努力破解队伍建设难题，创新队伍管理机制，全面提高全省法院队伍建设水平，为加快实现全省法院在整体工作上争当全国法院排头兵的目标，提供了强有力的精神动力、组织保证和人才支持。

一、夯实党建基础，提升队伍整体战斗力

全省法院认真贯彻“以党建带队建、以队建促审判”的思路，大力加强上级法院对下级法院党建工作的指导、培训，深入开展“支部建在庭上，党旗插到基层”活动，受到中央政法委和最高人民法院的高度重视和充分肯定。深入开展全省法院党建工作调研，认真总结全省法院系统党建工作和人民法庭党建工作经验，加强对全省法院党建工作的指导。扎实推进“学习型法院”、“学习型党组织”和法院文化建设，促进“公正、廉洁、为民”司法核心价值观的进一步树立，有力促使各级法院把创建学习型法院与推进法院文化建设、加速推进排头兵达标竞赛活动、加强审判管理等工作结合起来，营造崇尚学习、端正学风的浓厚氛围。大力培养、宣传先进典型人物事迹，促进队伍创先争优，潮安县法院张林武被省委和最高人民法院先后追授“人民的好法官”、“全国模范法官”荣誉称号。多措并举缓解案多人少和法官断层问题，全省法院公开招录了738名高学历人才；在部分市试点用编、招录、分配、待遇“四统一”的招录法官工作，由中级法院统一招录干部下派到基层法院工作；调剂录用了29名应届大学毕业生到14个欠发达地区基层法院工作；

▲2月23日，省法院在六楼多功能厅召开全省法院反腐倡廉工作暨司法作风建设电视电话会议。

▲6月3至4日，全省法院队伍建设座谈会在珠海召开。

在法官断层严重的少数民族地区基层法院，公开招录了8名本科生，选送到高校定向委托培训。配合学习型法院创建活动，积极开展多种形式的教育培训工作。全年省法院共举办21期培训班，培训全省法院干部14200人次。制定开展“五项培训”工作方案，进一步加强全省人民法庭庭长、刑事法官宽严相济刑事政策、民事法官调解技能、执行干警专项培训、领导干部廉洁从政等五方面的培训工作。以视频方式举办全省人民法庭庭长培训班，改进了培训方式，提高了培训的针对性和有效性。认真做好选派干警参加最高法院和其他院外培训班、选派法官赴国（境）外进修培训、组织司法考试培训等工作，营造了良好的学习氛围，促进了全省法院干警整体素质的提高。

二、筑牢拒腐防线，提升队伍公正廉洁形象

省法院狠抓廉洁司法教育学习，认真组织全省法院干警观看了自主摄制的《金钱背后的阴谋》警示教育专题片，深刻吸取杨贤才案件和“11·13”案件的沉痛教训；举办三级法院领导干部廉洁从政培训班和法官廉政宣誓仪式，增强廉洁自律意识。省法院狠抓廉政制度落实，深入落实“五项廉政制度”；积极开展建立廉政风险防控体系试点工作；扎实开展司法巡查，省法院司法巡查组完成了对全省23个中级法院三年内巡查一遍的任务，提出230余条有针对性的整改意见和建议。省法院狠抓违纪违法行为查处，进一步加大对违纪违法案件的主动查处力度，共查处违纪违法干警45人。

2010年广东省各级人民法院立功受奖的单位和个人

一、2010年度省部级以上奖励

（一）先进集体

全国青年文明号

佛山市南海区人民法院立案庭

首批全国法院文化建设示范单位

汕头市中级人民法院

广州市萝岗区人民法院

全国优秀法院

广州市花都区人民法院

兴宁市人民法院

博罗县人民法院

台山市人民法院

全省文明单位

汕头市濠江区人民法院

中山市中级人民法院

广东省依法治省工作先进单位

深圳市南山区人民法院

第三届广东省人民满意的公务员集体

从化市人民法院

（二）先进个人

全国先进工作者

黄学军

全国模范法官

张林武

全国优秀法官

曹　林　深圳市罗湖区人民法院执行局执行二科科长

徐素平（女）珠海市斗门区人民法院院长

何静虹（女）阳江市江城区人民法院民一庭副庭长

陈耀荣　茂名市茂南区人民法院镇盛人民法庭庭长

方仲伟　肇庆市中级人民法院刑二庭审判员

全国法院办案标兵

郑丽容（女）省法院审监庭助理审判员

王　文（女）广州市白云区人民法院刑事审判庭审判员

周子昌　佛山市顺德区人民法院北滘人民法庭副庭长

梁振彪　东莞市第一人民法院东城人民法庭副庭长

谭凯航　中山市第二人民法院执行局执行员

陈春丽（女）湛江市中级人民法院民一庭副庭长

曾伟光　清远市清城区人民法院执行局局长

吴惠水　揭阳市中级人民法院刑一庭副庭长

邓瑞雄　罗定市人民法院罗镜人民法庭庭长

全省人民的好法官

张林武

广东省“五一”劳动奖章获得者

曹　林

陈耀荣

广东省依法治省工作先进个人（省委）

莫君早（女）省法院刑四庭助理审判员

肖志雄　广州市中级人民法院行政审判庭庭长

叶柳东　东莞市中级人民法院副院长

朱仲灼　江门市蓬江区人民法院党组成员、民一庭庭长

陈建光　阳西县人民法院党组书记、院长

第三届广东省人民满意的公务员（省政府）

广东省高级人民法院刑二庭审判员　吴铁城

韶关市中级人民法院民三庭庭长　万　靖

东莞市第三人民法院执行局副局长　张向平

湛江市霞山区人民法院副院长　林保南

茂名市茂南区人民法院镇盛人民法庭庭长　陈耀荣

潮州市中级人民法院立案庭庭长　黄雪玲（女）

二、2010年度全省法院立功集体和立功个人名单

（一）集体一等功（2个）

广州市中级人民法院民事审判第一庭
深圳市福田区人民法院执行局

（二）集体二等功（55个）

深圳市宝安区人民法院
汕头市潮阳区人民法院
丰顺县人民法院
惠州市惠城区人民法院
封开县人民法院
广州市中级人民法院刑事审判第二庭
广州市海珠区人民法院执行局
广州市荔湾区人民法院民事审判第三庭
广州市天河区人民法院执行局
广州市黄埔区人民法院刑事审判庭
从化市人民法院执行局
深圳市罗湖区人民法院刑事审判庭
深圳市南山区人民法院刑事审判庭
深圳市龙岗区人民法院研究室
珠海市中级人民法院研究室
汕头市中级人民法院立案庭
汕头市澄海区人民法院司法警察大队
南澳县人民法院执行局
佛山市中级人民法院民事审判第四庭
佛山市禅城区人民法院南庄人民法庭
佛山市顺德区人民法院民事审判第一庭
乐昌市人民法院刑事审判第一庭
南雄市人民法院立案庭
翁源县人民法院刑事审判庭
河源市中级人民法院司法警察支队
河源市中级人民法院执行局
河源市源城区人民法院民事审判第一庭
梅州市中级人民法院司法行政科
兴宁市人民法院刑事审判庭
大埔县人民法院民事审判第一庭
惠州市中级人民法院立案庭
惠州市大亚湾经济技术开发区人民法院执行局
陆河县人民法院民事审判第一庭
东莞市第一人民法院南城人民法庭
中山市中级人民法院研究室
中山市中级人民法院立案庭
江门市中级人民法院办公室
江门市蓬江区人民法院民事审判第一庭
江门市新会区人民法院执行局
鹤山市人民法院民事审判第三庭
阳江市中级人民法院民事审判第一庭
阳江市江城区人民法院民事审判第二庭
湛江市中级人民院司法警察支队
湛江市坡头区人民法院南三人民法庭
遂溪县人民法院执行一庭
湛江市赤坎区人民法院刑事审判庭
信宜市人民法院刑事审判庭
肇庆市中级人民法院办公室
清远市清城区人民法院执行局
佛冈县人民法院汤塘人民法庭
潮州市湘桥区人民法院执行局
揭东县人民法院刑事审判庭
云浮市中级人民法院刑事审判庭
郁南县人民法院研究室
广州铁路运输中级法院办公室

（三）集体三等功（23个）

广州市中级人民法院行政审判庭
广州市中级人民法院司法警察支队
深圳市中级人民法院民事审判第三庭
珠海市中级人民法院高新区知识产权庭
汕头市中级人民法院执行局执行一庭
佛山市中级人民法院民事审判第一庭
韶关市中级人民法院中院刑事审判第一庭
河源市中级人民法院民事审判第一庭
梅州市中级人民法院民事审判第二庭
惠州市中级人民法院纪检组监察室
汕尾市中级人民法院立案庭
东莞市中级人民法院民事审判第三庭
江门市中级人民法院信访科
湛江市中级人民法院纪检组监察室
茂名市中级人民法院立案庭
肇庆市中级人民法院刑事审判第二庭
清远市中级人民法院民事审判第三庭
潮州市中级人民法院刑事审判第一庭
潮州市中级人民法院民事审判第二庭
揭阳市中级人民法院刑事审判第一庭
云浮市中级人民法院民事审判第一庭
广州海事法院政治部
广州铁路运输中级法院立案庭

（四）个人一等功（4个）

丁卫红　女　广州市天河区人民法院刑事审判庭庭长
汪　洪　女　深圳市中级人民法院民事审判第六庭助理审判员
林国儒　　深圳市南山区人民法院监察室主任

杜国标　　东莞市中级人民法院立案庭副庭长

（五）个人二等功（68个）

都龙元　　广州市中级人民法院刑事审判第一庭审判员
庄　毅　　广州市中级人民法院立案庭副庭长
梁小彤　女　广州市海珠区人民法院立案庭庭长
何健全　　广州市荔湾区人民法院执行局审判员
何　洁　女　广州市天河区人民法院民事审判第一庭副庭长
徐骥坤　　广州市黄埔区人民法院信访接待室主任
袁　洁　女　广州市黄埔区人民法院民事审判第三庭庭长
贾志生　　广州市花都区人民法院院长
邬耀广　　从化市人民法院院长
许保疆　　深圳市中级人民法院民事审判第五庭审判员
丁　婷　女　深圳市中级人民法院民事审判第六庭助理审判员
戴少雄　　深圳市罗湖区人民法院民事审判第二庭副庭长
何　晓　　深圳市南山区人民法院执行局副局长
陈　勇　　深圳市盐田区人民法院办公室副主任
汤玉平　　珠海市中级人民法院纪检组组长
何　敏　　珠海市中级人民法院研究室副主任
蔡超明　　珠海市香洲区人民法院南湾人民法庭副庭长
罗锡胜　　珠海市斗门区人民法院刑事审判庭副庭长
张少忠　　汕头市中级人民法院政治处副主任科员
曾丰冰　　汕头市龙湖区人民法院刑事审判庭审判员
卢文礼　　汕头市金平区人民法院院长
杨文生　　汕头市濠江区人民法院执行局局长
张曙生　　汕头市潮南区人民法院民事审判第一庭庭长
陈若玮　　汕头市澄海区人民法院副院长
朱育元　　南澳县人民法院副院长
奉　芳　女　佛山市中级人民法院民事审判第四庭副庭长
胡顺彪　　佛山市顺德区人民法院审判管理办公室主任
李正钊　　佛山市禅城区人民法院民二庭副庭长
张红宇　女　韶关市曲江区人民法院民一庭庭长
陈建麟　　南雄市人民法院刑事审判庭庭长
冯开选　　翁源县人民法院民事审判第一庭审判员
邓志军　　河源市中级人民法院刑事审判第二庭庭长
刘洪天　　紫金县人民法院院长
陈伟浩　　梅州市中级人民法院民事审判第一庭审判员
黄坤伟　　大埔县人民法院高陂人民法庭庭长
刘鹏飞　　兴宁市人民法院副院长
陈晓文　　惠州市中级人民法院民事审判第一庭副庭长
卜　健　　惠州市惠城区人民法院水口人民法庭助理审判员
李龙飞　　博罗县人民法院院长
李　茂　　汕尾市中级人民法院机关服务中心副主任
施锦涛　　陆丰市人民法院办公室主任
梁　聪　　东莞市中级人民法院刑事审判第一庭庭长
钟德英　女　东莞市第三人民法院常平人民法庭审判员
林　敏　女　中山市第二人民法院政工科科长
马俊明　　江门市中级人民法院刑事审判第一庭副庭长
朱杰志　　江门市蓬江区人民法院执行局局长
陈建光　　阳西县人民法院院长
陈章钢　　阳江市江城区人民法院民事审判第二庭副庭长
王　励　女　湛江市中级人民法院监察室副主任
叶美球　　雷州市人民法院政工科科长
李永铭　　吴川市人民法院长岐人民法庭助理审判员
苏小龙　　电白县人民法院林头人民法庭庭长
杨洪波　　信宜市人民法院研究室主任
张国桢　　茂名市中级人民法院立案庭副庭长
蒙艳华　女　封开县人民法院刑事审判庭庭长
黄榕桥　　佛冈县人民法院迳头人民法庭庭长
莫逸凡　　连南瑶族自治县人民法院执行局副局长
余命隆　　潮州市中级人民法院党委办公室副主任
郑小伟　　潮安县人民法院刑事审判庭庭长
方建生　　揭阳市中级人民法院审判员
陈益文　　揭阳市中级人民法院审判监督庭庭长
陈少华　　揭阳市中级人民法院行政庭庭长
郭树雄　　普宁市人民法院刑事审判庭副庭长
李农华　　云浮市中级人民法院副院长
林火新　　云安县人民法院司法警察大队大队长
徐元平　　广州海事法院深圳法庭庭长
王谦和　　广州铁路运输法院刑事审判庭庭长
吴志业　　肇庆铁路运输法院执行局局长

（六）个人三等功（1个）

林少棠　　中山市中级人民法院副院长

（七）个人嘉奖（2个）

贾和平　　珠海市中级人民法院副院长
黄桂全　　中山市中级人民法院纪检组组长

三、2010年度全省法院调解工作先进集体和调解能手名单

（一）全省法院调解工作先进集体（40个）

从化市人民法院
深圳市宝安区人民法院
深圳市龙岗区人民法院
汕头市濠江区人民法院
丰顺县人民法院
台山市人民法院
怀集县人民法院

清新县人民法院
普宁市人民法院
罗定市人民法院
广东省高级人民法院立案二庭
广东省高级人民法院民三庭
广州市花都区人民法院炭步人民法庭
深圳市中级人民法院民三庭
珠海市金湾区人民法院民一庭
汕头市中级人民法院民一庭
佛山市南海区人民法院里水人民法庭
佛山市高明区人民法院民一庭
南雄市人民法院民三庭
龙川县人民法院车田人民法庭
兴宁市人民法院民二庭
梅县人民法院丙村人民法庭
惠州市中级人民法院审判监督庭
惠州市惠阳区人民法院诉调对接中心
陆丰市人民法院南塘人民法庭
陆河县人民法院民一庭
东莞市中级人民法院民三庭
东莞市第一人民法院石排人民法庭
中山市中级人民法院民四庭
江门市蓬江区人民法院民一庭
阳春市人民法院春城人民法庭
雷州市人民法院乌石人民法庭
茂名市茂南区人民法院镇盛人民法庭
茂名市茂港区人民法院第二人民法庭
封开县人民法院南丰人民法庭
清远市清城区人民法院源潭人民法庭
潮安县人民法院立案庭
云安县人民法院石城人民法庭
广州海事法院深圳法庭
长沙铁路运输法院民事庭

（二）全省法院调解能手（60名）

蒋先华　　广东省高级人民法院执行局助理审判员
庄幼英　女　广东省高级人民法院立案二庭审判长
王竹青　女　广东省高级人民法院刑二庭助理审判员
欧丽华　女　广东省高级人民法院民三庭助理审判员
张汉华　　广州市中级人民法院民五庭副庭长
杜剑青　　广州市越秀区人民法院民二庭审判员
何　洁　女　广州市天河区人民法院少年庭副庭长
汪　洪　女　深圳市中级人民法院民六庭助理审判员
钟丹丹　女　深圳市罗湖区人民法院立案庭助理审判员
李　冰　　深圳市南山区人民法院西丽人民法庭助理审判员
崔拓寰　　珠海市金湾区人民法院执行局审判员
温建鸿　　珠海市中级人民法院执行局副局长
陈　发　　珠海市中级人民法院高新区知识产权庭副庭长
曾丰冰　　汕头市龙湖区人民法院刑事庭审判员
张曙生　　汕头市潮南区人民法院民一庭庭长
张壮群　　汕头市金平区人民法院民一庭副庭长
欧阳云　女　佛山市禅城区人民法院民一庭审判员
黄婉君　女　佛山市南海区人民法院西樵人民法庭审判员
黄永军　　佛山市高明区人民法院民一庭审判员
麦景桃　女　佛山市三水区人民法院立案庭副庭长
聂　杰　　南雄市人民法院民三庭助理审判员
汤　恍　　韶关市武江区人民法院民一庭副庭长
谭　红　女　新丰县人民法院民一庭庭长
邹建忠　　河源市中级人民法院民三庭副庭长
谢顶义　　连平县人民法院隆街人民法庭副庭长
叶龙光　　和平县人民法院彭寨人民法庭副庭长
陈伟浩　　梅州市中级人民法院民一庭审判员
罗仰龙　　丰顺县人民法院汤南人民法庭庭长
刘红梅　女　梅州市梅江区人民法院民二庭副庭长
何　裕　女　兴宁市人民法院坭陂人民法庭审判员
黄潮明　　惠州市中级人民法院民二庭审判员
陈光忠　　惠东县人民法院民一庭副庭长
徐图强　　海丰县人民法院可塘人民法庭庭长
林敬豪　　陆丰市人民法院博美人民法庭庭长
余志如　　陆河县人民法院水唇人民法庭副庭长
刘晓宇　　东莞市第一人民法院执行局副局长
刘伍雄　　东莞市第二人民法院大朗人民法庭副庭长
张　莹　女　东莞市第三人民法院樟木头人民法庭助理审判员
周　逵　　中山市第一人民法院张家边人民法庭副庭长
曾志专　　中山市第二人民法院黄圃人民法庭助理审判员
谢荣坤　　开平市人民法院民三庭庭长
施锦琪　　鹤山市人民法院民二庭副庭长
邱国崇　　阳西县人民法院溪头人民法庭副庭长
卢珍桥　　湛江市坡头区人民法院民二庭副庭长
陈耀荣　　茂名市茂南区人民法院镇盛人民法庭庭长
苏小龙　　电白县人民法院林头人民法庭庭长
陈达维　　信宜市人民法院民二庭审判员
黄建强　　四会市人民法院民一庭副庭长
宾志权　　德庆县人民法院民三庭庭长
黄启亮　　怀集县人民法院永固人民法庭副庭长
骆华建　　清新县人民法院太平人民法庭审判员
孔日照　　连州市人民法院东陂人民法庭庭长
谢成钦　　饶平县人民法院饶洋人民法庭庭长
吴桂清　　潮安县人民法院民一庭副庭长
林晓容　女　揭阳市中级人民法院审监庭审判员
陈玉娜　女　揭西县人民法院棉湖人民法庭审判员

陆汉容　女　云浮市中级人民法院行政庭审判员
刘　祺　　　罗定市人民法院船步人民法庭庭长
尹忠烈　　　广州海事法院深圳法庭助理审判员
向　春　　　怀化铁路运输法院民事庭副庭长

四、全省人民陪审员调解工作先进个人名单

邱丽均　女　广州市天河区人民法院人民陪审员
陈笑玲　女　广州市白云区人民法院人民陪审员
朱铭贤　女　广州市番禺区人民法院人民陪审员
朱伟彬　　　广州市花都区人民法院人民陪审员
彭新阳　女　深圳市福田区人民法院人民陪审员
张文钊　女　深圳市罗湖区人民法院人民陪审员
吕素娜　女　深圳市龙岗区人民法院人民陪审员
何倩燕　女　深圳市南山区人民法院人民陪审员
林　娟　女　珠海市香洲区人民法院人民陪审员
许腾云　　　珠海市金湾区人民法院人民陪审员
陈新锋　　　汕头市龙湖区人民法院人民陪审员
黄克宽　　　汕头市澄海区人民法院人民陪审员
邵伟东　　　佛山市禅城区人民法院人民陪审员
周丽燕　女　佛山市顺德区人民法院人民陪审员
袁利珍　女　翁源县人民法院人民陪审员
邓红春　　　南雄市人民法院人民陪审员
黄明娥　女　和平县人民法院人民陪审员
钟旭光　　　紫金县人民法院人民陪审员
邓奎清　女　大埔县人民法院人民陪审员
凌瑞洪　　　平远县人民法院人民陪审员
许彩群　女　博罗县人民法院人民陪审员
吴碧珍　女　惠州市大亚湾经济技术开发区人民法院人民陪审员
黄必增　　　汕尾市城区人民法院人民陪审员
罗智雄　　　陆河县人民法院人民陪审员
邓爱容　女　东莞市第一人民法院人民陪审员
袁影霞　女　东莞市第一人民法院人民陪审员
伍乃仁　　　东莞市第二人民法院人民陪审员
周妙娟　女　东莞市第三人民法院人民陪审员
简岸斐　　　中山市第一人民法院人民陪审员
刘　琴　女　中山市第二人民法院人民陪审员
杨文轩　　　江门市蓬江区人民法院人民陪审员
李悦林　　　台山市人民法院人民陪审员
陈权姗　女　阳春市人民法院人民陪审员
胡可南　　　阳东县人民法院人民陪审员
许　宁　女　吴川市人民法院人民陪审员
王长江　　　雷州市人民法院人民陪审员
吴鸿飞　　　高州市人民法院人民陪审员
董冬华　女　化州市人民法院人民陪审员
钱洁容　女　四会市人民法院人民陪审员
林育顺　　　怀集县人民法院人民陪审员
吴瑞红　女　连州市人民法院人民陪审员
张国强　　　阳山县人民法院人民陪审员
陈壮培　　　潮州市湘桥区人民法院人民陪审员
孙　洁　女　潮安县人民法院人民陪审员
黄少义　　　普宁市人民法院人民陪审员
蔡明权　　　揭西县人民法院人民陪审员
陈业珍　女　云浮市云城区人民法院人民陪审员
岑汉泉　　　郁南县人民法院人民陪审员

五、“2010年度广东法院好新闻”获奖作品

一等奖（共6篇）

1.《“妈妈，天堂里有月饼吗?”》
作者：林晔晗　朱奎安　黄陈谦
发表媒体：《人民法院报》
报送单位：惠州中院

2.《端午节前，这四个日夜》
作者：林劲标　黄延丽
发表媒体：《人民法院报》
报送单位：佛山中院

3.《巧破两地法律差异审判难点变亮点》
作者：邓新建　任慧娟　张　丹
发表媒体：《法制日报》
报送单位：珠海中院

4.《广东四万迷途少年的罪与罚》
作者：赵琦玉　戎明昌　林晔晗
发表媒体：《南方日报》
报送单位：广东高院

5.《被告席上的孩子系列专题片》
作者：陈轶恂　范　贞　凌　蔚　李秀珠　许　琛
发表媒体：广东电视台
报送单位：广东高院

6.《能动司法，让法官走出公堂“断案”》
作者：黄　亮　许　琛　黄秋盈
发表媒体：《羊城晚报》
报送单位：广州中院

二等奖（共10篇）

1.《中山法院发出人身安全保护令》
作者：林劲标　周祖龙
发表媒体：《人民法院报》
报送单位：中山中院

2.《“零强拆”背后……》
作者：林晔晗　何　娟
发表媒体：《人民法院报》
报送单位：广州中院

3.《省高院试水“远程视频开庭”》
作者:戎明昌　林晔晗　何　娟
发表媒体：《南方日报》
报送单位：广东高院

4.《向家暴说“不”系列专题片》
作者：陈轶恂　范　贞　苏倩雯　刘天然
发表媒体:广东电视台
报送单位：广东高院

5.《每案调结不可能　沟能就会有成效》
作者：邓新建　陈笑尘　黄志庆
发表媒体：《法制日报》
报送单位：佛山中院

6.《为非诉调解协议安上“保险锁”》
作者：伍利玲　黄义涛
发表媒体:《人民法院报》
报送单位：梅州中院

7.《追偿》
作者：张　毅　梁兆伟　罗世华　曹雨轩
发表媒体：广东电视台
报送单位：佛山中院

8.《从“请出去”到“请进来”》
作者：林晔晗　余炳奎　刘志华
发表媒体:《人民法院报》
报送单位:广东高院

9.《有法律难题，call社区法官》
作者：孙　颖　李晓刚
发表媒体：《南方日报》
报送单位：深圳中院

10.《6吨带鱼码头堆10月变垃圾》
作者：鲁钇山　胡后波
发表媒体：《羊城晚报》
报送单位：广州海事法院

三等奖（共20篇）

1.《支部建在法庭　党旗插到基层——广东法院加强基层党建提升司法能力》
作者：林晔晗
发表媒体:《人民法院报》
报送单位：广东高院

2.《惠州邀请人大代表旁听复杂案件》
作者：裘晶文
发表媒体：《人民法院报》
报送单位：广东高院

3.《中山中院法官现场调解为重点建设项目扫清障碍》
作者：周　方　赵伟光
发表媒体：《人民法院报》
报送单位：中山中院

4.《我的高温津贴哪儿去了》
作者：刘晓燕　林劲标　阮春莉　胡圣开　李世寅
发表媒体：《人民法院报》
报送单位：中山中院

5.《小小巡回庭　能解大麻烦》
作者：林劲标　叶利增　凌　蔚
发表媒体：《人民法院报》
报送单位：佛山中院

6.《谁动了我的血汗钱》
作者：赵　华　李志金　李月颖
发表媒体：广东电视台
报送单位：广东高院

7.《广州法院庭审现场专设记者席　媒体你将站在什么位置》
作者：张玲南
发表媒体：中央人民广播电台中国之声
报送单位：广州中院

8.《“直播庭审因为我们自信”》
作者：王雪生　穆　健　陈少波　许颖菲　吴秀云
发表媒体：《南方都市报》
报送单位：广州中院

9.《第16届亚运会火炬传递》
作者：马伟锋　罗伟雄
发表媒体：《人民法院报》
报送单位：广州中院

10.《全国首个知产派出法庭受案飙升》
作者：邓新建　任慧娟　唐育萍
发表媒体：《法制日报》
报送单位：珠海中院

11.《调解，在判决书发出的最后一刻》
作者：林晔晗　朱奎安　黄陈谦
发表媒体：《人民法院报》
报送单位：惠州中院

12.《茶阳古镇话诉权》
作者：杨树明　赵　华
发表媒体：《人民法院报》
报送单位：梅州中院

13.《少年犯泪洒法庭》
作者：林劲标　李　翔

发表媒体：《人民法院报》
报送单位：江门中院

14.《合俊案：危机下司法应对之东莞样本解码》
作者：林劲标　冯鼎臣　钟紫薇
发表媒体：《人民法院报》
报送单位：　东莞中院

15.《斩断网络黄毒》
作者：陈轶恂　范　贞　雷志强
发表媒体：　广东电视台
报送单位：江门中院

16.《救火英雄的索赔官司》
作者：陈轶恂　范　贞　陆汉杰
发表媒体：广东电视台
报送单位：潮州中院

17.《“见证执行”的东莞探索》
作者：白　龙
发表媒体：《人民日报》
报送单位：东莞中院

18.《河源法院：新理念铸就新辉煌》
作者：林晔晗　李　琳　雷江辉
发表媒体：《人民法院报》
报送单位：河源中院

19.《报警回执可证明家庭暴力》
作者：林霞虹　段　勇　范　贞
发表媒体：《广州日报》
报送单位：广东高院

20.《网络著作权　新问题引发新思考》
作者：宿华文
发表媒体：《人民法院报》
报送单位：汕头中院

优秀奖（共30篇）

1.《天仙配起纠纷》
作者：陈轶恂　范　贞　白全安
发表媒体：广东电视台
报送单位：广东高院

2.《蒸发的工厂》
作者：张　毅　谢　涛　任守庆
发表媒体：　广东电视台
报送单位：东莞中院

3.《村民毁田挖矿，获刑两年》
作者：黄伟浩　蒋茂杰
发表媒体：广东电视台
报送单位：清远中院

4.《“植物人准妈妈”获赔50万元》
作者：李春辉　邝　莉
发表媒体：中央电视台
报送单位：河源中院

5.《一个孩子的归宿》
作者：陈卫星　黄泽葵
发表媒体：中央电视台
报送单位：汕头中院

6.《清官除家暴　广东试水家事合议庭》
作者：林劲标
发表媒体：《人民法院报》
报送单位：广东高院

7.《从让我听到听我说——广东省中级法院院长会议侧记》
作者：林劲标
发表媒体：《人民法院报》
报送单位：广东高院

8.《广东法院信息化综合业务系统启用》
作者：林晔晗　裘晶文
发表媒体：《人民法院报》
报送单位：广东高院

9.《广东高院与保监会广东监管局出台意见着力破解保险纠纷调解难》
作者：林晔晗　裘晶文
发表媒体：《人民法院报》
报送单位：广东高院

10.《协助虚假诉讼　吊销律师执照——广东高院出台新规防治虚假民事诉讼》
作者：戎明昌　何　娟
发表媒体：《南方日报》
报送单位：广东高院

11.《广东出新规稳定劳动关系》
作者：邓新建　何　娟
发表媒体：《法制日报》
报送单位：广东高院

12.《广东高院：审判执行要服务民生化解纠纷》
作者：戎明昌　段　勇　凌　欣　丁金亮
发表媒体：《南方日报》
报送单位：广东高院

13.《“局座”要假释　法院邀“三方”观审》
作者：刘冠南　马伟锋
发表媒体：《南方日报》
报送单位：广州中院

14.《30年发展成就举世瞩目司法改革作用不可或缺》
作者：李汝健
发表媒体：《人民法院报》
报送单位：深圳中院

15.《深圳：“集约分工式”解“执行难”顽疾》
作者：李汝健　王华兵　潘　军
发表媒体：《人民法院报》
报送单位：深圳中院

16.《佛山：走出结案率考核怪圈》
作者：罗　斌　林劲标
发表媒体：《人民法院报》
报送单位：佛山中院

17.《南海法院首创镇街法官工作室》
作者：邓新建　林劲标　黄延丽
发表媒体：《法制日报》
报送单位：佛山中院

18.《香洲　心理辅导为法官减压》
作者：任慧娟　苏倩雯
发表媒体：《人民法院报》
报送单位：珠海中院

19.《兴宁：为迷途少年点亮归家的明灯》
作者：黄巢雁　刘映波
发表媒体：《人民法院报》
报送单位：梅州中院

20.《粤贵联手调解一宗劳资纠纷缠访案》
作者：谢　晖　龙建全
发表媒你：《南方日报》
报送单位：肇庆中院

21.《让未成年少女远离性侵害》
作者：刘　俊　刘桂亮
发表媒体：《南方日报》
报送单位：清远中院

22.《水库管理员未救溺水偷鱼者获缓刑》
作者：廖伟承　于敢勇
发表媒体：《广州日报》
报送单位：云浮中院

23.《岁月如歌--全国优秀法官顶义印象》
作者：杨树明
发表媒体:《人民法院报》
报送单位：河源中院

24.《东莞法院“案多人少”问题突出》
作者：林晔晗　王创辉　段体操
发表媒体：《人民法院报》
报送单位：东莞中院

25.《发假信息“钓”供货商皮包公司4个月骗了280万》
作者：林晔晗　钟紫薇
发表媒体：《人民法院报》
报送单位：东莞中院

26.《为牟取暴利铤而走险　6人走私价值1.65亿元象牙》
作者：宿华文
发表媒体：《人民法院报》
报送单位：汕头中院

27.《抽调资深法官组成国内首个“法官服务团”　“立体保护”创下两项记录》
作者：杨　媛　宿华文
发表媒体：《羊城晚报》
报送单位：汕头中院

28.《养老投资计划被搁浅十年　71起旅游开发案四天调结》
作者：李　芹　林晔晗　黄陈谦　朱奎安
发表媒体：《人民法院报》
报送单位：惠州中院

29.《中山一院执行法官冒雨执行维护村民合法利益》
作者：林劲标　周祖龙　苗万文
发表媒体：《人民法院报》
报送单位：梅州中院

30.《茂名圆满审结一起中外合资企业破产案》
作者：林劲标　邹辉球
发表媒体：《人民法院报》
报送单位：茂名中院

六、省法院机关2010年度记功嘉奖集体、个人

（一）集体一等功（1个）

民三庭

（二）嘉奖部门（7个）

办公室　审管办　立案一庭　立案二庭　刑四庭　执行局综合处　研究室

（三）嘉奖科组（20个）

刑一庭庭长办公室
刑二庭庭长办公室
刑三庭第四合议庭
民一庭第一合议庭
民二庭庭长办公室
民四庭庭长办公室
行政庭第二合议庭
审监庭庭长办公室
执行一处第一合议庭
执行二处第一合议庭
行装处财务科
机关干部处任免调配组
地方干部处表彰奖励组
教育处思想教育组
机关党办党建工作组
离退休人员管理处老干大学组
宣传处新闻组
法警总队直属队
法官学院办公室
信息中心软件应用组

（四）个人一等功（1名）

陈光昶

（五）个人二等功（2名）

何凌云　胡晓明

（六）个人三等功（9名）

邱　丹　凌　欣　李　华　王一民　范冬明　邱永清
高　静　刘军伟　刘雪峰

（七）个人嘉奖（77名）

卫俊儒　陈润霖　刘思彬　任宗理　刘奕冰　时　磊
傅曜天　洪嘉忠　王建平　谢小斌　刘国喜　段　勇
周长林　王晓明　魏　海　陈仁欣　贵月红　张扬云
李焱辉　彭永红　李晓奋　田保成　张婉芳　陈桂生
姚卓梅　刘子新　朱继军　吴文丽　林小娴　余炜川
高梨英　邹思年　周　真　庄幼英　闵　睿　胡晓清
洪望强　王　庆　刘晓英　李欣荣　陈　渊　谭双堰
王竹青　谭仲子　孙玫生　蒋伟盛　陈永斌　王　芳
刘仕毕　金锦城　贾　密　申良洪　纪红玲　郑捷夫
张　婷　李云朝　张艮开　戴剑飞　刘德敏　谭　甄
郑丽容　付庆海　梁展欣　徐曾沧　何祖元　薛卫东
梁丽珠　龚肖兰　胡跃丰　刘广军　马远斌　林晔晗
罗荣辉　吴　鹏　樊　宁　胡　燕　赵　薇

第五章 基层工作

2010年，全省法院按照整体工作争当全国法院排头兵的目标要求，认真结合发展实际，继续加强基层帮扶力度，不断提高基层队伍整体素质和司法能力，不断提高司法行政工作水平和效率，逐步实现全省法院的共同进步、均衡发展，为全省法院整体工作协调发展提供全方位的保障和服务。

一、加强基层帮扶工作，提升基层司法能力建设

省法院不断总结经验，指导全省91个结对法院协商制定具体计划，重点解决帮扶流于形式，特别是在支援办案方面存在不足的问题。各结对法院在人才资源共享、文化共建、经验交流、物质装备支援等方面不断推出新举措，帮扶执行、帮扶办案力度明显加大。近三年来，珠三角法院投入帮扶经费1022万元，帮助欠发达地区法院改善了办公条件，欠发达地区法院到珠三角法院帮助办案165人，帮扶执行案件4792件，执结标的19.5亿元，有效缓解了珠三角法院办案压力。落实全省法院干警扶助金管理规定，尽力扶助有特别困难的干警，及时办理3批36人次共41.5万元的扶助金以及全省14名因公牺牲法官特别慰问金的发放工作。强化基层办案业务指导，省法院下发了关于审理劳动争议案件、防范诉讼欺诈等指导意见，为基层法院办理疑难案件提供指导。努力提升基层司法能力，在全省开展人民法庭庭长、民事法官调解技能、刑事审判量刑规范化、执行工作、领导干部廉洁从政为主要内容的"五项培训"，大规模轮训干部，共培训干警近9000人次，着重提高做群众工作和化解矛盾的能力。

二、加强干部协管力度，促进人员机构协调发展

省法院积极推动下级法院班子建设。考察和办理了深圳、汕头、惠州、潮州、清远、云浮6个中院院长的调整，审批了广州、珠海、汕头等8个中院15名班子成员、广铁中院9名、海事法院4名同志的任免职，协助省委组织部做好干部信息监督工作，办结21批158人次拟任人选的涉案涉信访调查工作。圆满完成了对全省中院2009年度的综合考核，认真分析、反馈考核结果，推动各中院班子建设和其他各项工作的开展。全面加强全省法院机构人员管理。认真做好铁路法院改制的前期准备工作，成立移交工作小组，提出了移交工作意见；指导全省法院做好法庭增设和恢复新建工作，批准增设了惠州小金口法庭和广州萝岗九龙法庭。深入推进人民陪审员工作。贯彻落实全国法院人民陪审员工作会议精神，部署开展了全省法院新一轮的陪审员选任和岗前培训工作，选任陪审员3787名。积极推动人民陪审员候选人员和当选人员的信息库建设，探索加强人民陪审员管理和考核的办法，为民主法治建设助力。

三、做好扶贫开发工作，提高固本强基效果

认真贯彻省法院党组的要求，制定了切实可行的工作方案，积极组织实施连南县涡水镇必坑村的"双到"扶贫开发工作。省法院选派两名工作责任心强、能力强的干部驻村帮扶，积极寻求帮扶办法，帮助加强村的组织建设。积极协调院领导赴必坑村视察帮扶工作，先后两次组织全院各党支部深入贫困户家庭开展帮扶活动，发动全院党员干部捐钱捐物近30万元。在扶贫项目上，突出重点，兼顾全面，采取投资、入股、引进项目等多种方式，帮助发展村集体经济。建立了用于帮助贫困户开展种植养殖项目的"扶贫扶助基金"和用于解决贫困户子女读书问题的"扶贫助学基金"，出资进行村民危房改造、建设村办公楼和村小学饮水工程。经过一年的努力，已实现必坑村集体经济和20个贫困户脱贫。

▲8月17—20日，省法院党组书记、院长郑鄂到汕头、潮州两地法院调研。

▲8月26日，省法院党组书记、院长郑鄂视察广州两级法院亚运法庭建设并召开调研座谈会。

▲10月31—11月2日，省法院党组书记、院长郑鄂深入清远市两级法院调研，并与两级法院领导班子成员、中层干部进行座谈。

►9月19—21日，省法院党组书记、院长郑鄂到茂名、湛江法院调研指导工作，并听取两地法院工作汇报。

◄10月13日，省法院党组副书记、副院长凌祁漫到东莞第一法院视察工作，并听取工作汇报。

►10月14日，广州从化市法院与从化市综治办召开诉讼调解与综治衔接工作会议。

◀10月27—28日，省法院副院长李毅峰一行检查珠海和中山部分法院法警队伍落实亚运安保工作。

▶10月29日，省法院副院长谭玲带领民一庭有关同志赴珠海，成功化解了因出让和收回国有土地使用权引发的民事、行政系列案。

◀9月14日，省法院举办全省人民法庭庭长培训班。

第六章　物质装备和信息化建设

▲4月28日，省法院召开“广东法院综合业务系统”演示汇报会。

2010年，全省法院紧密围绕开展“加速排头兵达标竞赛”活动要求，认真落实“三项硬要求”的总体部署，结合司法行政工作实际，坚持以党建带队建，遵循司法行政工作规律，全面加强省法院物质装备建设和信息化建设，为审判、执行和队伍管理的中心工作任务提供坚强的物质和后勤保障。

一、强力推进信息化管理系统建设。信息化建设“08工程”基本完成，由省法院直通各中级法院、基层法院、人民法庭的二、三、四级信息化管理网络全面联通，实现了办案业务在网上运行、审判管理在网上运作；远程提讯、远程开庭、远程培训等视频系统应用效果显著，大大提高了工作效率；数字身份认证和电子签章系统同步部署，全省已建成标清数字法庭216个，适应信息化时代的高清数字审判法庭建设紧锣密鼓进行，为实施精细化审判管理打下了科技基础，也极大地方便了当事人诉讼。

二、加强基层法院物质装备建设。省法院不断加强基层司法保障工作，扎实实施诉讼费统筹转移支付的办法，支援经济欠发达地区基层法院建设；及时将2亿元中央政法补贴分配到位，加强对援助补贴资金使用情况的跟踪检查，并在经费、装备分配上优先援助经济困难但工作成效好的基层法院；根据最高法院及省委政法委要求，及时修订《广东省法院系统“警、O”车辆使用、管理实施办法》，完善规章制度，强化管理手段；严格按照枪支管理办法的有关规定，对全省法院枪支配备、使用管理进行全面检查，确保亚运期间我省法院枪支使用管理安全；利用统筹款，为欠发达地区法院配备囚车120台。

第七章　重大典型案件

许建强、林国钦等43人组织、领导、参加黑社会性质组织案

案件提示：从1996年到2007年的十多年来，许建强、林国钦组织、领导的黑社会性质组织，通过实施大量的违法犯罪活动，在阳江地区称霸一方，为非作恶，欺行霸市，非法控制对群众生产生活有重大影响的行业，给当地群众造成极大的心理恐惧，严重破坏了阳江地区经济、社会生活的秩序，严重影响了阳江地区的社会治安稳定及经济发展，造成了极其恶劣的社会影响。

原公诉机关：阳江市人民检察院。

上诉人（原审被告人）：许建强、林国钦等28人。

上诉人（原审附带民事诉讼原告人）：林先、李丽洁等5人。

上诉人（原审被告单位）：广东春潭水泥有限公司、阳江市银通投资担保有限公司。

原审被告人：冯亨、何国辉等15人。

原审被告单位：阳东县瑞康医药有限公司、阳江市鹏轩禽畜发展有限公司。

原审附带民事诉讼原告人：阮忠有、阮忠深等10人。

广东省阳江市人民检察院指控被告单位广东春潭水泥有限公司、阳东县瑞康医药有限公司、阳江市鹏轩禽畜发展有限公司犯偷税罪等罪，阳江市银通投资担保有限公司非法经营罪，被告人许建强、林国钦等28人共同或分别犯组织、领导、参加黑社会性质组织罪、故意杀人罪、故意伤害罪等23项罪名，附带民事诉讼原告人陈国平等16人提起附带民事诉讼一案，因案件在广东乃至全国影响重大，一二审特别重视，组织专门力量严格依法审理。

阳江中院一审认为，许建强与林国钦1990年左右在社会上闯荡并在赌博中结识，后各自建立起既有联系、又相对独立的黑社会性质组织。

1996年始，许建强在阳江市闸坡镇开设赌场，并指使李建定等人暗杀竞争对手未果。同年，许指派他人在闸坡设立“闸坡鸿发水产品购销部”，并以此为依托，强行垄断冰条、海鲜市场，征收“保护费”。1997年，许建强指使他人在太保酒店，与林国钦、许华锋合伙在阳东东平珍珠湾、东湖度假村等地开设赌场。97年底，以许建强为首，佘建辉、蓝忠明等人为骨干，闸坡为势力范围的黑社会性质组织逐步形成。97年后，许建强又先后网罗谈俊岐、陈叶庆、冯亨、许明亚、张志有、张业群、阮永亨、唐国伟、王金鸣、阮湾、吴立文、梁亮、韦江文等多人，通过开设赌场、放高利贷和追收赌债，投资或参股各种经济实体，不断壮大实力，逐渐扩张到整个阳江。

1996年起，林国钦先后网罗曾高、周成和黄金怀、梁华盈、何能勋、程继富、林月允、何国辉、邓慧玲、林日照等多人，在阳江市区和阳西县多处，独自或与许建强、许华锋合伙开设赌场，并放高利贷和追收赌债，非法聚敛财富。后又开设、投资春潭公司、银通公司、阳江海陆空火锅城大酒店等一系列企业，逐步形成以林国钦为首，曾高、周成、李秀莲为骨干，分工明确的黑社会性质组织。

多年来，许建强、林国钦黑社会性质组织实施大量违法犯罪活动，在阳江地区称霸一方，为非作恶，欺压、残害群众，严重破坏了阳江地区经济、社会生活秩序，造成极其恶劣的社会影响。

阳江中院依据上述事实作出如下判决：判处许建强、李建定死刑，剥夺政治权利终身；林国钦、黄勃、林月允死刑，缓期二年执行，剥夺政治权利终身；蓝忠明等其他38名被告人分别被判处无期徒刑至1年3个月有期徒刑。被告人许建强、林国钦等不服，提出上诉；附带民事诉讼原告人林先、李丽洁、曾瑞、曾华、曾广荣也对附带民事部分判决不服，提出上诉。

广东高院二审认为，上诉人许建强构成组织、领导黑社会性质组织罪、非法买卖枪支、弹药、爆炸物罪、故意杀人罪、诈骗罪、故意伤害罪、非法拘禁罪、寻衅滋事罪、敲诈勒索罪、强迫交易罪等多达十七种犯罪。其作为黑社会性质组织的首要分子，主观恶性极深，人身危险性极大，罪行极其严重。上诉人林国钦构成组织、领导黑社会性质组织罪、故意伤害罪、强迫交易罪等七种犯罪，情节严重。上诉人李建定犯参加黑社会性质组织罪、故意杀人罪，罪行极其严重，主观恶性深，人身危险性大。对许建强、林国钦的判决应予维持。对上诉人陈叶庆、张志有、邓慧玲、原审被告人姜先发，原审量刑过重，故在实刑或罚金上作适当改轻的判决。对上诉人许明亚，原审定性为开设赌场有误，应予改变定性为赌博行为。遂作出终审判决。

成瑞龙故意杀人、抢劫、强奸案

案件提示：自1996年5月起，广东省连州市人成瑞龙流窜广东省、广西壮族自治区、湖南省、浙江省、江西省、重庆市等地，伙同他人或者单独作案，采用入户、持刀、持枪等手段，实施抢劫、故意杀人、强奸犯罪共10起，致11人死亡、1人重伤、1人轻伤、2人下落不明。其中，成瑞龙在持枪抗拒抓捕时，枪杀公安人员3人，击伤1人。成瑞龙的一系列犯罪行为对人民群众的人身权、财产权和安全感造成了极大的损害。经最高人民法院核准，成瑞龙于2010年11月2日被依法执行死刑。

原公诉机关：广东省佛山市人民检察院。

上诉人（原审被告人）：成瑞龙。

自1996年5月起，成瑞龙先后流窜至广东省佛山市、肇庆市、广西壮族自治区桂林市、湖南省株洲市、浙江省湖州市、江西省大余市、信丰县、重庆市等地，伙同他人或者单独作案，采用入户、持刀、持枪等手段，实施抢劫、故意杀人、强奸犯罪共10起，抢劫数额巨大，致11人死亡，1人重伤、1人轻伤，2人下落不明。其中，成瑞龙在持枪抗拒抓捕时，枪杀广东省佛山市公安人员2人，枪伤1人，枪杀广西壮族自治区桂林市公安人员1人。2005年5月，成瑞龙因犯抢劫罪被江西省赣州市龙南县人民法院判处有期徒刑7年。在服刑期间，化名“周全”的成瑞龙的真实身份被发现，随后被移送广东省佛山市警方。

广东省佛山市中级人民法院一审审理，于2010年2月11日作出判决：被告人成瑞龙犯故意杀人罪，判处死刑，剥夺政治权利终身；犯抢劫罪，判处死刑，剥夺政治权利终身，并处没收个人全部财产；犯强奸罪，判处有期徒刑七年；与已判决的有期徒刑七年并罚，决定执行死刑，剥夺政治权利终身，并处没收个人全部财产。

成瑞龙不服一审判决，向广东省高级人民法院提出上诉。

广东高院二审认为，成瑞龙以非法占有为目的，采取暴力手段，以持刀、持枪抢劫和入户抢劫等方式多次作案，抢劫数额巨大，并致5人死亡，其行为已构成抢劫罪；成瑞龙为抗拒抓捕或者在实施抢劫犯罪、强奸犯罪后为灭口而故意杀人，非法剥夺他人生命，致6人死亡、1人重伤、1人轻伤、2人下落不明，其行为又已构成故意杀人罪；成瑞龙违背妇女意志，以暴力手段强奸妇女，其行为还构成强奸罪。成瑞龙犯数罪，且前罪所判刑罚未执行完毕，依法应当数罪并罚。成瑞龙归案后主动、如实供述未被侦查机关掌握的强奸犯罪，属主动供述不同种罪行，可视为自首，依法可对其所犯强奸罪从轻处罚。成瑞龙主动供述1起故意杀人犯罪、1起抢劫犯罪，属主动供述同种罪行，属坦白交代。鉴于成瑞龙流窜作案多年，作案次数多，作案手段特别凶残，后果特别严重，造成的社会影响特别恶劣，虽有上述酌定从轻情节，但不足以对其从轻处罚，应依法予以严惩。原审判决认定成瑞龙杀害陈定红、李妍婧，虽然成瑞龙在侦查机关供认了杀害两人的具体地点及杀害方式，但破案后未能找到两人的尸骨等证据，只能认定两人下落不明。原判认定本案其余事实清楚，证据确实、充分，定罪准确，量刑适当，审判程序合法。于2010年6月8日作出裁定：驳回上诉，维持原判，并报请最高法院核准。

最高法院复核认为，成瑞龙流窜作案近十年，多次实施入户、持刀、持枪暴力犯罪，其行为已构成故意杀人罪、抢劫罪、强奸罪。成瑞龙作案手段残忍，抢劫数额巨大，致11人死亡、1人重伤、1人轻伤、2人下落不明，后果极其严重，社会影响特别恶劣。成瑞龙主观恶性极深，人身危险性和社会危害性极大，于2010年8月31日作出裁定：核准广东省高级人民法院维持佛山市中级人民法院对被告人成瑞龙数罪并罚决定执行死刑，剥夺政治权利终身，并处没收个人全部财产的刑事裁定。

2010年11月2日，成瑞龙被依法执行死刑。

胡益华抢劫、枪杀交警案

案件提示：胡益华在浙江义乌持枪抢劫，劫得轿车一辆，为灭口枪杀了两名被害人；在驾驶劫得车辆逃至广东揭阳境内时，又枪杀了对其进行盘查的两名交警。此案性质恶劣，社会影响重大，社会舆论广泛关注。法院在严守诉讼程序、确保案件质量的前提下，快审快结，自一审受案至经最高法院核准对胡益华执行死刑，历时不足两个月，取得了良好的法律效果和社会效果。

原公诉机关：广东省揭阳市人民检察院。

被告人：胡益华。

胡益华因赌博负债而起意抢劫，为此其事先购买了手铐、手枪等作案工具，并多次到浙江省义乌市踩点。2010年7月2日下午，胡益华携带德制SIG SAUER P228手枪1支（枪号B253933）、手铐2副，从浙江省金华市去到义乌市，伺机作案。当晚10时许，胡益华到义乌市银泰百货停车场守候，寻找作案目标。次日即同月3日凌晨零时许，当青年情侣朱胜伟、王智阳到该停车场准备驾驶车牌为浙G5052M的雷克萨斯ES240轿车（价值人民币310544元）离开时，胡益华持手枪上前逼迫朱、王二人坐进轿车后排座位并交出身上财物，朱、王被迫将随身携带的钱包、手提包（内有银行卡、手机及现金人民币2800余元）交出放在轿车副驾驶座上。胡益华用手铐将朱、王二人分别铐住，然后驾驶该车载朱、王二人到义乌市郊偏僻路段，掠去朱、王二人钱包、手提包内的银行卡及现金，并胁迫朱、王二人讲出银行卡密码。凌晨4时许，至金华市杭金衢高速公路与杭金线相交的立交桥时，胡益华见天色渐亮，害怕罪行败露，决定杀人灭口。胡益华持手枪向朱胜伟后脑开了1枪，致其倒地；又向王智阳背部连开2枪，致王智阳当场死亡。因怕朱胜伟未死，胡益华又上前向倒在地上的朱胜伟腰背部再开1枪，致其死亡。

4日上午，胡益华又乘坐公交车去到停放雷克萨斯轿车处将该车开至金华市，将该车的车牌号码贴改后，开车沿沪昆高速公路前往江西省。同月5日凌晨4时许，胡益华在江西省铅山县城工商银行的营业网点，用朱胜伟、王智阳的银行卡从ATM机取款共计人民币13000元，然后驾驶该雷克萨斯轿车往广州方向行驶，准备到广州销赃。途中，胡益华将该车的前后车牌拆下丢弃。

2010年7月5日晚上10时许，胡益华驾驶劫得的雷克萨斯轿车行至深汕高速公路惠来服务区北区后停车休息。当晚11时50分左右，广东省揭阳市公安局交警支队惠来高速公路大队执勤民警周喜来、黄伟江驾驶警车巡逻至该服务区，发现胡益华驾驶的雷克萨斯轿车没有车牌，遂上前检查盘问，并扣留胡益华的身份证和驾驶证，要求其到交警大队接受调查处理。胡益华害怕其在浙江义乌的罪行被发现，遂掏出随身携带的手枪，向坐在警车驾驶座的黄伟江头部开了1枪，又向坐在副驾驶座的周喜来背部开了1枪。随后，胡益华绕过警车，向受伤后挣扎下车、爬上花圃的周喜来连开数枪，致周喜来重伤昏迷。胡益华又返回警车处，向黄伟江再次开枪，致黄伟江当场死亡。被害人周喜来经送医院抢救无效于同月6日凌晨1时许死亡。

广东省揭阳市中级人民法院一审审理，于2010年8月9日作出判决：胡益华犯故意杀人罪，判处死刑，剥夺政治权利终身；犯抢劫罪，判处有期徒刑十五年，剥夺政治权利五年，并处罚金人民币五万元。决定执行死刑，剥夺政治权利终身，并处罚金人民币五万元。

一审宣判后，胡益华服判不上诉。

广东高院复核认为，胡益华以非法占有为目的，持枪劫取他人财物，数额巨大，其行为构成抢劫罪。在实施抢劫后，为灭口而枪杀两名被害人；在销赃途中遇到交警盘查时，为掩盖罪行，又枪杀正在执勤的两名交警，其行为又构成故意杀人罪，应数罪并罚。被告人胡益华视生命如草芥，持枪连杀四人，其犯罪气焰极其嚣张，犯罪情节极其恶劣，罪行极其严重，社会影响极坏；且在犯罪后毫无愧疚之感、悔悟之心，足见其反社会心理强烈，人身危险性极大，人性泯灭，不堪改造，对其故意杀人犯罪应从严惩处，判处死刑。原审判决认定事实清楚，证据确实、充分，定罪准确，量刑适当，审判程序合法。于2010年8月27日作出裁定：同意广东省揭阳市中级人民法院（2010）揭中法刑一初字第31号以故意杀人罪判处被告人胡益华死刑，剥夺政治权利终身；犯抢劫罪，判处有期徒刑十五年，剥夺政治权利五年，并处罚金人民币五万元；决定执行死刑，剥夺政治权利终身，并处罚金人民币五万元的刑事判决。

叶树养受贿、巨额财产来源不明案

案件提示：原中共韶关市委常委、政法委员会书记、韶关市公安局局长叶树养利用职务便利，索取、非法收受他人财物，为他人谋取利益，构成受贿罪；有巨额财产明显超过其合法收入，差额巨大，不能说明其合法来源，构成巨额财产来源不明罪，依法予以惩处。

原公诉机关：广东省河源市人民检察院。

被告人：叶树养。

2001年至2008年间，叶树养利用其担任中共韶关市委常委、政法委员会书记、韶关市公安局局长，以及中共新丰县委书记等职务上的便利，帮助重大犯罪嫌疑人逃避法律追究、为赌博、色情行业提供保护并通过插手工程建设及工程建设招投标、插手矿山经营等，为他人谋取利益，索取和收受孙浩荣、陈济健、朱思宜、刁华烈、龙云游、龙金水、卢记培、黄飞强、罗润槐、姚炎才、姚炎和、徐国造等人贿赂款人民币964万元、港币880万元（港币当时值人民币8778052.06元）。同案人姜海文参与了其中的180万元受贿，分得赃款28万元。

上述事实，有下列证据予以证实：1. 证人姜宇、陈寿先、刘国强等证人证言。2. 书证材料立案决定书、取保候审报告书、工商登记资料、经营许可证、来往函件、干部任免审批表、工程招标书和合同书、银行账户和会计账户、被告人的户籍资料等。3. 被告人叶树养、同案人姜海文的供述。

叶树养在被调查期间，办案机关追缴其现金人民币26906450元，港币9149000元。其家庭另有存款、基金、保险等，值人民币400024.29元。除叶树养受贿所得人民币936万元、港币880万元、违纪款项港币34.9万元、家庭合法收入人民币1855159.89元，还有人民币16091314.4元，明显超过合法收入，与合法收入差额巨大，叶树养不能说明其合法来源。案发后，叶树养的赃款被办案机关全部追缴。

巨额财产来源不明的事实，有韶关市公安局、财政局等单位提供的收入明细表、财政超收平衡奖情况、新丰县委县政府办公室、财政局关于叶树养任职期间的收入情况、新丰县回龙镇人民政府提供关于叶树养妻子张罗妹工作期间工资津贴收入情况证明、新丰县人民医院提供张罗妹的各项收入证明等文书材料、协助查询存款通知书、银行回执以及证人张罗妹、叶继生、罗业旦和被告人叶树养的供述证实。

广东省河源市中级人民法院经审理，于2010年9月20日作出（2010）河中法刑一初字第13号刑事判决。判决认定，被告人叶树养无视国家法律，利用职务上的便利，索取和非法收受他人财物，为他人谋取利益，其行为构成受贿罪，另外，还有巨额财产明显超过合法收入，与合法收入差额巨大，不能说明其合法来源，其行为构成巨额财产来源不明罪，应数罪并罚。同案人姜海文与叶树养通谋，参与部分受贿行为并分得部分赃款，应以受贿共犯论处。依照《中华人民共和国刑法》第三百八十五条第一款、第三百八十六条、第三百八十三条第（一）项、第三百九十五条、第四十八条、第六十九条、第五十七条第一款、第六十四条、第六十七条第一款、第二十七条的规定，认定被告人叶树养犯受贿罪，判处死刑，缓期二年执行，剥夺政治权利终身，并处没收个人全部财产；犯巨额财产来源不明罪，判处有期徒刑五年；决定执行死刑，缓期二年执行，剥夺政治权利终身，并处没收个人全部财产。被告人姜海文犯受贿罪，判处有期徒刑五年。被告人叶树养的赃款人民币25451314元、港币880万元，以及被告人姜海文的赃款人民币28万元，予以没收，上缴国库。

宣判后，本案在法定期限内没有上诉、抗诉，河源市中级人民法院依法将对叶树养的死缓判决报广东省高级人民法院复核。

广东高院复核确认一审查明的犯罪事实。广东高院复核认为，被告人叶树养身为国家工作人员，利用职务上的便利条件，索取和非法收受他人财物，为他人谋取利益，其行为构成受贿罪。被告人叶树养还有巨额财产明显超过其合法收入，差额巨大，不能说明其合法来源，其行为构成巨额财产来源不明罪，应数罪并罚。被告人叶树养受贿犯罪次数多、数额特别巨大并有索贿行为，犯罪情节特别严重，论罪行应当判处死刑，鉴于其所得赃款已被全部追缴，认罪态度较好，对其受贿罪判处死刑可不立即执行。原判认定犯罪事实清楚，证据确实、充分，定罪准确，量刑适当，审程序合法。于2010年11月5日作出复核裁定：核准河源市中级人民法院以受贿罪判处被告人叶树养死刑，缓期二年执行，剥夺政治权利终身，并处没收个人全部财产；以巨额财产来源不明罪，判处有期徒刑五年，决定执行死刑，缓期二年执行，剥夺政治权利终身，并处没收个人全部财产的刑事判决。

廖位荣、林帝安故意杀人案

案件提示：*疑罪从无是刑法理论以及实务上一个重要原则，其在司法实践中的应用对被告人人权的保障具有重要意义，能够督促各方在案件侦查、起诉和审判中以认真、严谨、细致的作风履行好自己的职责。*

原公诉机关：广东省汕尾市人民检察院。

上诉人（原审被告人）：廖位荣、林帝安。

广东省汕尾市中级人民法院审理汕尾市人民检察院指控廖位荣、林帝安犯故意杀人罪一案，于2003年2月27日作出判决，以故意伤害罪分别判处廖位荣死刑，剥夺政治权利终身；判处林帝安死刑，缓期二年执行，剥夺政治权利终身。廖位荣、林帝安不服，向广东高院提出上诉，广东高院于2004年7月11日作出裁定，撤销原判，发回重审。

汕尾中院于2004年12月16日作出判决，以故意杀人罪判处廖位荣死刑，剥夺政治权利终身；判处林帝安死刑，缓期二年执行，剥夺政治权利终身。廖位荣、林帝安不服，提起上诉。广东高院于2007年12月24日作出裁定，撤销原判，发回重审。

汕尾中院第二次重审认为，2002年6月，林帝安因被其妻舅陈玉送怀疑与陈的妻子吕明珠有不正当男女关系而多次扬言报复。后林帝安找到在自己经营的车场当保安并卖票的廖位荣，以5000元雇廖寻机砍陈玉送，并先行支付1000元。同年7月7日晚上，廖位荣驾驶林帝安的摩托车经过踩点在惠州市吉隆镇黄埠路口找到正在候客的陈玉送，雇请陈驾车前往平政村。当车行至平政村往新阶下村的三岔路口时，廖叫陈停车，将陈摔倒按在地上，随手拿起身旁的一块大石头猛砸陈的胸肋部及后背，致其死亡。廖位荣将作案情况告诉林帝安，林帝安提议抛尸。7月8日凌晨2时许，林帝安与廖位荣在海丰县鹅埠镇下北村碗窑径林场一处偏僻草丛中抛尸。当日上午6时许，林帝安又付给廖位荣人民币4000元，要廖逃回四川老家。经鉴定，陈玉送系被钝力致肋骨骨折刺伤肺脏致血气胸死亡。

汕尾中院依据上述事实作出判决：廖位荣犯故意伤害罪，判处其死刑，缓期二年执行，剥夺政治权利终身；林帝安犯故意伤害罪，判处其死刑，缓期二年执行，剥夺政治权利终身。廖位荣、林帝安不服提出上诉。

广东高院二审认为，本案在事实及证据方面，存在以下问题：一是现有证据无法确认被害人身份。被害人亲属无法通过观察样貌来确认已高度腐败尸体的身份，只辨认出在尸体上以及在其近旁提取的物证。而通过被害人身上通讯簿记录来确认被害人身份的做法客观性不强；二是动机证据不足。虽然林帝安承认曾扬言要教训陈玉送，且其他证人也予以证实。但两者之间没有必然联系，且原判认定林帝安与被害人妻子存在不正当关系无确切证据；三是作案时间存疑。原判依据参加2002年7月7日林帝安为其妻子举办的生日宴会的几名证人证言来证明廖在7月7日出现在吉隆，进而结合廖的供述认定他是7月7日作案。但几名证人的证言有矛盾、反复，且证实廖参加生日会的主要是陈玉送的家人，可信度较低。而廖位荣翻供称他于2002年7月5日中午12时已坐车离开吉隆回老家为母亲过生日，7月8日到家，没有作案时间。廖提供了回家的具体时间、乘坐的班车、车辆所属公司、开车司机以及一同乘车的有关人员，还提及路途发生的情况，但历经三次一审，均未予核实。另外，尸体是2002年7月12日被发现的，经过鉴定，认为死亡时间一般为一周左右，即7月5日左右。且根据陈玉送亲属吕明珠、陈运勇、陈运其的证言，他们一致的说法是最后一次见到陈玉送是7月6日下午5时许。这与法医得出的结论基本一致，可以认定陈玉送失踪的时间是2002年7月6日下午5时以后。综合上述几点，本案证明廖位荣于2002年7月7日实施作案的证据不足；四是根据廖位荣的指认，在第一现场所提取的石头上未发现有价值的物证，而袜子也没有做同一性鉴定，证明力较低；五是廖位荣、林帝安的有罪供述在作案时间、作案手段、抛尸等细节上存在多处不合理。且二被告人翻供后，其有罪供述在没有其他证据相互印证的情况下，不能作为定案证据。综上，廖位荣、林帝安实施故意伤害犯罪行为主要依靠言词证据定罪，且合理疑点无法排除，客观性证据缺失。广东省人民检察院在本案第二次二审时亦提出证据不够"确实、充分"的意见，并且撤回汕尾市人民检察院的抗诉。依照《中华人民共和国刑事诉讼法》第一百八十九条第（三）项、最高人民法院《关于执行<中华人民共和国刑事诉讼法>若干问题的解释》第二百四十九条之规定，撤销（2003）汕中法刑一复重字第11号刑事附带民事判决，改判上诉人廖位荣、林帝安无罪。

程宏利等诉河源凯通置业有限公司无因管理纠纷案

案件提示：有限公司的股东在股权转让合同中约定签订转让合同之前的债务归原股东负责，转让后发生的债务归新股东承担。这是针对股东个人债务的约定，而股东个人债务与公司债务不能混淆。公司债务在股东变更后，仍应由公司对外偿还。此外，该股权转让合同中特别约定某些发生在合同签订之前的公司债务也由新股东承担。本案也是一宗正确解释合同条款的典型案例。

抗诉机关：广东省人民检察院。

申诉人（原审被告）：河源凯通置业有限公司（下称凯通公司）。

被申诉人（原审原告）：程宏利、程伟俊，尼西亚公民。原审第三人：张坤光。

2006年9月21日，程宏利、程伟俊经董事会决议批准，决定将其拥有的凯通公司股份全部转让给张坤光。程宏利、程伟俊与张坤光签订《股权转让合同》，约定股权转让价为10568万元，合同签订之前凯通公司的债务原则上与张坤光无关，但在移交清单第4项中列明了合同签订之前发生的由张坤光承担的债务。股权转让过程发生纠纷期间，程宏利、程伟俊代凯通公司向河源市国土资源局交付了尚欠的土地补偿款544.5万元，该款于2005年11月17日凯通公司与河源市规划建设局签订协议购地时已经产生，属于股权转让合同签订之前发生的凯通公司的债务。现张坤光已受让凯通公司全部股份，程宏利、程伟俊请求法院判令凯通公司返还其代凯通公司垫付的土地补偿款544.5万元。

广东省河源市中级人民法院一审审理认为，河源市财政局要求凯通公司支付土地补偿款544.5万元时，程宏利、程伟俊与张坤光的股权转让纠纷正在诉讼阶段，合同是履行或解除需待法院判决，程宏利、程伟俊为避免凯通公司利益受损失向河源市财政局支付544.5万元的行为构成无因管理。该544.5万元土地补偿款已列入合同“移交清单”，属于移交给新的凯通公司负担的债务，故判决凯通公司支付给程宏利、程伟俊544.5万元。

一审判决生效后，凯通公司向广东省人民检察院提出申诉。

广东省人民检察院抗诉认为，本案焦点为原股东程宏利、程伟俊支付土地补偿款后是否有权向张坤光追偿，并非无因管理纠纷。土地补偿款544.5万元列入“移交清单”第4点“应付账款”，但对该债务由谁承担没有写明。股权转让前的债务由张坤光负担的，应在清单中写明；未写明的，应按《股权转让合同》由程宏利、程伟俊负担。

广东省高级人民法院再审认为，程宏利、程伟俊一审以凯通公司股东已经变更，其代垫的土地款544.5万元已没有合法依据为由，起诉凯通公司返还上述款项，符合《中华人民共和国民法通则》第九十三条的规定，故一审法院认定本案为无因管理纠纷，正确。凯通公司欠河源市规划建设局的土地补偿款544.5万元，属公司债务而非原股东程宏利、程伟俊个人债务。《股权转让合同》关于“程宏利、程伟俊保证签订合同之前凯通公司的所有债务与张坤光无关”的约定，是处理公司债务的一般原则，而附件“移交清单”第4点应付账款是对合同签订之前债务负担的特别约定。该项包含ABC三项，A项“应付河源市国土资源局544.5万元人民币征地款”虽未写明该款应由张坤光支付，但B、C两项债务均产生于合同签订之前，约定“移交”给张坤光承担，因此A项“应付河源市国土资源局544.5万元人民币征地款”也应属“移交”给新的凯通公司负担的债务。此外，如程宏利、程伟俊须额外代凯通公司支付土地补偿款544.5万元，合同就无须约定股权转让款为10568万元，而应以10568万元减去544.5万元的余额10023.5万元作为股权转让款，这也进一步证明程宏利、程伟俊没有代凯通公司垫付544.5万元土地补偿款债务的义务。《股权转让合同》签订后，各方当事人在履行合同过程中产生争议，程宏利、程伟俊起诉请求法院解除合同，而河源市财政局正是在诉讼过程中催缴土地款，程宏利、程伟俊在该纠纷终审判决作出之前以凯通公司名义支付544.5万元土地款属暂时垫付，当本院作出终审判决（另案）判令各方继续履行合同，而凯通公司的股东和法定代表人也实际由程宏利、程伟俊变更为张坤光之后，程宏利、程伟俊为凯通公司垫付544.5万元土地款已没有法律依据，故一审法院判令凯通公司向程宏利、程伟俊返还544.5万元正确。据此驳回凯通公司的申诉请求，维持河源中院作出的一审判决。

深圳亿达房地产开发有限公司诉吉林省开发建设投资公司等执行异议纠纷案

案件提示：民事诉讼法第204条规定的执行异议之诉是指执行标的处于被处置的状态，案外人、当事人不服执行法院作出的裁决而提起的诉讼。因此，受理执行异议之诉的法院只能是对执行标的予以执行的法院，轮候查封的法院不能受理案外人执行异议之诉。

上诉人（原审被告）：国家物资储备局深圳办事处。

被上诉人（原审原告）：深圳亿达房地产开发有限公司（下称亿达公司）。

原审被告：吉林省开发建设投资公司（下称吉发公司）。

原审被告：吉林省吉华经贸中心（下称吉华中心）。

1993年12月，广东省岭南工业深圳公司分别取得了位于深圳市福田区北环路上梅林B406-16地块的办公住宅楼一层房产的房地产证（深房地字第0089218号）以及办公住宅楼二至七层（西）房产的房地产证（深房地字第0089219号）。2005年6月6日，中国国际经济贸易仲裁委员会华南分会裁决吉发公司将上述涉案房产折价偿还所欠吉华中心的款项300万元，并负责协助吉华中心办理房地产转移登记的所有相关手续。2007年6月25日，中国国际经济贸易仲裁委员会华南分会裁决吉华中心向亿达公司偿还其所欠款项302万元或用涉案深房地字第0089218号、第0089219号房产折抵对亿达公司所欠的款项302万元，并协助亿达公司依法办理房地产产权转移的相关手续。但因故未办理上述产权转移手续。原审法院在执行另案生效判决中作出了（2006）深中法执字第956-4号及第956-5号民事裁定书，查封了涉案深房地字第0089218号房产并轮后查封了第0089219号房产。2008年12月16日，亿达公司向原审法院提出异议，认为其享有上述涉案房屋所有权，请求原审法院解除对上述房产的查封。原审法院对此作出（2009）深中法执审异字第26号民事裁定书，驳回了亿达公司的异议请求。亿达公司认为上述房产的产权归其所有，遂向广东省深圳市中级人民法院提起诉讼。

深圳中院一审认为：涉案深房地字第0089218号、第0089219号房产目前虽登记在广东省岭南工业深圳公司名下，但实际已于1996年10月通过企业兼并的形式划归吉发公司所有。此后，涉案房产又通过［2005］中国贸仲深裁字第D65号及［2007］中国贸仲深裁字第D71号两份生效仲裁裁决书由吉发公司抵偿给吉华中心，再由吉华中心抵偿给亿达公司。亿达公司的诉请有事实和法律依据，遂判决深圳市福田区北环路上梅林B406-16地块的办公住宅楼一层房产的房地产证（深房地字第0089218号）以及办公住宅楼二至七层（西）房产的房地产证（深房地字第0089219号）的产权归亿达公司所有。

深圳国储办不服一审判决，向广东省高级人民法院提起上诉。

广东高院二审认为：深圳市福田区北环路上梅林B406-16地块的办公住宅楼第二至七层房产（房产证号深房地字第0089219号）已被吉林省长春市南关区人民法院查封，原审法院只是轮候查封。本案系因亿达公司对执行异议裁定不服提起的诉讼，因此本案只应审查原审法院查封财产的权属问题，对轮候查封的财产不应予以审查，原审法院对轮候查封财产一并审查不当，予以纠正。亿达公司的此项诉请应予驳回。因此判决认定位于深圳市福田区北环路上梅林B406-16地块的办公住宅楼第一层房产（房产证号深房地字第0089218号）的所有权归亿达公司；驳回亿达公司的其他诉讼请求。

何其皓诉科龙公司证券虚假陈述赔偿纠纷案

案件提示：本案为证券虚假陈述赔偿纠纷。审理此类案件，应当着重调解，鼓励当事人和解。一审期间，科龙公司与大部分原告达成和解，仅有11宗案件进入二审程序。上诉的案件，最终经调解撤诉的7宗，判决结案的4宗，对全面妥善解决当事人的矛盾纠纷，具有重要意义。本案为二审判决的一件，争议的焦点为证券市场系统风险所致损失的扣除问题。

上诉人（原审原告）：何其皓。

被上诉人（原审被告）：海信科龙电器股份有限公司（简称科龙公司）。

科龙公司成立于1992年12月16日，于1999年7月13日经中国证监会批准在深圳证券交易所（下称深交所）上市，证券简称为科龙电器、ST科龙，证券代码为000921。2005年5月10日，科龙公司董事会公告，该公司因涉嫌违反证券法规已被中国证监会立案调查。当天，ST科龙在A股市场复牌交易，其股价即跌停，第二天又大幅下跌，其跌幅明显大于深圳成指、电器指数。

2006年6月15日，中国证监会对科龙公司作出行政处罚决定书，认定其于2003年4月4日披露的2002年年度报告存在多项虚假陈述内容，对科龙公司处以60万元罚款，对科龙公司原董事长顾雏军等高管和董事分别给予警告和罚款。自2005年5月10日起，至2005年7月14日，在深交所交易的科龙公司股票的累计成交量达到其可流通部分的100%。自2005年5月10日至2005年7月14日之间的交易日收盘平均价格为2.48元。

广州市中级人民法院一审审理认为：科龙公司披露的2002年、2003年、2004年年度报告中存在虚假记载、重大遗漏的事实，已为中国证监会16号处罚书所查明，应当对投资人因此造成的损失承担民事赔偿责任。科龙公司2002年年报公布之日即2003年4月4日为虚假陈述的实施日，2005年5月10日为虚假陈述揭露日，2005年7月14日为基准日。根据上述时间点的确定，结合各投资人买卖科龙公司股票的交易记录，法院认定只有在虚假陈述实施日至虚假陈述揭露日之前买入科龙公司的股票，且在揭露日及以后卖出或持有该股票而产生的损失，才与科龙公司虚假陈述之间存在因果关系，投资者才有权向科龙公司主张赔偿。何其皓在2003年4月4日至2005年5月10日期间买入科龙公司的股票，在2005年5月10日以后因卖出或持续持有而发生的亏损，与科龙公司的虚假陈述行为之间存在因果关系，有权要求科龙公司赔偿损失。证券市场中，虽然个股在短时间内不受股指波动的影响是有可能的，但在相当长的一段时间内，个股不可能不受股指波动影响。众所周知，从2001年到2005年，是我国股票市场长达五年的大熊市，大盘的跌幅巨大。科龙公司的股票在2003年至2005年间的价格不断下跌，不可能没有大盘风险的影响，完全否定系统风险的存在是不客观的。市场实践表明，大盘指数能够在相当程度上反映出系统风险，故选择以深圳成分指数为标准，计算系统风险所致的损失额。据此，一审判决：一、科龙公司在判决发生法律效力之日起十日内，赔偿何其皓31399元；二、驳回何其皓的其他诉讼请求。何其皓不服一审法院扣除系统风险因素所致损失数额，向广东省高级人民法院提起上诉。

广东高院二审审理认为：根据最高人民法院《关于审理证券市场因虚假陈述引发的民事赔偿案件的若干规定》第十九条第（四）项的规定，对于因证券市场系统风险所导致的损失，不应认定虚假陈述与损害结果存在因果关系，故应予扣除。原审法院根据2001年至2005年是我国股票市场长达五年大熊市、大盘跌幅巨大的市场背景，在法律法规和司法解释没有明确计算标准的前提下，选择大多数投资者认可的深圳成分指数作为标准，用以计算系统风险所致损失额并予以扣除，并无不当。原审判决认定事实清楚，适用法律正确，依法应予维持，遂判决：驳回上诉，维持原判。

珠影部分职工诉中铁十六局集团有限公司等房屋损害赔偿系列案

案件提示：本系列案的处理涉及情、理、法的激烈碰撞，当事人屡次不服一审、二审判决和两次驳回再审申请的裁定，且面临国有企业调解难的问题。系列案提审后，合议庭准确把握当事人心理，注重情理法疏导，最终促成当事人和解。

申请再审人：卢珏等20户业主。

被申请人：中铁十六局集团有限公司（以下简称中铁十六局）。

被申请人：广州市地下铁道总公司（以下简称地铁公司）。

2002年1月，地铁公司因广州地铁工程穿越本系列案再审申请人卢珏等20户业主的宿舍楼，对房屋造成了一定程度的损害，地铁公司遂作出了赔偿承诺：即按现楼市场价赔偿一切损失。此后，业主与施工单位中铁十六局签订《房屋损坏补偿协议》，对宿舍楼的损害赔偿进行了约定，中铁十六局依约履行了协议。后卢珏等部分户业主认为补偿数额远低于实际损失，遂以欺诈为由诉诸广州市海珠区人民法院，请求确认《房屋损坏补偿协议》未生效，并判令地铁公司和中铁十六局按照施工前签订的安全协议支付补偿款。海珠法院一审与广州市中级人民法院二审均认为，涉案《房屋损坏补偿协议》系双方当事人的真实意思表示且已履行完毕，遂驳回了卢珏等人的诉讼请求。卢珏等业主不服生效判决，向广东省高级人民法院申请再审。在再审申请被驳回后，不断信访申诉，并严重干扰了地铁工程施工。该系列案引起省人大代表的高度关注。

面对当事人的不断申诉，广东高院经审查认为，从法律规定上来看，本系列案一审、二审判决以及再审裁定并无不当之处。但中铁十六局对地铁沿线房屋损害赔偿的标准确实存在不一致的情形，对于地铁沿线其他未签订《房屋损坏补偿协议》的业主的赔偿数额确实远高于本系列案业主所获得的赔偿数额，况且本系列案当事人签订的《房屋损坏补偿协议》是在地铁施工前签订的，对沿线房屋损害情形的估计明显不足。对此，广东高院决定提请郑鄂院长依法提审该系列案，以全面化解当事人的矛盾。

系列案提审后，广东高院专门组织相关部门资深法官和案件承办人等与祁海同志、部分当事人进行了座谈。从实体审理和程序安排等方面释法答疑，澄清了当事人对法院和承办法官的误解，并认真听取了祁海代表关于“法院在本案审理过程中的调解工作做得不到位”的批评意见和当事人的具体诉求，有效地对当事人进行情理法的疏导。

同时，承办该系列案的合议庭着力在调解思路上下功夫，确立了双管齐下的调解方案：积极劝导业主换位思考，使其在补偿款数额上作出让步；主攻补偿责任的最终承担主体中铁十六局，积极促使中铁十六局接受调解方案。调解思路确定后，合议庭成员按照调解工作分工，通过电话、面谈等方式与当事人进行沟通，辨法析理，动之以情，晓之以理，竭力创造调解契机。由于地铁公司和中铁十六局均为大型国企，议事程序规范、复杂，周期较长，且双方对施工损害赔偿责任的分配已有约在先，所以地铁公司对调解不太积极，而中铁十六局广州项目部不肯牺牲利润，拒绝合作，态度强硬，导致调解工作一度陷入僵局。陈吉生副庭长多次组织合议庭讨论研究、商量对策，要求大家不气馁、不退缩，并联系地铁公司和中铁十六局，阐明稳妥处理本案的政治意义和社会影响，强调国有企业应当承担的社会责任，并告知如果本案不能得到妥善处理将对企业形象造成的负面影响。金锦城法官直接与中铁十六局集团总部和地铁公司的领导沟通，表明法院的立场和态度，并提出具体的调解方案，由他们协助做好下属公司的调解工作。与此同时，书记员王联坤通过电话反复与卢珏等业主坦诚沟通，阐明支持基础交通设施建设和广州亚运会成功举办的重要意义，同时让业主设身处地从对方角度考虑问题，说服其在赔偿数额上作出一定的让步。经过反复沟通与协调，各方当事人终于达成了调解协议。调解成功后，卢珏等业主的委托代理人符云仙老人感慨地说：“广东高院一心为老百姓着想，你们真不容易，太感谢你们了！”本案印证了最高人民法院王胜俊院长的一句话，“调解是高质量审判、高效益审判，调解能力是高水平司法能力”。2010年10月14日广东省人大常委会委员、省人大代表祈海同志特地向广东高院发来感谢信，称“省高院办理本案取得成功，为新形势下法院的调解工作如何灵活、科学地解决情、理、法之间出现的矛盾，树立了样板。”

姜进星诉广州铁路集团总公司道路交通人身损害赔偿案

案件提示：原告放学后雨中推车穿行与通往学校的小路交叉的铁轨，两条小腿被轧断，铁路部门负有责任。对于铁路行车、调车作业造成人身、财产损害，可选择诉讼管辖的是原告。本案一、二审判决明显错误。再审法院精心安排，巧妙化解了一起横跨两省，涉及地方和铁路法院系统，历经十一年三级法院七次审理，长年多头、越级上访，带有很大治安隐患的陈年老案。

申请再审人（一审原告，二审上诉人）：姜进星。

被申请人（一审被告，二审被上诉人）：广州铁路（集团）公司。

1998年5月22日下午5时许，13岁的姜进星在雨中推着自行车放学回家，在穿越湘潭车站货场东门外K0+419米处铁路轨道时，突然发现火车来了，慌忙退让，但自行车后轮被铁路部门沿铁轨挖的电缆沟卡住，没有来得及抽身，被机车撞倒，两条小腿被轧断。经鉴定，姜进星伤情构成交通三级伤残。

姜进星家人与管辖事发路段的长沙铁路总公司就责任归属和赔偿问题协商无果后，于1999年8月30日向湖南省湘潭市雨湖区人民法院提起诉讼，请求判令长铁公司赔偿护理费等共计579706.8元。长铁公司提出管辖异议，认为本案应由铁路运输法院管辖，被雨湖区人民法院裁定驳回。长铁公司不服，上诉至湘潭市中级人民法院，湘潭市中级人民法院维持了驳回管辖权异议的裁定，案件进入实体审理阶段。雨湖区人民法院一审判决长铁公司应赔付姜进星207326.95元。长铁公司不服，向湘潭市中级人民法院提出上诉，被裁定发回重审。雨湖区人民法院重审后认为本案应由铁路运输法院管辖，遂将案件移送至长沙铁路运输法院。长沙铁路运输法院审理认为姜进星从非道口穿越铁路是造成自身伤残的主要原因，判决驳回了姜进星的诉讼请求。姜进星不服此判决，向广州铁路运输中级法院提起上诉，广铁中院维持原判。

此后，姜进星和他父亲迈上了漫长的申诉之路。8年间，姜家父子不断向广铁中院、湘潭中院、湖南高院、广东高院、最高院申诉要求再审。还反复到湖南省委政法委、湖南省信访局、国家信访局、中国残联等申诉，成为闻名四方的老信访户。

2008年，姜进星向广东高院提出再审申请，认为：铁路与人行道的交叉口监管不严是事故发生的主要原因；电缆沟与事故发生有因果关系；铁路工作人员工作失职对事故发生负有责任；雨湖区人民法院对本案有管辖权，本案的移送程序违法。2009年8月，广东高院决定提审该案。

广东高院再审合议庭经审查认为，一、二审判决认定事实依据不足，适用法律错误，依法应予纠正。长铁公司在本案损害事故中存在如下过错：一是没有按规定采取通常的防止路外伤害的物理措施；二是在雨天、学生放学、倒车三重危险因素情况下，应当预见可能的危害后果，却没有采取足以防止路外伤害的人力措施；三是事发路段属自然形成的穿越铁轨通道，长铁公司对所挖电缆沟未及时填平，也未采取守护措施，增加穿越铁轨的意外风险；四是未按规定成立事故调查处理委员会，给法院查明事故原因、确定事故责任增加了难度。本案在湘潭市两级法院均驳回被告管辖异议、一审法院已作出实体判决的情况下，在案件发回重审后，又将案件移送铁路法院审理，没有法律依据。本案是长达十余年的陈年旧案，当事人应及早得到救济，如果再将案件发回重审又将导致诉讼拖延，给当事人增加新的讼累。申请再审人提出了包括后续治疗费在内的高达一百多万的赔偿，超出了原诉讼请求范围，且其难以提供有效的证据予以证明，直接改判不能全面、直接、迅速实施司法救济。通过调解一揽子解决双方纠纷，是彰显司法正义、节省司法资源、减少当事人讼累的最好办法。在全面了解案情的基础上，广东高院紧锣密鼓展开调解工作，积极探索破除双方矛盾的办法。承办法官通过巧妙运用“用心倾听，洞悉心理”、“借力沟通，建立信任”、“释明法律，提示风险”、“换位思考，消除对抗”、“面、背结合，巧化分歧”、“灵活处断，消除障碍”调解六法成功化解了本案矛盾。经过数月的沟通、协调，2010年6月10日，双方最终达成了赔偿协议，姜进星就事故损害的前、后续治疗费用等再获得54万元的赔偿。一场发生十二年前的惨烈交通事故，纠缠十一年之久的诉讼，双方最终握手言和。激动不已的姜父当庭将一面写着“秉公执法、一心为民”的锦旗送给了承办法官。承办法官连夜奔赴湖南湘潭送达，办理调解手续，告知姜进星吸取教训，妥善使用赔偿款，奋发图强，并督促广铁集团在调解书约定的期限内一次性履行了赔偿义务。

深圳市佩奇进出口贸易有限公司诉广东粤丰实业有限公司债权债务纠纷案

案件提示：本案涉及法院在认定当事人诉讼时效抗辩是否成立过程中的举证责任分配问题。我国《民法通则》规定：向人民法院请求保护民事权利的诉讼时效期间为二年，法律另有规定的除外。被告对原告诉讼请求超过两年诉讼时效负举证责任；但原告认为属于“法律另有规定”的除外情形而不适用两年诉讼时效的，原告对其上述主张应负举证责任。

上诉人（原审被告）：广东粤丰实业有限公司（下称粤丰公司）。

被上诉人（原审原告）：深圳市佩奇进出口贸易有限公司（下称佩奇公司）。

1998年12月17日，佩奇公司通过银行汇票方式向粤丰公司支付了300000元。2007年3月20日，成都中财国政会计师事务所有限公司出具关于粤丰公司的《审计报告》，记载了应付佩奇公司往来款300000元，欠款时间为1999年以前，并显示由于粤丰公司的原因，该次审计时所有的往来款询证函均未发出，也无法履行其他替代程序。关于涉案的往来款，佩奇公司主张系经佩奇公司、粤丰公司口头约定的、佩奇公司借给粤丰公司的款项。粤丰公司称因年代久远，无法确认该笔往来款系基于何合同产生。

另查明，2008年5月19日，深圳市中级人民法院裁定受理佩奇公司的破产清算一案，2008年5月22日，裁定宣告佩奇公司破产清算，目前该案仍在审理中。2008年6月23日，佩奇公司管理人作出《偿还财物通知书》，要求粤丰公司自接到通知起七日内向佩奇公司管理人偿还往来款300000元。粤丰公司否认收到该《偿还财物通知书》。

2010年2月，佩奇公司向深圳市中级人民法院提起诉讼，请求判令粤丰公司返还往来款300000元。

深圳中院一审认为：佩奇公司于1998年12月向粤丰公司支付往来款300000元。在粤丰公司认可的由成都中财国政会计师事务所有限公司出具的《审计报告》中将该款列为粤丰公司的“其他应付款”。现佩奇公司明确确认了该笔往来款真实存在，粤丰公司亦未能提供相关证据证明《审计报告》将该笔往来款列为应付款存在错误，因此，该300000元系粤丰公司应向佩奇公司支付的款项。关于该300000元的法律性质，虽然粤丰公司称因年代久远、无法确认该款基于什么合同产生，但现有证据已经证明双方存在债权债务关系。由于双方均未能举证证明曾约定了该300000元的付款时间，因此佩奇公司有权随时要求粤丰公司返还该款。粤丰公司主张佩奇公司的请求已经超过了诉讼时效，但没有提供证据证实，故不予采信。故判决粤丰公司向佩奇公司支付300000元。粤丰公司不服一审判决，提起上诉。

广东省高级人民法院二审认为：根据现有证据及粤丰公司、佩奇公司确认的事实，本案可以认定佩奇公司于1998年12月17日向粤丰公司支付了30万元。《中华人民共和国民法通则》第一百三十五条规定：“向人民法院请求保护民事权利的诉讼时效期间为二年，法律另有规定的除外。”因从该款支付的1998年12月17日至佩奇公司管理人向粤丰公司发出《偿还财物通知书》的2008年6月23日，时间长达将近十年，粤丰公司主张即使双方之间存在债权债务关系，佩奇公司的请求也早已超过两年的诉讼时效期间。因此，佩奇公司有义务提交该30万元本息债权不适用两年诉讼时效期间的证据。对粤丰公司的上述抗辩，佩奇公司主张本案应适用《中华人民共和国合同法》第二百零六条“借款人应当按照约定的期限返还借款。对借款期限没有约定或者约定不明确，依照本法第六十一条的规定仍不能确定的，借款人可以随时返还；贷款人可以催告借款人在合理期限内返还”的规定。但佩奇公司已提交的证据显示该30万元的款项用途为“往来款”，不能证实该款为借款。佩奇公司未能进一步证实涉案款项所对应的具体业务及债权的种类，现有证据不能证实案涉债权不适用两年的诉讼时效期间，由此产生的后果，应由佩奇公司自行承担。因此，粤丰公司上诉主张佩奇公司的诉请已经超过两年的诉讼时效期间有理，应予以支持。故于2010年12月20日作出终审判决：撤销深圳中院一审判决，驳回佩奇公司的诉讼请求。

中保公司深圳市分公司诉戈利油轮运输公司海上运输合同纠纷案

案件提示：大宗散装液体货物（原油、植物油、化学品等）短少纠纷为近年常见的海商纠纷类型，本案集中了此类案件的常见争议问题。若承运人不能充分举证证明存在法定或约定的免责事由，大副收据或货差声明等所记载的数量与清洁提单所载数量不同、租船合同及其所含免责条款并入提单、航运惯例中存在短少免赔额等抗辩理由均不能成立，承运人仍应按照清洁提单记载的数量交付货物。

上诉人（原审被告）：戈利油轮运输有限公司（Glory Tanker Transportation Corp Limited，简称戈利油轮公司）。

被上诉人（原审原告）：中国人民财产保险股份有限公司深圳市分公司（简称人保深圳分公司）。

2007年9月，深圳粮油公司向维伽斯公司购买6391.565吨棕榈油，价格条款为CNF中国茂名，单价为每吨820美元，总价款为5241083.30美元。维伽斯公司与戈利油轮公司签订租船合同运输上述货物。货物于印尼杜麦港被装船后，戈利油轮公司签发了2份清洁的指示提单，所记载的货物数量分别为3391.565吨和3000吨。装货港当地检验机构经检验后出具的计量报告载明：棕榈油货物在温度分别为32、33、34、35摄氏度时的密度分别为0.9056、0.9051、0.9045、0.9039，货物总量为6,367.928吨，较提单所载数量短少23.637吨，短少率为0.37%。同月，人保深圳分公司根据深圳粮油公司的投保，签发了以该公司为被保险人的保险单，保险金额为人民币43469184元，免赔额为保额的0.3%，按中国人民财产保险公司1981年1月1日海上货物运输条款承保一切险。

2007年10月，涉案货物运抵目的港中国茂名后，茂名检验检疫局于卸货前登轮检验并出具了计量报告，当中记载货物在31摄氏度时的密度为0.9062，数量为6362.903吨，较提单所载短少28.662吨，短少率为0.45%。卸货完毕，茂名检验检疫局经检验后出具干舱证书和另一份计量报告及重量证书，该计量报告记载涉案货物在31摄氏度时的密度为0.9023，重量为6335.519吨；重量证书则载明根据卸货前所测深度和温度、卸货后船上残余油量，依据实验室所检测该批货物的比重及其船上计量表并作必要的校正后，计得涉案货物的实卸重量为6335.519吨。

广州海事法院一审认为：戈利油轮公司未在提单上如实记载或进行批注，其于装货后出具的货差声明报告、大副收据依法对提单持有人不发生效力，故其仍应按提单记载数量交付货物。按照CNF价格每吨820美元计算，短少货物的价值为23502.84美元，人保深圳分公司对被保险人所作保险赔付低于涉案货物短少损失。故判决戈利油轮公司在保险赔偿范围内，向人保深圳分公司赔偿货物损失人民币120000元及其利息。

戈利油轮公司不服一审判决，提出上诉。

广东高院二审认为，戈利油轮公司在明知实际装船数量与提单记载数量不符的情况下，仍然选择签发清洁提单，其应对自身行为所致后果承担责任，故应认定于装货港被装船起运的货物数量为提单所载的6391.565吨。涉案棕榈油货物的密度会随温度变化而变化，装货港检验机构所作计量报告只记载了棕榈油货物在32、33、34、35摄氏度时的密度，茂名检验检疫局在卸货港检验后所作计量报告则只记载了棕榈油货物在31摄氏度时的密度，二者检验所涉温度不一，故不具有比较的基础。一审判决以戈利油轮公司作为承运人不可能知晓涉案棕榈油货物的密度、不负有检验义务，卸货港检测所得密度与托运人提供的密度出现差异并非戈利油轮公司的过失所致为由，认为应按相同标准即托运人提供的标准计算货物数量，此缺乏客观事实基础与法律依据，应予纠正，涉案货物的实卸数量应按照卸货时实际检验所得的密度、体积来计算。茂名检验检疫局作为卸货港的检验机构，明确告知卸货港检验所得的货物数量应按实验室检测的密度计算为6335.519吨，此较之提单记载数量短少了56.046吨。原审判决关于货物短少数量为28.662吨的认定不当，应予纠正。据此计算，涉案货物发生短少部分的实际价值应为45957.72美元，扣除保险单中约定的0.3%免赔额，人保深圳分公司原应支付的涉案保险赔偿折合人民币214771.69元。因人保深圳分公司的实际赔付额低于货物短少造成的损失，代位追偿在实际赔偿范围内进行，故本案适用法律和处理结果正确，遂判决予以维持。

广东中谷糖业集团有限公司等破产重整系列案

案件提示：重整是防止企业破产的一个重要的法律制度。如何适用重整程序审理企业破产案件，在司法实践中鲜有先例。本案在运用重整制度审理企业破产案件中，无论是重整的方式、战略投资人的选定、债务清偿的手段等方面，均能大胆突破或跳出法律框框的限制，又不破坏现有企业破产制度的秩序，创设性地解决在重整过程中遇到的相关法律难题，并收到良好的法律效果和社会效果，为重整制度在审理企业破产案件的适用作了一次有益的尝试。

申请人：遂溪县国正经贸糖业有限公司等八个债权人。

被申请人：广东中谷糖业集团有限公司、湛江市中谷仓储有限公司、广西博白县中创糖业发展有限公司、广西玉林市雅桥糖业有限公司、雷州市唐家糖厂有限公司、雷州市雷高糖厂有限公司、广东省徐闻县大水桥糖厂有限公司、徐闻县前山糖厂有限公司。

2009年9月10日，遂溪县国正经贸糖业有限公司等债权人以上述八家企业不能清偿到期债务，并且资产不足以清偿全部债务，明显缺乏清偿能力为由向湛江市中级人民法院申请对上述八家企业进行破产重整，并提供了被申请人的欠款依据和相关的材料。接到申请后，该院第一时间向湛江市人民政府进行汇报并得到政府支持，随后该院依程序向上述被申请人就申请事项发出通知并向其送达申请书及申请资料，被申请人在收到通知后没有提出任何异议。其后，该院就这八件案的立案受理问题书面向广东省高级人民法院请示，广东高院于2009年10月15日批复同意立案对上述八家企业进行破产重整。又因被申请人中广西博白县中创糖业发展有限公司、广西玉林市雅桥糖业有限公司的住所地在广西，经省高院向最高人民法院请示，最高人民法院批复同意由湛江中院一并受理。该院于2009年12月24日宣告上述八家企业进入破产重整程序，同时指定具备管理人资格的六家社会中介机构成立破产管理人进行财产、账册资料等接管工作，并在相关的媒体上发布重整公告，通知债权人申报债权。

受理案件后，合议庭指导监督管理人及时开展债权债务清理、债权申报、登记、审核和资产追收工作，并委托评估机构对破产企业进行资产评估，最后确认中谷集团及其下属公司的资产评估总值为8.858亿元。债权人在法定期限内申报有效的债权额为18.4847亿元，其中拖欠蔗农甘蔗款为2454万元。在管理人的清理工作中，上述八家被申请人之间组织机构混同、经营业务混同、资产财务混同的情况暴露出来，合议庭经过分析研究认为中谷集团及其下属公司的债权债务及财产已达到无法有效区分的程度，若对八家企业采取分别破产重整方式，将会因为债权债务无法区分而难以审结；合议庭决定采取整体破产重整的方式处理该案。该方案也得到第一次债权人会议的通过，为中谷案件的成功办理打下良好基础。

确定了重整方式后，合议庭和管理人积极筹备破产重整项目选定投资人工作。为保证该项工作的成功，合议庭和管理人制定相关文件对投资人的资格、实力和准入条件以及选定投资人的方式、投资人选定后的权利义务等进行了详细规定，并采用类似招标方式，先后三次在《南方日报》、《湛江日报》和广西糖网等媒体发布招商公告。在2010年8月20日举行的竞争会上，经过七轮竞争性报价，由广东恒福糖业集团有限公司以8.13亿元的最终报价胜出。管理人当场与恒福集团签订了《破产重整项目投资合同》，确保恒福集团按约履行出资义务。

投资人选定后，管理人着手制订重整计划草案。2010年8月27日第二次债权人会议召开，管理人向会议提交《广东中谷糖业集团有限公司及其下属公司重整计划草案》，并由债权人分组对重整计划草案进行表决。各表决组均通过了破产重整计划草案。最终，职工债权、抵押债权、税款债权、拖欠蔗农的甘蔗款获得全额清偿，普通债权的清偿比例为28.35%。法院于2010年8月31日裁定批准管理人提交的重整计划方案，并终止破产重整程序。

其后恒福集团如期于2010年9月13日和11月25日将两期投资款共8.13亿元及蔗农款2454万元汇入管理人指定的账户，管理人亦已陆续将债权款发放到债权人的手上，重整计划已经全面执行。

特别指出的是，该案中破产企业拖欠蔗农甘蔗款2454万元，涉及蔗农人数多达30万人，处理不好会引起诸多的社会矛盾，直接关系甘蔗原材料的供应和到当地蔗区的稳定。而按照《企业破产法》第一百一十三条的规定，蔗农的甘蔗款并不属于优先清偿的债权。合议庭和管理人通过集思广益，群策群力，并经多方论证，最后形成了将所拖欠蔗农的甘蔗款2454万元不列入可供分配的资产中进行分配，而由投资人另行出资全额清偿的方案，这一做法，最终得到了投资人的认同，同时也获得了债权人会议的通过。本破产重整案入选了“2010年度人民法院十大典型案件”。

开平味事达调味品有限公司诉雀巢产品有限公司确认不侵权案

案件提示：该案在业内被称为“中国立体商标第一案”。由于案涉知名外资企业雀巢公司及我国著名企业味事达公司，且为中国立体商标法律制度设立以来的围绕侵权事实发生的第一宗纠纷，故引起各方高度关注。该案经我院知识产权审判庭二审审理终结，判决驳回雀巢公司的上诉请求，维持一审判决。即确认味事达公司在其生产销售的酱油等商品上使用棕色（或透明）方形包装瓶的行为，不构成对雀巢公司第G640537号注册商标专用权的侵犯。案件宣判后，南方日报、法制日报、人民法院报、信息时报、新快报、羊城晚报、南方都市报、深圳商报、深圳特区报等数十家媒体均有报道。该案的判决结果受到业内和法学界的好评和赞赏。

上诉人（原审被告）：雀巢产品有限公司（简称雀巢公司）。

被上诉人（原审原告）：开平味事达调味品有限公司（简称味事达公司）。

味事达公司成立于1996年，其前身开平县酱料厂至迟于1983年开始使用一款“棕色（或透明，以下略）方形瓶”作为其味极鲜酱油产品的外包装，该产品自1984年起多次获得调味品奖项。2008年3月5日，国家工商行政管理总局商标局（下称国家商标局）认定味事达公司注册于第30类酱油商品上的“味事达Master”商标为驰名商标。

雀巢公司为瑞士联邦企业法人，注册成立于1936年。1995年7月27日，雀巢公司将“棕色方形瓶黄色尖顶瓶盖”作为立体商标申请国际注册并获得核准。2002年3月14日，雀巢公司就该商标向我国提出国际领土延伸申请；同年11月27日，国家商标局驳回该商标申请；2005年7月27日，该商标经复审后获得注册，注册号为G640537号，核定使用商品为国际商品分类第30类“食用调味品”，有效期自2005年7月27日至2015年7月27日。

2008年10月23日，北京正理商标事务所有限公司（简称正理公司）受雀巢公司委托向味事达公司发出《关于要求你公司立即停止商标侵权行为的函》，称味事达公司在其调味品（酱油）上使用了雀巢公司已经注册的商标，已侵犯雀巢公司的注册商标专用权，应立即停止一切侵权行为，并向雀巢公司作出书面道歉和承诺。10月30日，味事达公司函复雀巢公司，表明味事达公司的行为不构成侵权。11月5日，正理公司再次向味事达公司发出《再次要求你公司立即停止侵权行为的函》。

2008年11月24日，味事达公司向广东省江门市中级人民法院提起诉讼，称其早在1983年就已经使用“棕色方形瓶”作为中高端味极鲜酱油的包装，并一直使用至今，味事达公司系合理使用“棕色方形瓶”，没有侵犯雀巢公司的商标专用权。请求判令：确认味事达公司在其生产销售的酱油等商品上使用棕色方形瓶、透明方形瓶包装的行为，不构成对雀巢公司第G640537号注册商标专用权的侵犯。

江门中院一审审理认为：味事达公司在其生产销售的“味事达Master”牌味极鲜酱油产品上所使用的棕色方形包装瓶，不会认为该产品与雀巢公司存在特定联系进而产生误认。因而判决确认味事达公司在其生产销售的酱油等商品上使用棕色（或透明）方形包装瓶的行为，不构成对雀巢公司第G640537号注册商标专用权的侵犯。

雀巢公司不服一审判决，向广东省高级人民法院提起上诉。

广东高院二审认为，雀巢公司第G640537号注册商标是三维标志，为“棕色方形瓶黄色尖顶瓶盖”，该三维标志属于商品的容器，该标识被注册为商标之前，已在中国大陆地区被众多酱油生产企业作为包装物使用，故雀巢公司在核定使用商品“食用调味品”上使用该注册商标，商标本身所具有的显著性较弱。现有证据尚不足以证明雀巢公司涉案注册商标在中国境内具有较高知名度，也不足以证明消费者已将该商标与雀巢公司建立直接的、较强的对应关系。味事达公司在其所使用的棕色方形瓶瓶身上以立体凸刻的方式标明了“味事达Master”商标，其瓶贴上也包含了“味事达Master”文字商标、产品名称“味极鲜酱油”以及企业名称、地址、产品简介等信息。由于味事达公司的“味事达Master”商标已认定为驰名商标，具有显著的识别性，在中国境内也为相关公众广为知晓，消费者将“味事达Master”商标与味事达公司紧密联系在一起，故消费者不会对味事达公司被诉侵权商品的来源产生误认或者认为其来源与雀巢公司涉案注册商标的商品有特定联系。味事达公司使用该棕色方形瓶作为包装，主观上不具有非正当的搭便车意图，客观上也未造成消费者的混淆误认，故味事达公司不构成侵权。法院判决驳回上诉，维持原判。

辛波特·桑登猜等
诉广州购书中心有限公司等侵犯著作权纠纷案

案件提示：一场跨世纪历时十多年的奥特曼著作权纠纷由日本、泰国延伸到中国。被告圆谷制作株式会社曾分别在日本和泰国向原告辛波特提起著作权确认之诉和侵权之诉，日本终审法院的判决结果与泰国终审法院的判决结果不一致；我国各地法院受理的相关案件有几十起，一些法院对于奥特曼著作权权属的认定也存在矛盾。为避免再出现不同法院针对相同事实认定结果不一致的情形，经协调全国其他法院受理的相关侵权案件先中止审理，等待广东高院确认奥特曼著作权权属的审理结果。2010年10月25日，广东高院对这起诞生于20世纪60年代的著名动漫形象“奥特曼”著作权纠纷作出终审判决，该案的审理结果将成为全国其他法院相关案件的审理依据。

上诉人（原审原告）：辛波特·桑登猜、采耀版权有限公司。

被上诉人（原审被告）：广州购书中心有限公司、上海音像出版社、上海圆谷策划有限公司、圆谷制作株式会社。

辛波特基于1976年3月4日在日本与圆谷制作株式会社签订的一份《授权合同》（以下简称1976年合同）主张其享有本案诉争的奥特曼相关作品的著作权、独占使用权，确定1976年合同的效力成为本案的关键。圆谷制作株式会社自2000年起就其与辛波特著作权确认之诉在日本提起诉讼，三审均认定1976年合同真实有效，在此期间，圆谷制作株式会社在泰国也提起诉讼，泰国一审判决认定1976年合同真实有效，而泰国最高法院终审判决认定该合同系伪造。辛波特于2002年1月将其基于1976年合同享有的部分奥特曼作品的相关权利授权给其在泰国设立的采耀公司，同年8月，采耀公司将其享有的奥特曼作品权利授权给锐视公司。此后，锐视公司获得了中华人民共和国版权总局颁发的奥特曼五部作品的著作权登记证书。2005年9月，辛波特、采耀公司、锐视公司向广州市中级人民法院提起侵权之诉。

广州中院一审审理认为，1976年合同不真实，辛波特不享有原始著作权，依法判决：驳回辛波特、采耀公司的诉讼请求。

辛波特、采耀公司不服一审判决，向广东省高级人民法院提出上诉。

广东高院认为，本案属于侵犯著作权纠纷。本案诉争的作品包括九部：1.《巨人对詹伯A》；2.《哈卢曼和7个奥特曼》；3.《奥特曼1“奥特曼Q”》；4.《奥特曼2》；5.《奥特曼·赛文》；6.《奥特曼归来》；7.《奥特曼·艾斯》；8.《奥特曼·泰罗》；9.《詹伯格·艾斯》。因上海圆谷公司、圆谷制作株式会社对上述1–2部作品在中国的著作权归辛波特享有并无异议，而辛波特、采耀公司于二审期间又确认广州购书中心、上海音像出版社、上海圆谷公司、圆谷制作株式会社并未在中国侵犯辛波特拥有的上述第1、2部作品的著作权。对辛波特、采耀公司关于上述第1、2部作品著作权的上诉请求不予支持。关于1976年合同的效力，因日本、泰国法院判决的效力未经我国民事诉讼程序予以承认，日本、泰国法院的判决在我国没有法律效力，泰国鉴定机构对1976年合同作出鉴定结论在我国也不具有证明力，故上海圆谷公司、圆谷制作株式会社提交的泰国法院判决及鉴定结论等相反证据并不足以反驳1976年合同的真实性。本案双方当事人对1996年7月23日时任圆谷制作株式会社、圆谷企业株式会社法定代表人的圆谷一夫向辛波特发出的致歉信的真实性均无异议，因此可以认定辛波特、采耀公司在本案中提交的1976年合同就是圆谷一夫在致歉信中所提到的《授权合约》。1976年合同上虽仅有圆谷企业株式会社的签章，但合同的底部有圆谷皋的签名，圆谷皋系上述两家公司的法定代表人，圆谷皋的行为可以视为两家公司的公司行为，圆谷制作株式会社的法定代表人圆谷皋对外签订1976年合同、将该公司享有著作权的作品授予他人独占使用权的民事行为对圆谷制作株式会社发生效力。辛波特已经支付了合同的对价，声称收取合同对价的系圆谷皋本人，圆谷皋收取独占使用权相关费用的行为可以视为著作权人圆谷制止株式会社的行为。据此判决：一、撤销一审判决；二、广州购书中心立即停止销售《奥特曼·泰罗》作品的音像制品；上海音像出版社立即停止生产和销售《奥特曼归来》（即奥特曼·杰克）、《奥特曼·艾斯》、《奥特曼·泰罗》三部作品的音像制品并销毁相关的母带、生产工具等；上海圆谷公司、圆谷制作株式会社立即停止以任何方式在中华人民共和国许可任何人生产和销售《奥特曼归来》（即奥特曼·杰克）、《奥特曼·艾斯》、《奥特曼·泰罗》三部作品的音像制品的行为。三、上海圆谷公司、圆谷制作株式会社于判决生效之日起十日内向辛波特、采耀公司赔偿经济损失人民币30万元及合理费用人民币101930元，上海音像出版社于判决生效之日起十日内向辛波特、采耀公司返还其侵权所得利润人民币10万元。四、驳回辛波特、采耀公司的其他诉讼请求。

金鸿顺公司诉广东省人民政府行政复议纠纷案

案件提示：市政府向拆迁人核发涉案《国有土地使用证》时，被拆迁人的《房地产权证》尚未被依法注销，涉案《国有土地使用证》属于重复发证，省政府行政复议决定撤销涉案《国有土地使用证》正确。

上诉人（原审被告）：广东省人民政府。

上诉人（原审第三人）：萧仕北。

上诉人（原审第三人）：程佩贞。

被上诉人（原审原告）：广州金鸿顺房地产开发有限公司。

涉案地块位于广州市越秀区北京路西侧、高第街南侧地段。广州市房管局于1997年发出《广州市房屋拆迁公告》，决定收回涉案地块的国有土地使用权，并向越秀城建公司发出《房屋拆迁许可证》。之后，广州市人民政府向越秀城建公司核发了穗国用（2004）第275号《国有土地使用证》。2004年11月，越秀城建公司在广州市房地产交易中心通过公开交易方式转让该地块土地使用权，由金鸿顺公司竞得，广州市人民政府向金鸿顺公司核发穗国用（2004）第10048号《国有土地使用证》，其中登记金鸿顺公司为该地块的土地使用权人，使用权面积为9182.953㎡。金鸿顺公司继续进行涉案地块的拆迁工作。萧仕北、程佩贞分别是拆迁范围内的广州市越秀区高第街270号二楼、越秀区晓日里4号三楼房屋的所有权人，分别持有各自房屋的《房地产权证》，两人认为广州市人民政府向金鸿顺公司颁发的《国有土地使用证》不符合法律规定，向广东省人民政府申请行政复议。广东省人民政府作出粤府复决［2006］4号行政复议决定，以涉案发证行为属于重复发证，且土地使用权转让行为违法等为由决定撤销涉案《国有土地使用证》。金鸿顺公司不服，起诉请求撤销被诉行政复议决定。

广州市中级人民法院一审认为，广州市国土房管局经市政府批准，于1997年发出拆迁公告决定收回包括两第三人房屋在内地段的国有土地使用权，广东省人民政府没有审查涉案地块经有关政府收回国有土地使用权的情况，以两第三人持有的房屋权属证明有效为由，认为该地块存在重证问题，与事实不相符，且缺乏法律依据；复议决定撤销涉案《国有土地使用证》，将会对该地块已完成拆迁补偿安置的众多利害关系人的合法权益产生重大影响等。广东省人民政府作出的被诉行政复议决定认定事实不清，主要证据不足，处理不当。一审判决：撤销被诉的粤府复决［2006］4号行政复议决定，由被告重新作出复议决定。

广东省人民政府和萧仕北、程佩贞不服，提起上诉。

广东省高级人民法院二审认为，1995年原国家土地管理局《土地登记规则》第五十四条规定：“县级以上人民政府依法收回国有土地使用权的，土地管理部门在收回土地使用权的同时，办理国有土地使用权注销登记，注销土地证书。”土地使用权证书是持证人拥有土地使用权的合法凭证，只要未经依法注销，持证人仍然应认定为该地块的合法土地使用权人。虽然广州市国土房管局于1997年发布《广州市房屋拆迁公告》，宣布收回涉案土地使用权，但是宣布收回并不等于实际已经收回，本案广州市人民政府向越秀公司和金鸿顺公司先后颁发涉案土地的《国有土地使用证》时，作为被拆迁户萧仕北、程佩贞分别持有的《房地产权证》和《房屋所有权证》因拆迁安置等纠纷尚未解决而未被依法注销，故广东省人民政府作出的被诉行政复议决定认定广州市人民政府向金鸿顺公司颁发的《国有土地使用证》属于重证，并据此决定撤销该《国有土地使用证》并无不妥。原审判决认为广州市人民政府之后向越秀公司和金鸿顺公司颁发的《国有土地使用证》不应认定为重证不当，予以纠正。据此，广东省人民政府上诉认为，广州市人民政府向被上诉人金鸿顺公司颁发的穗国用（2004）第10048号《国有土地使用证》是重证行为，被诉行政复议决定撤销穗国用（2004）第10048号《国有土地使用证》正确，请求依法改判的理由成立，二审予以支持。

另外，根据国务院《城市房屋拆迁管理条例》及《广州市城市房屋拆迁管理条例》的相关条文规定，作为涉案拆迁项目拆迁人的金鸿顺公司依法进行拆迁工作，并非以领取涉案《国有土地使用证》为必要前提，涉案《国有土地使用证》被行政复议决定撤销与涉案拆迁项目是否可以顺利进行没有法律上的关联性，拆迁工作完成后，广州市人民政府仍可依法向金鸿顺公司颁发《国有土地使用证》。因此，原审判决认为，被告决定撤销涉案《国有土地使用证》，将会对该地块已完成拆迁补偿安置的众多利害关系人的合法权益产生重大影响，此项裁判理由不妥，予以指出。

综上，二审判决：撤销原判，驳回金鸿顺公司诉讼请求。

郑义财等243户村民诉汕尾市国土资源局土地行政合同纠纷案

案件提示：人民政府土地行政主管部门与被征用土地农村集体经济组织签订的土地补偿安置合同属于行政合同，属于人民法院行政诉讼的受案范围，行政机关在土地补偿安置合同中为自己设定的义务应该履行；农村集体经济组织二分之一以上的村民对土地补偿安置合同不服的，具有原告主体资格。

上诉人（原审原告）：汕尾市城区东涌镇新地村郑义财等243户村民。

被上诉人（原审被告）：汕尾市国土资源局。

1994年12月10日，汕尾市国土局与新地村签订《征地协议书》，征用新地村位于公路下“田寮”、“破塭”两个围的土地作为金湖花园建设用地。2007年5月间，汕尾市国土局又与新地村委会签订了《征地补充协议》，协议主要内容为：汕尾市国土局同意留成用地指标15%的比例给新地村计算留成用地面积，共计60亩；对于征地范围内的鱼池、青苗、附着物等，经双方实地调查后由汕尾市国土局给予补偿等有关事项。汕尾市国土局局长与新地村委会干部及部分村民代表在该《征地补充协议》上签名盖章。2007年5月15日，汕尾市国土局向新地村书面发出了《关于签订新地村“田寮”、“破塭”两个围补充征地协议后的承诺》（以下简称《承诺》）：1. 两个‘围’征地后的留成土地同意给予填土，但新地村必须提供被征用土地及取土点；2. 在两个‘围’内集体所有的青苗、附着物及建筑物等，在现场清点核算后根据实际情况给予10万元以上的补偿，作为集体收入；3. 留成地在补充协议规定原有指标的基础上，适当增加10亩的留成用地指标，位置按补充协议规定的办法处理；4. 新地村分配的村民宅基地范围给予办理留成用地指标，村民办理宅基地国土证时给予优惠解决；5. 新地村南面汕可路边村民自行搭建的棚寮等建筑物，我局全力配合村委处理并给予适当补偿；6. ‘两围’及‘大棚山’留成用地面积已一次性解决，今后新征地按规定给予结算。”

2009年5月5日，郑义财等人认为汕尾市国土局未能兑现《承诺》的条款，向广东省汕尾中院法院提起行政诉讼，请求判令被上诉人履行《承诺》的义务。汕尾中院经审理，作出由汕尾市国土资源局在合理期限内履行《承诺》中的第1点、第2点、第4点、第5点内容的义务及对第6点作出回复以及驳回原告请求市国土资源局履行《承诺》中的第3点“增加10亩留成用地指标”的诉讼请求的判决。郑义财等人向广东省高级人民法院提起上诉，请求改判为市国土局对《承诺》全面履行。

广东高院经审理认为：新地村共有450户村民，郑义财等243户村民对汕尾市国土局不履行《承诺》的行政行为不服提起诉讼，已超过该村农户数的二分之一以上，具有原告诉讼主体资格。

根据《中华人民共和国土地管理法实施条例》第二十五条之规定，市国土局作为征地补偿、安置方案的组织实施者，与新地村签订《征地协议书》、《征地补充协议》以及《承诺》是其行使法定行政管理职权的行政行为。上述三个协议是市国土局与新地村双方的真实意思表示，内容并不违反法律以及损害国家、公共利益，依法应认定为有效，双方当事人应当按照上述协议的约定履行义务。

郑义财等人要求市国土局履行《承诺》第2点“两个围内集体所有的青苗、附着物、建筑物等根据实际情况给予10万以上的补偿，作为集体收入”的义务，由于对新地村集体财产的补偿已在之前签订的《征地补充协议》中体现，据实结算补偿，《承诺》再次重复应理解为市国土局根据与新地村村民代表协商后再增加10万元作为村集体收入的意思表示，原审法院判决市国土局履行该点义务并无不妥。

郑义财等人要求市国土局履行《承诺》第3点“留成地在补充协议原有指标的基础上，适当增加10亩的留成用地指标，位置按补充协议规定的办法处理”的义务，该条款约定意思明确，应是在《征地补充协议》计算出的留成用地60亩的基础上再增加10亩。市国土局认为《征地补充协议》中的留成用地面积60亩，已包括承诺增加的10亩在内，与《承诺》文义不相符合，应不予支持。原审法院判决驳回上诉人该项诉讼请求错误，应依法予以纠正。郑义财等人要求市国土局履行《承诺》第4点“村民办理宅基地国土证时给予优惠解决”的义务，从维护政府职能部门的诚信度出发，市国土局应履行《承诺》的该点义务。原审法院判决市国土局履行该点义务正确。关于《承诺》的第1、5、6点，市国土局对履行上述义务并无异议，依法应继续履行。原审法院判决市国土局对《承诺》第6点作出答复不妥，应依法予以纠正。综上，二审撤销一审判决，改判由汕尾市国土资源局全面履行《承诺》的义务。

宋小民等16名养殖户诉县政府强制拆除行政纠纷系列案

案件提示： 县政府因水库网箱养鱼数量过多导致水质变差受省里环保督办，决定清拆养鱼网箱，行政执法目的正当，但对水库网箱养鱼的农户应一视同仁，给予合理的补偿。本案二审法院通过协调和解工作，妥善地化解了因环保执法引发的一系列行政纠纷。

上诉人（原审原告）：宋小民、王明远等16名养殖户。

被上诉人（原审被告）：广东省乳源瑶族自治县人民政府。

案件的纠纷源于乳源县政府在2005年鼓励当地农民及有关投资者到该县的饮用水源地——南水水库网箱养鱼，后因网箱养鱼数量过多导致水库水质变差受省里环保督办，县政府决定分批清拆养鱼网箱，涉案的16名养殖户的网箱被首批强制拆除，但县政府以16名养殖户属外地网箱养殖户而且未办理养殖证等为由决定不给予任何补偿。16名养殖户不服，一边提起行政诉讼，一边到过省人大、市、县等党政机关不断集体上访，要求给予合理补偿。

广东省韶关市中级人民法院一审认为，从2002年起，乳源县东坪镇的本地村民及外地人未与县政府签订合同，亦未依法经县政府职能部门批准领取《养殖证》，擅自陆续在南水水库周边从事网箱养鱼生产，违反了《中华人民共和国渔业法》和《广东省饮用水源水质保护条例》的相关规定。县政府及其职能部门针对养殖户的违法行为，依法应当先行作出行政处罚决定，在作出责令养殖户停产停业、关闭等处罚前，告知养殖户依法享有听证的权利，并制作相应的行政处罚决定书，因此，县政府直接强制拆除网箱的具体行政行为违反了《中华人民共和国行政处罚法》第三十九条、第四十二条规定，在处理程序上存在瑕疵，因该瑕疵并没有导致养殖户的合法权益受到侵犯，故养殖户请求确认县政府采取的强制执行措施违法，并请求赔偿，理由不充分，不予支持。至于养殖户提出县政府在强拆网箱养殖设施时，对本地养殖户给予了相应的补偿，但对外地养殖户却不予补偿，属歧视性执法。依《中华人民共和国行政诉讼法》第五条、最高人民法院《关于执行〈中华人民共和国行政诉讼法〉若干问题的解释》第五十六条条第（二）项的规定，法院只对被告的具体行政行为是否合法进行审查，而不对具体行政行为存在的合理性问题进行审查，故养殖户此请求亦予以驳回。故判决驳回16名养殖户的诉讼请求。

16名养殖户不服，向广东省高级人民法院上诉，在16宗案件二审期间，16名养殖户扬言，如果问题不能得到依法处理，将集体上北京继续上访。

广东高院二审合议庭经审查认为县政府强拆行为存在程序违法问题，而且上诉人的补偿要求有一定合理性，但补偿数额要求过高。16宗案件一审全部判决驳回请求不妥，但二审如果直接改判确认县政府行为违法并赔偿，势必影响县政府清拆养鱼网箱工作的顺利进行和对南水水库水质污染治理的工作效率，不利于对社会公共利益的维护；而如果判决维持原判也不合法，即无论怎么判决都达不到最佳的法律效果和社会效果。正因如此，合议庭下定决心一定要协调处理好这批案件，通过几个月多次召集双方座谈、反复电话沟通等方式持续做协调说服工作，终于县政府和16名养殖户在2010年年底达成和解撤诉协议，县政府在财政困难的情况下给予16名养殖户与当地农户基本相同标准的补偿，16名养殖户主动申请撤诉，并在协议中明确承诺不再对县政府的强拆行为到各级机关上访、信访。《最高人民法院关于行政诉讼撤诉若干问题的规定》第五条规定："被告改变被诉具体行政行为，养殖户申请撤诉，有履行内容且履行完毕的，人民法院可以裁定准许撤诉；不能即时或者一次性履行的，人民法院可以裁定准许撤诉，也可以裁定中止审理。"第八条规定："第二审或者再审期间行政机关改变被诉具体行政行为，当事人申请撤回上诉或者再审申请的，参照本规定。准许撤回上诉或者再审申请的裁定可以载明行政机关改变被诉具体行政行为的主要内容及履行情况，并可以根据案件具体情况，在裁定理由中明确被诉具体行政行为或者原裁判全部或者部分不再执行。"16宗案件双方当事人达成的和解撤诉协议符合上述司法解释的规定，故省法院裁定准许16名上诉人撤诉。

2010年12月31日上午，宋小民、王明远等16名上诉人与县政府的代表一起到省法院签收准许撤诉裁定书，双方握手言和。和解协议中约定的各方义务在短时间内都全部履行完毕。宋小民、王明远等16名上诉人还联名向省法院行政庭送来"调解能手，人民功臣"锦旗、感谢信和鲜花。16宗案件的成功协调撤诉结案，彻底地化解了这起群体性行政纠纷。案件主办法官林俊盛因此在2010年度被广东高院记个人三等功表彰。

陈姣兰诉郑燕飞公司董事损害公司利益纠纷案

案件提示：股东代表诉讼，又称股东派生诉讼，是2006年1月1日起施行的新《中华人民共和国公司法》首次在法律上正式确立的一种新型诉讼制度，其目的在于通过诉讼手段追究公司机关成员责任或保护公司合法权益。在审查立案时，应当紧扣该法第一百五十二条的规定，认真审查提起诉讼的股东代表的股东资格及其是否履行了法定的前置条件，即该股东是否属于连续一百八十日以上单独或者合计持有公司百分之一以上股份的股东，以及是否已向公司提出书面诉讼请求且存在公司拒绝提起诉讼，或者自收到请求之日起三十日内未提起诉讼，或者情况紧急、不立即提起诉讼将会使公司利益受到难以弥补的损害的情形。这样做的意义在于既能充分尊重公司意思自治，防止股东滥用诉权的情形发生，又能保障股东及时行使权利，保证公司及全体股东的合法权益不受侵害。

上诉人（原审原告）：陈姣兰。

被上诉人（原审被告）：郑燕飞。

原审第三人：清远市德泰纺织实业有限公司。

陈姣兰是清远市德泰纺织实业有限公司（下称德泰公司）的股东。德泰公司于2002年8月29日经清新县工商行政管理局登记成立，企业性质为有限责任公司。2004年，德泰公司股东变更为郑燕飞、刘汝章、彭文康、陈姣兰等人，郑燕飞担任董事长，上述各股东任董事。2007年6月1日，经工商部门核准变更登记，董事长变更为刘汝章。2010年1月20日，上诉人陈姣兰以被上诉人郑燕飞在2004年5月至2007年5月担任德泰公司董事长期间，通过向德泰公司借款、代付转让股税金、代公司还款及股份分红等各种名目侵占公司资金，违反《公司法》的有关规定为由，向原审法院提起本案诉讼。上诉人陈姣兰提起诉讼之前，曾向德泰公司董事长刘汝章口头提出由其以股东身份提起诉讼的请求，德泰公司未就此事召开董事会。

陈姣兰在上诉时向二审法院提交了一份盖有德泰公司印章的董事会决议，上面只有刘汝章和陈姣兰两位董事签名。2010年8月2日，原审法院根据陈姣兰的申请，作出（2010）清中法民二初字第6号之三民事裁定：冻结郑燕飞在该院申请执行刘汝章的股权转让款2100万元，冻结期限为六个月（自2010年8月8日至2011年2月7日止）。

广东省清远市中级人民法院一审审理认为：本案是股东认为公司董事、高级管理人员侵占公司利益以自己的名义直接提起的诉讼，案由应定性为公司董事损害公司利益赔偿纠纷。根据《公司法》第一百五十二条第二款的规定，公司董事、高管人员侵占公司利益，以股东的名义提起诉讼，必须符合三个前置条件，一是监事会、不设监事会的有限责任公司的监事，或者董事会、执行董事收到前款规定的股东书面请求后，拒绝提起诉讼；二是自收到请求之日起三十日内未提起诉讼；三是情况紧急、不立即提起诉讼将会使公司利益受到难以弥补的损害。陈姣兰虽向德泰公司董事长刘汝章作过以股东身份提起诉讼的口头请求，但德泰公司未就此事召开董事会讨论决定。陈姣兰认为郑燕飞侵占公司款项属情况紧急、不立即提起诉讼将会使公司利益受到难以弥补的损害的情形。从证据显示，陈姣兰所称郑燕飞侵占公司款项，周期长、时间跨越数年，德泰公司却一直未向郑燕飞主张权利。因此，不属于"因情况紧急、不立即提起诉讼将会使公司利益受到难以弥补的损害"的情形。故陈姣兰提起的诉讼不符合《中华人民共和国公司法》第一百五十二条第二款起诉的法定条件，裁定驳回陈姣兰的起诉。

陈姣兰不服原审裁定，向广东省高级人民法院提起上诉。

广东高院二审认为：陈姣兰作为德泰公司的股东及董事，以郑燕飞担任德泰公司董事长期间侵占公司财产为由，向原审法院提起诉讼，属于股东代表诉公司董事损害公司利益纠纷案件。根据《公司法》第一百五十二条第二款规定了股东代表诉公司董事损害公司利益的三个情形。陈姣兰如果要以自己的名义提起诉讼，必须提供证据证明本案具备该三个条件之一。然而现有证据表明，陈姣兰在起诉前并没有提出书面请求，且原审法院已根据陈姣兰的申请冻结了相关的股权转让款，本案已不存在上述规定的"情况紧急"的情形。因此，陈姣兰以自己名义提起的诉讼尚不具备《中华人民共和国公司法》第一百五十二条规定的向人民法院起诉的条件。原审法院裁定驳回陈姣兰的起诉正确。上诉人陈姣兰请求原审法院对本案进行审理的上诉理由不能成立。据此，裁定驳回上诉，维持原审裁定。

中国人民财产保险股份有限公司广州市天河支公司诉广州市金永固新材料有限公司保险合同纠纷再审申请案

案件提示：根据《中华人民共和国道路交通安全法》第七十六条和《机动车交通事故责任强制保险条例》第二十一条的规定，一般情况下，承保交强险的保险公司是交强险赔偿责任的最终承担者。若被保险人直接向受害人赔偿，赔偿后可据交强险合同向保险公司追偿；若保险公司直接向受害人赔偿，赔偿后不得向被保险人追偿。但是，符合《机动车交通事故责任强制保险条例》第二十二条第一款所列三项情形的（即驾驶人未取得驾驶资格或者醉酒、被保险机动车被盗抢期间肇事以及被保险人故意制造道路交通事故），致害人是交强险赔偿限额责任的最终承担者。保险公司不需向受害人赔偿财产损失，但仍需向受害人垫付抢救费用及赔偿人身伤亡损失，赔偿后可向致害人追偿。符合上述情形的致害人向受害人赔偿后，根据交强险合同向保险公司请求赔偿的，人民法院不予支持。

申请再审人（一审被告、二审被上诉人）：广州市金永固新材料有限公司。

被申请人（一审原告、二审上诉人）：中国人民财产保险股份有限公司广州市天河支公司。

广州市金永固新材料有限公司（下称金永固公司）申请再审称，一、二审判决对交强险合同条款第九条的不同解释导致不同的判决结果。《机动车交通事故责任强制保险条例》第二十二条及交强险合同条款第九条确定保险公司向致害人追偿的范围仅限于保险公司向受害人垫付的抢救费用，而不包括保险公司向受害人赔偿的人身伤亡损失，二审判决判令我公司向中国人民财产保险股份有限公司广州市天河支公司（下称中保公司）返还其向受害人赔偿的人身伤亡损失，违反追偿权的法定性。请求撤销二审判决，对本案进行再审。

广东省高级人民法院经审查认为，本案为保险合同纠纷。中保公司以案外人胡红兵醉酒驾驶金永固公司所有的被保险车辆发生交通事故，造成案外人谭必胜受伤，胡红兵负事故的主要责任，中保公司在事故发生后作为保险人向伤者谭必胜赔偿了77568.59元为由，起诉请求金永固公司归还保险免赔款77568.59元及利息。从金永固公司的再审申请理由看，本案争议焦点仍为对于醉酒驾驶及无证驾驶被保险车辆造成受害人的损失，承保交强险的保险公司向受害人承担赔偿责任后可否向致害人追偿。

根据交警部门作出的《事故责任认定书》，胡红兵醉酒驾车且驾驶与驾驶证载明的准驾车型不相符的被保险车辆，应承担本案事故的主要责任。本案事故发生后，中保公司作为肇事车辆的保险人，在交强险责任限额范围内向受害人支付了赔偿款77568.59元。驾驶人未取得驾驶资格或者醉酒驾车属于性质恶劣的交通违章行为，其过错程度甚于一般违章行为，由此发生交通事故所造成的人身、财产损失也更为严重，应当通过扩大保险公司的免赔范围来加重致害人的赔偿责任，以引导机动车驾驶人遵章驾驶，维护交通安全。在此情形下，致害人是受害人损失的最终承担者。保险公司依照《中华人民共和国交通安全法》第七十六条及《机动车交通事故责任强制保险条例》第二十一条的规定向受害人承担赔偿责任后，可循《机动车交通事故责任强制保险条例》第二十二条的规定向致害人追偿。本案双方当事人确认的《机动车交通事故责任强制保险条款》第九条关于保险公司对于醉酒驾驶、无证驾驶造成的损害不予赔偿的约定也符合上述法律、法规的立法精神。二审判决据此判令金永固公司应当向中保公司返还其已向受害人赔偿的款项，处理正确。金永固公司认为中保公司对于已赔偿给受害人的款项无权追偿，与法律规定不符，本院不予采信。金永固公司的再审申请理由缺乏充分理据，不符合《中华人民共和国民事诉讼法》第一百七十九条所规定应予再审的情形。依照《中华人民共和国民事诉讼法》第一百八十一条第一款的规定，故裁定：驳回金永固公司的再审申请。

嘉达公司诉佛山建行不当得利纠纷案

案件提示：国有银行不良债权在转让给受让人之前，已经由债务人向银行清偿，受让人向国有银行提起返还不当得利之诉的，人民法院不予支持。

抗诉机关：广东省人民检察院。

申诉人（一审被告、二审上诉人）：中国建设银行股份有限公司佛山分行。

被申诉人（一审原告、二审被上诉人）：佛山市嘉达投资有限公司。

原审第三人：中国信达资产管理公司广州办事处。

中国建设银行股份有限公司佛山分行（简称佛山建行）诉顺德市粮油集团公司等人借款合同纠纷一案，佛山市中级人民法院（简称佛山中院）在执行期间，于1998年12月15日主持当事人签订《和解协议书》，并据此作出以物抵债裁定。佛山建行于1999年12月18日与中国信达资产管理公司广州办事处（简称信达公司）签订《债权转让协议》，约定将上述债权转让给信达公司。2003年，佛山建行拍卖了上述以物抵债的全部房产。2005年12月2日，佛山市嘉达投资有限公司（简称嘉达公司）与信达公司签订《不良贷款债权转让合同》，约定嘉达公司从信达公司受让包括上述债权在内的19项债权。2007年6月20日，嘉达公司以佛山建行擅自处分已经转让的不良债权为由提起诉讼，请求判令佛山建行返还涉案房产或按照现行市场成交价值支付经济赔偿，第三人为信达公司。

佛山市禅城区人民法院一审认为，佛山建行与债务人达成和解协议以物抵债，发生在佛山建行与信达公司达成债权转让协议之前，佛山建行的上述行为及占有以物抵债房产是基于其对借款人粮油公司的贷款本金、利息的债权，此时佛山建行的行为合法。但之后佛山建行已与信达公司达成债权转让协议，约定借款人粮油公司的贷款债权本金、应收利息全部转让给信达公司。此时佛山建行已不再拥有继续收贷、实现对借款人粮油公司的贷款本金、利息的债权的合法依据，但其仍在2003年处分以物抵债房产，继续收贷占有处分的收益。根据嘉达公司与信达公司签订的《不良贷款债权转让合同》，收取有关上述债权的全部利益应归属嘉达公司所有，但因佛山建行的行为，以粮油公司为被执行人的案件已执行完毕结案，嘉达公司受让的本案债权的利益已不可能实现或获得收益。佛山建行处分以物抵债房产，占有处分所得的收益已经构成不当得利，嘉达公司要求返还佛山建行处分房产收益的请求合法有理。据此判决佛山建行返还嘉达公司处分房产收益871500元。

佛山建行不服一审判决，提起上诉。佛山市中级人民法院二审判决驳回上诉，维持原判，理由与一审法院基本一致。

广东省人民检察院抗诉认为，原审判决受理嘉达公司的起诉并认定佛山建行处分以物抵债房产所得收益为不当得利，属认定事实缺乏证据证明，适用法律错误。

广东省高级人民法院再审认为，嘉达公司因受让涉案不良贷款而与信达公司签订的《不良贷款债权转让合同》发生在2005年12月2日，2006年2月10日在报纸上发布公告。嘉达公司享有的涉案不良贷款债权来源于当事人之间因转让债权达成的合意。而早在1998年3月5日，二审法院就已对顺德建行起诉粮油公司等债务人和担保人一案作出民事判决，并根据双方当事人达成的《和解协议书》，于1998年12月16日作出民事裁定，确认当事人以物抵债协议符合法律规定，并敦促诚顺公司尽快办理过户手续。根据《中华人民共和国物权法》第二十八条、《最高人民法院、国土资源部、建设部关于依法规范人民法院执行和国土资源房地产管理部门协助执行若干问题的通知》第二十七条的规定，佛山建行在二审法院上述以物抵债裁定生效时即已取得涉案房产的所有权。同时，佛山建行因剥离不良资产而与信达公司签订的《债权转让协议》发生在1999年12月18日，2001年2月20日在报纸上发布公告，佛山建行处分以物抵债的房产发生在2003年，均早于嘉达公司从信达公司受让不良债权的时间。因此，佛山建行取得涉案房产的所有权，来源于人民法院的生效裁判和相关法律规定，且发生在佛山建行与信达公司达成债权转让协议之前，佛山建行处分涉案房产是行使其所有权权能的体现，具有合法根据，并非取得不当利益，也未损害嘉达公司的相关权利。嘉达公司在不良债权转让中受到的损失与佛山建行之间没有法律上的直接利害关系，可另循途径解决，其向银行提起返还不当得利之诉，缺乏相应的事实和法律依据。故判决撤销一、二审判决，驳回嘉达公司的诉讼请求。

周安才等诉广东省乐昌市疾病预防控制中心医疗服务合同纠纷案

案件提示：无主狂犬咬人，伤者到疾控中心注射狂犬病疫苗后是否要及时注射血清？法院在审理此类案件时必须区分疾控中心虽然有别于一般的医疗机构，其在救治过程中造成的人身损害同样应承担赔偿责任，但本案疾控中心在救治伤者过程中参照《中国生物制品规程》要求，在注射疫苗和血清过程中存在有瑕疵。根据法律规定，仍应承担部分责任。

申请再审人（一审原告、二审上诉人、原申请再审人）：周安才、罗运姣。

被申请人（一审被告、二审被上诉人，原被申请人）：广东省乐昌市疾病预防控制中心（下称疾控中心）。

2002年10月29日下午5时，周安才、罗运姣之子周永斌（1991年1月5日出生）在乐昌市坪石镇坪石工务段附近被犬咬伤脸部，周安才、罗运姣将周永斌送到坪石门诊部进行狂犬病的预防接种，该门诊部医护人员对周永斌的伤口清洗和消毒，为周永斌注射了狂犬疫苗和干扰素各一支。由于坪石门诊部未备有抗狂犬病毒血清，未给周永斌注射狂犬病血清。当日，乐昌市广播电视事业管理局坪石站有线台播放“紧急通知”通知犬伤者到门诊部注射狂犬疫苗后注射抗狂犬病血清。但周永斌未到坪石门诊部注射过抗狂犬病血清，同年11月16日狂犬病发，次日被送到湖南宜章县人民医院就诊，经医生诊断为狂犬病，11月18日中午周永斌因狂犬病抢救无效死亡。2004年6月8日，周安才、罗运姣向广东省乐昌市人民法院（下称乐昌市法院）提起诉讼，请求判令疾控中心承担医疗事故赔偿318850元。

诉讼中，经乐昌市法院委托韶关市预防接种小组鉴定，结论，认为“曹有凤的死不属于预防接种异常反应或接种事故所致”（曹有凤与周永斌等类同案件的当事人）。

乐昌市法院一审认为，周永斌经过鉴定死于狂犬病，不构成医疗事故损害赔偿责任，从而判决驳回周安才、罗云姣的诉讼请求。周安才、罗云姣向韶关中院提出上诉。

韶关中院经审理认为，疾控中心有别于一般的医疗机构，而是属于疾病预防控制机构，本案应当定性为医疗服务合同纠纷。周永斌尚被犬咬伤部位在脸部，因客观原因，未注射抗狂犬病血清及未在0天（当天）、3天加倍注射狂犬疫苗，疾控中心存在一定的瑕疵和过错，应承担次要责任。至于周安才提出疾控中心使用假药，经鉴定不存在假药。韶关中院作出判决：由疾控中心赔偿周安才、罗运姣12811.62元。周安才、罗运姣向韶关中院申请再审。

韶关中院再审维持了二审判决。周安才、罗运姣向广东高院申请再审。

广东高院审理认为，依照《中国生物制品规程》人用狂犬病纯化疫苗制造及检定规程的规定，一般咬伤者于0天（第一天，当天）、3天（第4天，以下类推）、7天、14天、28天各注射疫苗1剂，共5针，儿童用量相同。严重咬伤者（头、面、颈、手指、多部位3处咬伤者，咬伤皮或舔触黏膜者），应按规程注射。坪石门诊部在接诊周永斌时虽然依照常规处理伤口并注射了狂犬疫苗和干扰素，但由于周永斌被犬咬到的是脸部这一严重部位，按照上述规程，应于0天、3天注射加倍量疫苗，并于0天注射本疫苗的同时，用抗狂犬病血清（40IU/kg）或抗狂犬病免疫球蛋白（2010/kg）浸润咬伤局部和内注射。由于疾控中心当时无储备抗狂犬病血清，致使周永斌未及时注射血清。虽然疾控中心主张购回血清后即通过电视播放了《紧急通知》，要求注射疫苗和抗狂犬病血清，履行了告知义务，但涉及到人的生命抢救的关键时刻，只是通过电视播放《紧急通知》，存在着通知不到的情况，即疾控中心未完全尽到告知义务。且根据坪石门诊部处方笺载明给周永斌注射疫苗时间与上述规程要求时间未完全一致，故疾控中心在为周永斌救治的过程中存在未能及时注射疫苗、血清救治的过错。至于周安才、罗运姣认为疾控中心所使用的人用狂犬疫苗为假药理由不成立，因药监局是基于没有“长春股份有限公司”、“辽宁生物技术有限公司”药品生产企业的前提下应按假药论处而答复3名死者家属。但经查明坪石防保所用于3名死者身上的疫苗成品检验报告单证实，乐昌市卫生局所调查的情况与疾控中心坪石门诊部原负责人为患者家属出具的证明不一致，且该局亦并未对药品进行检测、鉴定，结合同期其他被犬咬伤患者亦注射该批疫苗血清的并未发生病发的事实，故本案仅以药监局《关于对李普仁等三位同志的信访答复》为据认定假药证据不充分。综合上述理由，原判决疾控中心对周永斌的死亡只承担10%责任明显偏低。依据本案实际以及公平原则，疾控中心的上述行为所承担的民事赔偿责任与周安才、罗运姣承担的民事责任同等。广东高院作出改判疾控中心应赔偿周安才、罗运姣64058.10元。

廖永勇等执行申诉案

案件提示：廖永勇因申请执行银叶公司一案多年无法兑现债权，与其合伙人在广州市拍卖作为该案执行依据的民事判决书，此事经媒体报道后引起社会各界的关注。广东高院执行局提出立足调解，并利用司法救助资金解决该案执行难问题的执行方案，要求肇庆两级法院加大案件调解工作力度，并协调政府有关部门，做好相关工作。在广东高院的直接指导和跟踪督促下，肇庆两级法院通过耐心细致的工作，终于促成当事人达成执行和解，实现案结事了。

申请执行人：廖永勇。

被执行人：肇庆市银叶食品有限公司。

廖永勇诉肇庆市银叶食品有限公司（下称银叶公司）货款纠纷一案，肇庆市鼎湖区人民法院（下称鼎湖法院）于2005年7月29日裁定查封了银叶公司用于生产的机械设备，并经审理判决银叶公司偿还廖永勇货款260000元。

2005年8月23日，鼎湖法院立案受理姚六桂、姚汉文诉曾章联、邵昌铃买卖合同纠纷一案，并追加银叶公司（其法定代表人为邵昌铃）和廖永勇作为第三人参加诉讼，并经审理认定银叶公司生产经营的机械设备和厂房并非银叶公司的财产，廖永勇主张上述财产系银叶公司的财产没有事实依据，遂判决曾章联、邵昌铃返还给姚六桂、姚汉文财产转让款31万元，驳回第三人银叶公司主张其为本案银华排米粉厂财产受让人的诉讼请求。上述判决生效后，姚六桂、姚汉文申请执行，鼎湖法院立案执行。另外，鼎湖法院还立案受理了廖国忠申请执行银叶公司、邵昌铃、黄菁华一案，执行标的为223200元。

鼎湖法院在执行姚六桂、姚汉文申请执行曾章联、邵昌铃一案以及廖扬森、廖国忠申请执行银叶公司、邵昌铃、黄菁华一案中，两次委托拍卖均流拍。经姚六桂、姚汉文、廖扬森、廖国忠同意，鼎湖法院对上述生产设备及厂房作价362016元抵偿姚六桂、姚汉文、廖扬森、廖国忠的债务，其中交付廖扬森、廖国忠抵偿债务90504元，交付姚六桂、姚汉文抵偿债务271512元。

廖永勇因不服姚六桂、姚汉文诉曾章联、邵昌铃一案的生效判决向肇庆中院申诉，肇庆中院经对该案进行再审于2008年10月15日作出再审判决，撤销肇庆市鼎湖法院原审判决，确认银叶公司为银华排米粉厂机械设备财产受让人。

此后，银叶公司和廖永勇向鼎湖法院申请执行回转，鼎湖法院于2008年12月12日立案执行，并于同年12月16日裁定姚六桂、姚汉文、廖国忠、廖扬森返还以物抵债的财产给银叶公司和廖永勇，不能退还原物则按原作价362016元返还，其中姚六桂、姚汉文应返还271512元，廖国忠、廖扬森应返还90504元。该案执行过程中，因查明上述用于抵债的机械设备已被姚六桂和廖国忠转卖，无法返还原物，鼎湖法院于2009年1月7日查封姚六桂所有的一套房产并扣划廖国忠银行存款9073.94元。姚六桂对此多次向该院提出异议，请求暂缓执行。此后，鼎湖法院没有对该房产进行实质性处理。

因银叶公司已无其他财产可供执行，鼎湖法院多次召集各方当事人进行了调解。廖永勇认为姚六桂应按以物抵债的价款362016元回转，姚六桂则认为以物抵债的财产包括机械设备和厂房，而厂房不属于廖永勇申请法院财产保全范围，且其为了能转卖机械设备和厂房，已先行代银叶公司垫付了厂房用地租金和厂房值班费等费用155746元，后来转让机械设备和厂房实际收益款为37254元，仅同意按上述收益款回转。

2010年7月19日，廖永勇因申请执行银叶公司一案多年无法兑现债权，与其合伙人在广州市天河区拍卖作为该案执行依据的民事判决书。此事经新闻媒体报道后，立即引起社会各界的关注。对此，广东高院高度重视，在了解案件情况、听取当事人意见后，与肇庆市委政法委、肇庆市两级法院共同研究了案件的处理问题，并针对案件实际情况提出了立足调解，并利用司法救助资金解决该案执行难问题的执行方案，要求肇庆中院和鼎湖法院执行局加大案件调解工作力度，并协调政府有关部门，做好相关工作，以保证案件顺利执行。在广东高院的直接指导和跟踪督促下，肇庆中院和鼎湖法院通过耐心细致的工作，终于促成当事人达成执行和解，廖永勇请求执行回转20万元，现已全部执行到位并全部支付（其中姚六桂支付10万元、廖国忠支付4万元、救助资金支付6万元），廖永勇已于2010年10月29日向鼎湖法院出具了《结案意见书》同意结案。至此，廖永勇申请执行银叶公司一案得以圆满解决，实现案结事了。

谢展球等与余振执行回转案

案件提示：谢展球申请房屋执行回转后因不服执行复议裁定，在当地多次采取过激行动，广宁籍9名省市人大代表联名向广东高院和肇庆中院申请执行监督，要求妥善解决谢展球的申请执行回转问题。广东高院与肇庆中院、广宁法院召开三级法院办案会议，提出以房屋执行回转作为基础，力促双方当事人让步，缩小退房款的差额部分，不足部分再通过其他渠道筹集的解决思路。最终促成双方当事人达成和解。

申请执行人（原案被执行人）：谢展球、郑肖英。

被执行人（原案申请执行人）：中国农业银行广宁县支行。

第三人（复议申请人）：余振。

1998年至1999年间，谢展球的妻弟郑显瑞向广宁农行贷款，在谢展球、郑肖英两夫妇不知情的情况下，以谢郑夫妇的房屋作担保，并冒充其签名办理了抵押登记手续。广宁农行在2004年10月向广宁法院提起诉讼，要求郑显瑞偿还贷款。广宁法院受理后，既未依法通知谢郑夫妇参与诉讼，也未向其送达相关诉讼文书的情况下，开庭调解结案并制作（2004）宁民初字第91号调解书，该调解书第三项规定："第二被告谢展球在其抵押物价值范围内对上述欠款本息承担连带清偿责任"。该调解书未送达给谢郑两夫妇签收。2005年12月底，广宁法院向谢郑夫妇送达拍卖上述房屋的《通知书》，谢郑夫妇当即向广宁法院提出执行异议。

2005年12月15日，广宁县人民法院公开拍卖了谢展球所有的上述抵押房屋，后该房屋由余振以98000元竞得。该款扣除有关费用后，余款94400元已支付给申请执行人中国农业银行广宁县支行。余振于2006年4月21日办理了房屋所有权证。广宁法院强制将谢展球屋内的财物搬出，将房屋交由余振居住。2008年1月广宁法院再审该案作出再审判决，撤销（2004）宁民二初字第91号《民事调解书》中第三项内容。谢郑两夫妇依据再审判决向广宁法院申请执行回转，要求将已被错误拍卖的房屋归还。2009年8月18日，广宁法院作出（2008）宁法执字第157-2号执行裁定书，裁定广宁农行返还已收取的房屋折价款94400元及其孳息给第三人余振，谢展球与郑肖英补偿第三人余振15137元，余振则搬出房屋并返还给谢展球两夫妇。第三人余振不服广宁法院的执行裁定，向广宁法院提出执行异议。

2009年10月26日，广宁法院以（2009）宁法执异字第2-1号执行裁定驳回异议。第三人余振不服该执行裁定，向肇庆中院提出复议申请。

肇庆中院受理后认为，复议申请人余振作为第三人通过法院拍卖合法取得对房屋的所有权，并已依法办理房地产产权证，其不是执行回转案件的被执行人，广宁法院对其采取强制执行回转措施显属不当。据此，肇庆中院作出执行裁定，撤销广宁法院（2008）宁法执字第157-2号执行裁定和（2009）宁法执异字第2-1号执行裁定。

谢展球因不服肇庆中院上述执行复议裁定，在当地多次闹事，严重影响社会秩序，并引起九名省市人大代表的密切关注。广东高院立案监督后，立即与肇庆中院取得联系。2010年11月9日，广东高院使用执行指挥中心的远程视频系统与肇庆中院召开视频会议，要求肇庆中院对广宁县农行诉郑显瑞借款纠纷案中的拍卖程序进行复核，查清有无违反相关法律规定，并提出要做好谢展球思想工作，防止谢展球借亚运期间到广州上访影响亚运稳定。此后肇庆中院要求广宁法院对拍卖程序进行复核。经复核，广宁县农行诉郑显瑞借款纠纷案中的拍卖程序并无违反法律规定。

该案经过广宁法院多次主动做双方当事人思想工作，但因市场房地产价格变化太大，双方当事人无法达成一致意见。为推动案件尽快解决，2010年12月14日，广东高院执行局与办公室人大联络办同志前往广宁法院召开三级法院办案会议，并达成一致意见，以房屋执行回转作为基础，力促双方当事人让步，缩小退房款的差额部分，不足部分再通过其他渠道筹集。会后，与会同志到广宁南街镇平村村委会走访省市9名人大代表，认真听取代表们的意见，并向代表们通报案件的最新进展和限期执结的决心。代表们听后表示对法院的执行工作感到满意，并会全力配合法院做好谢展球的思想工作。办案会议后，广宁法院全力做好调解工作，并与肇庆中院一同启动合适的救助资金，补足差额，促成双方当事人和解。在各方积极努力下，2010年12月23日下午，谢展球与余振顺利签订和解协议，协议约定：余振愿意退出该房屋，收取19.6万元补偿款，并于2010年12月28日前将房屋腾空交付广宁法院处理，协议自签名之日起生效。

莫明君申请确认拍卖行为违法案

案件提示：根据《中华人民共和国土地管理法》和相关文件的规定，农民住宅只能转让给本村村民，因此，农民住宅的转让受到严格限制。但司法程序中是否可以处理农民住宅，法律并未明示禁止。最高人民法院、国土资源部、建设部《关于依法规范人民法院执行和国土资源房地产管理部门协助执行若干问题的通知》第二十四条规定为人民法院在执行程序中拍卖农民住宅提供了依据，故人民法院在执行程序中依法拍卖农民住宅的行为不应确认违法。

确认申诉人：莫明启。

被申请确认法院：东莞市第一人民法院（原东莞市人民法院，下称原东莞市法院）。

中国银行股份有限公司东莞大朗支行（下称中行大朗支行）诉莫明启贷款合同纠纷一案，原东莞市法院作出（2005）东法民一初字第7237号民事调解书，莫明启确认拖欠中行大朗支行贷款本金720448.51元及利息、罚息；如莫明启不按约定还款，中行大朗支行有权要求莫明启偿还贷款本息，且对莫明启所有的位于东莞市大朗镇巷尾村富华西区62号（下称富华西区62号）的粤房地证字第C1991464号房地产享有抵押权，并对处理抵押物所得款享有优先受偿权。执行程序中，原东莞市法院于2006年5月25日查封了莫明启所有的富华西区62号。并向莫明启送达《限期履行通知书》，限其履行生效调解书确定的义务，逾期不履行，将查封的财产依法交有关单位收购、变卖。同年7月18日，原东莞市法院通过摇珠方式选定东莞市正和房地产评估有限公司对查封房产进行评估，评估价为579600元。因莫明启家中无人，原东莞市法院将评估报告张贴在其住处，实施留置送达，送达人员在送达回证上注明原因及签名。原东莞市法院通过摇珠方式选定东莞市德信拍卖有限公司进行公开拍卖，以585000元拍卖成交。同年12月11日，原东莞市法院作出（2006）东法执字第1089号之二民事裁定书，富华西区62号的拍卖款扣除相关费用后，依法支付给申请执行人。因被执行人暂无其他财产可供执行，申请执行人也无提供被执行人可供执行的财产状况，裁定中止执行。同日，作出（2006）东法执字第1089号之三民事裁定书，将富华西区62号商住楼归买受人庄汉贵所有。2009年4月14日，莫明启向东莞市中级人民法院请求确认原东莞市法院作出（2006）东法执字第1089号之二、（2006）东法执字第1089号之三民事裁定的执行行为违法。

东莞中院认为，根据《中华人民共和国民事诉讼法》（修订前）第二百二十三条、第二百二十六条规定，原东莞市法院通过摇珠方式公开选定评估机构，并以评估价公开拍卖，是依法行使执行权，符合法律规定。裁定对原东莞市法院的执行行为，不予确认违法。

莫明启不服，向广东省高级人民法院申诉。

广东高院认为，1. 拍卖集体土地房产问题。根据《中华人民共和国土地管理法》及其《实施条例》的规定，农村集体土地的转让受严格限制。在民事诉讼中涉及对集体土地的执行时，应征得当地政府的同意。为此，最高人民法院、国土资源部、建设部《关于依法规范人民法院执行和国土资源房地产管理部门协助执行若干问题的通知》第二十四条第二款规定：“对处理农村房屋涉及集体土地的，人民法院应当与国土资源管理部门协商一致后再行处理。”原东莞市法院对涉农村房地产的执行，未逐件与当地政府协商一致是事实。但鉴于此类情况在当地比较普遍，该院将同类问题作为一个整体的法律政策把握，专文征求当地政府的意见，当地政府也以东国土资函（2005）390号函复法院，可在执行中对涉农村房地产依法处置，由在执行程序中取得房地产者凭法院法律文书申请办理过户手续。这应视为已征得当地政府的同意。而且拍卖成交价585000元略高于评估价579600元，并未损害到确认申诉人莫启明的利益，因此，不属于最高人民法院《关于审理人民法院国家赔偿确认案件若干问题的规定（试行）》第十一条规定的“应当确认违法”情形，不应确认为违法。2. 房地产评估师的资格问题。《房地产估价报告书》中署名的估价师执业证均在有效期内，符合《房地产估价机构管理办法》的规定。3. 送达、评估拍卖房产问题。因莫启明居住的富华西区62号家中无人，原东莞市法院将评估报告张贴在其住处，实施留置送达。原东莞市法院依法采用公开摇珠的方式选定评估、拍卖机构，并在《东莞日报》刊登拍卖公告。莫启明应当知道法院拟拍卖其房产用以偿还债务。裁定对原东莞市法院执行莫明启富华西区62号的行为，不予确认违法。

第三编

省法院工作

第一章 工作报告

广东省高级人民法院工作报告

——2011年1月24日在广东省第十一届人民代表大会第四次会议上

广东省高级人民法院院长 郑 鄂

各位代表：

我向大会报告省高级人民法院的工作，请予审议。并请省政协委员、列席人员提出意见。

2010年，是全省法院工作沿着科学发展道路加速推进的一年。我们认真落实省十一届人大三次会议决议，以深入开展“加速推进排头兵进程”竞赛活动为工作统揽，充分发挥省法院表率作用，指导监督全省法院着力维护公平正义、能动服务大局，积极创先争优、强化自身建设，各项工作呈现出加速向好发展的态势：共受理各类案件1069115件，其中新收992162件、办结1013805件，同比分别增长6.79%和8.86%；受理案件数和结案数首超100万件；取得了结案数、结案率、调解撤诉率、实际执行率上升和未结案件数、上诉率、改判发回重审率、信访投诉量下降等“四升四降”的可喜进展。

——省法院自身办案工作取得较大进步。在新收各类案件19350件、同比上升20.11%的情况下，实现了结案数首次超过新收数，整体结案数、结案率、法官人均结案数大幅上升，未结案件数大幅下降的明显进步。全院共结案20847件，同比上升25.07%；未结1440件，同比下降50.53%；结案率达93.54%，同比提高8.41个百分点；法官人均结案80.20件，同比多出17.83件。省法院自身提高办案效率、转变办案作风展现新面貌。

——全省法院办案质量持续向好。上诉案件改判率为9.02%，同比下降0.48个百分点；上诉案件发回重审率为1.04%，同比下降0.02个百分点。一审办案质量在逐步平稳进步，二审监督作用得到更好发挥，维护公平正义的能力得到稳步提高。

——全省法院办案效率显著突进。结案数首次超过新收数；结案率94.83%，同比提高2.46个百分点；未结案件降至55310件，同比下降28.12%；法官人均结案99.59件，同比多出7.29件。广大法官克服案多人少的困难，努力为当事人着想，办案作风得到切实转变。

——全省法院办案效果明显提升。上诉率为13.85%，同比下降5.36个百分点；一审民商事案件调解撤诉率为66.06%，同比提高13.88个百分点；实际执行率为77.86%，同比提高22.72个百分点；共接待来访28668人次、处理来信14816件，同比降幅分别达37.89%和33.77%。广大法官案结事了的意识、化解矛盾的能力有了明显进步。

一、依法履行审判职能，全力维护公平正义

依法审理好民商事案件。全省法院共审结各类民商事纠纷案件561283件，同比上升12.67%。依法调处婚姻家庭继承纠纷矛盾，突出保护妇女、儿童、老人合法权益，共审结此类一审案件52752件。依法调处合同纠纷矛盾，维护交易安全、促进诚信建设、服务经济发展，共审结此类一审案件305070件，其中审结一审劳动争议纠纷案件85808件。依法调处权属、侵权纠纷矛盾，制裁侵权行为，共审结此类一审案件130544件，其中审结一审知识产权纠纷案件9584件。珠海中院在高新区派出的全国第一家知识产权审判庭取得良好社会效果，受到各界好评。依法审理涉外、涉港澳台民商事和海事海商纠纷案件，分别审结此类一审纠纷案件1754件、5738件和796件。

依法审理好刑事案件。共审结各类刑事案件83281件，同比上升1.42%。坚持依法严厉打击各种严重暴力犯罪，共审结故意杀人、故意伤害、强奸、绑架等严重危害社会治安犯罪一审案件30787件，判处罪犯44147人，其中判处五年以上有期徒刑直至死刑的占28.57%。坚持加大对多发性犯罪的打击力度，共审结一审毒品犯罪案件10169件、各类侵犯财产犯罪案件31922件、各类妨害社会管理秩序犯罪案件17474件。坚持从严惩治群众最愤恨的腐败犯罪，共审结一审贪污、贿赂、渎职等职务犯罪案件1314件，同比上升14.76%。积极参与"打黑除恶"专项斗争，对欺行霸市、垄断交易等严重影响民生的犯罪行为予以严厉打击，审结重大涉黑案件39件。注重抓好大案要案的审理，积极稳妥地完成阳江"3·26"黑社会性质组织犯罪等一批政治、社会影响较大，各界广为关注的案件。注重对宽严相济刑事政策的正确把握，对具有法定从宽情节的依法从宽处理，依法适用非监禁刑，共对13249名被告人判处缓刑。进一步规范减刑、假释案件的审理，共决定减刑57280人、假释2171人。严格贯彻罪刑法定原则，对不构成犯罪的25名被告人依法宣告无罪。

依法审理好行政案件。共审结各类行政案件10870件，同比上升9.67%。突出依法审理好数量庞大且涉及人民群众生产生活的资源、城建、劳动、工商、环保等类行政案件，保护行政相对人的合法权益，监督、支持行政机关依法行政。依法开展国家赔偿审判，对45件受到国家机关职务侵害的案件当事人决定予以国家赔偿。各级法院向同级党委、人大和政府报送"行政审判白皮书"33份，对完善社会管理、强化依法行政提出司法建议，促进依法治省不断深入。

二、推进社会矛盾化解，服务经济社会发展

服务经济发展作用进一步强化。全省法院紧紧围绕我省经济"调结构、促转变"战略的实施，主动走访企业、群众，了解诉讼需求的新特点，努力实现依法办案与扶持企业发展相统一、保护当事人合法权益与广大群众利益相结合。高度重视对经济发展具有重大影响案件的妥善处理，省法院指导湛江市两级法院在审理广东中谷糖业集团有限公司及其下属公司整体破产重整案件中，与当地党委政府形成合力，积极为企业重整创造条件，实现重整最佳效果，使2260名职工得到妥善安置，30多万蔗农的生产得以延续，410名债权人的债权得以落实。高度重视对经济可持续发展问题的司法建议工作，针对公共水域污染严重破坏自然和生态环境、制约发展方式转变的问题，省法院在深入调研的基础上，向省委递交了专题调研报告，建议地方立法明确公共水域污染民事诉讼原告主体资格，得到充分肯定。

维护亚运平安工作取得明显成效。把确保亚运平安作为全省法院的头等大事，强化对下指导和检查，省法院出台了《关于为广州亚运会、亚残运会提供司法服务和司法保障的若干意见》，广州成立了亚运法庭，佛山、东莞、汕尾等办赛城市均抽调业务骨干，组成涉亚运案件专门合议庭，对涉亚运案件依法快立、快审、快执行、重化解，为亚运会顺利举行创造了良好的法治环境和社会治安环境。其中，广州法院办结涉亚运各类案件1093件，诉前调处涉亚运群体性纠纷54件。同时，加强矛盾排查，强化审判场所安全保卫，亚运期间全省法院实现了安保工作零事故。

调解工作再上新台阶。认真贯彻"调解优先，调判结合"原则，深入落实"全程、全员、全面"调解的工作方针。扩大调解案件范围，从传统民事案件拓展为商事案件调解、部分刑事案件和解、刑事附带民事案件调解、行政案件协调、执行案件和解。落实诉调对接机制，在党委领导下，积极参与和推进诉讼调解与人民调解、行政调解、行业调解等诉讼外调解对接的大调解格局建设，推行人民调解员普遍进驻法庭，并依法对非诉讼调解予以司法确认。创新突破调解难题，以保险纠纷案件为突破口，联合广东保监局共同下发意见，系统性地解决商事案件调解难问题。推行快速便捷调解，加强交通、劳动争议巡回法庭建设，促使相关纠纷案件调解更加便捷、有效。全省法院一审民商事案件调解撤诉率比2007年提高了25.71个百分点。

便民利民措施更细更实。强化立案信访窗口建设，全省法院立案信访一级窗口建设全部达到最高人民法院制定的标准，为当事人提供了更加详细的诉讼指引、更加便捷的立案服务、更加规范的信访渠道。强化涉诉信访工作，进一步明确信访案件办理流程和工作责任制，认真开展集中清理涉诉信访积案工作，信访矛盾明显减少。与2007年相比，到各级法院来访减少23746人次、向各级法院来信减少11323件，分别下降45.30%和43.31%。强化再审审查工作，省法院积极应对民事诉讼法修订后申请再审上提一级的变化，办结了8501件再审审查案件，占全省的80%。强化司法救助工作，共为28292件案件中经济确有困难的当事人减、免、缓交诉讼费，其中减免金额达1135.71万元，为4495名符合法律援助条件的刑事被告人指定律师出庭辩护，各级法院进一步加大对特困群体当事人的司法救助力度。

积极促进社会管理创新。积极参与镇街综治信访维稳中心建设，省法院认真抓好粤西地区综治信访维稳中心建设的督导工作，基层法院及其派出的人民法庭积极发挥在其中化解社会矛盾、创新社会管理的主体作用。加大对手机、互联网传播淫秽、诈骗信息犯罪的打击力度，促进对网络虚拟社会的管理。大力开展送法进社区、进乡镇、进校园活动，成立青年法官法律志愿者服务队，充分运用各种形式，加强对青少年和大学生的普法宣传。全省法院对未成年被告人非监禁刑适用率达28.91%，同比提高18.14个百分点。

三、创新发展强化管理，确保办案质量效率

加速推进争当排头兵进程。省法院按照整体工作争当全国法院排头兵的规划，组织全省法院深入开展"加速推进排头兵进程"竞赛活动，将23个中级法院按照经济发展水平、案件任务量不同分成三个组，确定审判执行工作中的12项重点质效指标开展竞赛，每季度一通报，半年一小结，年底全面总结，调动起各级法院改革创新、强化管理的积极性，推动服务科学发展、自身科学发展水平不断提升。

全面推行主动执行改革。针对过去完全依当事人申请启动执行程序，不利于债权人及时行使申请权、法院及时查控

被执行财产的问题，全面推行主动执行改革。在征得债权人同意前提下，对裁判已生效、债务人逾期未自动履行的，由审判人员直接移送立案执行。以主动启动执行程序为标志，推动实施贯穿办案全过程的主动执行。突出抓好：主动清理和规范指定执行、委托执行，加强对执行款物的管理；依托党委政法委统筹的执行联动机制，加快推进执行指挥中心建设，省法院执行指挥中心的信息查询系统已建成车辆、社保等8个子系统，及时有效查控被执行人及其财产。全省法院共执结各类案件287280件，结案标的513.83亿元，同比分别上升4.67%和51.92%；未结案件为21539件，同比下降32.11%。当事人选择主动执行的案件，平均结案周期从原来3个月缩短至2个月；采用主动执行程序的案件实现零投诉。

积极推进量刑规范化改革。省法院制定了量刑规范化指导意见，明确改革的思路和方法，实行量刑纳入庭审，在庭审程序中增设量刑辩论环节，增强量刑的公开性；建立量刑标准精细化制度，为法院量刑提供更为客观、具体的标准。广州市白云区法院量刑规范化改革试点经验，被指定在全国政法工作会议上介绍推广。

进一步加强审判管理。各级法院设立专门的审判管理机构，建立健全以案件质量评估指标体系为导向，以质量管理、流程管理、绩效管理为内容，以层级管理、全面管理为格局，以信息化技术手段为支撑的审判管理工作体系。加强审判流程管理，对办案全过程实施规范化、精细化管理监控，着重强化对办案重点环节、关键节点和审理期限的监督，及时进行督办、催办。加强审判质量管理，完善科学评价案件质量的司法统计指标体系，建立常态化质量评查、重点案件评查、专项指标评查相结合的质量评查机制。通过评查，及时发现问题，制定指导性意见。加强审判绩效管理，建立法官办案质量、效率、效果等绩效档案，纳入干部人事档案管理，并作为法官工作绩效考评的直接依据。深入推进司法公开，将办案流程信息、裁判文书向当事人和社会公开，提供查询服务。广州中院等试行庭审网络直播，社会反响良好。

强力推进信息化管理系统建设。信息化建设“08工程”基本完成，由省法院直通各中级法院、基层法院、人民法庭的二、三、四级信息化管理网络全面联通，实现了办案业务在网上运行、审判管理在网上运作；远程提讯、远程开庭、远程培训等视频系统应用效果显著，大大提高了工作效率；数字身份认证和电子签章系统同步部署，全省已建成标清数字法庭216个，适应信息化时代的高清数字审判法庭建设紧锣密鼓进行，为实施精细化审判管理打下了科技基础，也极大地方便了当事人诉讼。

加强对基层司法业务指导和物质装备建设。强化基层办案业务指导，省法院下发了关于审理劳动争议案件、防范诉讼欺诈等指导意见，为基层法院办理疑难案件提供指导。努力提升基层司法能力，在全省开展人民法庭庭长、民事法官调解技能、刑事审判量刑规范化、执行工作、领导干部廉洁从政为主要内容的“五项培训”，大规模轮训干部，共培训干警近9000人次，着重提高做群众工作和化解矛盾的能力。加强基层司法保障工作，继续实施诉讼费统筹转移支付的办法，支援经济欠发达地区基层法院建设；及时将2亿元中央政法补贴分配到位；加强对援助补贴资金使用情况的跟踪检查，并在经费、装备分配上优先援助经济困难但工作成效好的基层法院。

四、全面深化队伍建设，确保公正廉洁司法

以党建为基础，提升队伍整体战斗力。主动作为抓党建，贯彻“以党建带队建、以队建促审判”的思路，大力加强上级法院对下级法院党建工作的指导、培训，深入开展“支部建在庭上，党旗插到基层”活动，受到中央政法委和最高人民法院的高度重视和充分肯定。积极行动抓学习，推进“学习型法院”、“学习型党组织”和法院文化建设，促进“公正、廉洁、为民”司法核心价值观的进一步树立。树立典型抓创先，大力培养、宣传先进典型人物事迹，促进队伍创先争优，潮安县法院张林武被省委和最高人民法院先后追授“人民的好法官”、“全国模范法官”荣誉称号。开拓思路抓难题，多措并举缓解案多人少和法官断层问题，全省法院公开招录了738名高学历人才；在部分市试点用编、招录、分配、待遇“四统一”的招录法官工作，由中级法院统一招录干部下派到基层法院工作；调剂录用了29名应届大学毕业生到14个欠发达地区基层法院工作；在法官断层严重的少数民族地区基层法院，公开招录了8名本科生，选送到高校定向委托培训。

以廉政为保障，维护队伍公正廉洁形象。狠抓廉洁司法教育学习，省法院组织全省法院干警观看了自主摄制的《金钱背后的阴谋》警示教育专题片，深刻吸取杨贤才案件和“11·13”案件的沉痛教训；举办三级法院领导干部廉洁从政培训班和法官廉政宣誓仪式，增强廉洁自律意识。狠抓廉政制度落实，深入落实“五项廉政制度”；积极开展建立廉政风险防控体系试点工作；扎实开展司法巡查，省法院司法巡查组完成了对全省23个中级法院三年内巡查一遍的任务，提出230余条有针对性的整改意见和建议。狠抓违纪违法行为查处，进一步加大对违纪违法案件的主动查处力度，共查处违纪违法干警45人。

各位代表：过去的一年，全省法院进一步深化人大代表、政协委员联络工作，自觉接受人民群众监督。我们深入开展走访人大代表活动，省法院派出联络员逐一主动上门，走访473名人大代表和政协委员，召开座谈会268场，定期向代表委员通过手机短信、联络专刊等形式，通报工作、征求意见。开展人大代表、政协委员参与“百案调解”活动，全省法院共邀请512名各级代表委员参与案件调解活动172次。强化接受政协和民主党派监督工作，拓展接受监督的领域。我院共办理省人大代表建议14件、省政协提案5件，已全部回复。认真落实人民陪审员制度，全省3787名人民陪审员参与审理案件83882件，一审案件陪审率远高于全国平均水平。

各位代表：总结一年来的工作，我们所取得的成绩，是省委正确领导、省人大有力监督、省政府和省政协及社会各界大力支持的结果，离不开人大代表、政协委员的帮助和支持。借此机会，我代表全省法院表示衷心的感谢！

我们深知：与当前经济社会发展大局和人民群众的要求相比，全省法院还存在不少问题和困难。主要表现在：维护公平正义，服务我省经济发展、民生需求、稳定和谐的能力有待进一步提高；整体工作离全国法院排头兵的标准，在上诉率、结案均衡度等方面还存在一些差距；审判管理水平迫切需要进一步提高，审判管理的规律还有待进一步摸索；创新发展意识有待进一步增强，执行难、案多人少、法官断层等长期制约发展的难题需要我们继续破解；队伍违纪违法案件仍然时有发生，廉政建设依然任重道远。

2011年，全省法院工作总任务是：牢牢把握方向，坚持“三个至上”重要指导思想和公平正义“生命线”，紧紧围绕我省加快转型升级、建设幸福广东，依法履行审判执行职能；牢牢把握重点，继续深化“三项重点工作”、推进“四项创新”，进一步提高审判执行工作服务经济发展、维护稳定和谐、保障民生需求的水平；牢牢把握方法，深入开展争当排头兵“奋力实现年”竞赛活动，强化审判管理，推进改革创新，更好地实现自身科学发展；牢牢把握关键，深化系统党建工作，实现以党建带队建促审判的目标，建设公正为民廉洁的司法队伍。为此，要重点做好以下几项工作：

一是切实维护司法公正，在化解社会矛盾上下功夫。继续坚持“三项硬要求”，准确把握我省经济社会发展新形势对公正司法的需求，着力在化解矛盾、案结事了上下功夫、求实效。突出强化调解、涉诉信访和执行工作，注重从源头上减少矛盾，努力形成科学有效的利益协调机制、诉求表达机制、矛盾调处机制、权益保障机制。二是切实落实司法公开，主动接受人民监督。严格执行三大诉讼法，借助信息化手段，审判执行各个环节依法该公开的一律公开，让人民群众更多地监督和了解法院工作。省法院作为最高法院确定的司法公开示范点，将带头通过公众开放日、邀请人大代表和政协委员参与“百场释法答疑、百场征求意见”活动、司法文书网上公开、庭审直播、新闻发言人制度等，主动接受人民群众和社会各界的监督。三是组织好“奋力实现年”竞赛活动，努力实现整体工作争当全国法院排头兵目标。深入查找差距，落实方法措施，开展“奋力实现年”竞赛活动，以最能反映审判执行工作公正、效率和效果的18项质效指标为重点，着力提高公正司法水平，全面实现整体工作争当全国法院排头兵三年规划目标。四是认真贯彻《人民法院三五改革纲要》，推动全省法院工作新一轮改革创新。以胡锦涛总书记在深圳经济特区建立30周年庆祝大会上的重要讲话精神为指引，启航广东法院改革创新的新一轮“破冰之旅”，争取党委政府支持，积极推进法院人员分类管理改革、经费保障机制改革；由内向外稳健拓展，进一步破解执行难问题、调解工作瓶颈、提高办案效率；进一步解决案多人少、法官断层、法官廉政问题。五是主动探索法院系统党建工作，更好地实现以党建带队建促审判。进一步探索上级法院对下级法院党建工作的指导，把地方党委统筹全局与上级法院侧重业务指导监督结合起来，加强结合司法工作规律的党建培训和法官教育培训工作，配合各级党委进一步强化法院队伍思想政治建设、业务能力建设和党风廉政建设。

各位代表：2011年是“十二五”开局之年，也是我省法院整体工作争当全国法院排头兵的决胜之年。我们将在省委的领导下，认真接受省人大及其常委会的监督，争取社会各界及人民群众的帮助和支持，瞄准目标，奋勇拼搏，为我省加快转型升级、建设幸福广东，提供更加优质的司法保障和良好的司法服务！

第二章　重要会议

国家赔偿工作联席会议

2011年1月20—21日，省法院赔偿委员会办公室与省公安厅法制处、省检察院刑事申诉检察处在肇庆召开“2010年广东省公、检、法国家赔偿工作联席会议”。这是自2006年以来，公、检、法三方就国家赔偿工作召开的第五次年会。

2010年4月29日，第十一届全国人民代表大会常务委员会第十四次会议通过了关于修改《中华人民共和国国家赔偿法》的决定，自2010年12月1日起施行。修改后的国家赔偿法取消了确认程序，畅通了请求渠道；改变了归责原则，扩大了赔偿范围；提高了赔偿标准，改进了经费保障。这给公、检、法机关在办理国家赔偿案件过程中统筹兼顾，正确处理好保护申请人的权益与保护纳税人利益的关系、维护国家机关权威与监督国家机关依法行使职权等提出了更高的要求。因此，这次联席会议侧重对国家赔偿法修改后的法律适用问题进行了研讨。

针对国家赔偿法修改后可能面临的新问题，公、检、法三方进行了深入的探讨，尤其是对新旧法的适用、赔偿程序的改变、赔偿标准的把握等进行了研讨。大家一致认为，新法实施后，国家赔偿案件将会增多，处理难度也会加大，需要更加重视、更为慎重。由于国家赔偿案件的特殊性质，办案时不仅要关注法律效果，同时还要高度关注社会效果。对敏感性案件的处理要多沟通、多协调，才能有效化解矛盾。

三方对各自在办案过程中遇到的疑点与难点问题展开交流，相互介绍办理国家赔偿案件的经验体会，为改进办案方法、理顺办案程序提供参考，开拓了办案思路。为了保障日常工作联系的畅通便捷，三个部门达成共识，各派一名同志组成协调小组，对疑难复杂问题及时协商解决，维护法律适用的统一与案件信息共享。

针对公众最为关注的精神损害赔偿问题，赔偿办向联席会议提交了《精神损害抚慰金的适用》（讨论稿），成为会议的中心议题，引起了热烈的讨论。大家一致认为，这将是国家赔偿法修改后的办案难点，如果不及时统一标准，将会导致司法不统一，严重影响司法权威。会议对讨论稿的内容逐条讨论、仔细斟酌，对精神损害抚慰金的适用范围、适用原则和多种不同情况下抚慰金数额的确定等问题进行了广泛的商讨，取得初步共识。由于精神损害抚慰金的确定无先例可循，为合理确定精神损害抚慰金数额，三方约定各自在系统内部广泛征求意见后，再行协商，争取在2011年上半年形成定稿，年底前印发全省。

会议还就近期工作的打算作了交流，并对进一步密切沟通合作交换了意见。

全省法院反腐倡廉工作暨司法作风建设电视电话会议

2月23日上午，省法院召开全省法院反腐倡廉工作暨司法作风建设电视电话会议，传达中纪委十七届五次全会、中央贯彻落实《中国共产党党员领导干部廉洁从政若干准则》电视电话会议、全国人民法院反腐倡廉建设工作会议、省纪委十届四次全会和广东省委加强作风建设电视电话会议的重要精神，总结回顾我省法院过去一年党风廉政建设和反腐败工作的成绩与经验，分析面临的新形势新任务、新情况新问题，部署2011年的党风廉政建设工作。省法院领导班子成员出席会议，郑鄂院长作重要讲话，贾永庆组长作工作报告。会议由陈华杰副院长主持。省法院全体干警在主会场参加会议，全省各中院和基层法院的全体干警分别在各地的分会场参加会议。

省法院党组书记、院长郑鄂在讲话中强调，要深刻认识中央、最高法院、省委关于反腐倡廉和作风建设的新要求、新标准，突出"严"字，注重"实"字，追求"新"字，以抓好党员领导干部廉洁从政为关键，突出强化对审判执行权的监督，突破难点、打造亮点，坚定不移地推动全省法院反腐倡廉建设进一步向纵深发展。郑鄂院长指出，要以开展"排头兵达标竞赛"活动为统揽，以提高执行力为主题，进一步强化"五种观念"，坚决纠正"五种不正之风"：即进一步强化正确的政绩观，坚决纠正工作漂浮之风；进一步强化正确的群众观，坚决纠正漠视群众之风；进一步强化正确的司法观，坚决纠正机械司法之风；进一步强化正确的职业观，坚决纠正追名逐利之风；进一步强化正确的价值观，坚决纠正奢侈浪费之风。要坚定不移地建设科学严密完备管用的反腐倡廉和司法作风制度体系，深化全省法院司法作风建设，推动全省法院整体工作的加速发展。

省法院党组成员、省纪委派驻省法院纪检组组长贾永庆总结了全省法院2009年反腐倡廉建设的新成效和经验，提出了围绕中心、服务大局、相信组织、依靠组织、服从组织和相信干警、依靠干警、服务干警的工作原则，部署了2010年全省法院反腐倡廉工作和司法作风建设的六项任务。贾永庆组长要求，全省各级法院要以"排头兵达标竞赛"活动为主线，以提高领导干部执行力为重点，以狠抓制度和决策落实为目标，全面开展以"健全三项机制、严明三种纪律、治理六类问题"为任务的司法作风建设，有效解决办案质量粗糙、办案效率低下、程序意识淡薄，以案谋私、吃请受礼、办案创收，滥用强制措施，庭审活动不规范，出入不健康娱乐场所、参与赌博活动等人民群众反映强烈的突出问题，促进司法作风的改进和好转，为全省法院整体工作争当全国法院排头兵提供有力的纪律和作风保障。

会议印发了《全省法院开展司法作风建设活动方案》和《2010年度全省法院纪检监察工作要点》。

广东省海事审判实施精品战略座谈会

由广东省高级人民法院主办，广州海事法院承办的广东省海事审判实施精品战略座谈会于2010年3月30日–31日在惠州召开。最高人民法院民四庭刘贵祥庭长、王淑梅审判长、广东省高级人民法院徐春建副院长、民四庭林广海庭长及全庭同志与广州海事法院刘年夫院长等有关领导参加了会议。广州海事法院詹思敏副院长主持了会议。广东省高级人民法院徐春建副院长作了会议致辞，代表省法院党组向两级法院的海事审判人员表示诚挚的感谢，致以崇高的敬意。同时，徐院长指出，我省海事审判工作应进一步认清形势和任务，不断增强做好海事审判工作的责任感和使命感。积极推进社会矛盾化解、社会管理创新、公正廉洁司法三项重点工作。除了继续加强调解、能动司法等工作外，应进一步完善和强化海事审判的运行机制、工作机制和队伍建设等方面。我省海事审判工作虽然取得了一定成绩，但离最高法院精品战略的要求还有不少的差距，亟需进一步优化和升级。省法院和广州海事法院要进一步认清上述形势和任务，以科学发展观为统领，进一步增强责任感和使命感，增强主动性，不断开创广东海事审判工作的新局面。

广东省高级人民法院民四庭林广海庭长会上就广东法院海事审判沟通协调机制进行了回顾与展望。广东海事审判沟通协调机制已经实行了六年。这一机制的内容包括：年度业务通报和反馈制度；重要信息和重大案件的报告制度；二审案件判前沟通和协助调解制度；案件质量的评查分析制度；联合调研和培训制度；海事法官的人员交流制度。六年来的实践证明，它符合人民法院能动司法的发展方向，体现了广东法院海事司法的能动性，促进了广东海事审判管理的创新，增强了海事案件矛盾化解的实效，提高了海事法官公正廉洁司法的能力。但沟通协调机制仍需进一步完善，需进一步加强重要信息报送工作，规范二审判前沟通和协助调解工作，整合资源共享和联合调研工作，建立健全重要问题不定期座谈的制度。

最高人民法院法院民四庭刘贵祥庭长出席会议并作了重要讲话。刘庭长说，广东高院和广州海事法院每年都会召开这样座谈会，就工作中的问题进行沟通和研讨。这对解决实践难题、统一司法尺度、明确目标任务、提高海事审判水平大有裨益。这种形式既调动了下级法院的工作积极性，又使上级法院的监督指导落到了实处，而且也切实增强了两级法院司法工作的主动性和能动性，是法院能动司法的重要体现，值得在全国推广。希望广东要进一步完善这种交流机制，使之在海事审判工作中发挥更大的作用。刘庭长并强调，要将海事审判工作置于人民法院整个工作大局中来谋化，以工作精品为人民法院的工作增加新亮点。大力提高海事案件的审判质量，加强对海事审判中热点、难点问题的研究，以精品理念深入推进海事审判领域的社会矛盾化解工作。从科学发展的角度加大对海事审判管理体制和审判机制的研究，努力创新管理体和审判机制。要全面提高海事审判队伍的素质，确保公正廉洁司法。要加强海事法院派出法庭的管理、监督和指导工作。

此次会议的召开为推进我省海事审判工作实施和贯彻精品战略提供了明确指引，打下了扎实基础。

全省法院审判监督工作视频会议

4月21日，省法院召开全省法院审判监督工作视频会议，党组副书记、副院长凌祁漫同志出席会议并作重要讲话。审监庭全体人员及立案一、二庭，民一、二、三、四庭，刑一、二、三、四庭，研究室、宣传处负责人参加了会议。会议由审监庭庭长周定挺同志主持。

凌祁漫副院长传达了2009年最高法院两次全国审判监督工作会议的精神，回顾我省法院近三年审判监督工作所取得的成绩，分析存在的问题，凌祈漫副院长指出，当前和今后一段时期内我省审监工作的主要任务是：高举中国特色社会主义伟大旗帜，深入学习实践科学发展观，坚持“三个至上”指导思想，紧紧围绕新时期“为大局服务、为人民司法”工作主题，积极开展“人民法官为人民”主题实践活动，全面落实“三项硬要求”，树立审监工作新理念，找准审监工作新定位，构建审监工作新格局，科学发展、先行先试，进一步开创广东法院审监工作新局面，为我省经济社会又好又快发展提供强有力的司法保障，继续争当全国法院审监工作排头兵。

凌祁漫副院长要求：要认清形势、明确定位，推进我省审判监督工作深层次改革，民诉法修改后，审监工作面临着新的形势、新的机遇和新的挑战。要结合广东法院实际，强调树立以下几个理念：一是当好排头兵的理念。二是树立正确的审级理念。三是坚持程序与实体并重的理念。四是坚持依法纠错与维护生效裁判既判力并重的理念。五是要坚持调解优先、案结事了的理念。根据新的审监理念和审判职能调整的需要，现阶段我省各级法院审监工作定位是：省法院审监庭主要负责审理再审案件和减刑、假释案件，协助审判管理办公室做好案件质量监督管理工作，同时加强对下级法院的指导；中级法院审监庭主要负责审理再审案件和减刑、假释案件，并根据各地的实际情况开展案件质量监督管理工作；基层法院审监庭则要适应形势的变化，实现职能的转变。当前，可将重点放在案件质量监督管理工作，同时审理好再审案件。

凌祁漫副院长强调，我们必须充分认识审监法官队伍建设面临的挑战和考验，进一步增强抓好队伍建设的责任感和紧迫感，有针对性地加强审监法官队伍建设。要扎实开展好廉政纪律教育活动。要加强对再审案件审理全过程的监督。要努力提高审监法官的司法能力。要加强审监法官的选配工作。

周定挺庭长作了总结发言，要求各级法院要认真学习领会凌祁漫副院长的讲话，结合各地工作的实际，狠抓落实。

全省部分中级法院涉外、涉港澳台刑事案件调解工作座谈会

2010年6月29日，全省部分中级法院涉外、涉港澳台刑事案件调解工作座谈会在珠海召开,这是我省法院首次就涉外、涉港澳台刑事案件调解工作召开专题性会议。李毅峰副院长出席会议并作重要讲话，珠海中院万国营院长为会议致辞。会议由省法院刑二庭黄建屏庭长主持。省法院刑二庭庭领导、副处级以上审判员及审判长，广州、深圳等七个审理涉外、涉港澳台刑事案件较多的中级法院主管副院长、刑庭庭长参加了会议。

省法院刑二庭及各参会中院代表在会上介绍了近年来开展涉外、涉港澳台刑事案件调解工作的基本情况和经验，并结合审判实践对加强这方面的工作提出了建议。会议还讨论了省法院刑二庭起草的《涉外、涉港澳台刑事案件调解规程(征求意见稿)》。《规程》对涉外、涉港澳台刑事案件调解范围、调解程序均作了明确规定。《规程》的施行对于规范我省涉外、涉港澳台刑事案件调解工作，维护社会和谐稳定势必起到积极作用。

李毅峰副院长在讲话中充分肯定了近年来我省法院在涉外、涉港澳台刑事案件调解领域取得的成绩，要求全省各级法院进一步深刻认识涉外、涉港澳台刑事案件调解工作在促进社会和谐稳定中的独特优势和重要作用，务必把这项工作摆在更加突出的位置抓紧抓实，并从增强开展调解工作的自觉性、进一步总结推广调解经验、进一步健全调解工作机制三个方面对下一阶段的工作作出了部署。

与会代表一致认为，涉外、涉港澳台刑事案件调解工作对化解社会矛盾、展示内地司法形象和争当全国法院排头兵具有重要意义，大家纷纷表示将以此次会议为契机，坚持能动司法，践行先行先试，全力推动涉外、涉港澳台刑事案件调解工作再上新台阶。

广东法院信息化应用推进现场会

2010年7月21日，省法院在中山举办“广东法院信息化建设应用推进现场会”，汇报和演示全省法院信息化建设"08工程"应用系统建设的成果。省法院郑鄂院长和全体院领导出席了会议，省法院各部门领导、全省各中院院长、信息化主管副院长和信息化主管部门领导参加了会议。省法院副院长刘恒军发表了重要讲话，号召全省法院干警全面动员，加快实现“08工程”既定目标。

刘恒军副院长在会上对全省法院信息化“08工程”建设前两个阶段的成果作了全面性的总结。刘院长指出，从现在起到2010年底，是“08工程”建设的最后阶段，是一场收官之战，全省各级法院应当以应用系统推广为核心，加强各项基础设施建设，抓紧落实配套资金，严格按照省法院的统一要求，加快完成“08工程”建设的既定任务。各级法院应当从领导抓起，向全员普及，加快广东法院综合业务系统的全面推广。省法院信息中心展示了“08工程”应用系统建设的成果：广东法院综合业务系统、远程运维管理系统、身份认证和电子签章系统、远程教育培训系统。其中，广东法院综合业务系统既是应用系统的核心，又是“08工程”建设的核心，系统集中了审判管理、办公流程、人事管理、统计分析、领导决策等八大块的内容，是全省法院各项工作的统一管理平台。远程运维管理系统实现了对全省各级法院信息系统的统一管理，能够及时发现和排除信息系统运行中的问题和故障，保障信息系统安全稳定运行。身份认证和电子签章系统为业务系统提供了身份认证和数据安全保障，是全省法院实现业务系统无纸化运行的基础。远程教育系统为全省法院干警提供了基于网络和多媒体技术的先进教育培训平台，为各项教育培训工作提供了高效便捷的现代化手段。

目前，各项应用系统已经在省法院和梅州、韶关、江门、中山、湛江、茂名、汕头、铁路等地实施应用。从目前应用的效果来看，基本上达到了预期的要求。会上中山、梅州、江门中院分布作了业务系统推广的经验介绍，8个试点法院在应用系统的推广中积累了不少值得全省法院学习和推广的经验，为“08工程”建设作出了突出的贡献。

这次会议是“08工程”最后一个阶段的动员会。省法院提出了进一步统一思想，坚定信念，提前完成“08工程”建设任务，加快实现“赶上并领先”的既定目标的要求。全省各级法院应抓住机遇，加强重视，加快发展，打好“08工程”建设的最后一场攻坚战，在广东法院发展史上留下浓墨重彩的一笔，为全省法院在整体工作上争当排头兵作出贡献！

全省中级法院院长工作会议

2010年7月22日至23日上午，省法院在中山召开全省中级法院院长工作会议。会议主题是贯彻中央、省委关于转变经济发展方式的部署，发挥集体智慧，在推广我省法院信息化建设、认真总结上半年审判执行工作的基础上，深入分析问题与差距，围绕全面实现全年工作目标，研究部署下半年工作的突出任务和有效措施。

会议听取了省法院、各中院上半年工作总结和下半年工作部署。省法院党组书记、院长郑鄂出席会议并作了重要讲话，党组副书记、常务副院长陈华杰对全省法院上半年工作进行了总结，其他院领导出席会议并围绕分管工作作了发言。省法院副厅级干部、各部门主要负责人，全省各中院院长、办公室主任、研究室主任约130人参加会议。

郑鄂院长在讲话中指出，“加速推进排头兵达标”竞赛活动是我省法院今年开展“人民法官为人民”主题实践活动、推进全年整体工作发展的统揽性和目标性载体。全省法院必须再擂战鼓，毫不动摇，毫不懈怠，毫不停滞，为实现“加速推进排头兵达标”竞赛目标继续奋力拼搏！

郑鄂院长要求，全省各级法院一是要紧密联系形势发展，进一步推进“加速排头兵达标”竞赛活动。要更加增强紧迫感、意志力，正确理解指标体系，注重工作措施落实；二是要树立全局意识，强力推进信息化建设不留死角。要突出抓好对信息化建设重要性的再认识，突出抓好全省法院信息化管理系统的全面对接，突出抓好信息化手段的应用；三是要全力维护稳定和谐，在确保亚运平安中积极担当重任。要始终牢记维护稳定“第一责任”，倾力发挥维护和谐重要职能，坚决履行确保亚运平安司法职能；四是要注重交流突出重点，进一步提高代表委员联络工作实效。要切实增进与代表委员的情感交流，切实组织好“百案调解”活动，切实抓好重点代表、重点案件；五是完善机制源头防范，确保法院机关安全保卫万无一失。要清醒认识法院安保工作面临的严峻形势，注重从公正司法的源头强化安保工作基础，建立完善安保工作突发事件的应对机制；六是要围绕达标竞赛活动，进一步加强队伍建设工作的实效。要积极做好关心、爱护和激励队伍的实际工作，认真落实审委会专职委员配备和待遇，持之以恒地抓好党风廉政和司法作风建设，广泛深入开展学习张林武先进事迹活动。

全省法院执行系统廉政教育案例分析会

为切实抓好全省法院执行系统的廉政建设，为争当排头兵提供人力支持。8月20日，省法院召开全省法院执行系统廉政教育案例分析会。

省法院党组成员、纪检组贾永庆组长，执行局许佩华局长及省法院执行局审判长以上干部，全省各中级人民法院、广州海事法院、广州铁路运输中级法院主管执行工作的院领导、执行局局长和廉政监察员参加了会议。

会议播放了《金钱背后的阴谋——“11.13”案件广东法院违纪违法系列案件警示录》。贾永庆组长就加强执行队伍廉政建设、警钟常鸣、反腐倡廉作了重要讲话，强调了三点意见：一是做到切实增强廉洁自律、接受监督、遵规守纪“三个自觉”；二是做到始终牢记敬畏人民、敬畏权力、敬畏法纪“三个敬畏”；三是做到简单工作、简单生活、简单做人“三个简单”。

许佩华局长在会议上通报了当前我省法院执行人员违法违纪的基本情况，分析了执行人员违法违纪发生的特点，指出在客观方面，执行法官自由裁量权较大，难以约束；主观方面，个人信念动摇，思想腐化，见利忘义，见利忘法。同时，执行管理也存在比较严重问题：一是" 一岗双责" 制度落实不到位；二是执行权过于集中，缺乏有效监督；三是制度不健全以及制度虚化。

许佩华局长对加强执行队伍廉政建设、确保执行公正廉洁提出了具体的要求：一要加强执行队伍党建工作，以党建促队建；二要强化执行队伍文化建设，改进司法作风；三要加强执行人员反腐倡廉工作；四要继续加强执行规范化建设；五要强化执行力建设；六是各级法院执行局领导要主动、自觉地接受监督，做廉政建设的表率。

省法院执行局、各中院参会同志围绕执行队伍廉政建设的主题进行了讨论，纷纷表示当前在执行系统加强反腐倡廉教育意义重大，进一步加强制度约束和监督管理非常有必要，要通过这些鲜活的案例汲取教训，认真查找队伍管理的漏洞和内部监督的薄弱环节，确保公正、规范、廉洁、文明执行，为树立我省法院执行队伍公正廉洁的新形象贡献自己的力量。

许佩华局长还总结了上半年全省法院执行工作的基本情况，分析了当前执行工作面临的主要问题与困难，并对今年后一个时期的执行工作进行了部署：一是扎实有效地开展创建“无执行积案先进法院”活动和委托执行案件专项清理活动；二是高度重视抓好执行安全；三是做好亚运会期间的司法保障工作；四是上级法院继续加强对下级法院执行工作的监督、督促、指导和支持。

全省法院商事审判工作电视电话会议

2010年9月17日上午，全省法院商事审判工作电视电话会议在省法院六楼多功能会议厅召开。会议传达贯彻了全国商事审判工作会议精神，总结2007年以来全省法院商事审判工作，分析当前商事审判工作面临的形势，明确今后一个时期全省法院商事审判工作的任务。省法院谭玲副院长出席会议并做了重要讲话。会议由省法院民二庭欧阳振远副庭长主持，省法院民二庭全体人员、省法院立案一、二庭、民一庭、民三庭、民四庭、审监庭有关人员以及广州两级法院的部分商事审判人员在省法院主会场参加了会议。全省各中级法院及部分基层法院、广州海事法院、广州铁路中级法院均设立了分会场。

谭玲副院长在讲话中全面回顾和总结了2007年以来全省法院商事审判工作会议以来取得的成绩，分析了当前商事审判工作面临的形势，并对今后一个时期全省法院商事审判工作做了部署。她指出，三年来，全省各级法院商事审判部门坚持“三个至上”指导思想，深入学习实践科学发展观，牢牢把握“为大局服务、为人民司法”工作主题，不断完善商事审判工作机制，积极开展调研指导，稳步推进金融危机的司法应对工作，进一步加强商事审判队伍建设，依法及时审结了大量商事纠纷案件，为我省经济转型时期健康、平稳、有序发展提供了强有力的司法服务和司法保障。谭院长强调，深入落实“社会矛盾化解、社会管理创新、公正廉洁执法”三项重点工作是新形势下商事审判工作的新任务和新要求，全省各级法院民商事审判部门要认清当前社会经济形势，围绕落实“三项重点工作”的目标，以商事纠纷案件的审判工作为第一要务，以大力推进商事审判管理的规范化为主线，以统一商事裁判理念和商事司法尺度为依托，以商事审判队伍建设为保障，全力推进商事审判工作新发展，努力实现全省商事审判工作的新跨越。针对全省法院商事审判中的疑难问题，谭院长在讲话中提出了审判思路和具体意见。

省法院民二庭丁海湖庭长传达了8月17日在济南召开的全国法院商事审判工作会议的主要精神，重点传达了最高法院王胜俊院长和沈德咏常务副院长对全国商事审判工作会议的重要批示和奚晓明副院长的题为《积极推动三项重点工作，保障经济发展方式转变能动回应经济社会发展对商事审判工作的新要求》的重要讲话。

省法院民二庭李洪堂副庭长作了题为《省法院民二庭二审案件（2009年）撤改原因分析》的发言，介绍了2009年省法院商事二审案件改判和发回重审的基本情况，归纳了案件被改判和发回重审的类型并深入分析了发改的原因，提出了进一步提高案件审判质量的措施和意见。

纪念《行政诉讼法》实施二十周年座谈会

9月28日下午，与广东省依法治省工作领导小组办公室、省政府法制办联合在珠岛宾馆召开纪念《行政诉讼法》实施二十周年座谈会暨表彰大会。省委常委、省政府副省长肖志恒同志、省人大常委会副主任兼依法治省工作领导小组办公室主任陈小川同志、省法院郑鄂院长出席会议并分别致辞和发表重要讲话。省人大常委会各部门、省政府法制办等单位领导，省直行政机关主管领导和部门负责人，全省法院系统和政府法制系统先进单位代表和先进个人，以及省内知名的专家学者共146人出席会议。

会议由省法院刘恒军副院长主持。肖志恒副省长在致辞中积极评价我省二十年来的行政复议应诉工作，提出要切实发挥行政诉讼制度在化解行政争议、确保行政运作安全中的重要作用；陈小川副主任对行政机关依法行政、审判机关提高行政审判工作水平，人大进一步发挥监督作用作出了指示；郑鄂院长在讲话中对我省法院二十年来行政诉讼工作取得的成绩进行了总结，对行政审判在促进依法行政，建设法治广东、维护我省社会稳定和谐中作出的贡献给予了充分肯定，并对今后如何进一步开展行政审判工作提出了要求。

会议对全省各级法院行政审判、各级政府行政应诉工作先进集体共25个、先进个人共46名进行了表彰。

广东行政法学研究会会长刘恒等省内知名行政法学专家教授对我省二十年来开展的行政诉讼工作给予了良好评价，并围绕如何继续推动行政审判和行政应诉工作深入开展建言献策。来自新华社、法制日报、中国新闻社、人民法院报、南方日报、羊城晚报、广东电视台、南方电视台、广州电视台、广东电台的多家媒体对会议进行了报导。

全省法院量刑规范化改革工作会议暨培训班

“规范裁量权，将量刑纳入法庭审理程序”（以下简称量刑规范化改革）是中央确定的重要司法改革项目。经中央政法委批准，最高法院决定，从2010年10月1日起，在全国法院全面试行量刑规范化改革。为贯彻落实中央、最高法院的改革部署，根据省法院郑鄂院长的指示，10月14日下午至15日，省法院组织召开了“全省法院量刑规范化改革工作会议”，举办了“全省法院量刑规范化培训班”，对我省量刑规范化改革工作进行了动员部署，并组织我省全体刑事法官进行了视频培训，广东省人民检察院、广州军区军事法院、西藏林芝地区法院也派员参加了会议和培训，取得了理想的效果。

“全省法院量刑规范化改革工作会议”由省法院李毅峰副院长主持，赵军、黄木深、古锡麟专职委员出席了会议，刑三庭王在魁庭长传达了全国法院量刑规范化改革工作会议的主要精神，洪适权副院长作了重要讲话。洪适权副院长强调，量刑规范化改革是深化我国司法体制改革的重要内容，意义深远，责任重大；各级法院及广大刑事法官要充分认识此项改革的重大意义，统一思想认识，认真学习思考，全力推进量刑规范化改革工作。

在“全省法院量刑规范化改革工作会议”结束后，视频会议马上转入了“全省法院量刑规范化培训班”阶段，省法院刑三庭陈小飞副庭长、深圳中院刑一庭俞宙副庭长、广州白云区法院刑庭简伟杰庭长，在近一天半的时间里，分别为全省刑事法官全面而详细地讲授了量刑规范化改革的基本思路和主要内容；最后，王在魁庭长还对会议作了小结。在培训班期间，全省各分课堂都能认真组织，保持良好会风，广大法官也能严守课堂纪律、专心听讲，取得了不错的培训效果。

本次会议是广东法院贯彻落实中央司法改革部署和最高法院具体要求的重大举措，意义重大。从2010年10月开始，量刑规范化改革已从选择性试点进入到全国试行阶段，从实验性试点跨越到全面试行阶段，为此，适应改革工作的新发展，省法院特意组织召开了本次会议，并作了精心安排，组织全省广大刑事法官进行“集中”培训，在“广度”上做文章，使全省刑事法官尽快掌握量刑规范化的基本方法和主要内容；安排省法院李毅峰、洪适权副院长以及刑事专委参加会议，在“深度”上花笔墨，帮助全省法院法官破解一些思想认识上的难题，为我省量刑规范化工作的顺利推进奠定了很好的基础。

全省法院宣传工作会议

"宣传工作是法院工作的主业不是副业，加强宣传工作是人民法院自我生存与科学发展的迫切需要。法院要勇于面对舆论监督，如果说个案的审判是显性司法，法院宣传工作就是隐性司法、柔性司法。"11月23日至24日在珠海召开的全省法院宣传工作会议上，郑鄂院长在致会议的"一封信"中提出上述两个观点，引发了与会者的热议和好评。来自全省法院的宣传工作者们认为，这是对法院宣传工作的重新定位和当前法院宣传工作形势的准确研判。

据不完全统计，今年1月至9月全省法院在市级以上媒体发表各类报道6151篇，电视、广播播出新闻、专题1507条（辑）。全省法院宣传工作得到进一步重视，工作机制更加完善，与媒体的良性互动关系较快发展，应对媒体负面炒作的水平提高较快，宣传工作取得了明显的成效。

针对广东省是改革开放的前沿阵地，且毗邻港澳，境外媒体关注度高，同时也成为敌对势力进行思想舆论斗争的前沿阵地的实际情况，为积极应对极具广东特色的舆论环境，2008年5月，省法院新一届党组成立了单独建制的宣传处，充实加强了人员力量。省法院党组副书记，常务副院长陈华杰表示，全省法院要把司法宣传工作当作法院开展群众工作的重要内容，当作司法办案、预防处置突发事件的重要组成部分，把握主旋律、掌握主动权，弘扬法治精神、树立法官形象、维护司法权威。

陈华杰还要求全省法院在不违法法律规定和审判纪律的前提下，努力为媒体采访报道提供便利条件，有条件的法院要在审判场所设立记者席，凡公开审理的案件，原则上应允许记者采访，对于重大宣传主题，主动商请新闻单位参加，共同研究策划；要充分尊重新闻规律，转变思路，学会跳出法院看法院；要改进报道方式，既要利用好主流媒体，也要利用好新兴媒体。

对于如何妥善化解、应对舆情事件,陈华杰指出，全省法院要善于依靠党委管好媒体，同时建立健全"三个机制"即涉诉舆情监控报告信息发布管理机制、涉诉负面舆情风险评估和联动机制、网络民意沟通机制，用长效机制来"防灾减灾"。

陈华杰强调，当前全省法院宣传工作最为重要的是解决机构人员的编制问题。不久前，最高法院下发了《关于进一步加强法院宣传工作的若干意见》，要求各中级以上法院都要成立独立建制的宣传机构。全省法院要实施一把手工程，下决心解决"机构人员"这一制约宣传工作发展的根本问题，其中特区和珠三角地区中院要率先落实，选好配强宣传力量。

最高人民法院、中共广东省委联合召开追授张林武同志“全国模范法官”、“人民的好法官”荣誉称号大会

12月8日，最高人民法院、广东省委在潮州联合召开大会，追授张林武同志“全国模范法官”、“人民的好法官”荣誉称号。最高人民法院党组成员、政治部主任周泽民，广东省委常委、政法委书记梁伟发出席会议并讲话，省法院院长郑鄂主持大会。会议开始前，周泽民、梁伟发、郑鄂等领导亲切接见了张林武同志的家属。

会上，最高人民法院政治部宣教部部长董文濮宣读了《最高人民法院关于追授张林武同志“全国模范法官”荣誉称号的决定》；广东省委政法委秘书长朱穗生宣读了《中共广东省委关于追授张林武同志“人民的好法官”称号的决定》；周泽民、梁伟发同志分别为张林武同志家属颁发“全国模范法官”和“人民的好法官”荣誉证书；潮州市中级人民法院院长陈文毓介绍了张林武先进事迹；周泽民、梁伟发同志以及潮州市委书记、市人大常委会主任骆文智作了讲话。

周泽民同志强调，要通过学习宣传张林武，积极推进创先争优活动，切实加强人民法院党的建设；要通过学习宣传张林武，不断推进三项重点工作；要通过学习宣传张林武，深入开展“人民法官为人民”主题实践活动；要通过学习宣传张林武，大力弘扬司法核心价值观。广东各级法院要以这次表彰会为契机，在张林武同志先进事迹的感召下，坚持与时俱进、开拓创新、以更加饱满的精神和更加昂扬的斗志，满怀信心，同心同德，不断谱写人民司法事业的新华章，为夺取全面建设小康社会新胜利作出新的更大的贡献。

梁伟发同志充分肯定了我省法院近年来的工作。他指出，我省法院队伍是一支政治坚定、业务过硬、公正廉洁，党和人民信赖的队伍。张林武同志正是新时期涌现出的又一位杰出代表。最高人民法院和广东省委分别追授张林武同志“全国模范法官”和“人民的好法官”荣誉称号，这既是张林武同志及其家属的光荣，更是全省法院系统和政法系统乃至全省广大党员干部的光荣。省委号召全省各级党组织和广大党员干部，尤其是全省各级政法机关及其广大干警，要迅速掀起向张林武同志学习活动。

省法院党组成员、政治部主任聂式恢，省委政法委政治部领导，潮州市委、人大、政府、政协、政法委、宣传部、中院、检察院和潮安县领导同志出席追授大会。潮州市直、中央、省属驻潮州副处级以上单位主要负责同志，潮州市政法各单位代表，潮州市两级法院干警代表共约350人参加了大会。

全省法院文化建设工作会议

12月9日至10日，全省法院文化建设工作会议在东莞举行。会议部署了建设广东特色法院先进文化的主要任务。最高法院党组成员、政治部主任周泽民，省法院院长郑鄂，省委宣传部副部长阎静萍，省法院党组副书记、常务副院长陈华杰，省法院党组成员、政治部主任聂式恢等出席会议。周泽民、郑鄂、阎静萍发表重要讲话。省法院相关部门负责人、各中级法院常务副院长、政治部（处）主任以及第一、二批全省法院文化建设示范单位代表参加了会议。

周泽民主任在讲话中充分肯定了广东法院文化建设取得的成果。他指出：广东高院高度重视法院文化建设工作，深入推进基层法院文化建设，充分体现了广东法院加强法院文化建设的力度和决心，值得各地学习借鉴。

阎静萍副部长在讲话中指出，在当前我省全面实施"文化强省"战略的新形势下，推动法院文化建设意义重大。抓好广东法院文化建设要突出四个特色：法院文化要反映时代发展的主流和方向，突出时代特色；法院文化要发扬“解放思想，先行先试，开拓进取，领潮争先”新时期广东文化精髓，突出广东特色；法院文化要充分体现法院的职责要求和法官的职业特点，突出法院特色；法院文化建设要勇于开拓创新，突出创新特色。各级党委要加强对法院文化建设的领导，把法院文化建设纳入当地文化建设总体规划，加大对法院重点文化项目的投入和支持力度。

郑鄂院长在讲话中总结了近年来全省法院文化建设的显著成效，明确当前和今后一个时期全省法院文化建设的指导思想和主要任务是：高举中国特色社会主义伟大旗帜，深入贯彻落实科学发展观，坚持社会主义核心价值体系和社会主义法治理念，坚持“三个至上”指导思想，落实“为大局服务，为人民司法”工作主题，弘扬“解放思想、先行先试、开拓进取、领潮争先”的新时期广东文化精髓，坚持凸显法治、以人为本、循序渐进、突出特色原则，整体规划，全力推进，努力建设具有广东特色的法院先进文化，为推动“三项重点工作”、实现在整体工作上争当全国排头兵目标提供精神动力、智力支持和文化支撑。

聂式恢主任对《广东法院文化建设规划2011-2015》作了说明。会议还举行了文化建设示范单位的命名授牌仪式，深圳中院、珠海中院等9个单位被授予第二批全省法院文化建设示范单位。汕头中院、广州市萝岗区法院、东莞市第二法院、紫金法院等文化建设示范单位做了大会经验交流。

全省法院审判管理工作电视电话会议

2010年12月10日上午，省法院召开了全省法院审判管理工作电视电话会议。省法院党组书记、院长郑鄂同志，党组副书记、常务副院长陈华杰同志出席会议并作了重要讲话。会议由省法院审判管理办公室主任廖万春同志主持，省法院各部门主要负责人、内勤工作负责人以及审管办全体同志在省法院主会场参加了会议。全省各中院、基层法院及广州海事法院均设分会场，各中院及基层法院院长、主管副院长、各部门主要负责人及人民法庭庭长在分会场参加了会议。

这次会议的主题是深入学习贯彻全国法院审判管理座谈会会议精神，总结回顾过去几年来特别是去年以来全省法院开展审判管理工作取得的成绩和问题，明确部署当前及今后一个时期全省法院审判管理工作的目标任务。

郑鄂院长在讲话中深入分析了新形势下审判管理工作的重要地位作用，对大力加强审判管理工作提出了明确的要求。他指出，加强审判管理是人民法院落实三项重点工作、实现科学发展的必然要求，是人民法院提高公正司法水平的必然要求，也是确保人民法院队伍勤政廉政的必然要求。他要求，全省各级法院要统筹兼顾、调动各方，全面加强审判管理工作，要在审判管理体系中充分发挥院领导的决策管理作用、审判管理机构的平台与枢纽作用、庭长、审判长的主力军作用及上级法院对下级法院的审级管理作用，积极构建“全方位、立体化、规范化、现代化”四位一体的审判管理工作体系。他强调，全省各级法院要勇于探索，深入推进审判管理工作的改革创新，要创新管理的理念、管理的方式、方法以及管理的手段。

陈华杰常务副院长作了《明确目标、统一思想、振奋精神，努力开创全省法院审判管理工作新局面》的讲话。他在讲话中传达了王胜俊院长在全国大法官审判管理专题研讨班上的重要讲话精神以及全国法院审判管理工作座谈会会议精神，全面回顾和总结了近几年来特别是2008年以来全省法院审判管理工作取得的成绩和存在的问题，并着重从七个方面部署了当前与今后一个时期我省法院全面加强审判管理工作的主要目标任务。

第三章　重大活动

1月

4—5日　最高法院副院长熊选国一行来粤指导调研。熊选国副院长5日上午前往白云区法院调研量刑规范化工作，下午参加第二届中国大法官论坛。

5—6日　全国法院第二十一届学术讨论会在广东法官（培训）学院召开。最高法院副院长、全国法院第二十一届学术讨论会组委会主任万鄂湘出席大会并讲话。国家法官学院院长、全国法院第二十一届学术讨论会组委会副主任怀效锋主持会议。省法院党组副书记、常务副院长陈华杰致辞。参会人员针对"司法体制改革"和"刑事法律适用"进行主题发言和讨论。

6日　全省法院廉政警示教育试点工作座谈会在花都召开。会议回顾总结了花都法院作为"廉政警示教育年"活动试点单位的工作开展情况，学习贯彻了全省法院工作电视电话会议有关反腐倡廉建设的主要精神，研究讨论了2010年全省法院纪检监察工作的重点任务。省法院党组成员、纪检组组长贾永庆出席会议并讲话。

8日　澳门特别行政区检察院检察长何超明先生一行拜会省法院。省法院院长郑鄂会见何超明检察长一行。省法院党组副书记、常务副院长陈华杰参加了会见。

省女法官协会第三届理事会第二次全体会议在阳江市召开。会议审议通过了协会工作报告以及关于增免理事、常务理事和增加有关团体会员事项等议案。省法院副院长、省女法官协会会长谭玲出席会议并作工作报告。

12—13日　省法院在清远召开司法巡查暨廉政监察工作座谈会，总结2009年度司法巡查工作暨廉政监察员工作情况，部署2010年的工作安排。省法院党组成员、纪检组组长贾永庆出席会议并讲话。

15—17日　澳大利亚新南威尔士州最高法院首席大法官斯比格尔曼一行访问广州。省法院院长郑鄂在广东法官（培训）学院会见斯比格尔曼一行。省法院副院长刘恒军参加了会见。

15日　上午，由香港国民教育服务中心组织的"珠三角国情研习班（立法、司法、执法）考察团"一行42人拜访省法院。考察团旁听了一起民事上诉案件的庭审，并到新闻中心了解内地法院的构架以及运作等情况。

18日　上午，省法院在六楼多功能厅召开2009年度总结表彰大会，总结省法院2009年度的工作情况，表彰2009年度优秀集体、优秀个人和办案先进法官。省法院院长郑鄂出席大会并为获奖集体和个人颁奖。

19日　下午，省法院各党支部负责人在党组成员、政治部主任聂式恢带领下，赴连南县必坑村与151户贫困户代表共商帮扶、脱贫措施。

22日　下午，省法院院长郑鄂在六楼多功能厅参加人民网"强国论坛"在线访谈活动。活动围绕"一切为了让人民满意"主题，由郑鄂院长对网民提出的法制热点问题进行互联网在线网文直播回答。省法院党组副书记、常务副院长陈华杰以及省法院相关部门负责人参加了活动。

27日　省法院在六楼多功能厅隆重召开庆祝建院六十周年暨新春联欢大会。中共中央政治局委员、广东省委书记汪洋，最高人民法院院长王胜俊，省委副书记、省长黄华华发来贺信。省委常委、政法委书记、省公安厅厅长梁伟发出席大会并致辞。省法院党组书记、院长郑鄂代表院党组作重要讲话。省人大常委会副主任陈小川，省政协副主席、省妇联主席温兰子，省检察院检察长郑红等有关领导出席了庆祝大会。大会由省法院党组副书记、常务副院长陈华杰主持。

2月

4日　省法院、省检察院、省公安厅2009年度联席会议在中山市举行。会议研究讨论了《关于刑事证据若干问题的指导意见》和《关于办理电信诈骗案件若干问题的意见》等两份业务指导文件，通报了最高法院收回死刑核准权以来我省法院审理死刑案件的基本情况和下一步工作建议，并就办理毒品犯罪案件的有关问题等四个专题进行了发言。

23日　上午，省法院在六楼多功能厅召开全省法院反腐倡廉工作暨司法作风建设电视电话会议，传达贯

彻上级有关会议精神，部署安排全省法院的党风廉政建设和司法作风建设工作。省法院院长郑鄂出席会议并作重要讲话。

3月

3日　省法院在深圳市召开全省部分中院涉外商事审判工作座谈会，传达贯彻最高法院在海口召开的第三次全国涉外商事海事审判工作会议精神，围绕如何组织实施“精品战略”、促进广东涉外商事审判工作展开了讨论。

4日　省法院副院长谭玲、洪适权带领省综治第一督导组及省法院民一庭“关于完善诉讼与非诉讼矛盾处理衔接机制”课题调研组前往鹤山法院，就“诉讼调解与综治调解衔接工作”开展调研。

8日　上午，省女法官协会组织广州地区三级法院女法官在广州中院开展“反家庭暴力”法律咨询活动。省法院副院长谭玲到场慰问参加活动的女法官并接受记者采访。

17—18日　广东省试点法院量刑规范化工作总结会在广州市白云区法院召开。会议总结了我省试点法院量刑规范化的前一阶段工作，探讨了试点工作中存在的困难与问题。省法院副院长洪适权出席会议并讲话。

18—19日　由最高法院主办、省法院和汕头中院协办的“华南地区著作权司法保护座谈会”在汕头市召开。会议就网络环境下著作权司法保护的若干疑难问题及著作权审判的其他新问题进行了研讨。

19日　上午，省法院在六楼多功能厅召开全省法院“加速推进排头兵达标”竞赛活动电视电话会议，部署全省法院“加速推进排头兵达标”竞赛活动安排。省法院院长郑鄂出席会议并讲话。省法院党组成员、政治部主任聂式恢对达标竞赛活动作具体部署。省法院党组副书记、常务副院长陈华杰主持会议并就如何贯彻落实郑鄂院长讲话精神、确保达标竞赛活动取得实效提出具体要求。会议还隆重表彰了全省优秀法院和全省优秀法官。

23日　上午，省法院、省妇联联合在广州市黄埔区法院召开广东省家事审判合议庭试点工作启动会议。省政协副主席、省妇联主席温兰子，省法院副院长、省女法官协会会长谭玲出席会议并讲话。

24日　上午，省法院院长郑鄂带领省综治第一督导组赴阳江市进行调研，检查督导该市镇街综治信访维稳中心“两头延伸”建设以及日常工作的开展情况。

24—26日　省法院院长郑鄂率广东省法官代表团一行12人赴澳门进行了为期3天的友好访问。代表团访问了澳门特别行政区终审及中级法院、检察院、澳门中联办等机构，拜会了澳门特别行政区首长崔世安先生。双方就民商事司法文书送达、判决的承认与执行、刑事案件调查取证、文化交流等方面进行了广泛的交流和友好商榷。

25—27日　最高法院副院长江必新一行来粤指导调研。

31日　省法院民四庭和广州海事法院在惠州联合召开广东省海事审判实施精品战略座谈会，就广东海事审判如何全面实施精品战略、争当全国海事审判工作排头兵展开广泛积极的讨论。最高法院民四庭庭长刘贵祥、省法院副院长徐春建、广州海事法院院长刘年夫出席会议并讲话。

4月

1日　下午，省法院在六楼多功能厅召开全省法院执行工作电视电话会议，传达2010年2月9日最高法院召开的全国法院执行工作电视电话会议精神，研究部署2010年全省法院执行工作。省法院院长郑鄂出席会议并讲话。省法院党组副书记、常务副院长陈华杰主持会议。

7日　国际司法学会会长詹姆斯.艾普先生一行5人访问省法院。省法院党组副书记、常务副院长陈华杰接见詹姆斯.艾普一行并互赠礼品。省法院副院长徐春建主持召开座谈会，与詹姆斯.艾普先生一行就知识产权审判工作交换意见。

6—9日　澳大利亚联邦法院法官约翰.曼斯菲尔德一行在最高法院民四庭副庭长王彦君等人陪同下就油污污染问题合作项目访问我省。

9日　上午，省法院在广东法官（培训）学院召开全省法院集中清理涉诉信访积案工作会议，对清理涉诉信访积案工作作动员部署，并提出今年需要做好的三项重点工作。省法院党组副书记、副院长凌祁漫出席会议并讲话。

14日　上午，省法院召开全省法院行政审判暨国家赔偿工作视频会议，总结2009年以来全省法院行政审判工作取得的新进展，部署全省国家赔偿审判两项重点工作。省法院院长郑鄂出席会议并讲话。副院长刘恒军主持会议并作主题报告。

15日　上午，省法院召开第一季度工作分析情况讲评会。会议主要以省法院机关审判执行工作的进展情况为切入点，以审判执行工作质效指标为分析重点，强调其他各项工作以审判执行工作为中心，提高服务、保障水平。省法院院长郑鄂出席会议并讲话。省法院党组副书记、常务副院长陈华杰主持会议。

20日　省法院在六楼多功能厅举行向青海玉树地震灾区捐款仪式。省法院党组成员、政治部主任聂式恢主持仪式。省法院全体干警共捐款182248元。

省法院召开陈燕萍工作法报告会。全国模范法

官陈燕萍讲述了她的办案经历和深刻体会以及她在长期的基层法庭的实践中总结和探索出来的一套适合人民群众需求、有效解决纠纷的办案方法。省法院院长郑鄂出席会议并讲话。省法院党组成员、政治部主任聂式恢主持会议。

21日 省法院召开全省法院审判监督工作视频会议，传达2010年最高法院两次全国审判监督工作会议的精神，回顾我省法院近三年审判监督工作所取得的成绩，分析存在的问题，提出在新形势下进一步做好审判监督工作的具体要求。省法院党组副书记、副院长凌祁漫出席会议并讲话。

23日 上午，省法院与省检察院在广东法官（培训）学院召开民事行政再审抗诉工作座谈会。会议重点介绍了民事诉讼法修改后再审工作面临的重大调整与变革，以及近年来省法院审监工作的基本情况和存在的问题，提出了解决问题的意见和建议，强调了省法院与省检察院加强沟通协调，对提高再审案件质量、维护司法秩序、实现服判息讼具有重要意义。省法院党组副书记、副院长凌祁漫，省检察院副检察长郑新俭出席会议并讲话。

25日 省法院副院长徐春建作客金羊网，与网民围绕“创新、保护、发展”主题共商如何依法保护智力成果，促进社会经济发展。

28日 下午，省法院在六楼多功能厅召开视频会议，传达贯彻4月22日至23日最高人民法院在延安召开的全国高级法院院长会议暨全国法院队伍建设工作会议精神，并对全省法院深入推进“三项重点工作”，努力实现“加速推进排头兵达标”竞赛活动目标进行动员部署。省法院党组书记、院长郑鄂出席会议并讲话，党组副书记、常务副院长陈华杰主持会议。

下午，省法院召开“广东法院综合业务系统”演示汇报会，介绍新的审判管理系统的主要内容并操作演示。省法院院长郑鄂观看了演示并讲话，副院长刘恒军就下一步推广实施工作提出了具体要求。

5月

5-7日 由广东省高级人民法院主办、中山市中级人民法院承办的“广东省法学会审判理论研究会知识产权审判理论专业委员会成立大会暨自主创新与知识产权司法保护论坛”在中山市召开。最高法院知识产权庭庭长孔祥俊，省高级人民法院副院长徐春建莅会并致辞。最高法院、北京高院、上海高院、广东省法学会审判理论研究会、省法院审委办、中山市政府有关领导以及从事知识产权研究的知名学者和华为、腾讯、安利公司的高管等代表参加了会议。

10日 上午，省法院与广东省知识产权局在省法院五楼会议室召开座谈会。省法院院长郑鄂介绍了近年来广东法院知识产权审判情况，并就加强我院与省知识产权局合作、支持省政府知识产权办公会议工作提出建议和希望。广东省政府知识产权办公会议副主持人、广东省知识产权局局长陶凯元，省法院副院长徐春建参加了座谈。

8—13日 省法院在广东法官（培训）学院举办“全省法院民事审判业务、民事调解技能培训班”。最高法院民一庭庭长杜万华、审判长杨永清，省法院副院长谭玲分别给培训班授课。

13日 广州海事法院与中山大学法学院联合举办的水域污染公益诉讼国际研讨会在广州召开。最高法院研究室副主任孙佑海、省法院副院长徐春建以及省法院民四庭负责人出席会议。

13—14日 省法院在广东法官（培训）学院召开2010年全省法院教育培训工作会议暨学术讨论会，总结2009年我省法院教育培训工作成绩，研究部署明年和今后一个时期的教育培训工作，表彰广东省法院第二十一届学术讨论会获奖论文作者和单位。省法院副院长刘恒军出席会议并讲话。

22—23日 最高人民法院在我省东莞市召开全国法院行政审判工作座谈会。最高人民法院院长王胜俊为此次会议作了重要批示。最高人民法院副院长江必新出席会议并作重要讲话。省委常委、省政法委书记梁伟发出席开幕式并致辞。代表省法院向大会介绍降低行政案件申诉率的经验。

27日 上午，中国行为法学会审判行为研究会“佛山杯”征文研讨会在佛山市南海区举行。中国行为法学会会长、最高人民法院原副院长刘家琛出席会议并讲话。省法院党组副书记、常务副院长陈华杰出席开幕式并致辞。

31日 下午，省法院副院长刘恒军做客南方网，围绕实体和程序两方面，对修订后的《国家赔偿法》所涉及的热点问题与网民进行在线交流。

6月

3—4日 省法院在珠海召开全省法院党建工作暨政治工作座谈会，传达全国高级法院院长会议暨全国法院队伍建设工作会议、全国法院人民陪审员工作会议精神，研究部署深入推进“人民法官为人民”主题实践活动、学习型法院创建活动、排头兵达标竞赛活动和人民陪审员工作。省法院党组成员、政治部主任聂式恢出席会议并讲话。

5—7日 最高人民法院副院长苏泽林、办公厅保密办主任李书明、政治部警务部部长王继平、行装局局长张印奎一行来粤检查我省法院贯彻执行《最高人民

志恒，省人大常委会副主任陈小川，省法院党组书记、院长郑鄂出席会议并讲话。省法院副院长刘恒军主持会议。

下午，全省法院“公正、廉洁、为民”演讲比赛决赛在省法院六楼多功能厅隆重举行。省法院院长郑鄂，党组副书记、常务副院长陈华杰，党组成员、纪检组组长贾永庆，执行局局长许佩华等到场观看比赛，并为获奖选手颁奖。

10月

13日　上午，广东老干部大学仓边路分校（广东省高级人民法院老干部大学）举行隆重的开学典礼。原省委副书记、省老干部大学校长张帼英，省法院党组书记、院长郑鄂，省法院党组副书记、常务副院长陈华杰等领导出席典礼并视察学校。

省法院党组副书记、副院长凌祁漫到东莞第一法院视察工作并听取工作汇报。

13—14日　上午，省法院在六楼多功能厅举办全省法院贯彻宽严相济刑事政策暨刑事证据审查认定培训班。省法院副院长李毅峰出席培训班开班仪式并作动员讲话。省法院副院长洪适权主持开班仪式。

14日下午至15日　省法院在六楼多功能厅召开全省法院量刑规范化改革工作会议暨培训班，动员和部署我省法院全面试行量刑规范化工作，讲授量刑规范化的基本理念、操作方法和主要内容。省法院副院长李毅峰主持会议。省法院副院长洪适权出席会议并讲话。会议和培训班以视频方式进行。

14—17日　最高法院咨询委员会委员、原河南省高级人民法院院长李道民率最高法院检查组一行6人到我省开展“百万案件评查活动”复查工作。

19日　上午，省法院在六楼多功能厅召开全省法院能动司法暨深化调解工作视频会议，深入总结2009年全省法院调解工作电视电话会议以来调解工作的成效和经验，研究部署进一步强化能动司法意识、深化调解和解工作和服务保障平安亚运各项工作。省法院党组书记、院长郑鄂出席会议并讲话。省法院党组副书记、常务副院长陈华杰主持会议并讲话。省法院党组副书记、副院长凌祁漫宣读了能动司法获奖论文及组织单位名单。

21—23日　最高法院在省法院六楼多功能厅召开全国法院“执行工作两项活动”汇报会暨能动执行工作现场会。最高法院副院长江必新出席会议并讲话，省委常委、政法委书记梁伟发致辞，省法院院长郑鄂介绍了广东主动执行工作情况。

25日　下午，省法院在六楼多功能厅举行“省法院青年法律服务志愿队成立大会”。会议通过了《省法院青年法律服务志愿队章程》，选举了第一届省法院青年志愿队领导机构。省法院党组副书记、常务副院长陈华杰出席会议并讲话。省法院党组成员、政治部主任聂式恢主持会议。广东省志愿者联合会会长、团省委副书记曾颖如，省直团工委书记饶东成应邀出席会议并讲话。

28日　省法院在深圳召开深化特区法院改革创新工作座谈会。会议提出要贯彻落实胡锦涛总书记在深圳特区建立三十周年庆祝大会上的讲话精神，进一步推进我省法院改革创新工作。省法院党组书记、院长郑鄂出席会议并讲话。省法院党组副书记、常务副院长陈华杰主持会议并讲话。深圳、珠海、汕头三个特区法院和省法院研究室四个单位在会上作中心发言。

29日　上午，省法院在六楼多功能厅召开全省法院联络督查工作电视电话会议，传达近期召开的全国法院督促检查工作会议及省十一届人大三次会议代表建议办理情况通报会精神，交流督查联络工作经验，部署下一阶段联络督查工作。省法院党组副书记、常务副院长陈华杰出席会议并讲话。

31日—11月2日　省法院党组书记、院长郑鄂深入清远市两级法院调研，并与两级法院领导班子成员、中层干部进行座谈。

11月

1日　省法院党组书记、院长郑鄂在党组成员、政治部主任聂式恢以陪同下，到清远市连州法院、连南法院调研，并到连南县必坑村扶贫点检查指导“双到”工作，增拨了部分扶贫资金。

1—8日　应加拿大安大略省法院、墨西哥法官联合会（国际司法协会墨西哥分会）的邀请，省法院党组副书记、常务副院长陈华杰率队对加、墨两国司法体制进行了考察。

4日　上午，香港特别行政区政府律政司司长黄仁龙一行8人拜会省法院。省法院党组书记、院长郑鄂亲切接见了黄仁龙司长一行并主持会谈，双方就粤港两地刑事领域共同打击犯罪、相互协助调查取证，民商事领域司法调解、互相承认与执行民商事判决及仲裁裁决等话题进行交流。

5日　上午，省法院邀请广州团省人大代表郭志明教授等9人到花都法院狮岭法庭视察并旁听案件庭审。

9日　省法院党组书记、院长郑鄂到佛山中院调研指导改革创新工作。

15日　新疆高院肉孜·司马义院长一行访问省法院。省法院院长郑鄂，党组副书记、常务副院长陈华杰，副院长刘恒军，政治部主任聂式恢与肉孜·司马义院长一行在五楼党组会议室进行座谈。双方就如何在物质装备、干部挂职、培训交流、信息调研等方面更好地开展援疆工作进行广泛交流。

23—24日　省法院在珠海召开全省法院宣传工作会议，通报总结2010年宣传工作情况，明确今后全省法院宣传工作目标，安排部署下阶段宣传工作，下发《关于贯彻落实最高人民法院〈关于进一步加强人民法院宣传工作的若干意见〉的实施细则》（征求意见稿）。深圳、中山、珠海等六个中院在会上介绍了开展宣传工作的先进经验。省法院院长郑鄂发来致信。省法院党组副书记、常务副院长陈华杰出席会议并讲话。

24日　下午，美国明尼苏达州联邦地区法院高级法官马格努森（Magnuson）、美国驻广州总领事馆知识产权办公室官员等一行5人访问了省法院。省法院副院长徐春建在六楼会议室主持召开座谈会，双方就知识产权民事、刑事、行政案件中集中审理、无纸化办公、专家证人、专利案件中国外现有技术证据采信、专利侵权赔偿数额计算以及专利案件中的举证责任问题等具体问题进行了深入交流。

26日　省法院在珠海召开深化特区法院和珠三角地区法院执行工作改革创新座谈会。省法院党组成员、执行局局长许佩华出席会议，与深圳、珠海、汕头中院以及珠三角地区中院执行局长研究推进全省法院执行工作改革创新。

29日—12月6日　应台湾海峡两岸交流协会邀请，省法院党组书记、院长郑鄂率广东省法官协会代表团对台湾进行考察。

12月

7月　省法院党组成员、政治部主任聂式恢赴汕头中院调研和指导党建工作。

8日　最高人民法院、中共广东省委在潮州联合召开追授张林武同志“全国模范法官”、“人民的好法官”荣誉称号大会。最高法院党组成员、政治部主任周泽民，广东省委常委、政法委书记梁伟发出席会议并讲话。省法院党组书记、院长郑鄂主持会议。

9日　上午，省法院党组成员、纪检组组长贾永庆带领省法院百余名干警到国家检察官学院广东分院参观了“法治与责任——全国检察机关惩治和预防渎职侵权犯罪展览”广东巡展。

9—10日　全省法院文化建设工作会议在东莞召开。会议部署了建设广东特色法院先进文化的主要任务，举行了文化建设示范单位的命名授牌仪式。深圳中院、珠海中院等9个单位被授予第二批全省法院文化建设示范单位。汕头中院、广州市萝岗区法院、东莞市第二法院、紫金法院等文化建设示范单位做了大会经验交流。最高法院党组成员、政治部主任周泽民，省法院党组书记、院长郑鄂，省委宣传部副部长阎静萍出席会议并讲话。省法院党组副书记、常务副院长陈华杰，省法院党组成员、政治部主任聂式恢等出席会议。

10日　上午，省法院在六楼多功能厅召开全省法院审判管理工作电视电话会议，深入学习贯彻全国法院审判管理座谈会精神，总结回顾近几年来全省法院开展审判管理工作取得的成绩和问题，明确部署当前及今后一个时期全省法院审判管理工作的目标任务。省法院党组书记、院长郑鄂，党组副书记、常务副院长陈华杰出席会议并讲话。

16日　上午，省法院邀请来自人大机关、公安、医疗、金融、国企、高校、律协的9名省人大代表、政协委员和法学专家在执行指挥中心召开“为破解执行难把脉建言座谈会”。与会人员参观了省法院执行指挥中心，观看了主动执行和执行指挥中心建设的情况介绍短片，听取了对全省法院执行工作的介绍，并对如何进一步提高我省法院执行工作水平、破解“执行难”提出了中肯的意见和建议。

21日　省法院举办了“广东法院综合业务系统”全面启用仪式。“广东法院综合业务系统”是我省法院信息化建设“08工程”的核心任务，系统集中了审判管理、办公流程、人事管理、统计分析、领导决策等内容，是全省法院各项工作的统一管理平台，标志着我省法院实现了业务系统的全面统一。省法院副院长刘恒军出席仪式并讲话。

22日　省法院副院长洪适权赴连南县检查指导“双到”扶贫开发工作。

22—23日　全国“十省市法官学院院长座谈会”在广州召开。会议主要研讨“十二五”期间法官教育培训工作的需求、方式和机制，交流法官教培工作的经验和体会，探讨跨区域合作机制，促进各地法院教育培训工作的共同发展。省法院副院长刘恒军出席会议并致辞。国家法官学院副院长曹士兵以及来自全国十个省、直辖市的法官学院院长等约20人参加了会议。

23日　省法院与国家知识产权局在广州召开座谈会，商谈双方进一步强化人员交流和工作协作机制，大力促进知识产权司法保护的相关工作。省法院副院长徐春建出席座谈会并讲话。

上午，省法院、广东保监局在广东法官（培训）学院举行《关于保险纠纷案件加强调解若干问题的意见》（下称《意见》）联合签署仪式。省法院副院长谭玲、广东保监局副局长江裕棠出席仪式并讲话。

26—27日　中国审判理论研究会刑事审判理论专业委员会

2010年年会在佛山市召开。最高人民法院党组副书记、副院长张军围绕创新刑事审判、化解社会矛盾主题，解读了社会矛盾化解的重要理论价值，提出了做好刑事审判矛盾化解工作的实践要求。广东省委常委、省政法委书记梁伟发，省法院党组书记、院长郑鄂，佛山市委领导分别致辞。山东高院院长周玉华作工作报告。省法院党组副书记、常务副院长陈华杰，中国人民大学教授何家弘，最高法院刑三庭庭长戴长林分别作主旨发言。

27日　省法院在广东法官（培训）学院召开关于台商投资权益保护问题的座谈会，通报涉台审判工作方面的最新动态，对台商代表提出的部分法律问题进行了现场解答，并表示将进一步加强与省台办、各地各级台商协会的沟通，建立长期、有效的工作机制，多渠道地倾听台商的诉求，推动解决粤台两地经贸文化交流中的法律障碍，服务对台工作大局，为台商在粤投资提供优质的司法保障。省法院副院长徐春建主持座谈会。

30日　省法院、省检察院、省公安厅2010年度打击刑事犯罪工作联席会议在佛山市举行。会议通报了我省法院审理死刑案件的基本情况及存在的问题，对共同办理好刑事案件提出了具体建议；讨论了包括《关于犯罪嫌疑人、被告人取保候审疾病鉴定工作的实施意见》等11项议题。省法院副院长李毅峰、省检察院常务副检察长佟绲、省公安厅副厅长邱瑞颐出席会议并讲话。

▲1月8日，澳门特别行政区检察院检察长何超明先生一行拜会省法院。省法院党组书记、院长郑鄂，省法院党组副书记、常务副院长陈华杰会见何超明检察长一行。

▲1月15—17日，澳大利亚新南威尔士州最高法院首席大法官斯比格尔曼一行访问省法院。省法院党组书记、院长郑鄂，副院长刘恒军在广东法官（培训）学院会见斯比格尔曼一行。

▲▼3月24–26日，省法院党组书记、院长郑鄂率广东省法官代表团一行12人赴澳门进行友好访问。代表团访问了澳门特别行政区终审及中级法院、检察院、澳门中联办等机构，拜会了澳门特别行政区首长崔世安先生。

▲11月4日，香港特别行政区政府律政司司长黄仁龙一行8人拜会省法院。省法院党组书记、院长郑鄂亲切接见了黄仁龙司长一行。

▲11月29日—12月6日，应台湾海峡两岸交流协会邀请，省法院党组书记、院长郑鄂率广东省法官协会代表团对台湾进行考察。

◄4月7日，国际司法学会会长詹姆斯·艾普先生一行5人访问省法院。省法院党组副书记、常务副院长陈华杰接见詹姆斯·艾普一行并互赠礼品。省法院副院长徐春建主持召开座谈会，与詹姆斯·艾普先生一行就知识产权审判工作交换意见。

►6月24—26日，越南最高人民法院院长张和平一行7人访问省法院。省法院党组副书记、常务副院长陈华杰接见了代表团一行。

►11月1—8日，应加拿大安大略省法院、墨西哥法官联合会（国际司法协会墨西哥分会）的邀请，省法院党组副书记、常务副院长陈华杰率队对加、墨两国司法体制进行了考察。

◄6月15日，泰国最高行政法院院长阿卡拉通·朱拉叻一行访问省法院。省法院党组副书记、副院长凌祁漫会见了阿卡拉通院长一行。

►6月25日，美国专利商标局副局长白莎朗女士、美国驻华使领馆知识产权办公室官员等一行5人访问省法院。省法院副院长徐春建在六楼会议室接见了访问团一行。

▲▼1月27日，省法院在六楼多功能厅隆重召开建院六十周年庆祝大会。省委常委、政法委书记、省公安厅厅长梁伟发出席大会并致辞。省法院党组书记、院长郑鄂代表院党组作重要讲话。省人大常委会副主任陈小川，省政协副主席、省妇联主席温兰子，省检察院检察长郑红等有关领导出席了庆祝大会。

▲12月8日，最高人民法院、中共广东省委在潮州联合召开追授张林武同志“全国模范法官”、“人民的好法官”荣誉称号大会。最高法院党组成员、政治部主任周泽民，中共广东省委常委、政法委书记梁伟发出席会议并讲话。省法院党组书记、院长郑鄂主持会议。

▲10月13日上午，广东老干部大学仓边路分校（广东省高级人民法院老干部大学）开学典礼在省法院老干部活动中心隆重举行。原广东省委副书记、广东老干部大学校长张帼英，省法院党组书记、院长郑鄂，省法院党组副书记、常务副院长陈华杰等领导出席典礼并视察学院。

▲4月20日，省法院在六楼多功能厅举行向青海玉树地震灾区捐款仪式。

▲4月20日，省法院在六楼多功能厅举行陈燕萍工作法报告会。

3月24日，省法院党组书记、院长郑鄂带领省综治第一督导组赴阳江市进行调研，检查督导该市镇街综治信访维稳中心“两头延伸”建设以及日常工作的开展情况。

8月6—8日，省法院党组书记、院长郑鄂到河源法院视察工作。

8月17—20日，省法院党组书记、院长郑鄂到汕头、潮州两地法院开展调研工作，并听取两地法院工作情况汇报。

◀8月23日，省法院在六楼多功能厅举行廉政宣誓仪式暨全省法院领导干部廉洁从政视频培训班。省法院院长郑鄂领誓，省法院党组副书记、常务副院长陈华杰主持仪式。

►▲9月19—21日，省法院党组书记、院长郑鄂到茂名、湛江法院调研指导工作。

►8月26日，省法院党组书记、院长郑鄂视察广州两级法院亚运法庭建设并召开调研座谈会。

◄9月28日，全省法院“公正、廉洁、为民”演讲比赛决赛在省法院六楼多功能厅隆重举行。省法院党组书记、院长郑鄂为获奖选手颁奖。

►10月31日—11月2日，省法院党组书记、院长郑鄂深入清远市两级法院调研，并与两级法院领导班子成员、中层干部进行座谈。

▲▼6月30日，在省法院党组副书记、常务副院长陈华杰和党组成员、政治部主任聂式恢的带领下，机关党委组织全院25个党支部赴连南县必坑村开展扶贫济困活动。

◀10月13日，省法院党组副书记、副院长凌祁漫到东莞第一法院视察工作。

▶6月25日，省法院副院长李毅峰率省法院少年法庭指导小组办公室有关同志到深圳宝安区法院开展少年法庭调研。

◀5月25—28日，省法院在阳江举办粤西地区法院行政审判业务培训班。省法院副院长刘恒军出席并讲话。

4月25日，省法院副院长徐春建作客金羊网，与网民围绕“创新、保护、发展”主题共商如何依法保护智力成果，促进社会经济发展。

3月8日，省女法官协会组织广州地区三级法院十多名女法官在广州中院开展“反家庭暴力”法律咨询。省法院副院长谭玲到场慰问了参加活动的女法官并接受记者采访。

12月22日，省法院副院长洪适权赴连南县检查指导“双到”扶贫开发工作。

►10月9日下午，省法院党组成员、纪检组长贾永庆带领纪检组监察室全体同志和专职廉政监察员到国家检察官学院广东分院参观全国检察系统举办的“检察机关自身反腐倡廉教育展览”。

◄1月19日，省法院党组成员、政治部主任聂式恢带领各支部赴连南必坑村扶贫。

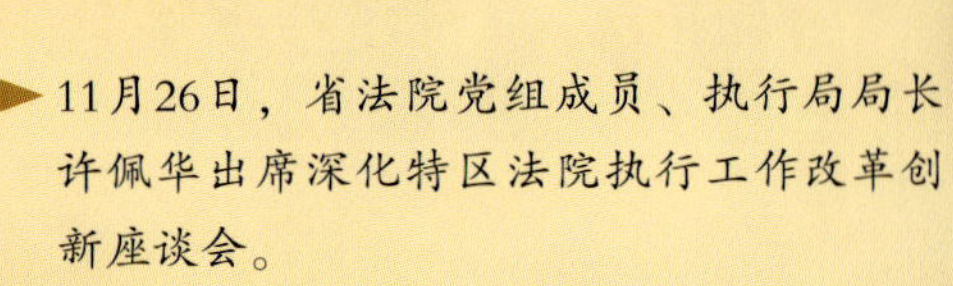
►11月26日，省法院党组成员、执行局局长许佩华出席深化特区法院执行工作改革创新座谈会。

第四章　重要文件

广东省高级人民法院　广东省人民检察院 关于印发《广东省高级人民法院、广东省人民检察院关于进一步提高刑事诉讼工作效率的若干规定》的通知

粤高法发［2010］3号

省法院各部门、省检察院各部门：

现将《广东省高级人民法院、广东省人民检察院关于进一步提高刑事诉讼工作效率的若干规定》印发给你们，请认真贯彻执行。执行情况及遇到的问题，请及时分别报告省法院刑二庭和省检察院公诉处。

二〇一〇年一月二十七日

广东省高级人民法院　广东省人民检察院 关于进一步提高刑事诉讼工作效率的若干规定

为加强省高级人民法院与省人民检察院在刑事诉讼中的工作联系、协调与沟通，进一步确保死刑二审、抗诉案件和其他二审刑事案件的审判工作依法、有序地进行，加强协作，形成合力，现就进一步提高刑事诉讼工作效率制定本规定。

一、沟通机制

第一条　省高级人民法院和省人民检察院办理刑事案件应坚持“分工负责、互相配合、互相制约”的原则，充分发挥联席会议的作用，加强日常联系、协调，相互改进工作方式、方法，推动诉讼程序顺畅进行，共同努力提高刑事审判工作效率。

第二条　省高级人民法院和省人民检察院每季度进行一次案件进展情况通报。

省高级人民法院各刑庭于每季度末月26日根据省人民检察院公诉部门的分工制作当季移送省人民检察院阅卷案件列表，注明案号、被告人及案由、承办法官、跟案书记员、送卷时间，并附回执联，回执联需包括承办检察官、阅卷进展情况、计划退卷时间等项目。

阅卷案件列表及回执应在三个工作日内分别送达省人民检察院相关公诉部门，省人民检察院公诉部门应在收到之日起五个工作日内填写回执联送达省高级人民法院相关刑庭。

第三条　省高级人民法院各刑庭应依法及时向省人民检察院各公诉处送达裁判文书。

各合议庭书记员每月向各刑庭庭办报送一次本合议庭当

月已宣判、送达裁判文书的案件列表，各刑庭庭办负责核对，确保裁判文书及时送达。

第四条 省高级人民法院在案件审理过程中遇到下列未经庭审辩论、可能影响对被告人量刑的情形，应在裁判意见做出前书面通报省人民检察院，并在处理时考虑省人民检察院的意见：

（一）被告人一方与被害人一方达成谅解的；

（二）被告人一方赔偿被害人一方损失的。

第五条 最高人民法院复核案件中就存在问题的来函如涉及事实证据问题等侦查、起诉工作中需注意事项的，应及时抄送省人民检察院。

二、开庭排期

第六条 为确保第二审刑事案件开庭的顺利进行，省高级人民法院对依法应开庭审理的第二审死刑案件、抗诉案件统一由立案庭排期开庭。

第七条 省高级人民法院、省人民检察院应当根据案件的性质、所在地区、开庭排期等情况合理安排承办法官、检察员，以避免因工作安排上的重复、交叉而无法出庭，确保案件依时开庭。

第八条 省高级人民法院立案庭收到各中级法院报送的第二审死刑案件、抗诉案件后，先作登记，然后将案卷移送省人民检察院对应的公诉处阅卷，同时书面通知拟开庭时间。

省人民检察院应根据拟开庭时间合理排定承办检察人员。

拟开庭时间一般为收案之日起三个月后第一周的工作日。

第九条 省人民检察院阅卷时间，上诉案件一般不超过二个月，抗诉案件不超过三个月；如遇到检举揭发需要查证或者需要重新鉴定的，可延长两个月，但应及时书面函告省高级人民法院立案庭；阅卷完毕后应及时将案卷及意见退回省高级人民法院立案庭。

确有特殊情况无法在上述期限内阅卷完毕的，应书面函告省高级人民法院立案庭。

第十条 省高级人民法院立案庭收到省人民检察院阅卷完毕的案件后，正式立案并确定开庭时间，根据各刑庭排案要求及此前的拟开庭时间合理排定主审法官及合议庭成员。

确定开庭时间时应为合议庭及辩护律师阅卷预留必要的时间。

第十一条 省人民检察院对非死刑抗诉案件撤回抗诉的，省高级人民法院立案庭应取消开庭安排，按照无需开庭的案件排案。

第十二条 省高级人民法院各刑庭应根据立案后的排期，在规定的时间内通知检察员和辩护人按时出庭，并应及时做好法庭、法警的安排工作，确保按照排期开庭。

如因案件在法院立案后出现检举揭发等客观原因导致不能在排期时间开庭的，各刑庭在问题解决之后应及时商检察员安排另行开庭时间，报立案庭备案，并通知辩护人。

第十三条 审判人员与检察人员应当依排期准时出席法庭。

如遇特殊情况确实无法按时出庭需变更开庭时间的，应当在排定开庭时间三日前及时书面通知对方，同时约定重新开庭的时间，至迟不应超过原排定开庭时间十个工作日。

三、庭审要求

第十四条 出席法庭的审判人员应当认真做好庭前阅卷工作；审判长应当把握好二审开庭案件的主要案情和争议焦点，引导控辩双方将注意力集中于案件的主要问题，避免纠缠于细枝末节，以有效控制庭审节奏，提高庭审效率。

第十五条 出席法庭的检察人员应当严格执行《人民检察院刑事诉讼规则》第三百六十条之规定，充分履行检察人员在二审法庭中的职责，及时、有针对性地回应辩方提出的问题，确保第二审庭审依法、高效地进行；同时应当出具清晰明确的出庭意见。

审判人员在裁判时应充分考虑检察人员的出庭意见并在裁判文书中客观反映。

第十六条 合议庭在庭审过程中应当尊重出庭检察人员的意见和建议。

出现特殊情况时，出庭检察人员可提出休庭建议，如确有必要，合议庭应当宣布休庭。

四、其他规定

第十七条 省高级人民法院审理省人民检察院支持抗诉的二审刑事案件，在确保案件依法、公正审理的前提下应重视支持抗诉的理由。除检察院派员列席审委会讨论的情形外，其他案件的处理情况应由主审法官与检察员适时沟通。

第十八条 刑事审判中遇到有特殊情况需临时协调的案件和事宜，省高级人民法院、省人民检察院对口的业务部门另行及时沟通解决。

广东省高级人民法院关于印发《关于落实〈关于大力推进全省法院改革创新，加快争当排头兵步伐的指导意见〉23项重点改革工作的分解方案》的通知

粤高法发［2010］5号

全省各中级人民法院、广州海事法院、广州铁路运输中级法院,本院各部门：

为抓好省法院制定下发的《关于大力推进全省法院改革创新，加快争当排头兵步伐的指导意见》的贯彻落实，确保《指导意见》确定的23项重点改革工作有效推进，取得实效，省法院制定了《关于落实〈关于大力推进全省法院改革创新，加快争当排头兵步伐的指导意见〉23项重点改革工作的分解方案》，现印发给你们，请遵照执行。执行中有何问题，及时报告我院研究室。

二〇一〇年三月三日

关于落实《关于大力推进全省法院改革创新，加快争当排头兵步伐的指导意见》23项重点改革工作的分解方案

为抓好省法院制定下发的《关于大力推进全省法院改革创新，加快争当排头兵步伐的指导意见》的贯彻落实，确保《指导意见》确定的23项重点改革工作有效推进，取得实效，特制定以下工作分解方案。

一、分工原则

1. 省法院领导牵头。根据《指导意见》第24条关于“省法院对每项改革措施都要明确牵头领导和责任落实单位，负责对该项改革的统筹协调、调研、总结、推广和督促检查工作”规定，23项重点改革工作按省法院领导现行分工安排，由省法院领导分别牵头。

2. 职能部门抓落实。准备推进的23项重点改革工作涉及法院工作的方方面面，按照对应原则，将重点改革工作分解，分别确定由省法院一个职能部门牵头抓具体落实，该部门是此项改革工作抓落实的“第一责任人”，其他相关部门积极参与配合。

3. 司法改革办公室统筹。省法院司法改革领导小组办公室负责23项重点改革工作的跟踪、评估、情况汇总，协助、配合牵头领导和责任单位抓落实。

二、分解方案

（一）改革和完善审判工作机制

1. 大力推广速裁机制。在珠三角案件较多的基层法院，推广罗湖法院经验，设立速调速裁法庭，统一处理小额钱债案件及其他案情简单、争议不大的民事纠纷案件；研究推广简易程序快捷审，进一步简化裁判文书写法；大力推行普通程序简化审，切实提高审判效率。（牵头领导：谭玲副院长；牵头部门：民一庭，各审判业务庭参与）

2. 大力推行“大审判制”试点。借鉴阳西、连平法院“大审判制”做法，打破业务庭室分工，试行“大审判制”，以合议庭为单位对案件实行量化管理，通过内部挖潜解决法官短缺、法官断层等问题，提高审判效率。（牵头领导：陈华杰副院长；牵头部门：研究室，政治部参与）

3. 深化“结对帮扶”支援办案机制。着力解决部分法院帮扶流于形式、特别是在支援办案方面存在不足的问题，继续深化“结对帮扶”工作机制，省法院及时组织对口法院之间制定《对口支援办案办法》，合理调配审判执行力量，加强对珠三角地区法院的支持办案力度。（牵头领导：聂式恢主任；牵头部门：政治部，办公室参与）

4. 提高二审开庭比例。落实审判公开原则，除当事人对原审裁决认定的事实证据未提出异议且对适用法律争议不大的二审案件可不开庭审理外，其他二审案件原则上都应公开开庭审理。到2010年底，全省法院二审案件开庭率达到30%，2011年6月底达到50%。（牵头领导：徐春建副院长；牵头部门：民三庭，各审判业务庭参与）

5. 扩大量刑规范化试点。在白云、罗湖等法院开展量刑规范化试点工作的基础上，逐步扩大试点范围，2010年上半年各中院要确定1至2个基层法院开展试点，条件成熟的地方可以全面实行。省法院尽早制定出台《全省法院量刑规范化工作指导意见》，加强对量刑规范化的指导。（牵头领导：洪适权副院长；牵头部门：刑三庭）

6. 扩大非监禁刑适用。认真执行省法院《关于正确适用缓刑的指导意见》，继续依法扩大缓刑的适用范围，对轻微刑事案件、未成年人犯罪案件依法尽可能适用缓刑，简化缓刑案件审批程序。积极探索缓刑社区矫正和异地监管执行的做法，研究五年以下有期徒刑适用缓刑的可行性。（牵头领导：洪适权副院长；牵头部门：刑四庭）

7. 推进规范化办案。研究推广深圳中院及罗湖等法院开展规范化办案的工作经验，有条件的中院可结合本地审判执行工作实际，通过及时出台类型案件指导意见，编选典型案例、总结审判经验等方式，规范各项程序环节和实体处理，统一裁判尺度，提高审判效率，提高裁判公信力和权威性。（牵头领导：陈华杰副院长；牵头部门：审管办，各审判业务庭参与）

8. 开展金融公司担保保全工作试点。推广佛山中院允许金融担保公司为当事人提供诉讼财产保全担保的做法，准许担保公司为财产保全提供担保，解决当事人因难以提供合格担保而无法进行财产保全问题，促进解决执行难问题。（牵头领导：凌祁漫副院长；牵头部门：立案一庭，相关审判业务庭参与）

9. 加强审判管理办公室建设。推广广州、深圳、河源等中院设立审判管理办公室对审判业务进行统一管理的经验，根据基层法院的实际探索，设立审判管理办公室，将审判流程、审判绩效、质效评估、案件评查等工作移交审判管理办公室，提高审判管理水平。（牵头领导：陈华杰副院长；牵头部门：审管办）

（二）改革和完善执行工作机制和体制

10. 设立执行指挥中心。进一步完善省法院执行指挥中心工作机制，切实发挥指挥、组织、协调职能。各中院、珠三角地区的基层法院要设立执行指挥中心；其他地区案件较多且条件成熟的基层法院可以设立执行指挥中心。到2010年底，全面建成“三级建制、覆盖全省”的执行指挥网络。（牵头领导：许佩华副巡视员；牵头部门：执行局）

11. 实现执行立、审、执彻底分立。认真落实立、审、执分立原则，不断完善工作机制，执行异议、复议、监督、督促、协调等案件，一律由立案庭审查立案；在执行程序中追加、变更被执行人等涉及当事人和利害关系人实体问题的案件，一律由相关审判庭审理。（牵头领导：许佩华副巡视员；牵头部门：执行局，相关审判业务庭参与）

12. 全面推动主动执行。认真总结从化等地法院主动执行工作试点经验，2010年起，在全省各级法院全面铺开，将主动执行贯彻到执行工作全过程，切实提高执行标的到位率。（牵头领导：许佩华副巡视员；牵头部门：执行局）

13. 深化执行联动机制。继续争取地方党委、人大、政府对执行工作支持，加大与公安、检察、税务、房管、银行等部门协作，进一步健全执行联动机制，强化执行力度，提高执行实效。（牵头领导：许佩华副巡视员；牵头部门：执行局）

14. 规范司法救助基金管理。建立执行救助金、刑事被害人救助金和信访资金的使用规范，不断加大对困难群众的司法救助力度，把各项救助资金用足、用好。（牵头领导：洪适权副院长；牵头部门：刑三庭，执行局、立案一庭、刑一庭、刑二庭、刑四庭参与）

（三）改革和完善调解工作机制

15. 推行“全程、全员、全面”调解。继续把调解工作贯穿于一审、二审、再审、信访和立案、审判、执行等全过程，全面调动法院内、外部的力量，促进司法调解、行政调解、人民调解相衔接的化解矛盾机制。把调解撤诉率作为工作考核的重要指标，提高调解撤诉率在考核指标中的分值。到2011年底，全面实现全省中级法院、基层法院民事一审案件调撤率分别达到50%和60%以上的指标要求。（牵头领导：陈华杰副院长；牵头部门：研究室，各审判业务庭参与）

16. 破解部分企业不能调难题。由省法院牵头，加强与国资委、银监会、保监会等部门的沟通协调，研究制定下放国有企业、商业银行、保险公司调解权限，促进以调解方式处理纠纷的实施意见。省法院要认真研究，适时向省人大提出立法建议，尽快制定《广东省建立诉讼与非诉讼化解社会矛盾纠纷条例》，以地方立法形式解决调解难问题。（牵头领导：谭玲副院长；牵头部门：民二庭，民一庭、民三庭、民四庭参与）

17. 完善司法确认机制。推广花都等地法院诉前调解司法确认的经验，完善诉讼外调解司法确认机制。经过人民调

解、行政调解达成的协议，各级法院依法审查后，符合条件的，及时出具司法确认书，赋予诉讼调解的法律效力。在总结有关法院经验的基础上，研究制定司法确认的案件类型、审查程序、效力确认、费用收取、工作职责等统一规范。（牵头领导：凌祁漫副院长；牵头部门：立案一庭，民一庭参与）

（四）改革和完善队伍管理机制

18. 进一步完善保廉促廉机制。建立完善廉政账户、廉政档案、重大事项报告、领导干部引咎辞职、廉政监察员“五项廉政制度”，构建以廉政文化建设为核心的教育防范体系、以案子和班子为重点的监督防范体系、以自查自办为主的制裁防范体系、以人为本的保障防范体系。探索建立法官与律师是夫妻、兄弟、姐妹等关系的从业报告制度，插手过问他人办理案件的登记、报告、检查制度等，从源头上防治司法腐败。（牵头领导：贾永庆组长；牵头部门：监察室）

19. 推广统一招录法官。在惠州、清远两地试行由中院统一招录本地区两级法院法官工作的基础上，适当增加粤东、粤西、粤北各市的试点法院范围，由中院采取用编、招录、分配、待遇“四统一”的办法，逐步在全省法院建立起统一招录和调配法院工作人员的工作机制。（牵头领导：聂式恢主任；牵头部门：政治部）

20. 推广审判绩效考核。以省法院绩效考核制度为参考，建立全省法院统一适用、科学完善的审判执行绩效考核机制，运用考核结果对人、财、物进行管理，实现考核结果与年度评优评先、晋升提拔挂钩，提高整体工作效能。（牵头领导：聂式恢主任；牵头部门：政治部）

21. 探索人员分类管理。推进深圳两级法院开展人员分类管理的做法，在条件允许的法院开展人员分类管理试点，建立法官、法官助理、执行员、书记员、司法警察、司法行政人员的不同职务序列，把法官与司法辅助人员相区分，突出法官职业特征和核心地位。（牵头领导：聂式恢主任；牵头部门：政治部）

22. 推动司法警察制度改革。针对在编司法警察年龄偏大后无法从事本职工作的实际情况，省法院与省委政法委协调，试行使用现役武警从事部分司法警察工作（如押解刑事案件被告人和罪犯等），在编司法警察主要负责维持法庭秩序和参加强制执行工作等，以腾出编制，逐步解决好司法警察出路问题，在必要时提出立法建议。（牵头领导：李毅峰副院长；牵头部门：法警总队，政治部参与）

（五）改革和完善科技司法机制

23. 强化科技手段应用。加快信息化“08工程”建设，推动科技手段在法院各项工作中的全面应用，2010年推进的重点是：在立案阶段，推动网上立案，省法院和各中院一审案件要建立电子卷宗；在审理阶段，推行手机短信送达司法文书，实行远程提讯和开庭，推动网上审签文书；在再审审查阶段，直接上报电子卷宗进行审查，提高审查效率；在执行阶段，对执行“老赖”实行GPS跟踪，与税务、房管、工商、银行等单位电脑联网，互通信息，提高执行联动效率；强化办公自动化应用，提高办公效率；建立法官业绩电子档案，实现人事管理信息化。（牵头领导：刘恒军副院长；牵头部门：信息中心，各相关部门参与）

（说明：以上23项重点改革工作，按领导牵头的分解情况见附件。）

三、相关要求

1. 各牵头领导应敦促责任落实单位及时制定具体工作方案，选好试点法院，明确改革目标、具体措施和完成时间，切实开展好重点司法改革工作，确保在2011年前各项改革措施取得突出成效。各责任落实牵头部门应确定一名具体联络人，并于2010年3月25日前连同工作方案报司法改革办公室徐曾沧（电话：85110827；电子邮箱：gdsfggb@gmail.com）。

2. 省法院司法改革领导小组要切实加强对各项改革工作的领导和指导，司法改革办公室要及时跟踪掌握改革工作进展情况，推动各牵头领导和责任单位抓好落实，于2010年9月前后对全省各级法院和各责任落实单位推进改革工作进行中期检查，并将具体情况予以公布。

3. 司法改革办公室于2010年12月30日前对23项重点改革工作实施情况进行年终评估，总结推广成功经验，找出问题与不足，为下一步全省法院改革工作做好准备。

附件：23项重点改革工作按领导牵头的分解情况（略）

广东省高级人民法院
转发最高人民法院《关于改革和完善人民法院审判委员会制度的实施意见》的通知

粤高法发［2010］9号

全省各级人民法院、广州海事法院、广州铁路运输两级法院：

现将最高人民法院《关于印发〈关于改革和完善人民法院审判委员会制度的实施意见〉的通知》（法发［2010］3号）转发给你们，请结合工作实际，认真贯彻执行。执行中如有意见和建议，请及时报告我院审委会办公室。

二〇一〇年一月十九日

最高人民法院
关于印发《关于改革和完善人民法院审判委员会制度的实施意见》的通知

法发［2010］3号

各省、自治区、直辖市高级人民法院，解放军军事法院，新疆维吾尔自治区高级人民法院生产建设兵团分院：

《关于改革和完善人民法院审判委员会制度的实施意见》已经中央批准，现印发给你们，请认真贯彻执行。执行中如有意见和建议，请及时报告我院。

二〇一〇年一月十一日

最高人民法院关于改革和完善人民法院审判委员会制度的实施意见

为改革和完善人民法院审判委员会制度，提高审判工作质量和效率，根据人民法院组织法、刑事诉讼法、民事诉讼法、行政诉讼法等法律的规定，结合人民法院审判工作实际，制定本意见。

一、人民法院审判委员会制度是中国特色社会主义司法制度的重要组成部分。几十年来，各级人民法院审判委员会在总结审判经验，指导审判工作，审理疑难、复杂、重大案件等方面发挥了重要作用。随着我国社会主义市场经济和民主法制建设的发展，人民群众通过法院解决纠纷的意识不断增强，全国法院受理案件的总量和新类型案件逐年增多，对审判质量的要求越来越高。为了适应新形势、新任务的要求，建立公正、高效、权威的社会主义司法制度，实现审判委员会工作机制和工作程序的科学化、规范化，应当不断改革和完善人民法院审判委员会制度。

二、改革和完善审判委员会制度，应当坚持“三个至上”的人民法院工作指导思想，坚持党对人民法院工作的领导，自觉接受人民代表大会监督，自觉维护宪法、法律的尊严和权威，自觉维护人民合法权益，坚持从审判工作实际出发，依法积极稳妥推进。

三、审判委员会是人民法院的最高审判组织，在总结审判经验，审理疑难、复杂、重大案件中具有重要的作用。

四、最高人民法院审判委员会履行审理案件和监督、管理、指导审判工作的职责：

（一）讨论疑难、复杂、重大案件；

（二）总结审判工作经验；

（三）制定司法解释和规范性文件；

（四）听取审判业务部门的工作汇报；

（五）讨论决定对审判工作具有指导性意义的典型案例；

（六）讨论其他有关审判工作的重大问题。

五、地方各级人民法院审判委员会履行审理案件和监督、管理、指导审判工作的职责：

（一）讨论疑难、复杂、重大案件；

（二）结合本地区和本院实际，总结审判工作经验；

（三）听取审判业务部门的工作汇报；

（四）讨论决定对本院或者本辖区的审判工作具有参考意义的案例；

（五）讨论其他有关审判工作的重大问题。

六、各级人民法院应当加强审判委员会的专业化建设，提高审判委员会委员的政治素质、道德素质和法律专业素质，增强司法能力，确保审判委员会组成人员成为人民法院素质最好、水平最高的法官。各级人民法院审判委员会除由院长、副院长、庭长担任审判委员会委员外，还应当配备若干名不担任领导职务，政治素质好、审判经验丰富、法学理论水平较高、具有法律专业高等学历的资深法官委员。

中共中央《关于进一步加强人民法院、人民检察院工作的决定》已经明确了审判委员会专职委员的配备规格和条件，各级人民法院应当配备若干名审判委员会专职委员。

七、人民法院审判工作中的重大问题和疑难、复杂、重大案件以及合议庭难以作出裁决的案件，应当由审判委员会讨论或者审理后作出决定。案件或者议题是否提交审判委员会讨论，由院长或者主管副院长决定。

八、最高人民法院审理的下列案件应当提交审判委员会讨论决定：

（一）本院已经发生法律效力的判决、裁定确有错误需要再审的案件；

（二）最高人民检察院依照审判监督程序提出抗诉的刑事案件。

九、高级人民法院和中级人民法院审理的下列案件应当提交审判委员会讨论决定：

（一）本院已经发生法律效力的判决、裁定确有错误需要再审的案件；

（二）同级人民检察院依照审判监督程序提出抗诉的刑事案件；

（三）拟判处死刑立即执行的案件；

（四）拟在法定刑以下判处刑罚或者免予刑事处罚的案件；

（五）拟宣告被告人无罪的案件；

（六）拟就法律适用问题向上级人民院请示的案件；

（七）认为案情重大、复杂，需要报请移送上级人民法院审理的案件。

十、基层人民法院审理的下列案件应当提交审判委员会讨论决定：

（一）本院已经发生法律效力的判决、裁定确有错误需要再审的案件；

（二）拟在法定刑以下判处刑罚或者免予刑事处罚的案件；

（三）拟宣告被告人无罪的案件；

（四）拟就法律适用问题向上级人民法院请示的案件；

（五）认为应当判处无期徒刑、死刑，需要报请移送中级人民法院审理的刑事案件；

（六）认为案情重大、复杂，需要报请移送上级人民法院审理的案件。

十一、人民法院审理下列案件时，合议庭可以提请院长决定提交审判委员会讨论：

（一）合议庭意见有重大分歧、难以作出决定的案件；

（二）法律规定不明确，存在法律适用疑难问题的案件；

（三）案件处理结果可能产生重大社会影响的案件；

（四）对审判工作具有指导意义的新类型案件；

（五）其他需要提交审判委员会讨论的疑难、复杂、重大案件。

合议庭没有建议提请审判委员会讨论的案件，院长、主管副院长或者庭长认为有必要的，得提请审判委员会讨论。

十二、需要提交审判委员会讨论的案件，由合议庭层报庭长、主管副院长提请院长决定。院长、主管副院长或者庭长认为不需要提交审判委员会的，可以要求合议庭复议。

审判委员会讨论案件，合议庭应当提交案件审理报告。案件审理报告应当符合规范要求，客观、全面反映案件事实、证据以及双方当事人或控辩双方的意见，说明合议庭争议的焦点、分歧意见和拟作出裁判的内容。案件审理报告应当提前发送审判委员会委员。

十三、审判委员会讨论案件时，合议庭全体成员及审判业务部门负责人应当列席会议。对本院审结的已发生法律效力的案件提起再审的，原审合议庭成员及审判业务部门负责人也应当列席会议。院长或者受院长委托主持会议的副院长可以决定其他有必要列席的人员。

审判委员会讨论案件，同级人民检察院检察长或者受检察长委托的副检察长可以列席。

十四、审判委员会会议由院长主持。院长因故不能主持会议时，可以委托副院长主持。

十五、审判委员会讨论案件按照听取汇报、询问、发表意见、表决的顺序进行。案件由承办人汇报，合议庭其他成员补充。审判委员会委员在听取汇报、进行询问和发表意见后，其他列席人员经主持人同意可以发表意见。

十六、审判委员会讨论案件实行民主集中制。审判委员会委员发表意见的顺序，一般应当按照职级高的委员后发言的原则进行，主持人最后发表意见。

审判委员会应当充分、全面地对案件进行讨论。审判委员会委员应当客观、公正、独立、平等地发表意见，审判委员会委员发表意见不受追究，并应当记录在卷。

审判委员会委员发表意见后，主持人应当归纳委员的意见，按多数意见拟出决议，付诸表决。审判委员会的决议应当按照全体委员二分之一以上多数意见作出。

十七、审判委员会以会议决议的方式履行对审判工作的监督、管理、指导职责。

十八、中级以上人民法院可以设立审判委员会日常办事机构，基层人民法院可以设审判委员会专职工作人员。

审判委员会日常办事机构负责处理审判委员会的日常事务，负责督促、检查和落实审判委员会的决定，承担审判委员会交办的其他事项。

广东省高级人民法院　广东省人民检察院
广东省公安厅
关于印发《关于办理盗窃、破坏高速铁路设备设施案件适用法律若干问题的指导意见》的通知

粤高法发［2010］10号

全省各中级人民法院、各地市人民检察院、公安局，广州铁路运输中级法院、广州铁路运输分院、广州铁路公安局：

现将广东省高级人民法院、广东省人民检察院、广东省公安厅《关于办理盗窃、破坏高速铁路设备设施案件适用法律若干问题的指导意见》印发给你们，请认真组织学习并遵照执行。执行情况及遇到的问题，请分别及时报告广东省高级人民法院、广东省人民检察院、广东省公安厅。

二〇一〇年三月十七日

关于办理盗窃、破坏高速铁路设备设施案件适用法律若干问题的指导意见

铁路是国民经济大动脉，高速铁路设备设施是国家重要的交通基础设施和公用设施。为了保障高速铁路的建设、发展和公共安全，有效打击盗窃、破坏高速铁路设备设施违法犯罪活动，确保高速铁路安全运行，保护国家财产和公民的人身、财产安全，根据《中华人民共和国刑法》、《中华人民共和国铁路法》等法律和司法解释，结合我省实际，就办理盗窃、破坏高速铁路设备设施案件适用法律问题提出如下意见：

第一条 盗窃、破坏正在使用的高速铁路设备设施，足以使高速列车发生倾覆、毁坏危险，尚未造成严重后果，或者已经造成严重后果的，分别以刑法第一百一十六条、第一百一十七条、第一百一十八条、第一百一十九条规定定罪处罚。

前款所称的“正在使用”包括“投入”或者“已交付”使用。对停驶待命或检修后验收完毕的高速列车应视为正在使用的交通工具。

第二条 刑法第一百一十六条、第一百一十七条规定的破坏交通工具、破坏交通设施足以使火车发生倾覆、毁坏危险是指破坏行为可能致火车处于倾覆、毁坏的危险状态，并非实际发生。认定盗窃、破坏铁路设备设施行为是否足以使高速列车发生倾覆、毁坏危险，应根据作案的手段、盗窃破坏的高速铁路设备设施与行车安全的关联性以及对列车安全运行重要系统装置的危害程度等综合进行判断。

下列情形可以直接认定为足以使高速列车发生倾覆、毁坏危险：

（一）在轨道上放置障碍物，可能危及行车安全的；

（二）拆卸、破坏高速铁路轨道接头夹板、螺栓、扣件等轨道连接固定装置，可能造成轨道松动移位的；

（三）拆卸、破坏高速铁路防护栅栏，使其丧失隔离屏障功能的；

（四）拆卸、破坏制动设备，导致制动失灵的；

（五）拆卸、破坏高速铁路车信号装置、专用通信设施、电力设施、牵引供电系统或信息系统设备，使行车信号丧失指引、报警功能或者导致行车通信、供电、动力、信息中断的；

（六）拆卸、破坏高速铁路行车安全监测、监视设备或防灾系统，使其丧失监测、监视功能或防灾功能的；

（七）在运行于高速铁路线的列车上盗窃铁路运输物资，向车下掀卸、抛掷货物的；

（八）向正在行驶的高速列车投掷物品，妨碍机车乘务员正常操控机车的；

（九）破坏高速铁路安全保护区的桥梁、隧道、涵洞、护坡、铁路路基，可能造成高速铁路线路损毁的；

（十）在高速列车上或铁路线路及跨线桥上实施其他违法犯罪活动，妨碍机车乘务员正常操控机车，可能导致高速列车非正常停车、损毁的。

经铁路有关部门鉴定证明足以使高速列车发生倾覆、毁坏危险的其他情形，应当认定为足以使高速列车发生倾覆、毁坏危险。

第三条 破坏高速铁路设备设施，有下列情形之一的，属于刑法第一百一十九条第一款所规定的“造成严重后果”，以破坏交通工具罪、破坏交通设施罪、破坏电力设备罪判处十年以上有期徒刑、无期徒刑或者死刑：

（一）造成高速列车脱轨、倾覆、毁坏的；

（二）造成一人以上死亡、三人以上重伤或者十人以上轻伤的；

（三）造成高速列车行车中断1小时以上的；

（四）造成直接经济损失一百万元以上的；

（五）造成其他危害公共安全严重后果的。

第四条 过失损坏高速铁路设备设施，造成本意见第三条规定的严重后果的，依照刑法第一百一十九条第二款的规定，以过失损坏交通工具罪、过失损坏交通设施罪、过失损坏电力设备罪定罪处罚。

第五条 向正在行驶的高速列车旅客车厢投掷物品的，依照刑法第一百一十四条、第一百一十五条的规定，按以危险方法危害公共安全罪定罪处罚。

第六条 盗窃尚未投入使用的高速铁路设备设施，或者盗窃正在使用的高速铁路设备设施不影响行车安全的，盗窃数额达到追诉标准的，以盗窃罪定罪处罚。

因盗窃行为引起的被盗单位铁路设备设施材料的购置、更换、修复的费用，以及因盗窃行为导致的铁路运输损失，作为酌定从重处罚情节。

一年内盗窃高速铁路设备设施3次以上，应当认定为“多次盗窃”，以盗窃罪定罪处罚。

第七条 盗窃高速铁路设备设施，不构成破坏交通工具罪、破坏交通设施罪、破坏电力设备罪和盗窃罪，但因采用破坏性手段造成高速铁路设备设施损毁数额较大的，依照刑法第二百七十五条规定定罪处罚。

第八条 盗窃、破坏高速铁路设备设施的直接经济损失，包括被盗窃、破坏的铁路设备设施的经济损失和修复被盗窃、破坏的铁路设备设施的材料购置、更换、修复费用，以及因盗窃、破坏行为导致的铁路运输损失。

盗窃高速铁路设备设施以故意毁坏财物罪定罪的，直接经济损失比照前款计算。

第九条 事前通谋，实施踩点、望风，运输、窝藏、转移、拆解和熔炼盗窃的铁路器材，为赃物处理出具相关证明、收购、代为销售赃物等行为的，以盗窃、破坏高速铁路设备设施犯罪的共犯定罪处罚。

第十条 办理盗窃、破坏高速铁路设备设施案件应当及时、全面收集、固定证据。证据中应当包括应由铁路有关部门提供的被破坏高速铁路设备设施与行车安全的关联性、危害程度及损害结果的相关证明材料。

第十一条 破坏高速铁路设备设施案件的被告人、未成年被告人的监护人应赔偿受损失单位因此而遭受的物质损失。受损失单位有权提起附带民事诉讼，受损失单位未提起附带民事诉讼且属国家、集体财产遭受损失的，检察机关可在提起公诉时提起附带民事诉讼，并应提供相应的证据。

第十二条 本意见所称的“高速铁路”是指运行速度达到200km/h及以上的列车及其运行线路。

第十三条 本意见所称的“高速铁路设备设施”包括高速铁路的机车、车辆，路基、轨道、桥涵、隧道、护坡、防护栅栏、逃生救援设施、防灾系统、安全监测监视设备、标志、信号装置以及高速铁路专用的电力、牵引供电、通信设施等高速铁路行车设备设施。

本意见所称的“列车安全运行重要系统装置”包括列车调度指挥系统、运行控制系统、远程监控系统、超速防护系统等。

第十四条 本意见自下发之日起施行。本意见与国家法律、法规及司法解释相抵触的，应按法律、法规和司法解释的内容执行。

广东省高级人民法院　广东省人民检察院关于印发《广东省高级人民法院、广东省人民检察院量刑程序指导意见（试行）》的通知

粤高法发［2010］11号

全省各级人民法院、人民检察院、广州铁路运输两级法院、检察院：

现将《广东省高级人民法院、广东省人民检察院量刑程序指导意见（试行）》印发给你们，请认真遵照执行。实践中有何问题和建议，请分别及时报告广东省高级人民法院、广东省人民检察院。

二〇〇九年十二月二十八日

广东省高级人民法院、广东省人民检察院量刑程序指导意见（试行）

第一条 为推进量刑规范化工作，实现量刑公平和公正，根据《中华人民共和国刑事诉讼法》、《最高人民法院、最高人民检察院、司法部关于适用普通程序审理“被告人认罪案件”的若干意见（试行）》、《最高人民法院、最高人民检察院、司法部关于适用简易程序审理公诉案件的若干意见》、《人民法院量刑程序指导意见（试行）》和最高人民检察院关于开展量刑建议工作的相关指导意见，结合刑事司法工作实际，制定本意见。

第二条 本意见所称的量刑程序，是指在公诉案件中人民检察院、被告人及其辩护人提出量刑建议，在人民法院组织或主持下控辩双方就量刑问题进行辩论，人民法院在刑事裁判中就量刑裁判结果说明理由和依据的活动。

第三条 量刑程序应当坚持公开、公正、效率和慎重稳妥的原则。

提出量刑建议时，应遵循法定情节优于酌定情节、“应当情节”优于“可以情节”、案中情节优于案外情节的原则。

第四条 人民检察院向人民法院提起公诉的案件，认为需要提出量刑建议的，可以向人民法院提出量刑建议。

被告人及其辩护人认为需要向人民法院就被告人的量刑提出意见的，可以向人民法院提出量刑意见。

被告人拒不认罪的案件，一般不设置量刑程序。

第五条 人民检察院在提出量刑建议时，应当制作量刑建议书。

人民检察院在提出量刑建议前，可以听取被害人及其代理人的意见。被害人及其代理人提出对被告人量刑意见的，应当在量刑建议书中加以说明。

第六条 人民检察院提出量刑建议，应明确刑种与刑期。刑期可以是一定的幅度，但幅度不宜过大。

人民检察院建议判处缓刑、无期徒刑、死刑的，应当明确提出。提出判处死刑的意见，应当详细说明理由。

被告人犯有数罪的，应当对指控的各罪分别提出量刑意见。

第七条 人民法院应当将人民检察院的量刑建议书随同起诉书副本一并送达被告人及其辩护人；对于被告人及其辩护人提出的量刑意见，人民法院应在开庭前三天告知人民检察院。

第八条 人民法院审理人民检察院或被告人及其辩护人提出量刑意见的案件，可以设置相对独立的量刑程序。

第九条 人民法院决定进行量刑辩论的案件，在法庭调查阶段，可以将犯罪事实及其相关证据，量刑事实及其相关证据相应分开，分别进行调查和举证、质证。

将犯罪事实和量刑事实分别进行调查和举证、质证的，量刑事实的调查可以按照下列程序进行：

（一）合议庭归纳在犯罪事实调查阶段已查明或者已经控辩双方举证、质证的量刑事实，并告知公诉人、当事人、法定代理人、辩护人不再重复讯问、发问和举证；

（二）公诉人就未经审理的量刑事实讯问被告人，向被害人、附带民事诉讼原告人发问；

（三）被告人的法定代理人、辩护人就未经审理的量刑事实向被告人发问；

（四）合议庭认为必要时讯问被告人，向被害人、附带民事诉讼原告人发问；

（五）公诉人就其掌握的未经审理的量刑事实举证，并接受质证；

（六）被告人及其法定代理人、辩护人就其掌握的未经审理的量刑事实举证，并接受质证。

第十条 量刑辩论程序按照下列顺序进行：

（一）公诉人发表量刑建议；

（二）被告人自行辩护；

（三）被告人的法定代理人发表辩护意见；

（四）辩护人发表辩护意见；

（五）控辩双方进行辩论。

第十一条 在庭审中出现新的情况，可能对被告人量刑有重大影响的，或控辩一方提出中止量刑辩论的，人民法院可以决定是否中止量刑辩论或休庭。

第十二条 人民法院应当充分听取人民检察院、被告人及其辩护人的量刑意见，并在裁判文书中阐述采纳与否的理由及依据，同时充分阐述人民法院的量刑理由和法律依据。

第十三条 本意见适用于一审、二审及再审案件的量刑程序。

第十四条 本意见自下发之日起试行。

广东省高级人民法院
关于印发《广东省高级人民法院关于少年综合审判案件范围的意见（试行）》和《广东省高级人民法院未成年人刑事案件庭前调查司法协助实施规程（试行）》的通知

粤高法发［2010］19号

全省各级人民法院、广州铁路运输两级法院：

现将《广东省高级人民法院关于少年综合审判案件范围的意见（试行）》和《广东省高级人民法院未成年人刑事案件庭前调查司法协助实施规程（试行）》印发给你们，请认真贯彻执行。执行中有何问题，请及时报告我院少年法庭指导小组办公室。

二〇一〇年三月九日

广东省高级人民法院
关于少年综合审判案件范围的意见（试行）

为贯彻落实中央关于“改革和完善未成年人司法制度，人民法院逐步设立审理未成年人犯罪案件和涉及未成年人权益保护案件的机构”的意见，《人民法院第二个五年改革纲要》、《人民法院第三个五年改革纲要》中提出的“完善未成年人刑事案件和涉及未成年人权益保护的民事、行政案件的组织机构”的改革任务和新的要求，以及最高人民法院党组书记、院长王胜俊在最高人民法院党组听取关于全国少年法庭工作情况汇报的专题会议上强调的“当前和今后一个时期，少年法庭工作只能加强，不能削弱”精神，进一步加强与规范我省未成年人案件综合审判工作，根据最高人民法院法发〔2009〕5号《关于进一步规范试点未成年人案件综合审判庭受理民事案件范围的通知》，结合我省的实际，现就少年综合审判案件范围确定如下：

一、刑事案件

（一）有一个被告人为未成年人的案件。

（二）被害人为未成年人且在法院立案时已经提起刑事附带民事诉讼的案件。

（三）未成年罪犯的减刑、假释案件（执行机关为看守所、少年监狱报请的）。

二、民事案件（以侵权或纠纷发生时的年龄为标准确定未成年案件）

（一）侵权人或者直接被侵权人是未成年人的人格权纠纷案件

包括生命权、健康权、身体权纠纷（如道路交通事故人身损害赔偿纠纷、医疗损害赔偿纠纷、工伤事故损害赔偿纠纷、触电人身损害赔偿纠纷）；姓名权纠纷；肖像权纠纷；名誉权纠纷；荣誉权纠纷；隐私权纠纷；人身自由权纠纷；一般人格权纠纷。

（二）婚姻家庭、继承纠纷案件

包括涉及子女抚养纠纷（抚养费纠纷、变更抚养关系纠纷）；监护权纠纷；探望权纠纷；收养关系纠纷（确认收养关系纠纷、解除收养关系纠纷）；涉及未成年人继承权的继承纠纷。

（三）侵权人或者直接被侵权人是未成年人的特殊类型侵权纠纷案件

包括产品质量损害赔偿纠纷；高度危险作业损害赔偿纠纷；环境污染侵权纠纷；饲养动物致人损害赔偿纠纷；雇员受害赔偿纠纷。

（四）适用特殊程序案件

包括申请确定未成年人的监护人案件；申请撤销未成年人的监护人资格案件。

（五）其他涉及未成年人权益保护的民事案件（根据案件数量、审判力量调节确定）

三、行政案件

（一）未成年人对具有国家职权的机关和组织及其工作人员的行政行为不服，依法提起行政诉讼的行政案件。

（二）第三人为未成年人的行政案件。

（三）未成年人依法提起行政赔偿的行政案件。

上述案件是少年综合审判的受案范围，上列案件应当单独编号，单独统计，案号统一编写为：（年度）+（地名简称）法少刑（或民、行）初（或终）字第x号；其他非综合审判的少年法庭根据隶属和部门性质确定上述对应案件范围。

广东省高级人民法院
未成年人刑事案件庭前调查司法协助实施规程（试行）

第一条 为完善少年审判庭前调查工作制度，根据《中华人民共和国刑事诉讼法》，《最高人民法院〈关于审理未成年人刑事案件的若干规定〉》，2009年9月2日最高人民法院、最高人民检察院、公安部、司法部以司发通（2009）169号《关于在全国试行社区矫正工作的意见》以及1995年7月28日法［1995］112号《全国法院少年法庭工作会议纪要》相关规定，结合我省实际，特制定本规程。

第二条 庭前调查制度是未成年人刑事审判向前延伸工作的组成部分，是少年法庭依照法律及相应司法解释规定，落实对未成年人司法保护，运用社会力量，在开庭之前对未成年被告人的有关情况进行调查，并作为案件酌定处理参考依据之一的一项工作制度。

第三条 少年法庭依照法律规定，可以委托热心青少年工作的司法行政机关、社会团体、组织、人员组成的社会调查员在开庭审理前进行对未成年人刑事案件进行社会调查。

第四条 未成年人刑事案件的庭前调查工作，由人民法院自行调查或聘请、委托的社会人员来完成。对于一名未成年被告人实施庭前调查要由两名以上的调查人员进行，并出示调查人员证件或委托授权书。

第五条 庭前调查司法协助实施案件范围以各级法院所受理一审未成年人刑事案件为限。

第六条 受委托的调查人员调查费用，由委托法院承担。

第七条 本省户籍的未成年人在省内其他市（县）犯罪的案件的庭前调查工作，由受理案件的人民法院委托户籍所在地同级人民法院协助完成。

第八条 各级法院审理的未成年人刑事案件庭前调查司法协助工作由该院少年法庭或指定的办理未成年人刑事案件的专人负责。

第九条 庭前调查司法协助实施对象的基本具体条件为：

（一）犯罪时未满18周岁的被告人；

（二）犯罪前就学或就业时其户籍所在地或经常居住地在广东省内。

第十条 对未成年被告人实施庭前调查的基本内容：

（一）未成年被告人的性格特点；

（二）未成年被告人家庭成员及主要社会关系等家庭情况；

（三）未成年被告人社会交往（交友）；

（四）未成年被告人的个人成长经历（简历、劣迹前科）；

（五）被指控犯罪前的个人自身表现；

（六）被指控犯罪后的表现（有无悔罪表现，对其行为的社会危害性认识等）；

（七）其他影响处理的情况。

第十一条 省内户籍的未成年人犯罪案件的庭前调查，由案件受理法院将确定的未成年被告人户籍证明、起诉书、调查报告表、委托书在立案之次日邮寄或传真未成年被告人

户籍所在地的同级人民法院。

第十二条 未成年被告人户籍所在地的同级人民法院少年法庭和专门从事少年审判的审判人员在收到委托庭前调查材料规定的文书后，应当在三日内转委托当地调查人员。

第十三条 调查人员应当按要求的调查内容，在五日内完成调查，填写好相应的调查报告表或完成书面调查报告并提交给委托的法院。

第十四条 未成年被告人户籍所在地的同级人民法院在收到第十三条规定的报告后应当在二日内确认并将该报告邮寄委托的审理地法院。

第十五条 本规程修改变更解释权在广东省高级人民法院少年法庭指导小组。

第十六条 本规程自公布之日起实施。

附件：《人民法院未成年被告人刑事案件庭前社会调查报告表》（略）

广东省高级人民法院
转发《最高人民法院印发〈关于贯彻宽严相济刑事政策的若干意见〉的通知》的通知

粤高法发［2010］20号

全省各级人民法院、广州铁路运输两级法院：

现将《最高人民法院印发〈关于贯彻宽严相济刑事政策的若干意见〉的通知》转发给你们，请认真组织学习，结合实际，贯彻执行。执行过程中遇到的问题，请及时层报我院。组织学习的情况请于三月三十日前报我院刑二庭。

二〇一〇年三月九日

最高人民法院印发
《关于贯彻宽严相济刑事政策的若干意见》的通知

法发［2010］9号

各省、自治区、直辖市高级人民法院，解放军军事法院，新疆维吾尔自治区高级人民法院生产建设兵团分院：

宽严相济刑事政策，是党中央在构建社会主义和谐社会新形势下提出的一项重要政策，是我国的基本刑事政策。它对于最大限度地预防和减少犯罪、化解社会矛盾、维护社会和谐稳定，具有特别重要的意义。最高人民法院在深入调查研究、广泛征求各方面意见的基础上，制定了《最高人民法院关于贯彻宽严相济刑事政策的若干意见》（以下简称《意见》），对人民法院在刑事审判工作中如何更好地贯彻落实宽严相济的刑事政策，提出了具体、明确的要求。

各级人民法院要认真组织学习，充分认识《意见》对于刑事审判工作的重要指导作用。要深刻领会《意见》精神，切实增强贯彻执行宽严相济刑事政策的自觉性，将这一政策的基本要求落实到刑事审判工作的每一个环节中去，切实做到该宽则宽，当严则严，宽严相济，罚当其罪，确保裁判法律效果和社会效果的高度统一。

现将《最高人民法院关于贯彻宽严相济刑事政策的若干意见》印发给你们，请结合落实好今年政法工作的“三项重点工作”，认真贯彻执行。执行中的具体问题，请及时层报我院。

二〇一〇年二月八日

最高人民法院
关于贯彻宽严相济刑事政策的若干意见

宽严相济刑事政策是我国的基本刑事政策，贯穿于刑事立法、刑事司法和刑罚执行的全过程，是惩办与宽大相结合政策在新时期的继承、发展和完善，是司法机关惩罚犯罪，预防犯罪，保护人民，保障人权，正确实施国家法律的指南。为了在刑事审判工作中切实贯彻执行这一政策，特制定本意见。

一、贯彻宽严相济刑事政策的总体要求

1. 贯彻宽严相济刑事政策，要根据犯罪的具体情况，实行区别对待，做到该宽则宽，当严则严，宽严相济，罚当其罪，打击和孤立极少数，教育、感化和挽救大多数，最大限度地减少社会对立面，促进社会和谐稳定，维护国家长治久安。

2. 要正确把握宽与严的关系，切实做到宽严并用。既要注意克服重刑主义思想影响，防止片面从严，也要避免受轻刑化思想影响，一味从宽。

3. 贯彻宽严相济刑事政策，必须坚持严格依法办案，切实贯彻落实罪刑法定原则、罪刑相适应原则和法律面前人人平等原则，依照法律规定准确定罪量刑。从宽和从严都必须依照法律规定进行，做到宽严有据，罚当其罪。

4. 要根据经济社会的发展和治安形势的变化，尤其要根据犯罪情况的变化，在法律规定的范围内，适时调整从宽和从严的对象、范围和力度。要全面、客观把握不同时期不同地区的经济社会状况和社会治安形势，充分考虑人民群众的安全感以及惩治犯罪的实际需要，注重从严打击严重危害国家安全、社会治安和人民群众利益的犯罪。对于犯罪性质尚不严重、情节较轻和社会危害性较小的犯罪，以及被告人认罪、悔罪，从宽处罚更有利于社会和谐稳定的，依法可以从宽处理。

5. 贯彻宽严相济刑事政策，必须严格依法进行，维护法律的统一和权威，确保良好的法律效果。同时，必须充分考虑案件的处理是否有利于赢得广大人民群众的支持和社会稳定，是否有利于瓦解犯罪，化解矛盾，是否有利于罪犯的教育改造和回归社会，是否有利于减少社会对抗，促进社会和谐，争取更好的社会效果。要注意在裁判文书中充分说明裁判理由，尤其是从宽或从严的理由，促使被告人认罪服法，注重教育群众，实现案件裁判法律效果和社会效果的有机统一。

二、准确把握和正确适用依法从“严”的政策要求

6. 宽严相济刑事政策中的从“严”，主要是指对于罪行十分严重、社会危害性极大，依法应当判处重刑或死刑的，要坚决地判处重刑或死刑；对于社会危害大或者具有法定、酌定从重处罚情节，以及主观恶性深、人身危险性大的被告人，要依法从严惩处。在审判活动中通过体现依法从“严”的政策要求，有效震慑犯罪分子和社会不稳定分子，达到有效遏制犯罪、预防犯罪的目的。

7. 贯彻宽严相济刑事政策，必须毫不动摇地坚持依法严惩严重刑事犯罪的方针。对于危害国家安全犯罪、恐怖组织犯罪、邪教组织犯罪、黑社会性质组织犯罪、恶势力犯罪、故意危害公共安全犯罪等严重危害国家政权稳固和社会治安的犯罪，故意杀人、故意伤害致人死亡、强奸、绑架、拐卖妇女儿童、抢劫、重大抢夺、重大盗窃等严重暴力犯罪和严重影响人民群众安全感的犯罪，走私、贩卖、运输、制造毒品等毒害人民健康的犯罪，要作为严惩的重点，依法从重处罚。尤其对于极端仇视国家和社会，以不特定人为侵害对象，所犯罪行特别严重的犯罪分子，该重判的要坚决依法重判，该判处死刑的要坚决依法判处死刑。

8. 对于国家工作人员贪污贿赂、滥用职权、失职渎职的严重犯罪，黑恶势力犯罪、重大安全责任事故、制售伪劣食品药品所涉及的国家工作人员职务犯罪，发生在社会保障、征地拆迁、灾后重建、企业改制、医疗、教育、就业等领域严重损害群众利益、社会影响恶劣、群众反映强烈的国家工作人员职务犯罪，发生在经济社会建设重点领域、重点行业的严重商业贿赂犯罪等，要依法从严惩处。

对于国家工作人员职务犯罪和商业贿赂犯罪中性质恶劣、情节严重、涉案范围广、影响面大的，或者案发后隐瞒犯罪事实、毁灭证据、订立攻守同盟、负案潜逃等拒不认罪悔罪的，要坚决依法从严惩处。

对于被告人犯罪所得数额不大，但对国家财产和人民群众利益造成重大损失、社会影响极其恶劣的职务犯罪和商业贿赂犯罪案件，也应依法从严惩处。

要严格掌握职务犯罪法定减轻处罚情节的认定标准与减轻处罚的幅度，严格控制依法减轻处罚后判处三年以下有期徒刑适用缓刑的范围，切实规范职务犯罪缓刑、免予刑事处罚的适用。

9. 当前和今后一段时期，对于集资诈骗、贷款诈骗、制贩假币以及扰乱、操纵证券、期货市场等严重危害金融秩序的犯罪，生产、销售假药、劣药、有毒有害食品等严重危害

食品药品安全的犯罪，走私等严重侵害国家经济利益的犯罪，造成严重后果的重大安全责任事故犯罪，重大环境污染、非法采矿、盗伐林木等各种严重破坏环境资源的犯罪等，要依法从严惩处，维护国家的经济秩序，保护广大人民群众的生命健康安全。

10. 严惩严重刑事犯罪，必须充分考虑被告人的主观恶性和人身危险性。对于事先精心预谋、策划犯罪的被告人，具有惯犯、职业犯等情节的被告人，或者因故意犯罪受过刑事处罚、在缓刑、假释考验期内又犯罪的被告人，要依法严惩，以实现刑罚特殊预防的功能。

11. 要依法从严惩处累犯和毒品再犯。凡是依法构成累犯和毒品再犯的，即使犯罪情节较轻，也要体现从严惩处的精神。尤其是对于前罪为暴力犯罪或被判处重刑的累犯，更要依法从严惩处。

12. 要注重综合运用多种刑罚手段，特别是要重视依法适用财产刑，有效惩治犯罪。对于法律规定有附加财产刑的，要依法适用。对于侵财型和贪利型犯罪，更要注重通过依法适用财产刑使犯罪分子受到经济上的惩罚，剥夺其重新犯罪的能力和条件。要切实加大财产刑的执行力度，确保刑罚的严厉性和惩罚功能得以实现。被告人非法占有、处置被害人财产不能退赃的，在决定刑罚时，应作为重要情节予以考虑，体现从严处罚的精神。

13. 对于刑事案件被告人，要严格依法追究刑事责任，切实做到不枉不纵。要在确保司法公正的前提下，努力提高司法效率。特别是对于那些严重危害社会治安，引起社会关注的刑事案件，要在确保案件质量的前提下，抓紧审理，及时宣判。

三、准确把握和正确适用依法从“宽”的政策要求

14. 宽严相济刑事政策中的从“宽”，主要是指对于情节较轻、社会危害性较小的犯罪，或者罪行虽然严重，但具有法定、酌定从宽处罚情节，以及主观恶性相对较小、人身危险性不大的被告人，可以依法从轻、减轻或者免除处罚；对于具有一定社会危害性，但情节显著轻微危害不大的行为，不作为犯罪处理；对于依法可不监禁的，尽量适用缓刑或者判处管制、单处罚金等非监禁刑。

15. 被告人的行为已经构成犯罪，但犯罪情节轻微，或者未成年人、在校学生实施的较轻犯罪，或者被告人具有犯罪预备、犯罪中止、从犯、胁从犯、防卫过当、避险过当等情节，依法不需要判处刑罚的，可以免予刑事处罚。对免予刑事处罚的，应当根据刑法第三十七条规定，做好善后、帮教工作或者交由有关部门进行处理，争取更好的社会效果。

16. 对于所犯罪行不重、主观恶性不深、人身危险性较小、有悔改表现、不致再危害社会的犯罪分子，要依法从宽处理。对于其中具备条件的，应当依法适用缓刑或者管制、单处罚金等非监禁刑。同时配合做好社区矫正，加强教育、感化、帮教、挽救工作。

17. 对于自首的被告人，除了罪行极其严重、主观恶性极深、人身危险性极大，或者恶意地利用自首规避法律制裁者以外，一般均应当依法从宽处罚。

对于亲属以不同形式送被告人归案或协助司法机关抓获被告人而认定为自首的，原则上都应当依法从宽处罚；有的虽然不能认定为自首，但考虑到被告人亲属支持司法机关工作，促使被告人到案、认罪、悔罪，在决定对被告人具体处罚时，也应当予以充分考虑。

18. 对于被告人检举揭发他人犯罪构成立功的，一般均应当依法从宽处罚。对于犯罪情节不是十分恶劣，犯罪后果不是十分严重的被告人立功的，从宽处罚的幅度应当更大。

19. 对于较轻犯罪的初犯、偶犯，应当综合考虑其犯罪的动机、手段、情节、后果和犯罪时的主观状态，酌情予以从宽处罚。对于犯罪情节轻微的初犯、偶犯，可以免予刑事处罚；依法应当予以刑事处罚的，也应当尽量适用缓刑或者判处管制、单处罚金等非监禁刑。

20. 对于未成年人犯罪，在具体考虑其实施犯罪的动机和目的、犯罪性质、情节和社会危害程度的同时，还要充分考虑其是否属于初犯，归案后是否悔罪，以及个人成长经历和一贯表现等因素，坚持“教育为主、惩罚为辅”的原则和“教育、感化、挽救”的方针进行处理。对于偶尔盗窃、抢夺、诈骗，数额刚达到较大的标准，案发后能如实交代并积极退赃的，可以认定为情节显著轻微，不作为犯罪处理。对于罪行较轻的，可以依法适当多适用缓刑或者判处管制、单处罚金等非监禁刑；依法可免予刑事处罚的，应当免予刑事处罚。对于犯罪情节严重的未成年人，也应当依照刑法第十七条第三款的规定予以从轻或者减轻处罚。对于已满十四周岁不满十六周岁的未成年犯罪人，一般不判处无期徒刑。

21. 对于老年人犯罪，要充分考虑其犯罪的动机、目的、情节、后果以及悔罪表现等，并结合其人身危险性和再犯可能性，酌情予以从宽处罚。

22. 对于因恋爱、婚姻、家庭、邻里纠纷等民间矛盾激化引发的犯罪，因劳动纠纷、管理失当等原因引发、犯罪动机不属恶劣的犯罪，因被害方过错或者基于义愤引发的或者具有防卫因素的突发性犯罪，应酌情从宽处罚。

23. 被告人案发后对被害人积极进行赔偿，并认罪、悔罪的，依法可以作为酌定量刑情节予以考虑。因婚姻家庭等民间纠纷激化引发的犯罪，被害人及其家属对被告人表示谅解的，应当作为酌定量刑情节予以考虑。犯罪情节轻微，取得被害人谅解的，可以依法从宽处理，不需判处刑罚的，可以免予刑事处罚。

24. 对于刑事被告人，如果采取取保候审、监视居住等非羁押性强制措施足以防止发生社会危险性，且不影响刑事诉讼正常进行的，一般可不采取羁押措施。对人民检察院提起公诉而被告人未被采取逮捕措施的，除存在被告人逃跑、串供、重新犯罪等具有人身危险性或者可能影响刑事诉讼正常进行的情形外，人民法院一般可不决定逮捕被告人。

四、准确把握和正确适用宽严“相济”的政策要求

25. 宽严相济刑事政策中的“相济”，主要是指在对各类犯罪依法处罚时，要善于综合运用宽和严两种手段，对不同的犯罪和犯罪分子区别对待，做到严中有宽、宽以济严；宽中有严、严以济宽。

26. 在对严重刑事犯罪依法从严惩处的同时，对被告人具有自首、立功、从犯等法定或酌定从宽处罚情节的，还要注意宽以济严，根据犯罪的具体情况，依法应当或可以从宽的，都应当在量刑上予以充分考虑。

27. 在对较轻刑事犯罪依法从轻处罚的同时，要注意严以济宽，充分考虑被告人是否具有屡教不改、严重滋扰社会、群众反映强烈等酌定从严处罚的情况，对于不从严不足以有效惩戒者，也应当在量刑上有所体现，做到济之以严，使犯罪分子受到应有处罚，切实增强改造效果。

28. 对于被告人同时具有法定、酌定从严和法定、酌定从宽处罚情节的案件，要在全面考察犯罪的事实、性质、情节和对社会危害程度的基础上，结合被告人的主观恶性、人身危险性、社会治安状况等因素，综合作出分析判断，总体从严，或者总体从宽。

29. 要准确理解和严格执行“保留死刑，严格控制和慎重适用死刑”的政策。对于罪行极其严重的犯罪分子，论罪应当判处死刑的，要坚决依法判处死刑。要依法严格控制死刑的适用，统一死刑案件的裁判标准，确保死刑只适用于极少数罪行极其严重的犯罪分子。拟判处死刑的具体案件定罪或者量刑的证据必须确实、充分，得出唯一结论。对于罪行极其严重，但只要是依法可不立即执行的，就不应当判处死刑立即执行。

30. 对于恐怖组织犯罪、邪教组织犯罪、黑社会性质组织犯罪和进行走私、诈骗、贩毒等犯罪活动的犯罪集团，在处理时要分别情况，区别对待：对犯罪组织或集团中的为首组织、指挥、策划者和骨干分子，要依法从严惩处，该判处重刑或死刑的要坚决判处重刑或死刑；对受欺骗、胁迫参加犯罪组织、犯罪集团或只是一般参加者，在犯罪中起次要、辅助作用的从犯，依法应当从轻或减轻处罚，符合缓刑条件的，可以适用缓刑。

对于群体性事件中发生的杀人、放火、抢劫、伤害等犯罪案件，要注意重点打击其中的组织、指挥、策划者和直接实施犯罪行为的积极参与者；对因被煽动、欺骗、裹胁而参加，情节较轻，经教育确有悔改表现的，应当依法从宽处理。

31. 对于一般共同犯罪案件，应当充分考虑各被告人在共同犯罪中的地位和作用，以及在主观恶性和人身危险性方面的不同，根据事实和证据能分清主从犯的，都应当认定主从犯。有多名主犯的，应在主犯中进一步区分出罪行最为严重者。对于多名被告人共同致死一名被害人的案件，要进一步分清各被告人的作用，准确确定各被告人的罪责，以做到区别对待；不能以分不清主次为由，简单地一律判处重刑。

32. 对于过失犯罪，如安全责任事故犯罪等，主要应当根据犯罪造成危害后果的严重程度、被告人主观罪过的大小以及被告人案发后的表现等，综合掌握处罚的宽严尺度。对于过失犯罪后积极抢救、挽回损失或者有效防止损失进一步扩大的，要依法从宽。对于造成的危害后果虽然不是特别严重，但情节特别恶劣或案发后故意隐瞒案情，甚至逃逸，给及时查明事故原因和迅速组织抢救造成贻误的，则要依法从重处罚。

33. 在共同犯罪案件中，对于主犯或首要分子检举、揭发同案地位、作用较次犯罪分子构成立功的，从轻或者减轻处罚应当从严掌握，如果从轻处罚可能导致全案量刑失衡的，一般不予从轻处罚；如果检举、揭发的是其他犯罪案件中罪行同样严重的犯罪分子，或者协助抓获的是同案中的其他主犯、首要分子的，原则上应予依法从轻或者减轻处罚。对于从犯或犯罪集团中的一般成员立功，特别是协助抓获主犯、首要分子的，应当充分体现政策，依法从轻、减轻或者免除处罚。

34. 对于危害国家安全犯罪、故意危害公共安全犯罪、严重暴力犯罪、涉众型经济犯罪等严重犯罪；恐怖组织犯罪、邪教组织犯罪、黑恶势力犯罪等有组织犯罪的领导者、组织者和骨干分子；毒品犯罪再犯的严重犯罪者；确有执行能力而拒不依法积极主动缴付财产执行财产刑或确有履行能力而不积极主动履行附带民事赔偿责任的，在依法减刑、假释时，应当从严掌握。对累犯减刑时，应当从严掌握。拒不交代真实身份或对减刑、假释材料弄虚作假，不符合减刑、假释条件的，不得减刑、假释。

对于因犯故意杀人、爆炸、抢劫、强奸、绑架等暴力犯罪，致人死亡或严重残疾而被判处死刑缓期二年执行或无期徒刑的罪犯，要严格控制减刑的频度和每次减刑的幅度，要保证其相对较长的实际服刑期限，维护公平正义，确保改造效果。

对于未成年犯、老年犯、残疾罪犯、过失犯、中止犯、胁从犯、积极主动缴付财产执行财产刑或履行民事赔偿责任的罪犯、因防卫过当或避险过当而判处徒刑的罪犯以及其他主观恶性不深、人身危险性不大的罪犯，在依法减刑、假释时，应当根据悔改表现予以从宽掌握。对认罪服法，遵守监规，积极参加学习、劳动，确有悔改表现的，依法予以减刑，减刑的幅度可以适当放宽，间隔的时间可以相应缩短。符合刑法第八十一条第一款规定的假释条件的，应当依法多适用假释。

五、完善贯彻宽严相济刑事政策的工作机制

35. 要注意总结审判经验，积极稳妥地推进量刑规范化工作。要规范法官的自由裁量权，逐步把量刑纳入法庭审理程序，增强量刑的公开性和透明度，充分实现量刑的公正和均衡，不断提高审理刑事案件的质量和效率。

36. 最高人民法院将继续通过总结审判经验，制发典型案例，加强审判指导，并制定关于案例指导制度的规范性文

件，推进对贯彻宽严相济刑事政策案例指导制度的不断健全和完善。

37. 要积极探索人民法庭受理轻微刑事案件的工作机制，充分发挥人民法庭便民、利民和受案、审理快捷的优势，进一步促进轻微刑事案件及时审判，确保法律效果和社会效果的有机统一。

38. 要充分发挥刑事简易程序节约司法资源、提高审判效率、促进司法公正的功能，进一步强化简易程序的适用。对于被告人对被指控的基本犯罪事实无异议，并自愿认罪的第一审公诉案件，要依法进一步强化普通程序简化审的适用力度，以保障符合条件的案件都能得到及时高效的审理。

39. 要建立健全符合未成年人特点的刑事案件审理机制，寓教于审，惩教结合，通过科学、人性化的审理方式，更好地实现“教育、感化、挽救”的目的，促使未成年犯罪人早日回归社会。要积极推动有利于未成年犯罪人改造和管理的各项制度建设。对公安部门针对未成年人在缓刑、假释期间违法犯罪情况报送的拟撤销未成年犯罪人的缓刑或假释的报告，要及时审查，并在法定期限内及时做出决定，以真正形成合力，共同做好未成年人犯罪的惩戒和预防工作。

40. 对于刑事自诉案件，要尽可能多做化解矛盾的调解工作，促进双方自行和解。对于经过司法机关做工作，被告人认罪悔过，愿意赔偿被害人损失，取得被害人谅解，从而达成和解协议的，可以由自诉人撤回起诉，或者对被告人依法从轻或免予刑事处罚。对于可公诉、也可自诉的刑事案件，检察机关提起公诉的，人民法院应当依法进行审理，依法定罪处罚。对民间纠纷引发的轻伤害等轻微刑事案件，诉至法院后当事人自行和解的，应当予以准许并记录在案。人民法院也可以在不违反法律规定的前提下，对此类案件尝试做一些促进和解的工作。

41. 要尽可能把握一切有利于附带民事诉讼调解结案的积极因素，多做促进当事人双方和解的辨法析理工作，以更好地落实宽严相济刑事政策，努力做到案结事了。要充分发挥被告人、被害人所在单位、社区基层组织、辩护人、诉讼代理人和近亲属在附带民事诉讼调解工作中的积极作用，协调各方共同做好促进调解工作，尽可能通过调解达成民事赔偿协议并以此取得被害人及其家属对被告人的谅解，化解矛盾、促进社会和谐。

42. 对于因受到犯罪行为侵害、无法及时获得有效赔偿、存在特殊生活困难的被害人及其亲属，由有关方面给予适当的资金救助，有利于化解矛盾纠纷，促进社会和谐稳定。各地法院要结合当地实际，在党委、政府的统筹协调和具体指导下，落实好、执行好刑事被害人救助制度，确保此项工作顺利开展，取得实效。

43. 对减刑、假释案件，要采取开庭审理与书面审理相结合的方式。对于职务犯罪案件，尤其是原为县处级以上领导干部罪犯的减刑、假释案件，要一律开庭审理。对于故意杀人、抢劫、故意伤害等严重危害社会治安的暴力犯罪分子，有组织犯罪案件中的首要分子和其他主犯以及其他重大、有影响案件罪犯的减刑、假释，原则上也要开庭审理。书面审理的案件，拟裁定减刑、假释的，要在羁押场所公示拟减刑、假释人员名单，接受其他在押罪犯的广泛监督。

44. 要完善对刑事审判人员贯彻宽严相济刑事政策的监督机制，防止宽严失当、枉法裁判、以权谋私。要改进审判考核考评指标体系，完善错案认定标准和错案责任追究制度，完善法官考核机制。要切实改变单纯以改判率、发回重审率的高低来衡量刑事审判工作质量和法官业绩的做法。要探索建立既能体现审判规律、符合法官职业特点，又能准确反映法官综合素质和司法能力的考评体制，对法官审理刑事案件质量，落实宽严相济刑事政策，实现刑事审判法律效果和社会效果有机统一进行全面、科学的考核。

45. 各级人民法院要加强与公安机关、国家安全机关、人民检察院、司法行政机关等部门的联系和协调，建立经常性的工作协调机制，共同研究贯彻宽严相济刑事政策的工作措施，及时解决工作中出现的具体问题。要根据“分工负责、相互配合、相互制约”的法律原则，加强与公安机关、人民检察院的工作联系，既各司其职，又进一步形成合力，不断提高司法公信，维护司法权威。要在律师辩护代理、法律援助、监狱提请减刑假释、开展社区矫正等方面加强与司法行政机关的沟通和协调，促进宽严相济刑事政策的有效实施。

广东省高级人民法院关于印发《广东省高级人民法院关于强化法院工作执行力建设的若干意见（试行）》的通知

粤高法发［2010］21号

全省各级人民法院、广州海事法院、广州铁路运输两级法院：

为深入贯彻落实党中央、最高法院、省委关于深化作风建设提高执行力的要求部署，现将《广东省高级人民法院关于强化法院工作执行力建设的若干意见（试行）》（以下简称《意见》）印发给你们，请认真贯彻落实。

《意见》针对法院工作科学发展的长期要求明确了我省法院强化工作执行力建设的若干问题和措施。各级法院应当结合每年的工作主题、阶段性的工作安排，突出重点，周密组织。当前，要紧紧围绕全省法院开展“加速推进排头兵达标竞赛”活动这个统揽，抓住深入推进“社会矛盾化解、社会管理创新、公正廉洁司法”这个重点，强化工作执行力，确保工作目标实现。

在贯彻执行中的有关情况，请及时上报我院办公室。

二〇一〇年三月十六日

广东省高级人民法院关于强化法院工作执行力建设的若干意见（试行）

为贯彻落实中纪委十七届五次全会、人民法院反腐倡廉工作会议、省委十届六次全会、省纪委十届四次全会、全省加强作风建设电视电话会议精神，提高全省法院工作执行力，促进和保障全省法院工作重大决策、部署和制度的落实，制定本意见。

一、强化全省法院工作执行力建设的指导思想和工作要求

1. 强化全省法院工作执行力建设的指导思想：坚持以邓小平理论为指导，深入贯彻落实科学发展观，把提高队伍执行力作为司法作风建设的突出内容，通过进一步提高工作决策、部署和制度建设的科学性，加强对决策、部署和制度执行过程的跟踪检查，强化对执行不力的问责机制，确保省法院对全省法院工作的各项重大决策、部署和制度得到更好的落实，确保全省法院审判执行工作、审判管理、法院改革、队伍建设有效开展，推进全省法院自身科学发展，更好地为我省当好推动科学发展、促进社会和谐的排头兵提供优质高效权威到位的司法服务和保障。

2. 突出强化各级法院领导干部的执行力意识。各级法院要高度重视培养和树立各级领导班子和领导干部的执行力意识，把领导班子和领导干部的执行力建设作为加强作风建设的重中之重，促进领导班子和领导干部带头认清执行力缺失、不足对法院工作科学发展的影响和制约，自觉重视对上级法院工作决策、部署和制度的学习贯彻和执行落实，主动提高贯彻落实上级法院工作决策、部署和制度的水平、能力，努力实现全省法院政令畅通、执行有力，提高全省法院公正司法、服务大局、司法为民、廉洁司法的水平。

3. 在队伍中大力开展提高工作执行力教育。各级法院要充分运用并不断创新思想政治工作、党风廉政教育、作风建设的方式方法，在全体队伍中开展广泛深入、持之以恒的提高工作执行力教育，使队伍认清提高工作执行力是公正司法

的必然要求，是服务大局的必然要求，是司法为民的必然要求，是我省法院整体工作争当全国法院排头兵的必然要求，从而增强贯彻执行上级法院工作决策、部署和制度的自觉性，提高队伍司法能力。

二、提高全省法院工作执行力的主要任务和内容

4. 着力提高贯彻省法院总体工作决策和部署的执行力。省法院对全省法院工作作出的决策和部署，是党中央、最高法院、省委对法院工作提出任务和要求结合我省法院工作实际的具体化，各级法院必须认真贯彻执行。各级法院贯彻落实省法院工作决策和部署的主线是：狠抓“党的事业至上、人民利益至上、宪法法律至上”重要指导思想的学习贯彻，狠抓“服判息诉、案结事了是审判执行工作的硬道理，增强司法能力是法院队伍建设的硬任务，让人民满意是衡量法院工作成效的硬标准”工作思路的执行落实，狠抓省法院党组确定的全省法院每年工作主题和阶段性任务、措施的落实。各级法院应当结合自身工作实际，提高贯彻落实省法院决策和部署的成效。

5. 着力提高全省法院推进社会矛盾化解工作的执行力。认真贯彻落实省法院关于立足人民法院司法职能，推进社会矛盾化解的各项任务和措施、要求。切实增强大局意识，努力实现司法办案法律效果、社会效果的有机统一，服务经济发展，促使经济发展中的矛盾在经济发展中依法得到化解；切实增强民生意识，坚持在法律面前人人平等的原则，落实各项便民、利民措施和司法救助工作，服务民生需求，促使民生需求中的社会矛盾在民生改善中依法得到化解；切实增强稳定意识，依法准确打击刑事犯罪，贯彻宽严相济刑事政策，强化调解工作和涉诉信访工作，服务稳定和谐，使反映到司法领域的社会矛盾得到及时妥善化解，维护社会稳定和谐。

6. 着力提高全省法院推进社会管理创新工作的执行力。各级法院要认真落实省法院关于积极参与社会治安综合治理的各项工作措施，积极参与镇街综治信访维稳中心建设，扎实推进诉讼调解与人民调解、行政调解“三位一体”的大调解格局建设，积极参与对未成年犯罪人的帮教工作，大力开展普法宣传；加强司法信息调研工作，注重通过审判执行案件发现经济社会管理中存在的问题，向上级法院和同级党委、政府报送信息，为各级领导和有关部门改进管理工作提供决策依据和参考；加强司法建议工作，积极推进司法“白皮书”制度，向党委、政府提出完善经济社会管理的司法建议。

7. 着力提高全省法院确保公正司法措施的执行力。各级法院要认真落实省法院关于加强审判管理工作，实施案件质量管理、效率管理、效果管理的各项工作制度，促进审判管理工作更加科学高效；认真落实省法院关于法院工作改革的各项部署，扎实推进规范自由裁量权、统一司法标准、案例指导制度、案件质量评查机制、裁判文书评选、量刑规范化、人力资源向审判执行部门倾斜、执行工作改革等措施；抓好信息化建设和信息化管理系统的运用和不断完善。

8. 着力提高全省法院确保廉洁司法措施的执行力。认真落实省法院关于加强思想政治建设和作风建设的各项措施，树立队伍正确的政治观、司法观、人生观，增强队伍的人民性；认真落实省法院关于抓好廉政建设的各项措施，狠抓廉洁司法各项制度的落实，重点是党风廉政责任制的落实、最高法院制定的《人民法院工作人员处分条例》的落实、省法院结合我省法院廉政建设工作实际出台的各项制度规定的落实。

三、注重通过提高决策和部署自身的科学性保证工作执行力

9. 各级法院领导班子要高度重视决策和部署的科学性。各级法院党组和领导班子是法院整体工作的决策者，审判委员会是具体审判执行工作的决策机构。党组把握审判执行工作的方向，通过思想政治工作决策、队伍建设决策、政务管理决策、后勤保障决策，保障审判执行工作依法有效开展；审判委员会根据党组的要求确保具体审判执行工作决策符合党的路线方针政策、符合法律规定、适应大局需要。各级法院出台重大决策、部署重大工作、制定有关制度，应当注重决策、部署和制度的科学性、正确性。

10. 工作决策和部署要遵循科学的方法。各级法院特别是上级法院对工作作出重大决策和部署、制定制度前，应当经过充分的调查研究和论证，深入基层、深入群众、深入审判执行工作第一线，调查清楚决策部署的依据，广泛听取意见，使决策部署制度符合基层实际情况，符合人民群众意愿，符合法律规定，符合审判执行工作的客观规律。上级法院委托本院职能部门对所辖地区法院审判执行工作作出决策部署、制定指导性意见时，应注重统一性、一致性，防止本院不同职能部门之间意见不一致，确保决策部署的严肃性。非审判部门受党组和领导班子委托对工作进行决策部署时，应当遵循服务和促进司法办案第一要务的原则，增强服务保障工作的有效性。

11. 注重工作决策部署和制度建设的可操作性。各级法院作出决策部署、制定制度规定，应当注重可操作性，避免形式化、表面化，要注重责任清晰、能够解决实际问题，尽量便于贯彻执行，利于明确问责。

12. 建立健全决策部署和制度实施过程中的自我完善机制。各级法院要对决策部署和制度实施情况进行跟踪，收集并研究执行部门和基层法院提出的意见、建议，对科学性不够、存在失误或不足、不适应情况变化发展的决策部署和制度及时予以调整和完善。

四、强化对决策督查工作保证决策部署执行到位

13. 建立健全决策督查机制。各级法院应当有专门部门、人员负责决策督查工作，决策督查部门是推进决策落实的协调部门，应当及时掌握党组和领导班子的决策部署，建立决策督查立项审批程序，按照职能分工，对实际执行部门进行交办、跟踪、催办，并向党组和领导班子反馈决策部署执行

情况。党组和领导班子应当对反馈情况进行研究分析。

14. 加强决策督查信息简报反馈。上级法院召开重要工作会议，作出重大决策部署后，下级法院应当按照信息工作的规定，及时通过信息、简报、阶段性专项工作专报等形式，向上级法院信息工作部门报送本院传达学习的情况、贯彻落实的措施，并不断跟踪贯彻落实取得的成效、遇到的困难、对上级法院决策部署的完善建议。上级法院主要领导十分关注的事项，也可采用专题报告的方式报送。

15. 加强对决策部署贯彻落实情况的检查督促。上级法院对下级法院、各级法院对本院各部门贯彻落实省法院决策部署的情况，应当进行适时检查和督促。检查的方法和形式既要灵活、多样，又要坚持精简、高效，尽量不给下级法院和审判执行业务部门添负担。省法院要综合运用工作目标责任考核、司法巡查、司法作风检查和专项工作检查、交办事项专门督查等方法，调查了解决策部署的落实情况。

16. 对决策部署贯彻落实情况实施外部倒查。上级法院作出的决策部署，适宜向社会公开的，应当及时向社会公开，并加强宣传。上级法院对下级法院贯彻落实决策部署进行检查时，应当认真征求当地党委、人大、政府、政协的意见。各级法院在开展人大代表、政协委员联络工作中，要注意征求对决策部署贯彻落实情况的意见。各级法院要注意听取人民群众对决策部署执行的情况反映，收集分析舆论对各级法院工作执行力的反映。

五、对工作执行不力的行为进行严格问责追究

17. 对领导班子和领导干部的责任追究。上级法院对下级法院、下级法院对本院各部门追究工作执行不力的责任，依据《关于实行党政领导干部问责的暂行规定》和其他有关工作纪律进行问责。责任形式有主要领导和领导班子书面检讨、通报批评。工作执行力情况列入工作目标责任考核范围，对执行有力、成绩突出的予以表彰；对执行不力、工作被动的予以批评。工作执行不力造成后果严重的，严肃追究领导责任；构成违法违纪的，坚决追究违法违纪责任。对长期不重视执行力建设，贯彻落实上级法院工作决策部署不力，审判执行工作限于被动局面的，通报同级党委、人大、政法委，确保全省法院政令畅通、执行有力。

18. 对一般工作人员的责任追究。按照行为的情节、后果程度，依据《公务员法》和《人民法院工作人员处分条例》予以追究。责任追究情况纳入个人年终考核范围。

各级法院要认真组织学习贯彻本意见。各级法院可以结合实际，制定实施办法。

广东省高级人民法院
关于印发《广东省高级人民法院关于贯彻〈最高人民法院关于进一步加强和规范执行工作的若干意见〉的实施意见》的通知

粤高法发［2010］23号

全省各级人民法院、广州海事法院、广州铁路运输两级法院：

为深入贯彻落实《最高人民法院关于进一步加强和规范执行工作的若干意见》，我院经过认真调研，结合我省执行工作实际情况，制定了《广东省高级人民法院关于贯彻〈最高人民法院关于进一步加强和规范执行工作的若干意见〉的实施意见》。现将该实施意见印发给你们，请认真贯彻执行，执行中遇到的问题请及时报告我院。

二〇一〇年四月八日

广东省高级人民法院关于贯彻《最高人民法院关于进一步加强和规范执行工作的若干意见》的实施意见

为深入贯彻落实《最高人民法院关于进一步加强和规范执行工作的若干意见》（下称《若干意见》），全面加强和规范我省法院执行工作，切实解决执行难，结合我省执行工作实际，制定本实施意见。

一、规范执行局内设机构设置，加强对执行工作的领导

（一）统一规范执行局内设机构设置。

1. 省法院执行局内设机构设置和职责分工。省法院设立综合处、执行一处、执行二处三个内设机构。

综合处职责：担负执行指挥中心办公室日常工作，履行执行指挥中心的信息交换和部分指挥职能。具体包括建立和管理依托信息化技术支持的执行信息资源共享平台和信息数据库，建立与公安、金融、工商、国土、房管、车管、质监等部门的网络对接和信息交换渠道；建立信息收集反馈、决策研判、指令下达等要情反映和决策指挥机制；调配、指挥执行力量；对内对外信息报送、宣传等工作。日常工作的主要职责是综合材料、全局宏观的调研指导、信息宣传、司法统计、会议、档案管理、局务管理；对中级法院执行工作考核等。负责办理边控、土地再续封、异地执行及重大执行方案审批事项；办理执行异议、请示案件等。

执行一处职责：履行指挥中心办公室要求的调查和协调职能。具体包括利用技术设备和手段，查找案件的被执行人及其法定代表人的下落；查找被执行人可供执行财产的线索；借助公安、电信等部门的技术查找被执行人下落及其可供执行财产线索；负责执行联动协调工作，协调有关职能部门支持配合执行工作；协调处置暴力抗拒执行和群体性突发事件。日常工作的主要职责是办理属于本院管辖的一审执行案件和非诉执行案件；协调处理全省法院之间、本省法院与外省法院之间的执行争议案件；集中管理委托受托案件；负责协调、协助外地法院执行事项；涉及执行一处业务的调研指导。

执行二处职责：履行指挥中心办公室要求的监督指导相关业务。日常工作的主要职责是办理执行监督、复议、督促执行案件；处理执行信访；涉及执行二处业务的调研指导。

2. 中级法院、基层法院执行局内设机构和职责分工。各中级法院和基层法院设立综合管理、执行实施、执行审查等内设机构。执行指挥中心与执行局实行“两块牌子，一套人马”的工作管理模式。各内设机构级别与院内设机构级别相同，以“处”、“科”、“室”、“庭”为名称，执行实施和审查机构保留“庭”的名称。

执行实施机构负责财产调查、控制、处分及交付和分配、采取罚款、拘留强制措施等事项；执行审查机构负责办理各类执行异议、执行复议、案外人异议及变更执行法院的申请等案件，处理执行信访并负责执行案件申诉审查等事项。综合管理机构和执行指挥中心的职责分工与省法院两机构职责相同。

3. 探索建立执行申诉审查专门机构。为进一步加强和规范执行申诉审查工作，各级法院要逐步建立专门的执行申诉审查机构，专门负责对执行信访申诉案件审查处理。

（二）充实执行力量。为适应我省执行案件数量不断增长的发展趋势，全省法院应按照中央〔1999〕11号文件规定的15%的要求配备执行人员。执行法官占执行人员比例应达到30%。要不断提高执行人员的学历层次，具有法律本科以上学历比例应达到70%，法律大专以上学历比例应达到80%。

执行人员占法院在编干警总数比例未能达到15%的，可以适当增加执行辅助人员，协助执行法官完成案件执行任务，提高执行效率。

（三）完善结对帮扶执行工作机制。落实《“结对帮扶”法院对口支援执行办案办法（试行）》（粤高法发〔2008〕27号），统一调度全省法院执行力量，在工作中不断完善结对帮扶执行工作机制。

（四）加强对执行工作的领导。法院党组要加强对执行工作的领导，执行局长原则上应任命为党组成员。

二、建立执行快速反应机制

（五）提高执行工作快速反应能力。

1. 推进执行指挥中心建设。按照“大指挥中心”总体思路，建立执行快速反应机制，进一步发挥省法院对全省法院、中级法院对基层法院执行工作统一管理、统一指挥、统一协调的职能，探索“管案、管事、管人相结合”的管理体制的实现形式，建立上下级法院之间，法院与执行联动单位之间快速反应、有效联动的新工作机制。

2. 建立要情收集反馈、研判分析和决策指挥的快速反应机制。确保实时监控掌握全省执行工作情况和相关信息；确保及时调配指挥执行人力、物力、警力、车辆；确保及时有效指挥处理执行工作中发生的突发事件、群体事件和暴力抗

法事件。

3. 依托执行指挥运作机制，强化执行联动。充分发挥执行指挥中心的职能作用，加大推进执行联动机制建设的力度，深化与公安、人民银行、国土房管等部门的联动工作机制建设。

三、实现执行权优化配置

（六）加强上级法院对下级法院执行工作统一管理、统一协调。落实《若干意见》提出的“管案、管事、管人”相结合的管理模式：上级法院组织、指挥辖区法院联合执行、交叉执行、特殊执行，督办重复信访案件，组织开展结对帮扶执行；上级法院监督、督促、指导、支持下级法院执行工作，组织考核下级法院执行工作；上级法院指导和监督下级法院执行局长的选任工作。

（七）案件执行重心下移。省法院原则上不执行具体案件。省法院受理的执行实施案件指定由执行力量较强、对案件执行有利的中级法院或专门法院执行。

（八）执行权分开行使。落实《广东省高级人民法院关于合理配置执行权的规定（试行）》，中级法院和基层法院执行局内设执行实施机构和执行审查机构，分别行使执行实施权和执行审查权。执行审查权应当由执行法官行使；执行实施权既可以由执行法官行使，也可由执行员、法警和其他执行人员行使。

执行实施机构主要负责执行法律文书送达、查控、处置被执行财产、制定债权分配方案、办理执行款交付、采取强制措施、强制搬迁、财产保全、先予执行、财产刑执行、行政非诉案件和行政诉讼案件执行、执行协调等执行实施工作；执行审查机构主要负责审查执行异议、执行复议、案外人异议、部分变更和追加执行主体等申请的执行裁决事项。

部分变更和追加执行主体、不予执行仲裁裁决和公证债权文书等实体性执行争议，由相关民事审判庭负责审查。

（九）探索推行集约执行。探索建立分段集约执行的工作机制。

集约查控被执行财产。成立财产查控小组或指定专人负责调查、控制被执行财产，查询被执行人银行存款、房地产权、车辆所有权、开办企业情况等信息的工作统一交由财产查控小组或专门人员办理。查获可供执行财产的，及时采取查封、扣押、冻结措施。

集约处置被执行财产。委托评估、拍卖工作，统一由司法委托管理机构负责。选定具体案件评估、拍卖机构，统一采取摇珠方式。合议庭决定对涉案财产委托评估、拍卖的，承办人将有关材料移交司法委托管理机构办理。

（十）实行合议制和执行长会议制度。执行裁决权在行使中实行合议制。建立执行长会议制度，重大、复杂、疑难案件的执行方案须经执行长会议讨论决定。

四、全面推行主动执行制度

（十一）推行主动执行。贯彻落实《广东省高级人民法院关于在全省法院实行主动执行制度的若干规定（试行）》，对已经发生法律效力，债务人在规定的履行期限内没有自觉履行的民事判决书、裁定书、调解书以及支付令，在债权人事先同意的前提下，不需经债权人申请，而由人民法院直接移送立案执行。

立案庭在受理民事诉讼案件后，应当向各当事人送达《主动执行情况告知书》。案件审理完毕后，审判庭应当在宣判的同时征询债权人是否同意由人民法院主动执行，同意的，债权人在《主动启动执行程序确认书》上签名确认；不同意的，由其依法行使权利。债权人确认由人民法院主动执行，而债务人在规定的履行期限届满后没有履行的，审判庭应当及时将有关卷宗材料移交立案庭执行立案，立案后移交执行局执行。

五、建立完善立、审、执协调配合机制

（十二）执行案件归口管理。民事执行，财产刑执行，行政非诉案件和行政诉讼案件执行，财产保全、先予执行等统一归口由执行局负责实施。立案庭立案后移交执行局执行，纳入流程管理。

（十三）加强财产保全工作。加强对被保全财产可供执行性的审查，探索放宽财产保全担保条件的办法，对特困当事人案件以及特殊类型案件，适度放宽担保条件，提高财产保全率，为提高执行实际到位率创造条件。

（十四）及时采取先予执行措施。对符合先予执行条件的追索赡养费、抚养费、抚育费、抚恤金、医疗费用、追索劳动报酬的特困当事人，以及标的物有变质、价值急剧贬值，债务人有逃匿可能等紧急情况的，送达《先予执行建议书》，告知当事人可以提出先予执行申请。对先予执行申请，及时采取先予执行措施。

（十五）加强民事调解工作。创新民事调解工作机制，建立全程调解、先调解后审理以及当事人选择调解主持人等制度；建立健全人民调解、行政调解、司法调解的协调机制，促进诉调对接。

（十六）提高裁判文书的可执行性。要努力提高裁判文书质量，增强裁判文书的说理性。对双方权利义务的表述要准确、清晰；对涉案财产的性质、现状、所处位置，不动产或其他财产权的权属证号等要详细列明，增强裁判的可执行性。

六、建立解决执行难联席会议制度，完善执行联动威慑机制

（十七）建立执行工作联席会议制度。各级法院要积极推动建立由当地党委政法委牵头的解决执行难联席会议制度。充分发挥联席会议作用，组织排查和清理妨碍执行的地方性规定和文件；落实执行联动机制，建立敦促债务人自动履行债务、切实解决人民法院执行难的长效机制；协调人民法院与协助执行部门存在的重大分歧性认识；协调处理重大突发事件或暴力抗法事件；协调处理重大执行信访案件、上级领导机关挂牌督办的重大执行案件以及政府机关、军队、国有企业、党代表、人大代表、政协委员等特殊主体为被执行人的重大执行案件；组织有关部门联合查办群众反映强

烈、影响恶劣、后果严重的非法干预人民法院执行的案件；协调有关单位查处拒不履行协助义务、非法干预阻碍执行、非法处置财产、实施虚假破产、渎职侵权等犯罪等行为。

（十八）完善执行联动威慑机制。认真落实省委办公厅、省政府办公厅联合转发的省委政法委等部门《关于建立执行联动机制的意见》（粤委办发电〔2008〕145号）以及《广东省高级人民法院关于认真学习贯彻〈中共广东省委办公厅、广东省政府办公厅转发省委政法委等部门〈关于建立执行联动机制的意见〉的通知〉的通知》（粤高法发〔2008〕20号）精神，建立执行联动机制，发挥联动威力。

贯彻落实《广东省高级人民法院、广东省公安厅关于查控被执行人及其车辆问题的若干规定》。积极推动与人民银行广州分行联合建立“一站式”查询的工作机制；与省国土资源厅和省建设厅联合建立查控土地使用权、房屋产权、采矿权、探矿权等以及协助办理产权转移过户手续的工作机制；与省工商行政管理局联合建立协助查询、查封、登记、处分被执行人股权，查询被执行人注册资本、企业分立合并、新设公司、注销企业、办理动产抵押、股权质押信息等工作机制。根据执行工作发展需要，与其他职能部门联合建立相关协助执行工作机制。

（十九）推进执行救助基金建设。各级法院要积极争取政府支持，划拨专款建立执行救助基金；制定制度，明确救助范围、条件和资金运行管理等程序，解决特困群体案件执行不能的问题，促进社会和谐稳定。

（二十）推进国家信用机制建设。加大网络和电脑等设施的建设力度，配备专业的信息录入和信息管理人员，及时、准确、全面录入执行案件信息。积极参与社会信用体系建设，积极推进与公安、银信、国土房地产、工商行政管理部门等的信用信息共享机制和平台建设，通过信息惩戒手段促使被执行人自动履行义务。

七、完善执行信访工作机制

（二十一）建立执行信访接待制度。各级法院要加强与党委、政府信访部门的协作配合，充分发挥党委领导下的信访终结机制的作用；进一步规范执行信访案件的办理流程，对信访案件逐案登记，定承办人、定督办人、定办理期限；每月确定1至2日为执行接待日，由执行局领导和执行人员接待当事人，将接访情况作书面记录入卷备查。

（二十二）建立执行信访案件挂牌督办制度。省法院建立全省法院执行信访案件挂牌督办制度，在人民法院网上设置专页，逐案登记，加强督办，分类办结后销号。中级法院建立辖区法院执行信访案件挂牌督办制度，在广东法院网上设置专页，逐案登记，加强督办，分类办结后销号。对于已经或者可能到全国人大信访局、国家信访局、最高人民法院信访的案件，各级法院院、局领导要亲自包案，采取有力措施妥善化解矛盾。

（二十三）加大信访案件督导检查力度。实行信访案件交办制度和信访老户案件挂牌督办制度，省法院、中级法院派出督导组对涉执行信访问题突出的地区进行督查、指导。对重点信访案件实行查案与查人相结合，发现信访问题，严肃追究相关人员责任。进一步完善和落实信访责任追究和责任倒查机制，从基础抓起，从基层抓起，将减少越级信访、重复信访、赴省进京信访数量作为工作重点。

（二十四）实行执行信访排位通报制度。各级法院要建立执行信访排位通报制度。执行法院对针对执行法官的信访投诉，上级法院对针对下级法院的信访投诉，每月一次统计数量，按照与执行案件数量的比例排位并通报。执行法官信访情况纳入执行法官年度绩效考核，各地执行信访排位情况纳入各地年度社会治安综合治理目标责任考核。

八、强化执行监督制约机制

（二十五）加强对执行实施的重点环节和关键节点的监督。各级法院要对执行实施的重点环节和关键节点进行分析和归纳，加强相互监督和制约，强化对执行工作的动态管理，防止执行权的滥用。除编制很少的地区外，执行实施权可以适当分解为财产调查、财产控制、财产处分、财产交付和分配等环节，由不同的法官、执行员、法警或其他执行人员分别行使，建立分段集约执行的工作机制。执行局领导或执行廉政监督员要对执行实施中重点环节和关键节点进行跟踪监督，防止损害当事人的合法权益，保证执行廉洁高效。

上级法院要加大对下级法院的监督力度，通过办理执行异议、执行复议和案外人异议案件，以及上级法院提级执行、指定执行、交叉执行等途径，纠正违法执行和消极执行行为，保证执行权的正当行使。

（二十六）实行执行公开，自觉接受执行各方当事人的监督。各级法院应当在立案时发放廉政监督卡或者执行监督卡，监督卡的内容应当包括当事人有权监督的范围、方式和途径。在送达立案通知书的同时公布或告知举报电话和当事人在案件执行阶段享有的权利。

各级法院要及时将立案、承办法官和合议庭、采取的执行措施、执行款到账、财产分配、结案等信息录入全国法院执行案件信息管理网络系统的“执行日志”，方便当事人及时查询、了解执行进展情况信息。

实行执行裁判文书公开，法院对执行中形成的涉及当事人权益的法律文书，除涉及国家秘密、商业秘密、个人隐私等依法不宜公开的以外，都应对外公开。

实行执行结案方式公开，对以生效法律文书全部履行完毕而结案的，要制作结案通知书送达当事人。

（二十七）拓宽监督渠道，主动接受社会各界对执行工作的监督。各级法院应当加强与人大代表、政协委员的联络工作，根据执行工作形势，不定期向人大代表、政协委员汇报执行工作，听取人大代表、政协委员对法院执行工作的意见和建议，必要时可以邀请人大代表、政协委员参与协调案件执行。

各级法院要高度重视新闻媒体对执行工作的舆论监督，对新闻媒体上反映的问题要迅速予以核查，并将核查情况通

报给新闻媒体。对新闻媒体的批评报道经查属实的，应当依法纠正、及时整改，并将整改情况反馈给相关媒体；经查不实的，要迅速作出说明，消除社会影响。

各级法院可以安排人民陪审员组成合议庭对执行案件进行评议。可以聘请人大、政协、政法、金融、国有公司、民营企业、律师等部门和行业的工作人员作为执行工作监督员。执行监督员可以通过听取工作情况、旁听执行听证、接受相关投诉、查阅案卷材料等方式对执行工作开展监督。

九、强化执行宣传工作

（二十八）建立执行宣传工作机制。各级法院要建立由执行局领导亲自抓和安排专人负责相结合的执行宣传工作机制。

要高度重视民意沟通工作，通过进农村、进社区、进企业等多种形式，广泛深入地了解人民群众和社会各界对执行工作的意见和建议，把合理的社情民意转化为改进工作的具体措施，提高执行工作水平。

要加强同党委宣传部门的联系，将执行工作作为法制宣传工作的重要内容，制定年度执行工作宣传的规划，提高全社会的法制意识和风险意识。执行动态及时向有关党委、政府、人大、政协和上级法院通报，争取有关部门的帮助和支持。

要与广播、报纸、电视、网络等媒体建立稳定的合作关系，形成立体化、全方位、多层次的执行宣传工作格局，重点加大电视和网络的宣传力度，尤其要利用好新改版的《广东法院网》这一平台。

（二十九）执行宣传的内容和形式。各级法院可以采取召开新闻发布会、新闻碰头会、专题报道、跟踪报道、现场采访、设置专栏、见证执行等方式开展执行法规政策讲解、重大执行活动报道、典型案例通报、被执行人逃避、规避或抗拒执行行为的曝光等宣传活动。

十、完善执行队伍教育管理机制

（三十）加强职业教育。各级法院要采取多种形式，组织执行人员学习、研究业务，不断提高业务水平。对新调入执行局的人员，要实行岗前培训，经过考核合格才予上岗。省法院和中级法院每年至少要举办一期执行人员培训班，使全体执行人员普遍得到培训。对于最高法院和省法院发布的新的司法解释和规范性文件，上级法院要及时组织培训学习。

（三十一）加强廉政、道德教育。各级法院要加强执行队伍的廉政教育。要加强对执行人员的职业道德教育、警示教育，规范执行行为，强化执行权运行的监督制约。法院纪检监察部门要充分发挥职能作用，对执行工作和执行队伍实行有效监督，严肃查处违法违纪问题，确保“五个严禁”在执行工作中得到全面贯彻。

（三十二）设立执行廉政监察员。各级法院应当按照省法院《关于在执行局配备廉政监察员的实施细则》设立廉政监察员，加强执行人员作风和廉政建设，确保执行公正、高效、廉洁。

（三十三）建立定期轮岗、交流制度，规范执行行为。各级法院要建立执行人员与各业务部门审判人员的定期轮岗、交流制度。建立上下级法院执行人员交流、挂职锻炼制度，上级法院可安排执行人员到下级法院挂职锻炼，熟悉下级法院执行工作，下级法院可推荐执行人员到上级法院学习。

各级法院要细化执行人员岗位职责，强化工作管理措施，抓好重点环节和关键节点的监督工作，有效化解廉政风险。省法院根据《法官法》、《人民法院执行工作处分条例》等法律法规，结合我省实际，尽快制定下发《关于规范执行行为的若干规定（试行）》，规范执行人员与当事人、律师的交往。

（三十四）畅通举报、检举、控告的渠道。各级法院应当设立和公布执行工作投诉和举报电话、网络举报邮箱，并在法院显著位置设立举报箱，畅通当事人、利害关系人和社会公众举报、检举、控告的渠道。

十一、完善执行工作考评机制

（三十五）执行工作考核。省法院应完善执行工作考核办法，科学设定执行标的到位率、执行申诉率、执行结案率、执行结案合格率等量化指标，建立规范有效的考核评价机制。

中级法院和基层法院根据省法院《全省法院执行工作考核办法》，制定具体的执行工作考核细则，定期落实考核。

省法院执行局负责对各中级人民法院执行工作进行考核，各中级人民法院执行局负责对辖区基层人民法院执行工作进行考核。各中级法院将本辖区年度考核结果于次年一月底前报告省法院执行局。

对当年考核未达标的法院，在全省法院通报批评。连续两年考核未达标的，通报当地党委、人大。

（三十六）案件质量评查和执行人员绩效考核。各级法院执行机构要联合本院绩效管理部门对本院执行的案件进行案件质量评查，并对案件超期执行情况进行分析。执行案件的质量和效率纳入本院绩效管理部门的监管范围。案件质量评查和超期执行分析每季度一次，评查结果和分析报告要报上级法院。

各级法院要制定执行人员考核办法，建立个人绩效考核档案，并将其作为考评定级、提职提级、评优评先的重要依据。

执行案件质量评查和执行人员考核按照省法院下发的《关于执行质量和效率管理考核的规定（试行）》执行。

（三十七）执行错案和瑕疵案件责任分析。上级法院执行机构联合本院绩效管理部门定期对执行错案和瑕疵案件进行分析。

执行错案和瑕疵案件责任分析和责任倒查按照省法院《关于执行错案和瑕疵案件责任分析和责任倒查的若干规定（试行）》执行。

广东省高级人民法院
关于印发《广东省高级人民法院关于在全省法院实行主动执行制度的若干规定（试行）》的通知

粤高法发［2010］24号

全省各级人民法院、广州海事法院、广州铁路运输两级法院：

现将《广东省高级人民法院关于在全省法院实行主动执行制度的若干规定（试行）》印发给你们，请认真组织学习，深入贯彻执行。执行中如遇问题，请及时层报我院。

二〇一〇年三月九日

广东省高级人民法院关于在全省法院
实行主动执行制度的若干规定（试行）

为落实司法为民宗旨和能动司法要求，进一步解决“执行难”问题，切实维护案件当事人的合法权益，维护法律的严肃性和权威性，依照《中华人民共和国民事诉讼法》和最高人民法院相关司法解释的规定，结合我省执行工作实际，制定本规定。

第一条 人民法院应当在立案、审判、执行的全过程贯穿主动执行理念，充分发挥能动性，满足人民群众不断提高的司法需求，切实保障生效法律文书及时有效地执行。

实行主动执行，要求人民法院主动在立案阶段引导当事人采取有效保全措施，保障法律文书生效后的执行效果；主动在审判过程中明断是非，辨法析理，采取积极态度化解当事人之间的矛盾；主动在裁判文书生效后移送执行，推进案件便捷快速进入执行程序；主动采取各种有利于案件执行的措施，确保生效法律文书确定的债权快速兑现。

第二条 实行主动执行应当遵循为民、便民、利民和高效的工作原则。

第三条 立案庭、审判庭、执行局应当充分发挥能动作用，在主动执行工作中相互配合、协调一致。

第四条 立案庭在受理民事诉讼或者刑事附带民事诉讼案件后，应当在送达有关立案文书的同时向当事人一并送达《主动执行告知书》，对主动启动执行程序的有关情况予以书面说明。

第五条 案件立案及审理过程中，立案庭、审判庭应当引导当事人及时进行诉讼保全，尽可能查控财产。

第六条 人民法院对于已经生效并超过履行期限、债务人没有自动履行的法律文书，在事先征得债权人同意的前提下，由审判庭主动移送立案庭立案执行，无需债权人申请执行。

前款所称“法律文书”包括我省法院一审、二审和再审生效的具有民事执行内容的判决书、裁定书、调解书以及支付令。

第七条 案件宣判时，审判庭应当识别宣判的法律文书是否有可执行内容。有可执行内容的，应当在宣判时征询债权人意见，一旦法律文书生效，债务人没有按期履行，是否同意由人民法院主动启动执行程序。

债权人同意的，应当在《主动启动执行程序确认书》上签名确认；不同意的，由其按照申请执行程序主张权利。

债权人未在《主动启动执行程序确认书》上签名确认的，视为不同意由人民法院主动启动执行程序。

第八条 债权人委托诉讼代理人的，委托代理人同意人民法院主动启动执行程序必须有债权人的特别授权。

第九条 邮寄送达法律文书的，应将《主动启动执行程

序确认书》一并送达，并要求当事人或有权限的代理人按要求填写后与送达回证一并寄回人民法院审判庭。

人民法院未收到按要求填写的《主动启动执行程序确认书》的，视为不同意由人民法院主动启动执行程序。

第十条 第一审人民法院与被执行财产所在地人民法院不属同一法院的，债权人可根据《中华人民共和国民事诉讼法》第二百零一条的规定选择是否同意由第一审人民法院主动启动执行程序。

第一审人民法院对生效裁判文书主动立案执行后，债权人又向被执行财产所在地人民法院申请强制执行的，依照《最高人民法院关于适用〈中华人民法院共和国民事诉讼法〉执行程序若干问题的解释》第二条等的规定处理。

第十一条 由第一审人民法院主动立案执行的，依照有关规定并结合案件实际情况，可以采取委托执行措施。

第十二条 债权人同意主动启动执行程序的，第一审人民法院审判庭负责审查和确认法律文书已经生效、生效法律文书规定的履行期限已经届满以及债务人在规定的履行期限内未履行债务。

第十三条 第一审人民法院审判庭审查确认债务人没有按期履行债务的，应当在生效法律文书规定的履行期限届满后10个工作日内将有关卷宗材料移送立案庭审查立案。

立案、审判过程中已经采取财产保全措施或者发现债务人财产线索的，应当将相关材料一并移送审查立案。

第十四条 案件经过二审的，第二审人民法院审判庭负责审查和确认法律文书是否具备执行内容以及是否已经生效，并在10个工作日内将有关卷宗和法律文书生效证明一并移送第一审人民法院审判庭，第一审人民法院审判庭负责接收二审卷宗、跟踪履行情况及移送立案执行。

第十五条 案件经过再审改判的，由第一审人民法院再审的，按照本规定第十条至第十三条办理；由上级人民法院再审的，按照本规定第十四条办理。

第十六条 对于申请支付令的案件，人民法院经审查作出支付令时，应向债权人征询是否同意主动启动执行程序的意见，债权人同意的，应当在《主动启动执行程序确认书》上签名确认。债务人在限期内没有提出异议又不履行支付令的，人民法院按照本规定主动启动执行程序。

第十七条 立案庭在收到审判庭移送的执行立案相关材料之日起3个工作日内完成立案工作，并在立案后2个工作日内将相关卷宗和材料移送执行局执行。

第十八条 对于生效法律文书确定分期履行的案件，人民法院对第一期债权主动执行后，剩余各期债务人仍不依法自觉履行的，债权人应当及时将有关情况报告执行法院，由执行法院按照本规定继续对剩余债权主动执行。

第十九条 申请执行人应当积极配合人民法院提供被执行人财产的线索。

被执行人应当按照法律和司法解释的规定如实报告财产情况，主动履行债务。

人民法院应当主动核实被执行人报告财产情况的真实性，并依照法律规定对拒绝报告或虚假报告的相关人员采取处罚措施。

第二十条 被执行人未报告财产或者报告的财产不足以清偿全部债务的，人民法院应主动对其存款、车辆、房地产、股权等财产情况进行调查，及时掌握被执行人可供执行的财产状况。

第二十一条 人民法院查找到被执行人可供执行财产后，应当及时主动采取查封、冻结、扣押等控制措施，但所控制财产不得超过被执行人应履行义务的范围，同时应当为被执行人及其所扶养家属保留生活必需费用。

第二十二条 人民法院应当主动对已控制的被执行人财产进行变现、抵债等，尽快实现生效法律文书确定的债权。

第二十三条 在执行中发现当事人之间存在和解基础的，人民法院应当主动召集双方当事人进行执行和解，采取各种可行措施促成和解执行。

第二十四条 人民法院应当认真研究案件情况，确定最适合该案的执行方式。对于具备执行条件、债务人拒不履行债务的，及时强制执行；暂不具备执行条件的，引导当事人达成和解协议，延期履行；企业经营遇到暂时困难，等待企业经营状况好转后执行更为有利的，在债权人同意的基础上暂缓执行；以行为为执行标的，被执行人拒不履行的，委托相关单位或其他人完成，费用由被执行人承担。

第二十五条 案件因各种干预难以执结或者涉及社会稳定需要协调的，执行法院应当主动报请党委政法委挂牌督办或者召开执行联席会议启动执行联动机制解决。

第二十六条 对有履行能力而拒不履行的被执行人，人民法院应主动采取限制出境、在媒体上公开曝光、在征信系统中记录欠债信息以及法律规定的其他措施。

第二十七条 被执行人通过各种手段恶意逃避债务的，人民法院应当主动采取对妨害民事诉讼行为的强制措施，必要时移送司法机关依法追究刑事责任。

第二十八条 对于拒不履行生效法律文书确定的义务或协助执行义务的党员干部，人民法院应当主动将有关情况向相关纪检、监察部门通报。

第二十九条 对于申请执行人生活特别困难的案件，具备救助条件的，人民法院应当根据案件情况，主动予以执行救助。

第三十条 对于符合《中华人民共和国民事诉讼法》第二百零三条规定条件的案件，由另一人民法院执行更为有利的，上一级人民法院可依照《“结对帮扶”法院对口支援执行办案办法（试行）》的有关规定，将案件指定由对口帮扶的人民法院执行。

上级人民法院发现已经指定对口帮扶人民法院执行的案件，由原人民法院执行更有利于执结或存在其他不宜继续由对口帮扶人民法院执行的情形的，可主动将案件指定由原人民法院执行。

第三十一条 上级人民法院发现辖区内人民法院执行行为存在错误的，应当主动启动执行监督程序予以纠正。

第三十二条 人民法院应当根据相关规定，通过适当方式，主动将案件执行情况和进展向当事人和社会各界公开，听取利害关系人意见，自觉接受监督。

第三十三条 人民法院应当根据司法解释的规定，成立相应的执行信访机构，配足工作人员，主动依法及时对信访投诉事项进行核查处理，并将处理结果向信访人反馈。

第三十四条 本规定自2010年5月1日起实施，《广东省高级人民法院关于实行主动执行制度的若干规定（试行）》同时废止。

广东省高级人民法院
关于印发《广东省高级人民法院关于为广州亚运会提供司法服务和司法保障的若干意见》的通知

粤高法发［2010］25号

全省各级人民法院、广州海事法院、广州铁路运输两级法院：

第16届亚运会和第10届亚残运会（以下统称广州亚运会）今年11至12月在广州举办。为积极服务保障亚运，我院制定了《广东省高级人民法院关于为广州亚运会提供司法服务和司法保障的若干意见》，现印发给你们，请遵照执行。执行中有何问题，请及时报告我院。

二〇一〇年四月九日

广东省高级人民法院
关于为广州亚运会提供司法服务和司法保障的若干意见

第16届亚运会和第10届亚残运会（以下统称广州亚运会）今年11至12月在广州举办。这是继2008年北京奥运会后在我国举办的又一次举世瞩目的体育盛会。为亚运会提供优质高效的司法服务和司法保障，是人民法院义不容辞的责任。为切实做到“平安亚运、司法守护；文明亚运、司法相伴；绿色亚运、司法相随”，结合我省法院工作实际，特制定如下意见。

一、统一思想，切实增强全省法院服务保障亚运的政治责任感和历史使命感。办好亚运会将进一步提升中国的政治地位和国际影响力，为广东当前和今后的发展创造更好的机遇和条件。但当前我省社会矛盾化解的任务还很重，还存在一些制约影响亚运会顺利举办的不安定和不和谐因素，这对全省法院以审判执行工作为中心的各项工作提出了更高要求。全省法院要充分认识办好亚运的重大意义，强化大局意识，以服务和保障亚运为政治责任和历史使命，坚持能动司法，以深入推进“三项重点工作”为契机，不断完善工作机制，努力化解矛盾纠纷，积极服务保障亚运，为成功举办亚运提供强有力的司法保障，争当全国法院服务大局的排头兵。

二、加强组织领导，统筹推进全省法院服务保障亚运工作。省法院成立以主要领导为组长，各部门领导为成员的领导小组，负责服务保障亚运的统筹协调和组织领导工作。承

办亚运赛事的广州、佛山、东莞、汕尾四市，分别成立以各中院院长为组长、以基层法院院长为组员的领导小组，负责辖区内服务保障亚运工作。四个中院院长作为第一责任人，承担服务保障亚运的组织领导责任，确保组织协调到位、措施落实到位、具体责任到位。组织专人提前对各类可能出现的涉亚运案件进行研究，提前熟悉相关法律，对在案件审理中可能出现的情况提前做好预案。其他各市中院及基层法院是服务保障亚运的重要主体，参与配合服务保障亚运的工作。

三、组建专门合议庭，集中审理各类涉亚运纠纷案件。加强对各类涉亚运纠纷的研究，界定涉亚运案件范围，明确立案标准，提出工作要求。承办亚运赛事的四市亚运场馆所在地的基层法院，要在刑事、民商事、行政审判业务庭组成专门合议庭，集中审理涉亚运的各类案件，合议庭由审判经验丰富、审判能力突出的法官组成。场馆区以外发生的涉亚运各类案件，按照刑事、民事、行政诉讼法确定的管辖原则，由相关县（市、区）法院或中院受理，由专门合议庭审理。省法院和四个中院也要指定专门合议庭审理涉亚运案件，发挥集约审理效应，加强对下级法院涉亚运案件审理的指导与协调，确保涉亚运案件审理的质量、效率和效果。

四、落实宽严相济刑事政策，营造安定的社会治安环境。重点加强对涉亚运刑事案件的审理，依法严惩破坏亚运场馆及配套设施、散布虚假恐怖信息等影响亚运安全与稳定等刑事犯罪，有效发挥震慑作用。依法严惩危害国家安全犯罪、恐怖犯罪和爆炸、杀人、抢劫、绑架等严重危害社会治安的犯罪，以及抢夺、盗窃、诈骗等多发性侵财犯罪。依法审理好涉外犯罪，对初犯、偶犯、未成年犯、老年犯中罪行轻微人员，依法少判、轻判、扩大适用非监禁刑，最大限度地减少社会对立面。积极参与社会治安综合治理，加强犯罪预防、社区矫正等工作。

五、积极回应亚运司法需求，妥善处理涉亚运民商事纠纷。依法公正高效审理涉及亚运会场馆和配套设施建设纠纷、物流纠纷、客运合同纠纷、餐饮住宿纠纷、旅游合同纠纷以及人身、财产损害赔偿纠纷等案件，确保各项建设顺利推进、市场运营健康有序。加大涉亚运知识产权司法保护力度，依法采取证据保全、财产保全、禁令等措施，有效保护亚运会标识、名称等知识产权。依法妥善处理与亚运相关的特许经营合同纠纷、假冒亚运赞助商进行营销行为的侵权纠纷，有效保护涉亚运案件相关利益主体的知识产权。

六、妥善审理涉亚运行政案件，促进推动和谐行政。加强亚运会筹办、举办期间对社会治安、道路交通、工商管理、市容环境整治、安全生产、食品卫生、流动人口管理、出入境管理等方面采取临时性行政管理措施或应急处置措施可能引发行政诉讼的司法应对。加大涉亚运行政诉讼案件协调和解力度，促成行政机关和行政相对人达成和解，和谐解决行政争议。

七、加大执行案件处理力度，确保裁判权益及时实现。大力推广主动执行、联动执行，强化执行措施，加大执行积案的清理力度，最大限度实现涉亚运执行案件胜诉当事人的权益。规范执行行为，针对涉亚运案件具体情况，依法合理确定执行时间、执行措施、执行方式，切实防止和避免因不当强制执行影响亚运会的顺利筹办、按时举办和有序运营。

八、坚持调解和解优先，最大限度化解涉亚运矛盾纠纷。深入贯彻“调解优先、调判结合”原则，把调解和解作为处理涉亚运案件的首选和最佳结案方式，尽最大努力通过调解和解处理涉亚运各类纠纷。深入落实“全程、全员、全面”调解原则，把调解和解贯穿于涉亚运案件立案、一审、二审、再审、执行、信访的全过程，覆盖到民商事、刑事（含刑事附带民事、刑事自诉、轻微刑事）、行政、执行案件。能动支持人民调解、行政调解、行业调解，构建化解涉亚运矛盾纠纷的多元体系。加强与镇街信访综治维稳中心的合作，依法及时通过司法确认赋予诉讼外调解的法律效力，促进法院调解与人民调解、行政调解的有机衔接。

九、加强涉诉信访工作，切实从源头预防和化解社会矛盾。坚持案结事了、息诉罢访，全力做好亚运举办前和举办期间的矛盾纠纷排查化解和应急处置工作。立足源头治理，着力预防化解，及时对各类案件可能导致的社会稳定风险进行评估，因案施策、多措并举，最大限度地预防和化解矛盾纠纷。对尚未形成上访的矛盾问题，尽量化解，避免矛盾积累激化；对应及时处理的纠纷，及时稳妥处理；对必须缓办的案件，适当延后办理。集中化解一批信访积案，减少矛盾积压。加大对群体性上访、突发上访事件的评估预测，建立应急处置机制。

十、建立协作联动机制，形成为亚运提供司法保障的整体合力。加强与省委政法委的沟通联系，及时汇报全省法院服务保障亚运的工作情况，了解党政机关在服务保障亚运方面对法院工作的新要求、新期待，不断完善工作机制，最大限度满足亚运司法需求。加强与亚运事务主管部门等相关单位的沟通协调，及时通报涉亚运案件的办理情况。加强与公安、检察等部门的信息沟通和工作联系，强化联席会议功能，确保涉亚运案件处理上实现协作共赢。加强涉亚运场馆法院之间、上下级法院之间、法院各部门之间的协作、配合和相互支持。

十一、畅通信息报送渠道，加强对涉亚运案件的请示报告工作。处理涉亚运案件的专门合议庭与法院信息工作部门建立涉亚运信息快速传递通道。建立对涉亚运案件相关信息的专项报告及专人负责制度，注意收集、研判与涉亚运案件相关的各类信息，特别是重大、敏感纠纷信息。各部门在立案、审理、执行、信访等工作中发现涉亚运案件或者有可能影响亚运顺利筹办、举办情况的，必须在第一时间报告信息部门。各级法院处理涉亚运的重大敏感案件，应及时逐级报告省法院。

十二、加强新闻宣传和舆情引导，积极营造平安亚运舆论氛围。加大宣传力度，扩大宣传渠道，丰富宣传形式，及时宣传各级法院处理涉亚运案件的做法和经验，重大宣传可请求省法院协助安排；对于重大、敏感纠纷案件，各级法院不得擅自对外宣传或答复媒体，须请示省法院后，按照省法院统一确定的口径答复。进一步完善舆情监督机制，加强舆情分析与研判，密切关注涉亚运案件的网络舆情，及时全面了解跟踪与法院相关的涉亚运报道和舆论动向；加强网评队伍建设，引导舆论导向，牢牢把握舆论方向。

广东省高级人民法院关于印发《加强立案信访窗口建设考核验收标准》的通知

粤高法发［2010］30号

全省各级人民法院、广州海事法院、广州铁路运输两级法院：

2009年12月25日，省法院召开全省法院加强立案信访窗口建设工作视频会议，回顾总结了全省法院立案信访两个“文明窗口”的创建情况，围绕今后一段时期全省法院如何加强立案信访窗口建设作出工作部署，提出了努力争当全国法院立案信访窗口建设排头兵的工作目标。2010年2月24日，省法院印发了《关于全省法院在“人民法院为人民”主题实践活动中进一步加强立案信访窗口建设的实施意见》（粤高法发〔2010〕15号文），对加强立案信访窗口建设提出了具体要求。为便于今年下半年对全省各级法院加强立案信访窗口建设情况进行考核验收，特制定《加强立案信访窗口建设考核验收标准》，下发全省各级法院，请各级法院对照执行。执行中遇到的问题，请随时报告我院立案一庭。

附件：加强立案信访窗口建设考核验收标准

（此件发至人民法庭）

二〇一〇年五月十一日

附件：

加强立案信访窗口建设考核验收标准

项目	考核内容	考核标准	达标分	考核分
组织领导	领导重视情况	1. 本院领导高度重视，列入议事日程，成立领导小组，由主要领导担任组长，并形成以立案庭为主体，其它部门积极支持、互相配合的工作格局	3	
	人员配备情况	2. 配齐配强与立案信访工作相适用的人员力量，建立了人员相对稳定与定期轮岗相结合的管理机制	2	
	方案制定情况	3. 制定了具体实施方案并抓好落实	2	
		4. 标志明显，方便群众出入，两个窗口应适当分开，总体布局合理、宽敞明亮。采用“柜台”或“窗口”等开放式办公	3	
		5. 配备值班法警或保安	2	
		6. 设立调解速裁中心，实现各类调解的快速对接	3	

（续上表）

基础设施和窗口功能	立案窗口设施和功能	7. 在大厅显著位置设置导诉台，配备专门的导诉员，负责接待引导来访当事人，指引办事地点，发送办事序号	2	
		8. 设置“立案审查窗口”，提供从案件材料的接收、审查、办理立案手续到诉讼费的核算、收取等“一站式”服务	3	
		9. 设有便于当事人或律师就案件信息的查询、咨询窗口、电话或自动查询系统	2	
		10. 设置“材料收转中心”，由专人接收当事人提交的诉讼材料	2	
		11. 具备为经济困难的当事人及时提供司法救助的服务	2	
	信访窗口设施和功能	12. 标志明显，方便群众出入，两个窗口应适当分开，总体布局合理、宽敞明亮。采用“柜台”或“窗口”等开放式办公	3	
		13. 配备值班法警或保安	2	
		14. 有专用的接访窗口，专人负责，实行首接责任制	2	
		15. 设立“判后答疑窗口”，安排专人负责接待、解答群众咨询，协调原审承办法官或相关审判庭进行答疑释惑	2	
		16. 设立相对独立的接待室、接谈柜台或接谈窗口，接待当事人来访、申诉或申请再审	2	
		17. 有完善的申诉登记系统，对于一般来访或来信能在5个工作日内审查处理完毕并移交承办部门	2	
	便民利民措施	18. 提供免费诉讼指南、诉讼须知、来访须知、诉讼风险告知书等各种诉讼指引资料。公布服务承诺、工作流程、管理制度和法官的相关信息	2	
		19. 两个窗口设置有供休息桌椅、饮水器具和卫生服务设施，配齐安检门、公示屏幕、查询触摸屏、传呼系统、电脑、网络、笔墨纸张	2	
		20. 有供当事人或律师阅卷、摘抄、复印、传真的场所和设施	1	
		21. 有供当事人或律师提供群众使用的电话、物品存放处、铁皮柜等	1	
		22. 引入社会力量，通过购买服务的方式提供便民利民服务	2	
		23. 按照省法院的要求，不断充实窗口内容，努力延伸窗口服务，积极拓展窗口功能，并制定符合本地实际的相应的规章，形成规范化制度，全面强化窗口的管理	5	
工作制度	立案、信访等工作制度	24. 有制度化的立案程序规定，使立案便捷、高效	2	
		25. 有专门的大案、要案立案管理规定，能及时将所受理的大案、要案向院领导及上级法院报告	2	
		26. 首接负责制度。首位接待的工作人员能认真负责地做好立案受理、上访的接待工作，不推脱、不搁置、及时处理或移交	2	
		27. 服务承诺制度。对外公布立案受理、信访处理、信息查询、案件咨询、材料转交等有关内容的时间、期限、要求等。做到事事有答复，件件有回音	2	
		28. 办事公开制度。依法公开立案信访工作职责、工作流程以及接待人员信息，公开投诉电话，设置意见箱，专人负责处理群众的投诉和疑问，接收各界的监督	2	
		29. 文明接待制度。窗口工作人员必须着装挂牌上岗，服务周到，高效及时	2	
		30. 岗位“三定”制度。窗口工作实行岗位“三定”制度，做到定岗、定人、定责	2	

（续上表）

工作制度	立案、信访等工作制度	31. 便民诉讼制度。通过邮政、专线电话、公共网络、巡回立案、预约立案、带案下访等多种渠道，引导群众更多地以书信、电话、传真、电子邮件等形式表达诉求，减少群众诉累	3	
		32. 立案调解制度。全面开展立案调解工作，组织开展诉讼前或者立案调解、和解工作，逐步加强与政府有关部门、社会团体的沟通协调，建立完善多元纠纷解决机制	3	
		33. 领导干部定期接访制度。各级法院院领导干部每周安排一天接待群众来访；各业务庭（室）负责人坚持定期轮流直接接访，确保每天都有部门领导干部接待群众来访	3	
		34. “诉”“访”分离制度。对当事人行使诉讼权利与信访申诉权利的区别，进行分类处理	2	
		35. 矛盾纠纷排查化解制度。定期排查各类矛盾纠纷，分类进行登记建档，形成发现问题的工作机制	3	
		36. 干部轮岗和岗位锻炼制度。建立立案信访岗位定期轮岗制度，初任法官和拟任中层领导任职前到立案信访窗口进行锻炼，将立案信访岗位作为培养锻炼干部的基地	3	
		37. 责任追究制度。由于接访人员不负责任的态度，导致矛盾激化，引发群体性事件或者造成其它严重后果和恶劣影响的，严格按照有关规定追究责任人的责任	4	
行为规范	立案、信访窗口行为规范	38. 统一着装，按照规定佩戴法徽，挂牌上岗，衣着整洁，举止得体端庄	2	
		39. 接待群众时，态度应认真热情，语言文明，保持微笑服务	2	
		40. 严格依法办事，对符合法律规定，手续齐全的，即时办结；手续不全的，一次性指导完备手续；对依法不能办理的，耐心向群众说明原因	1	
		41. 平等对待每一位人民群众，不因地位、贫富、生熟而区别对待。对老、弱、病、残、贫等弱势群体人员要优先接待	1	
		42. 没有发生对待群众作风粗鲁，态度冷漠，语言生硬，行为蛮横、办事推诿拖拉，刁难群众的事件	1	
		43. 没有在工作时间擅自离开岗位或是从事与工作无关的活动	1	
		44. 没有在工作时间或者工作日中午饮酒，或者在工作场所吸烟、饮食、闲聊、上网、进行娱乐活动等影响法院形象的行为	1	
		45. 没有借工作之便，向当事人或者其委托代理人托办私事	1	
		46.拒绝当事人或其代理人的请客送礼	1	
		47. 没有向当事人或其代理人收受贿赂的投诉，有投诉，经查不实的，不扣分	1	
		48. 依照规定核算诉讼费用	1	

说明：

1. 本考核验收标准采取100分制。

2. 经济条件较差、办公条件有限的基础人民法院，立案窗口和信访窗口可以设在同一场所，但两个“窗口”应分开，并具备所规定的各项功能。

广东省高级人民法院关于印发《广东省高级人民法院关于开展案件评查活动的工作方案》的通知

粤高法发［2010］31号

全省各级人民法院、广州海事法院、广州铁路运输两级法院：

现将《广东省高级人民法院关于开展案件评查活动的工作方案》印发给你们，请认真贯彻执行。

二〇一〇年五月十一日

广东省高级人民法院关于开展案件评查活动的工作方案

为进一步加强执法监督工作，强化案件质量监督管理，推动审判管理科学化、公开化，提高办案质量和水平，进一步推进社会矛盾化解，促进公正廉洁执法，根据中央政法委、省委政法委《关于开展“百万案件评查”活动的工作方案》的统一部署，结合我院实际，决定从今年起开展为期三年的案件评查专项活动，工作方案如下：

一、指导思想和任务目标

开展案件评查活动，要以邓小平理论和“三个代表”重要思想为指导，深入落实科学发展观，按照中办发《2009》46号文件的要求，紧紧围绕人民群众反映强烈的信访问题和容易滋生违法违纪的重点案件，认真开展案件评查工作，找准审判工作中存在的问题，进一步健全监督制约机制，完善审判管理制度，促进办案质量明显提高，遏制涉法涉诉信访新案发生，进一步提高人民法院公信力，维护人民法院的良好形象。

二、组织领导

省法院成立案件评查领导小组，组长由省法院院长郑鄂担任，副组长由常务副院长陈华杰担任，副院长凌祁漫、李毅锋、刘恒军、徐春建、霍敏、谭玲、洪适权、审委会委员赵军、黄木深、古锡麟、宾毅成、谢文练、副巡视员许佩华、陈佩霞担任领导小组成员。省法院审判管理办公室主任廖万春担任案件评查领导小组办公室主任，审判管理办公室副主任陈国进、张莉担任案件评查领导小组办公室副主任。各中级法院和基层法院参照省法院模式，成立相应的领导小组和办公室。案件评查领导小组负责全省法院系统的案件评查工作，将各级法院原有的案件质量评查工作纳入本次案件评查工作当中。案件评查领导小组负责成立本院案件评查专家库，专家库成员主要由各业务庭领导、专职审委会委员和资深法官组成，同时吸收部分退休人员，适当吸收人大代表、政协委员、律师、基层群众等相关人员参与，人数为30人。评查个案时成立案件评查小组和复查小组，分别负责对本院案件的评查工作和对下级法院已评查案件的复查工作。

三、评查案件的范围和数量

根据中央政法委和省委政法委的要求，我院重点评查以下两类已生效案件：一是中央交办的109宗案件中涉及我院的22宗案件以及其他群众反映强烈的信访案件；二是容易产生违纪违法滋生腐败的案件，主要是民商事案件和执行案件。拟评查的案件报省委政法委审核后再进行评查，每年评查案件数量不低于50件。

四、评查方法和步骤

1. 评查方法

案件评查以本院自查、上级机关复查为主。案件评查要以事实为依据、以法律为准绳，遵循实事求是、客观公正的原则，通过阅卷、座谈、调查、走访、评议等方式，对办案的过程、结果依据、效果进行评查。对重点疑难信访案件，可组织公开听证，让社会各界和广大群众评判上访人诉求是否合理，案件裁判结果是否公正。

每起案件评查结束后，评查小组要写出书面意见，报告党委政法委。评查报告要对被评查的案件，在认定事实和证据、适用法律、处理结果、社会效果等方面，提出明确的评查意见。评查中发现的错案要按照审判监督程序提起再审，对有瑕疵的案件要依法纠正。

2. 结果运用

每起案件的评查结果都记入相关干警的办案档案，整个单位的评查结果要记入领导班子的业绩考核档案，作为领导班子和干警个人业绩考评的重要内容，对办案质量高的单位和个人，要予以表彰奖励，并按照干部管理权限提出提拔任用的建议，对工作不负责任、案件久拖不决、导致矛盾长期积聚的，要倒查责任领导和办案法官的责任，并跟踪到底，确保问题解决到位，责任追究到位。对办案水平低、素质差、多次引发群众上访的法官要离岗培训，考试合格后再安排上岗。经培训不合格的，要调离办案岗位，或通过法定程序取消办案资格。对违纪违法的要交纪检机关或司法机关查处。

3. 制度建设

各级法院要坚持“边查边改、边改边建”的原则，确保把案件评查过程转化为促进办案质量提高和完善案件监督管理制度建设的过程。针对评查中发现的问题，及时修订、完善相关办案管理规定，完善队伍管理规定。及时总结案件评查工作的经验、教训，不断改进评查方式方法，提高评查水平，积极探索建立案件评查的经常性工作机制，促进案件评查工作沿着科学化、规范化、常态化的轨道开展。

4. 总结验收

各级法院每半年对案件评查工作进行一次综合分析，提出整改或专项治理意见。每年6月底和12月底，将评查工作进展情况和综合分析情况报告当地党委政法委和上报上级法院。

广东省高级人民法院
广东省社会治安综合治理委员会办公室
关于印发《广东省高级人民法院、广东省社会治安综合治理委员会办公室关于开展诉讼调解与基层综治工作衔接的意见（试行）》的通知

粤高法发［2010］33号

全省各级人民法院、社会治安综合治理委员会办公室，广州海事法院、广州铁路运输两级法院：

现将《广东省高级人民法院、广东省社会治安综合治理委员会办公室关于开展诉讼调解与基层综治工作衔接的意见（试行）》印发给你们，请结合实际认真贯彻执行。执行中有何问题请及时报告省法院民一庭和省社会治安综合治理委员会办公室。

（此件发至人民法庭）

二〇一〇年五月十八日

广东省高级人民法院、广东省社会治安综合治理委员会办公室关于开展诉讼调解与基层综治工作衔接的意见（试行）

为贯彻落实最高人民法院《关于建立健全诉讼与非诉讼相衔接的矛盾纠纷解决机制的若干意见》和《中共广东省委办公厅、广东省人民政府办公厅转发〈省社会治安综合治理委员会关于进一步加强镇街综治信访维稳中心建设的意见〉的通知》，切实推进诉讼调解与基层综治工作相衔接，充分发挥镇街综治信访维稳中心化解社会矛盾纠纷的重要作用，维护社会稳定，结合我省实际，提出如下意见：

一、为进一步整合资源，建立大综治大调解工作格局，全省各级人民法院、社会治安综合治理委员会办公室（以下简称“综治办”）要切实推动诉讼调解与镇街综治信访维稳中心衔接工作机制建设，采取有效措施指导人民法院（庭）与镇街综治信访维稳中心之间建立规范化、制度化的调解衔接工作机制。

二、衔接工作机制建设应坚持“党委领导、政府支持、法院指导、多元衔接”，开展衔接工作应遵循依法、高效、便民利民、当事人自愿的原则。

三、建立衔接工作联席会议制度。各级人民法院与其对应的各级综治办，人民法庭与所在地的镇街综治信访维稳中心均应建立衔接工作联席会议制度，并指定专人担任联络员，负责日常联络工作。综治办为联席会议召集单位，会议分为定期和不定期两种。县（区、市）以上的定期会议原则上每年至少召开一次，镇街综治信访维稳中心与所在地人民法庭的定期会议原则上每季度召开一次。不定期会议根据工作需要，经综治办同意召开。

四、建立矛盾排查和应急联动机制。人民法院（庭）在日常工作中，应注意矛盾排查。发现矛盾隐患，应及时与镇街综治信访维稳中心沟通协调，密切配合，应急联动，化解矛盾。

五、建立信息通报交流制度。

1. 人民法院（庭）与镇街综治信访维稳中心要及时互相通报调解衔接工作情况。镇街综治信访维稳中心应定期填写《镇街综治信访维稳中心调解承办法院（庭）委托诉前调解案件情况登记表》（附件1），并抄送人民法院（庭）。

2. 镇街综治信访维稳中心对经中心调解而未能达成调解协议、当事人起诉到人民法院的案件，要及时向人民法院（庭）通报原调解工作的有关情况。

3. 人民法院（庭）审理涉及不履行调解协议而提起诉讼的案件，要及时将生效裁判文书通报案件所在地的镇街综治信访维稳中心。

4. 经司法审查不予确认的调解协议，人民法院（庭）要及时将不予确认的原因、案件审理中发现的问题及有关调解建议通报案件所在地的镇街综治信访维稳中心。

5. 镇街综治信访维稳中心与对应的人民法院（庭）应定期互相通报人民群众的信访信息，加强沟通协调，及时分流处理，避免多头信访和重复信访。镇街综治信访维稳中心和人民法院（庭）要尽量统一对涉诉信访的处理尺度，稳妥高效处理群众信访及矛盾纠纷。

六、根据人民法院审理案件的程序性规定，建立诉讼调解与镇街综治信访维稳中心工作分类、分阶段衔接工作制度。人民法院要充分发挥审判权的规范、引导作用，保证调解衔接工作依法稳妥进行。

（一）诉前调解衔接

1. 属于人民法院受理范围的民事案件，人民法院在立案前，经双方当事人同意，可委托案件所在地的镇街综治信访维稳中心进行调解。

2. 双方当事人均同意诉前委托调解的，应当在《诉前委托综治信访维稳中心调解建议书》（附件2、3）上签字确认。人民法院应当及时将《委托调解函》（附件4）和有关材料移交镇街综治信访维稳中心。一方或双方当事人不同意委托调解或者自人民法院委托之日起15日内不能达成调解协议的，人民法院应当依法及时立案。

3. 达成调解协议的，当事人可共同向人民法院申请司法确认。

（二）诉中调解衔接

1. 经双方当事人同意，人民法院可以在立案后将民事案件委托镇街综治信访维稳中心进行调解。人民法院应当及时将《委托调解函》（附件4）和有关案卷材料移交镇街综治信访维稳中心。自人民法院委托之日起30日内不能达成调解协议的，人民法院应当及时审理。委托调解期间可不计入案件审理期限。

当事人双方均同意诉中委托调解的，应当在《委托综治信访维稳中心调解建议书》（附件5）上签字确认。

2. 人民法院在审理案件过程中可以邀请镇街综治信访维稳中心参与诉讼调解。人民法院应当及时将《协助调解函》（附件6）送达给镇街综治信访维稳中心。镇街综治信访维稳中心可以自行派员，也可以根据案件具体情况，协调相关部门派员参与诉讼调解。

3. 达成调解协议的，当事人可以申请撤诉或申请人民法院审查后制作调解书。调解不成的，人民法院应当及时判决。

4. 镇街综治信访维稳中心对接受诉前和诉中委托调解的案件，不管调解结果如何均应当制作《委托调解情况复函》（附件7），并及时将有关案件材料送回委托调解的人民法院。

（三）送达衔接

1. 对于涉及维稳因素的民事案件，人民法院可以委托镇街综治信访维稳中心代为送达裁判文书。人民法院应当及时将《委托送达函》（附件8）送达镇街综治信访维稳中心，镇街综治信访维稳中心应当自收到《委托送达函》之日起7日内送达。中心可以自行送达，也可以协调相关部门代为送达。

2. 镇街综治信访维稳中心代为送达裁判文书的，在裁判文书送达给当事人之前，可以再次组织调解。达成调解协议的，当事人可以申请撤诉，也可根据调解协议申请司法确认。

（四）执行衔接

1. 经镇街综治信访维稳中心调解达成的具有民事权利义务内容并由双方当事人签字或者盖章确认的调解协议，具有民事合同性质。镇街综治信访维稳中心应当告知当事人可以向人民法院申请司法确认，或者按照《中华人民共和国公证法》的规定申请公证机关依法赋予强制执行效力。债务人不履行或不适当履行经司法确认的调解协议内容或者具有强制执行效力公证文书的，债权人可依法向有管辖权的人民法院申请强制执行。

2. 当事人持已生效的调解协议向人民法院申请支付令，经审查符合《中华人民共和国民事诉讼法》第一百九十一条规定条件的，人民法院应当予以支持。

（五）判后维稳衔接

对于涉及判后维稳的案件，人民法院在案件宣判前后，可以邀请镇街综治信访维稳中心参与判后维稳工作，引导当事人息诉罢访。人民法院应当及时将《协助开展判后维稳工作函》（附件9）送达给镇街综治信访维稳中心。

（六）工作人员衔接

1. 镇街综治信访维稳中心应当安排经验丰富的工作人员参与调解衔接工作，并做好与相关部门的沟通和协调。

2. 人民法院与镇街综治信访维稳中心要定期开展学习交流活动，相互促进、共同提高。

人民法院应当定期邀请镇街综治信访维稳中心工作人员旁听庭审，并指派调解经验丰富的法官担任镇街综治信访维稳中心调解工作指导员，协助开展培训，提高工作人员的调解技能。镇街综治信访维稳中心及相关部门工作人员应向审判人员介绍相关行业惯例、商业规则、村规民约、社区公约、风俗习惯等，帮助审判人员了解社情民意，提高群众工作能力。

3. 人民法院对于政治素质高、具有一定法律政策水平和调解工作经验的镇街综治信访维稳中心工作人员，符合人民陪审员法定条件的，可以依法提请任命为人民陪审员。

（七）其他衔接

1. 各级人民法院、镇街综治信访维稳中心要积极为诉讼调解与综治工作的衔接工作提供办公场所，并为工作人员和当事人提供便利条件。

2. 各级人民法院、综治办要加大对诉讼调解与基层综治工作衔接的调研指导力度，及时总结、发现和推广先进经验，逐步完善衔接工作机制，促进调研成果的转化和利用。

3. 各级人民法院、综治办要加大宣传力度，大力宣传衔接工作的机制优势和工作实效，提高人民群众的法制意识和调解意识，促进社会和谐。

4. 人民法院和镇街综治信访维稳中心要将调解衔接工作绩效列入年终考核的重要内容，建立奖励制度，并与年终评奖、评先、评优、晋级挂钩。

七、本意见自下发之日起施行。

附件：1. 镇街综治信访维稳中心调解承办法院（庭）委托诉前调解案件情况登记表

2. 诉前委托综治信访维稳中心调解建议书（原告适用）

3. 诉前委托综治信访维稳中心调解建议书（被告适用）

4. 委托调解函

5. 委托综治信访维稳中心调解建议书

6. 协助调解函

7. 委托调解情况复函

8. 委托送达函

9. 协助开展判后维稳工作函

（略）

广东省高级人民法院
关于印发《广东省高级人民法院关于完善民事、行政案件改判、发回重审沟通机制的意见》的通知

粤高法发［2010］34号

全省各级人民法院、广州海事法院、广州铁路运输两级法院：

现将《广东省高级人民法院关于完善民事、行政案件改判、发回重审沟通机制的意见》印发给你们，请认真组织学习，深入贯彻执行。执行中如遇问题，请及时层报我院。

二〇一〇年五月十七日

广东省高级人民法院
关于完善民事、行政案件改判、发回重审沟通机制的意见

第一条 为了完善民事、行政案件改判、发回重审沟通机制，统一民事、行政案件的裁判尺度，提高审判质量，维护司法权威，实现法律效果和社会效果的统一，结合我省法院审判工作实际，制定本意见。

第二条 案件改判、发回重审沟通应当依法保护当事人在各审级中的合法权益，遵循独立审判原则。

第三条 案件改判、发回重审沟通应当遵守审判纪律，保守审判秘密，坚持合法、规范、合理沟通原则。

第四条 案件改判、发回重审遇有下列情形之一的，应当就案件背景、事实认定、裁判思路、诉讼程序等问题与一审或原审法院进行沟通：

（一）法律没有明确规定或法律适用有争议的案件；

（二）一审或原审法院审判委员会讨论决定的案件；

（三）全国、全省或本辖区内有重大社会影响的案件；

（四）二审或再审法院认为应当进行沟通的其他案件。

第五条 需要改判、发回重审案件的沟通，可以采取以下方式进行：

（一）书面沟通；

（二）座谈会。

第六条 书面沟通的，二审或再审法院应当在书面函中列明需沟通的问题。一审或原审法院应当书面回复。

第七条 召开座谈会沟通的，二审或再审法院应将需沟通的案件及涉及的问题、参会人员、座谈会时间和地点等提前通知一审或原审法院。

第八条 座谈参会人员应当包括一审或原审承办案件的业务庭庭长或分管副庭长、合议庭成员、二审或再审案件的合议庭成员以及分管副庭长。二审或再审法院庭长或分管副院长认为必要的，可以参加，也可以要求一审或原审法院的分管副院长参加。书记员应当如实记录座谈会内容。

第九条 需要改判、发回重审的案件涉及二审或再审法院其他部门业务范围的，可以书面征询该部门的意见。被征询的部门应当书面回复。

第十条 需要改判、发回重审的案件沟通后，合议庭应当复议。复议后，仍决定发回重审或改判的，应当将合议庭意见报分管副庭长、庭长审批。庭长认为必要的，应当报分管副院长决定。

第十一条 书面沟通函件及其回复意见、座谈会会议记录等案件沟通材料是审理案件的重要参考，案件归档时，应当附卷。

第十二条 上级法院各民事、行政审判业务庭应当定期汇总本辖区改判、发回重审沟通的案件，召开座谈会，向辖区各法院对口业务庭通报改判、发回重审案件的基本情况，听取各对口业务庭对改判、发回重审案件的反馈意见。

第十三条 再审审查案件裁定再审的，参照上述规定执行。

广东省高级人民法院
关于印发《广东省高级人民法院关于依法慎用先予执行措施的若干规定》的通知

粤高法发［2010］35号

全省各级人民法院、广州海事法院、广州铁路运输两级法院：

为了正确适用先予执行措施，防止因不当适用引发突发性事件，切实维护社会稳定，省法院依照《中华人民共和国民事诉讼法》和最高人民法院有关司法解释，制定了《广东省高级人民法院关于依法慎用先予执行措施的若干规定》，现印发给你们，请认真贯彻执行。执行中遇到的问题，请及时层报我院执行局。

特此通知。

二○一○年六月二日

广东省高级人民法院
关于依法慎用先予执行措施的若干规定

第一条 为了正确适用先予执行措施，防止因不当适用引发突发性事件，切实维护社会稳定，依照《中华人民共和国民事诉讼法》和有关司法解释，制定本规定。

第二条 先予执行，是指人民法院在做出终审判决之前，因一方当事人生活或者生产经营的迫切需要，依法裁定对方当事人给付财产或者实施行为，并立即予以执行。

第三条 各级法院应增强维护社会稳定的政治敏锐性和责任感，防止因违法或者不当先予执行引发影响社会和谐稳定事件。

第四条 人民法院裁定先予执行的，应当符合当事人之间权利义务关系明确，不先予执行将严重影响申请人的生活或者生产经营以及被申请人有履行能力等条件。

人民法院在采取先予执行措施时必须严格按照法定程序进行。

第五条 可适用先予执行的案件限于：

（一）追索赡养费、扶养费、抚育费、抚恤金、医疗费用的案件；

（二）追索劳动报酬的案件；

（三）因情况紧急需要先予执行的案件。

前项规定的紧急情况限于：1. 需要立即停止侵害、排除妨碍的；2. 需要立即制止某项行为的；3. 需要立即返还用于购置生产原料、生产工具货款的；4. 追索恢复生产、经营急

需的保险理赔费的。

第六条 因需要立即停止侵害、排除妨碍而采取先予执行，应以权利义务关系明确、该侵权或妨碍行为对权利人的生活或生产产生了实际严重影响、情况紧急为条件，不得随意作扩大性解释，任意适用。

第七条 在审理存在房地产权属争议、征地拆迁补偿纠纷问题的案件中，原则上不得采取先予执行措施，政府控制工程进度的公益工程施工除外。

在审理妨碍商业性房地产开发经营工程施工的案件中，不得采取先予执行措施。

第八条 对于被执行人或利害关系人对先予执行行为提出异议，并提供证据证明的，应当先行停止执行行为，及时依法审查处理执行异议。

对没有提供证据证明，但以异议理由对抗执行行为的，要加强释法说理，妥善采取执行措施，防止激化矛盾。

对被执行人或利害关系人以自残、自杀等手段相要挟，或暴力抗拒执行的，要立即暂停执行，查明当事人或有关人员妨碍执行事实，先行制裁妨碍执行行为，等条件成熟再继续执行。

第九条 执行机构在执行先予执行裁定过程中，发现先予执行裁定不符合法律规定或者本规定精神的，要及时停止执行，与做出裁定的部门协调解决。

第十条 根据《民事诉讼法》第九十七条第三项“因情况紧急需要先予执行的”规定先予执行强制迁出房屋、强制退出土地、强制拆除建筑物的，必须层报省法院执行指挥中心审查批准。

报请审批材料包括生效法律文书、先予执行方案和先予执行请示等。

第十一条 在先予执行中发生暴力抗法、群体性冲突造成有关人员伤亡事件的，执行法院应立即电话报告省法院执行指挥中心，并于当天以书面方式层报省法院执行指挥中心。

第十二条 对于违法或者不当先予执行影响社会和谐稳定的，省法院应当组织人员进行调查，分析原因，追究相关人员的责任。

第十三条 本规定自下发之日起实施。本院以前规定与本规定不一致的，以本规定为准。

广东省高级人民法院
关于印发《广东省2010年度人身损害赔偿计算标准》的通知

粤高法发〔2010〕36号

全省各级人民法院、广州海事法院、广州铁路运输两级法院：

根据国家统计局广东调查总队公布的2009年度统计数据及有关规定，现将《广东省2010年度人身损害赔偿计算标准》印发给你们。在《侵权责任法》施行后，如无其他新规定，请依照最高人民法院《关于审理人身损害赔偿案件适用法律若干问题的解释》第三十五条等规定，计算各类民事侵权案件的人身损害赔偿数额。对于在本标准公布前本年度已审结的一审或二审案件，如适用了2008年度统计数据的，二审或再审不再作调整。

“国有同行业在岗职工年平均工资”等数据尚须有关部门核发（另文下发）。在相关数据下发前，“城镇、国有单位在岗职工平均工资”和“国有同行业在岗职工平均工资”以及“住宿费”和“伙食补助费”的计算标准，可参照适用《广东省2009年度人身损害赔偿计算标准》的相关规定。

（此件发至人民法庭）

二〇一〇年六月十三日

广东省2010年度人身损害赔偿计算标准

<table>
<tr><th>序　号</th><th colspan="3">项　　目</th><th>数值（元）</th><th>说　明</th></tr>
<tr><td rowspan="4">一</td><td rowspan="4">城镇居民人均可支配收入（元/年）</td><td>计划单列市</td><td>深圳</td><td>29244.52</td><td></td></tr>
<tr><td rowspan="2">经济特区</td><td>珠海</td><td>22858.57</td><td rowspan="2"></td></tr>
<tr><td>汕头</td><td>13650.89</td></tr>
<tr><td colspan="2">一般地区</td><td>21574.70</td><td></td></tr>
<tr><td>二</td><td colspan="3">农村居民人均纯收入（元/年）</td><td>6906.93</td><td></td></tr>
<tr><td rowspan="4">三</td><td rowspan="4">城镇居民人均消费性支出（元/年）</td><td>计划单列市</td><td>深圳</td><td>21526.10</td><td rowspan="4"></td></tr>
<tr><td rowspan="2">经济特区</td><td>珠海</td><td>17948.41</td></tr>
<tr><td>汕头</td><td>11659.47</td></tr>
<tr><td colspan="2">一般地区</td><td>16857.51</td></tr>
<tr><td>四</td><td colspan="3">农村居民人均年生活消费支出（元）</td><td>5019.81</td><td></td></tr>
</table>

广东省高级人民法院　广东省人民检察院
广东省公安厅　广东省国家安全厅　广东省司法厅
转发《关于办理死刑案件审查判断证据若干问题的规定》和《关于办理刑事案件排除非法证据若干问题的规定》的通知

粤高法发［2010］38号

全省各中级人民法院、基层人民法院、各级人民检察院、公安局、国家安全局、司法局，广州铁路运输两级法院、广州铁路运输两级检察院，广州铁路、广州海运、民航中南管理局、省森林分局：

现将最高人民法院、最高人民检察院、公安部、国家安全部、司法部《关于办理死刑案件审查判断证据若干问题的规定》和《关于办理刑事案件排除非法证据若干问题的规定》（法发［2010］20号）转发给你们，请认真学习，深刻领会文件精神，并采取有效措施贯彻落实。

二〇一〇年七月十二日

最高人民法院　最高人民检察院　公安部　国家安全部　司法部印发《关于办理死刑案件审查判断证据若干问题的规定》和《关于办理刑事案件排除非法证据若干问题的规定》的通知

法发［2010］20号

各省、自治区、直辖市高级人民法院、人民检察院、公安厅（局）、国家安全厅（局）、司法厅（局），解放军军事法院、军事检查院、总政治部保卫部，新疆维吾尔自治区高级人民法院生产建设兵团分院、新疆生产建设兵团人民检察院、公安局、司法局、监狱管理局：

为进一步完善我国刑事诉讼制度，根据中央关于深化司法体制和工作机制改革的总体部署，经过广泛深入调查研究，最高人民法院、最高人民检察院、公安部、国家安全部和司法部近日联合制定了《关于办理死刑案件审查判断证据若干问题的规定》和《关于办理刑事案件排除非法证据若干问题的规定》（以下简称两个《规定》），现印发给你们，请遵照执行。

为了在司法实践中严格贯彻执行两个《规定》，现提出以下意见：

一、充分认识制定、执行两个《规定》的重要意义

两个《规定》对政法机关办理刑事案件特别是死刑案件提出了更高的标准、更严的要求，对于完善我国刑事诉讼制度，提高执法办案水平，推进社会主义法治建设，具有十分重要的意义。中央对两个《规定》高度重视，中央政治局常委、中央政法委书记周永康同志主持召开中央政法委员会全体会议暨司法体制改革专题汇报会，认真讨论了两个《规定》，要求各级人民法院、人民检察院、公安机关、国家安全机关和司法行政机关要依法履行职责，严格执行两个《规定》，讲事实、讲证据、讲法律、讲责任，确保办案质量，依法惩治犯罪、切实保障人权、维护司法公正，确保办理的每一起刑事案件都能经得起法律和历史的检验。各省、自治区、直辖市相关部门要从全面准确执行国家法律，贯彻党和国家刑事政策的高度，积极加强宣传工作，充分认识出台两个《规定》的重要意义。

二、认真组织开展对两个《规定》的培训

各级人民法院、人民检察院、公安机关、国家安全机关、司法行政等单位和部门应当根据实际情况，通过不同途径，采取不同方式，认真、及时地开展对两个《规定》的培训和学习工作，要精心组织相关办案人员参加专项培训，确保使每一名刑事办案人员都能够全面掌握两个《规定》的具体内容。

三、严格贯彻执行两个《规定》

两个《规定》不仅全面规定了刑事诉讼证据的基本原则，细化了证明标准，还进一步具体规定了对各类证据的收集、固定、审查、判断和运用；不仅规定了非法证据的内涵和外延，还对审查和排除非法证据的程序、证明责任等问题进行了具体的规范。切实把两个《规定》贯彻好、执行好，对于进一步提高执法办案水平，进一步强化执法人员素质，必将发挥重要作用。各相关部门在司法实践中要严格贯彻落实两个《规定》，牢固树立惩罚犯罪与保障人权并重的观念、实体法与程序法并重的观念，依法、全面、客观地收集、审查、判断证据，严把事实关、证据关，切实提高刑事案件审判质量，确保将两个《规定》落到实处，把每一起刑事案件都办成铁案。在贯彻执行中遇到的新情况、新问题和探索出的新经验、新做法，要认真总结，并及时报告中央主管部门。

另，办理其他刑事案件，参照《关于办理死刑案件审查判断证据若干问题的规定》执行。

二〇一〇年六月十三日

最高人民法院　最高人民检察院
公安部　国家安全部　司法部
关于办理死刑案件审查判断证据若干问题的规定

为依法、公正、准确、慎重地办理死刑案件，惩罚犯罪，保障人权，根据《中华人民共和国刑事诉讼法》等有关法律规定，结合司法实际，制定本规定。

一、一般规定

第一条　办理死刑案件，必须严格执行刑法和刑事诉讼法，切实做到事实清楚，证据确实、充分，程序合法，适用法律正确，确保案件质量。

第二条　认定案件事实，必须以证据为根据。

第三条　侦查人员、检察人员、审判人员应当严格遵守法定程序，全面、客观地收集、审查、核实和认定证据。

第四条　经过当庭出示、辨认、质证等法庭调查程序查证属实的证据，才能作为定罪量刑的根据。

第五条　办理死刑案件，对被告人犯罪事实的认定，必须达到证据确实、充分。

证据确实、充分是指：

（一）定罪量刑的事实都有证据证明；

（二）每一个定案的证据均已经法定程序查证属实；

（三）证据与证据之间、证据与案件事实之间不存在矛盾或者矛盾得以合理排除；

（四）共同犯罪案件中，被告人的地位、作用均已查清；

（五）根据证据认定案件事实的过程符合逻辑和经验规则，由证据得出的结论为唯一结论。

办理死刑案件，对于以下事实的证明必须达到证据确实、充分：

（一）被指控的犯罪事实的发生；

（二）被告人实施了犯罪行为与被告人实施犯罪行为的时间、地点、手段、后果以及其他情节；

（三）影响被告人定罪的身份情况；

（四）被告人有刑事责任能力；

（五）被告人的罪过；

（六）是否共同犯罪及被告人在共同犯罪中的地位、作用；

（七）对被告人从重处罚的事实。

二、证据的分类审查与认定

1. 物证、书证

第六条　对物证、书证应当着重审查以下内容：

（一）物证、书证是否为原物、原件，物证的照片、录像或者复制品及书证的副本、复制件与原物、原件是否相符；物证、书证是否经过辨认、鉴定；物证的照片、录像或者复制品和书证的副本、复制件是否由二人以上制作，有无制作人关于制作过程及原件、原物存放于何处的文字说明及签名。

（二）物证、书证的收集程序、方式是否符合法律及有关规定；经勘验、检查、搜查提取、扣押的物证、书证，是否附有相关笔录或者清单；笔录或者清单是否有侦查人员、物品持有人、见证人签名，没有物品持有人签名的，是否注明原因；对物品的特征、数量、质量、名称等注明是否清楚。

（三）物证、书证在收集、保管及鉴定过程中是否受到破坏或者改变。

（四）物证、书证与案件事实有无关联。对现场遗留与犯罪有关的具备检验鉴定条件的血迹、指纹、毛发、体液等生物物证、痕迹、物品，是否通过DNA鉴定、指纹鉴定等鉴定方式与被告人或者被害人的相应生物检材、生物特征、物品等作同一认定。

（五）与案件事实有关联的物证、书证是否全面收集。

第七条　对在勘验、检查、搜查中发现与案件事实可能有关联的血迹、指纹、足迹、字迹、毛发、体液、人体组织等痕迹和物品应当提取而没有提取，应当检验而没有检验，导致案件事实存疑的，人民法院应当向人民检察院说明情况，人民检察院依法可以补充收集、调取证据，作出合理的说明或者退回侦查机关补充侦查，调取有关证据。

第八条　据以定案的物证应当是原物。只有在原物不便搬运、不易保存或者依法应当由有关部门保管、处理或者依法应当返还时，才可以拍摄或者制作足以反映原物外形或者内容的照片、录像或者复制品。物证的照片、录像或者复制

品，经与原物核实无误或者经鉴定证明为真实的，或者以其他方式确能证明其真实的，可以作为定案的根据。原物的照片、录像或者复制品，不能反映原物的外形和特征的，不能作为定案的根据。

据以定案的书证应当是原件。只有在取得原件确有困难时，才可以使用副本或者复制件。书证的副本、复制件，经与原件核实无误或者经鉴定证明为真实的，或者以其他方式确能证明其真实的，可以作为定案的根据。书证有更改或者更改迹象不能作出合理解释的，书证的副本、复制件不能反映书证原件及其内容的，不能作为定案的根据。

第九条 经勘验、检查、搜查提取、扣押的物证、书证，未附有勘验、检查笔录，搜查笔录，提取笔录，扣押清单，不能证明物证、书证来源的，不能作为定案的根据。

物证、书证的收集程序、方式存在下列瑕疵，通过有关办案人员的补正或者作出合理解释的，可以采用：

（一）收集调取的物证、书证，在勘验、检查笔录，搜查笔录，提取笔录，扣押清单上没有侦查人员、物品持有人、见证人签名或者物品特征、数量、质量、名称等注明不详的；

（二）收集调取物证照片、录像或者复制品，书证的副本、复制件未注明与原件核对无异，无复制时间、无被收集、调取人（单位）签名（盖章）的；

（三）物证照片、录像或者复制品，书证的副本、复制件没有制作人关于制作过程及原物、原件存放于何处的说明或者说明中无签名的；

（四）物证、书证的收集程序、方式存在其他瑕疵的。

对物证、书证的来源及收集过程有疑问，不能作出合理解释的，该物证、书证不能作为定案的根据。

第十条 具备辨认条件的物证、书证应当交由当事人或者证人进行辨认，必要时应当进行鉴定。

2. 证人证言

第十一条 对证人证言应当着重审查以下内容：

（一）证言的内容是否为证人直接感知。

（二）证人作证时的年龄、认知水平、记忆能力和表达能力，生理上和精神上的状态是否影响作证。

（三）证人与案件当事人、案件处理结果有无利害关系。

（四）证言的取得程序、方式是否符合法律及有关规定：有无使用暴力、威胁、引诱、欺骗以及其他非法手段取证的情形；有无违反询问证人应当个别进行的规定；笔录是否经证人核对确认并签名（盖章）、捺指印；询问未成年证人，是否通知了其法定代理人到场，其法定代理人是否在场等。

（五）证人证言之间以及与其他证据之间能否相互印证，有无矛盾。

第十二条 以暴力、威胁等非法手段取得的证人证言，不能作为定案的根据。

处于明显醉酒、麻醉品中毒或者精神药物麻醉状态，以致不能正确表达的证人所提供的证言，不能作为定案的根据。

证人的猜测性、评论性、推断性的证言，不能作为证据使用，但根据一般生活经验判断符合事实的除外。

第十三条 具有下列情形之一的证人证言，不能作为定案的根据：

（一）询问证人没有个别进行而取得的证言；

（二）没有经证人核对确认并签名（盖章）、捺指印的书面证言；

（三）询问聋哑人或者不通晓当地通用语言、文字的少数民族人员、外国人，应当提供翻译而未提供的。

第十四条 证人证言的收集程序和方式有下列瑕疵，通过有关办案人员的补正或者作出合理解释的，可以采用：

（一）没有填写询问人、记录人、法定代理人姓名或者询问的起止时间、地点的；

（二）询问证人的地点不符合规定的；

（三）询问笔录没有记录告知证人应当如实提供证言和有意作伪证或者隐匿罪证要负法律责任内容的；

（四）询问笔录反映出在同一时间段内，同一询问人员询问不同证人的。

第十五条 具有下列情形的证人，人民法院应当通知出庭作证；经依法通知不出庭作证证人的书面证言经质证无法确认的，不能作为定案的根据：

（一）人民检察院、被告人及其辩护人对证人证言有异议，该证人证言对定罪量刑有重大影响的；

（二）人民法院认为其他应当出庭作证的。

证人在法庭上的证言与其庭前证言相互矛盾，如果证人当庭能够对其翻证作出合理解释，并有相关证据印证的，应当采信庭审证言。

对未出庭作证证人的书面证言，应当听取出庭检察人员、被告人及其辩护人的意见，并结合其他证据综合判断。未出庭作证证人的书面证言出现矛盾，不能排除矛盾且无证据印证的，不能作为定案的根据。

第十六条 证人作证，涉及国家秘密或者个人隐私的，应当保守秘密。

证人出庭作证，必要时，人民法院可以采取限制公开证人信息、限制询问、遮蔽容貌、改变声音等保护性措施。

3. 被害人陈述

第十七条 对被害人陈述的审查与认定适用前述关于证人证言的有关规定。

4. 被告人供述和辩解

第十八条 对被告人供述和辩解应当着重审查以下内容：

（一）讯问的时间、地点、讯问人的身份等是否符合法律及有关规定，讯问被告人的侦查人员是否不少于二人，讯问被告人是否个别进行等。

（二）讯问笔录的制作、修改是否符合法律及有关规定，讯问笔录是否注明讯问的起止时间和讯问地点，首次讯问时是否告知被告人申请回避、聘请律师等诉讼权利，被告人是否核对确认并签名（盖章）、捺指印，是否有不少于二人的讯问人签名等。

（三）讯问聋哑人、少数民族人员、外国人时是否提供了通晓聋、哑手势的人员或者翻译人员，讯问未成年同案犯时，是否通知了其法定代理人到场，其法定代理人是否在场。

（四）被告人的供述有无以刑讯逼供等非法手段获取的情形，必要时可以调取被告人进出看守所的健康检查记录、笔录。

（五）被告人的供述是否前后一致，有无反复以及出现反复的原因；被告人的所有供述和辩解是否均已收集入卷；应当入卷的供述和辩解没有入卷的，是否出具了相关说明。

（六）被告人的辩解内容是否符合案情和常理，有无矛盾。

（七）被告人的供述和辩解与同案犯的供述和辩解以及其他证据能否相互印证，有无矛盾。

对于上述内容，侦查机关随案移送有录音录像资料的，应当结合相关录音录像资料进行审查。

第十九条 采用刑讯逼供等非法手段取得的被告人供述，不能作为定案的根据。

第二十条 具有下列情形之一的被告人供述，不能作为定案的根据：

（一）讯问笔录没有经被告人核对确认并签名（盖章）、捺指印的；

（二）讯问聋哑人、不通晓当地通用语言、文字的人员时，应当提供通晓聋、哑手势的人员或者翻译人员而未提供的。

第二十一条 讯问笔录有下列瑕疵，通过有关办案人员的补正或者作出合理解释的，可以采用：

（一）笔录填写的讯问时间、讯问人、记录人、法定代理人等有误或者存在矛盾的；

（二）讯问人没有签名的；

（三）首次讯问笔录没有记录告知被讯问人诉讼权利内容的。

第二十二条 对被告人供述和辩解的审查，应当结合控辩双方提供的所有证据以及被告人本人的全部供述和辩解进行。

被告人庭前供述一致，庭审中翻供，但被告人不能合理说明翻供理由或者其辩解与全案证据相矛盾，而庭前供述与其他证据能够相互印证的，可以采信被告人庭前供述。

被告人庭前供述和辩解出现反复，但庭审中供认的，且庭审中的供述与其他证据能够印证的，可以采信庭审中的供述；被告人庭前供述和辩解出现反复，庭审中不供认，且无其他证据与庭前供述印证的，不能采信庭前供述。

5. 鉴定意见

第二十三条 对鉴定意见应当着重审查以下内容：

（一）鉴定人是否存在应当回避而未回避的情形。

（二）鉴定机构和鉴定人是否具有合法的资质。

（三）鉴定程序是否符合法律及有关规定。

（四）检材的来源、取得、保管、送检是否符合法律及有关规定，与相关提取笔录、扣押物品清单等记载的内容是否相符，检材是否充足、可靠。

（五）鉴定的程序、方法、分析过程是否符合本专业的检验鉴定规程和技术方法要求。

（六）鉴定意见的形式要件是否完备，是否注明提起鉴定的事由、鉴定委托人、鉴定机构、鉴定要求、鉴定过程、检验方法、鉴定文书的日期等相关内容，是否由鉴定机构加盖鉴定专用章并由鉴定人签名盖章。

（七）鉴定意见是否明确。

（八）鉴定意见与案件待证事实有无关联。

（九）鉴定意见与其他证据之间是否有矛盾，鉴定意见与检验笔录及相关照片是否有矛盾。

（十）鉴定意见是否依法及时告知相关人员，当事人对鉴定意见是否有异议。

第二十四条 鉴定意见具有下列情形之一的，不能作为定案的根据：

（一）鉴定机构不具备法定的资格和条件，或者鉴定事项超出本鉴定机构项目范围或者鉴定能力的；

（二）鉴定人不具备法定的资格和条件、鉴定人不具有相关专业技术或者职称、鉴定人违反回避规定的；

（三）鉴定程序、方法有错误的；

（四）鉴定意见与证明对象没有关联的；

（五）鉴定对象与送检材料、样本不一致的；

（六）送检材料、样本来源不明或者确实被污染且不具备鉴定条件的；

（七）违反有关鉴定特定标准的；

（八）鉴定文书缺少签名、盖章的；

（九）其他违反有关规定的情形。

对鉴定意见有疑问的，人民法院应当依法通知鉴定人出庭作证或者由其出具相关说明，也可以依法补充鉴定或者重新鉴定。

6. 勘验、检查笔录

第二十五条 对勘验、检查笔录应当着重审查以下内容：

（一）勘验、检查是否依法进行，笔录的制作是否符合法律及有关规定的要求，勘验、检查人员和见证人是否签名或者盖章等。

（二）勘验、检查笔录的内容是否全面、详细、准确、规范：是否准确记录了提起勘验、检查的事由，勘验、检查的时间、地点，在场人员、现场方位、周围环境等情况；是否准确记载了现场、物品、人身、尸体等的位置、特征等详细情况以及勘验、检查、搜查的过程；文字记载与实物或者绘图、录像、照片是否相符；固定证据的形式、方法是否科

学、规范；现场、物品、痕迹等是否被破坏或者伪造，是否是原始现场；人身特征、伤害情况、生理状况有无伪装或者变化等。

（三）补充进行勘验、检查的，前后勘验、检查的情况是否有矛盾，是否说明了再次勘验、检查的原由。

（四）勘验、检查笔录中记载的情况与被告人供述、被害人陈述、鉴定意见等其他证据能否印证，有无矛盾。

第二十六条 勘验、检查笔录存在明显不符合法律及有关规定的情形，并且不能作出合理解释或者说明的，不能作为证据使用。

勘验、检查笔录存在勘验、检查没有见证人的，勘验、检查人员和见证人没有签名、盖章的，勘验、检查人员违反回避规定的等情形，应当结合案件其他证据，审查其真实性和关联性。

7. 视听资料

第二十七条 对视听资料应当着重审查以下内容：

（一）视听资料的来源是否合法，制作过程中当事人有无受到威胁、引诱等违反法律及有关规定的情形；

（二）是否载明制作人或者持有人的身份，制作的时间、地点和条件以及制作方法；

（三）是否为原件，有无复制及复制份数；调取的视听资料是复制件的，是否附有无法调取原件的原因、制作过程和原件存放地点的说明，是否有制作人和原视听资料持有人签名或者盖章；

（四）内容和制作过程是否真实，有无经过剪辑、增加、删改、编辑等伪造、变造情形；

（五）内容与案件事实有无关联性。

对视听资料有疑问的，应当进行鉴定。

对视听资料，应当结合案件其他证据，审查其真实性和关联性。

第二十八条 具有下列情形之一的视听资料，不能作为定案的根据：

（一）视听资料经审查或者鉴定无法确定真伪的；

（二）对视听资料的制作和取得的时间、地点、方式等有异议，不能作出合理解释或者提供必要证明的。

8. 其他规定

第二十九条 对于电子邮件、电子数据交换、网上聊天记录、网络博客、手机短信、电子签名、域名等电子证据，应当主要审查以下内容：

（一）该电子证据存储磁盘、存储光盘等可移动存储介质是否与打印件一并提交；

（二）是否载明该电子证据形成的时间、地点、对象、制作人、制作过程及设备情况等；

（三）制作、储存、传递、获得、收集、出示等程序和环节是否合法，取证人、制作人、持有人、见证人等是否签名或者盖章；

（四）内容是否真实，有无剪裁、拼凑、篡改、添加等伪造、变造情形；

（五）该电子证据与案件事实有无关联性。

对电子证据有疑问的，应当进行鉴定。

对电子证据，应当结合案件其他证据，审查其真实性和关联性。

第三十条 侦查机关组织的辨认，存在下列情形之一的，应当严格审查，不能确定其真实性的，辨认结果不能作为定案的根据：

（一）辨认不是在侦查人员主持下进行的；

（二）辨认前使辨认人见到辨认对象的；

（三）辨认人的辨认活动没有个别进行的；

（四）辨认对象没有混杂在具有类似特征的其他对象中，或者供辨认的对象数量不符合规定的；尸体、场所等特定辨认对象除外。

（五）辨认中给辨认人明显暗示或者明显有指认嫌疑的。

有下列情形之一的，通过有关办案人员的补正或者作出合理解释的，辨认结果可以作为证据使用：

（一）主持辨认的侦查人员少于二人的；

（二）没有向辨认人详细询问辨认对象的具体特征的；

（三）对辨认经过和结果没有制作专门的规范的辨认笔录，或者辨认笔录没有侦查人员、辨认人、见证人的签名或者盖章的；

（四）辨认记录过于简单，只有结果没有过程的；

（五）案卷中只有辨认笔录，没有被辨认对象的照片、录像等资料，无法获悉辨认的真实情况的。

第三十一条 对侦查机关出具的破案经过等材料，应当审查是否有出具该说明材料的办案人、办案机关的签字或者盖章。

对破案经过有疑问，或者对确定被告人有重大嫌疑的根据有疑问的，应当要求侦查机关补充说明。

三、证据的综合审查和运用

第三十二条 对证据的证明力，应当结合案件的具体情况，从各证据与待证事实的关联程度、各证据之间的联系等方面进行审查判断。

证据之间具有内在的联系，共同指向同一待证事实，且能合理排除矛盾的，才能作为定案的根据。

第三十三条 没有直接证据证明犯罪行为系被告人实施，但同时符合下列条件的可以认定被告人有罪：

（一）据以定案的间接证据已经查证属实；

（二）据以定案的间接证据之间相互印证，不存在无法排除的矛盾和无法解释的疑问；

（三）据以定案的间接证据已经形成完整的证明体系；

（四）依据间接证据认定的案件事实，结论是唯一的，足以排除一切合理怀疑；

（五）运用间接证据进行的推理符合逻辑和经验判断。

根据间接证据定案的，判处死刑应当特别慎重。

第三十四条 根据被告人的供述、指认提取到了隐蔽性很强的物证、书证，且与其他证明犯罪事实发生的证据互相印证，并排除串供、逼供、诱供等可能性的，可以认定有罪。

第三十五条 侦查机关依照有关规定采用特殊侦查措施所收集的物证、书证及其他证据材料，经法庭查证属实，可以作为定案的根据。

法庭依法不公开特殊侦查措施的过程及方法。

第三十六条 在对被告人作出有罪认定后，人民法院认定被告人的量刑事实，除审查法定情节外，还应审查以下影响量刑的情节：

（一）案件起因；

（二）被害人有无过错及过错程度，是否对矛盾激化负有责任及责任大小；

（三）被告人的近亲属是否协助抓获被告人；

（四）被告人平时表现及有无悔罪态度；

（五）被害人附带民事诉讼赔偿情况，被告人是否取得被害人或者被害人近亲属谅解；

（六）其他影响量刑的情节。

既有从轻、减轻处罚等情节，又有从重处罚等情节的，应当依法综合相关情节予以考虑。

不能排除被告人具有从轻、减轻处罚等量刑情节的，判处死刑应当特别慎重。

第三十七条 对于有下列情形的证据应当慎重使用，有其他证据印证的，可以采信：

（一）生理上、精神上有缺陷的被害人、证人和被告人，在对案件事实的认知和表达上存在一定困难，但尚未丧失正确认知、正确表达能力而作的陈述、证言和供述；

（二）与被告人有亲属关系或者其他密切关系的证人所作的对该被告人有利的证言，或者与被告人有利害冲突的证人所作的对该被告人不利的证言。

第三十八条 法庭对证据有疑问的，可以告知出庭检察人员、被告人及其辩护人补充证据或者作出说明；确有核实必要的，可以宣布休庭，对证据进行调查核实。法庭进行庭外调查时，必要时，可以通知出庭检察人员、辩护人到场。出庭检察人员、辩护人一方或者双方不到场的，法庭记录在案。

人民检察院、辩护人补充的和法庭庭外调查核实取得的证据，法庭可以庭外征求出庭检察人员、辩护人的意见。双方意见不一致，有一方要求人民法院开庭进行调查的，人民法院应当开庭。

第三十九条 被告人及其辩护人提出有自首的事实及理由，有关机关未予认定的，应当要求有关机关提供证明材料或者要求相关人员作证，并结合其他证据判断自首是否成立。

被告人是否协助或者如何协助抓获同案犯的证明材料不全，导致无法认定被告人构成立功的，应当要求有关机关提供证明材料或者要求相关人员作证，并结合其他证据判断立功是否成立。

被告人有检举揭发他人犯罪情形的，应当审查是否已经查证属实；尚未查证的，应当及时查证。

被告人累犯的证明材料不全，应当要求有关机关提供证明材料。

第四十条 审查被告人实施犯罪时是否已满十八周岁，一般应当以户籍证明为依据；对户籍证明有异议，并有经查证属实的出生证明文件、无利害关系人的证言等证据证明被告人不满十八周岁的，应认定被告人不满十八周岁；没有户籍证明以及出生证明文件的，应当根据人口普查登记、无利害关系人的证言等证据综合进行判断，必要时，可以进行骨龄鉴定，并将结果作为判断被告人年龄的参考。

未排除证据之间的矛盾，无充分证据证明被告人实施被指控的犯罪时已满十八周岁且确实无法查明的，不能认定其已满十八周岁。

第四十一条 本规定自二〇一〇年七月一日起施行。

广东省高级人民法院　广东省妇女联合会关于印发《广东省高级人民法院、广东省妇女联合会关于做好诉讼调解与妇联组织调解衔接工作的意见》的通知

粤高法发［2010］40号

全省各级人民法院、广州海事法院、广州铁路运输两级法院，各地级以上市、县（市、区）妇联：

现将《广东省高级人民法院、广东省妇女联合会关于做好诉讼调解与妇联组织调解衔接工作的意见》印发给你们，请结合实际认真贯彻执行。执行中有何问题请分别报告省法院民一庭和省妇联权益部。

（此件发至人民法庭）

二〇一〇年六月二十八日

广东省高级人民法院、广东省妇女联合会关于做好诉讼调解与妇联组织调解衔接工作的意见

为贯彻落实最高人民法院《关于建立健全诉讼与非诉讼相衔接的矛盾纠纷解决机制的若干意见》，充分发挥各级妇女联合会维护妇女儿童合法权益的积极作用，拓宽矛盾纠纷解决渠道，及时、高效、妥善地处理各类涉及妇女儿童权益的民事纠纷，切实做好诉讼调解与妇联组织调解相衔接工作，特提出如下意见：

一、建立调解衔接工作联席会议制度。各级人民法院与对应各级妇联组织应建立衔接工作联席会议制度，并指定专人担任联络员，负责日常联络工作。联席会议分为定期和不定期两种。定期会议原则上每年至少召开一次，不定期会议根据工作需要，经人民法院与妇联组织协商召开。

二、开展调解衔接工作应坚持依法、高效、便民利民和当事人自愿的原则。

三、建立信息通报交流制度。

1. 人民法院与妇联组织要及时互相通报调解衔接工作情况。妇联组织应填写《妇联组织调解案件情况登记表》（附件1），并定期抄送人民法院。

2. 对经妇联组织调解而未能达成调解协议、当事人起诉到人民法院的案件，妇联组织要及时向人民法院通报原调解工作的有关情况。

3. 人民法院审理涉及不履行妇联组织主持下达成的调解协议而提起诉讼的案件，要及时将生效裁判文书通报妇联组织。

4. 经司法审查不予确认的调解协议，人民法院要及时将不予确认的原因、案件审理中发现的问题及有关调解建议通报妇联组织。

四、建立诉前调解衔接制度。

1. 属于人民法院受理范围的涉及妇女儿童权益民事案件，人民法院在立案前，经双方当事人同意，可将案件委托妇联组织进行调解。

2. 双方当事人均同意诉前委托调解的，应当在《诉前委托妇联组织调解建议书》（附件2、3）上签字确认。人民法院应当及时将《委托调解函》（附件4）和有关材料移交妇联组织。一方或双方当事人不同意委托调解或者自人民法院

委托之日起15日内不能达成调解协议的，人民法院应当依法及时立案。

3. 在妇联组织主持下达成调解协议的，当事人可共同向人民法院申请司法确认。

五、建立诉中调解衔接制度。

1. 经双方当事人同意，人民法院可以在立案后将有关涉及妇女儿童权益的民事案件委托妇联组织进行调解。人民法院应当及时将《委托调解函》（附件4）和有关案卷材料移交妇联组织。自人民法院委托之日起30日内不能达成调解协议的，人民法院应当及时审理。委托调解期间可不计入案件审理期限。

当事人双方均同意诉中委托调解的，应当在《委托妇联组织调解建议书》（附件5）上签字确认。

2. 人民法院审理的案件具有下列情形之一的，可以邀请妇联组织工作人员协助调解：（1）女性当事人或儿童的合法权益可能受到严重侵害的；（2）涉案标的较大，或案情较为复杂，女性当事人未委托律师参与诉讼的；（3）女性当事人情绪不稳定，有可能出现不理智行为的；（4）妇联组织工作人员协助调解有利于促成纠纷解决的其他情形。

人民法院决定邀请妇联组织协助调解的，应将《协助调解函》（附件6）送达给妇联组织。妇联组织收到《协助调解函》后，应当及时派员参与协助调解工作。

3. 达成调解协议的，当事人可以向人民法院申请撤诉或申请司法确认。调解不成的，人民法院应当及时判决。

4. 妇联组织对接受诉前和诉中委托调解的案件，不管调解结果如何，均应当制作《委托调解情况复函》（附件7），并及时将有关案件材料送回委托调解的人民法院。

六、对经妇联组织调解的案件，人民法院根据案件需要，可以委托妇联组织代为送达裁判文书。人民法院应当及时将《委托送达函》（附件8）送达妇联组织，妇联组织应当自收到《委托送达函》之日起7日内送达。

妇联组织代为送达裁判文书的，在裁判文书送达给当事人之前，可以再次组织调解。达成调解协议的，当事人可以申请撤诉，也可根据调解协议申请司法确认。

七、经妇联组织调解达成的具有民事权利义务内容并由双方当事人签字或者盖章确认的调解协议，具有民事合同性质。妇联组织应当告知当事人可以向人民法院申请司法确认或者按照《中华人民共和国公证法》的规定申请公证机关依法赋予强制执行效力。债务人不履行或不适当履行经司法确认的调解协议内容或者具有强制执行效力的公证文书的，债权人可依法向有管辖权的人民法院申请强制执行。

八、当事人持已生效的调解协议向人民法院申请支付令，经审查符合《中华人民共和国民事诉讼法》第一百九十一条规定条件的，人民法院应当予以支持。

九、妇联组织应当安排经验丰富的工作人员参与调解工作。妇联组织在必要时可邀请人民法院指派审判经验丰富的法官协助开展调解和有关业务培训。

十、人民法院对于政治素质高、具有一定法律政策水平和调解工作经验的妇联组织工作人员，符合人民陪审员法定条件的，可依法提请任命为人民陪审员。

十一、各级人民法院和妇联组织要积极为诉讼调解和妇联组织调解的衔接工作提供场所，并为工作人员和当事人提供便利条件。

十二、各级人民法院和妇联组织要加大宣传力度，大力宣传调解衔接工作的机制优势和工作实效，提高广大妇女的法制意识和调解意识，促进社会和谐。

十三、各级人民法院和妇联组织要将调解衔接工作绩效列入年终考核的重要内容，建立奖励制度，并与年终评奖、评先、评优、晋级挂钩。

十四、本意见自下发之日起施行。

附件：1. 妇联组织调解案件情况登记表
2. 诉前委托妇联组织调解建议书（原告适用）
3. 诉前委托妇联组织调解建议书（被告适用）
4. 委托调解函
5. 委托妇联组织调解建议书
6. 协助调解函
7. 委托调解情况复函
8. 委托送达函
（略）

广东省高级人民法院　广东省人民检察院 广东省公安厅关于印发《关于刑事证据若干问题的指导意见》的通知

粤高法发［2010］43号

全省各级人民法院、人民检察院、公安局，广州铁路运输两级法院、检察院、公安局：

现将《广东省高级人民法院、广东省人民检察院、广东省公安厅关于刑事证据若干问题的指导意见》印发给你们，请认真贯彻执行。实践中有何问题和建议，请分别及时报告广东省高级人民法院、广东省人民检察院、广东省公安厅。

二〇一〇年六月五日

广东省高级人民法院　广东省人民检察院 广东省公安厅关于刑事证据若干问题的指导意见

为准确打击犯罪，尊重和保障人权，确保刑事案件质量，提高刑事诉讼效率，根据《中华人民共和国刑事诉讼法》、公安部《公安机关办理刑事案件程序规定》、最高人民检察院《人民检察院刑事诉讼规则》、最高人民法院《关于执行〈中华人民共和国刑事诉讼法〉若干问题的解释》有关规定，结合我省刑事诉讼工作实际，就刑事证据的审查、采信问题提出如下指导意见。

一、证据审查的对象

第一条　需要运用证据证明的主要案件事实包括：

(1) 犯罪嫌疑人、被告人、被害人的身份及犯罪嫌疑人、被告人的刑事责任能力状况；

(2) 犯罪行为是否存在；

(3) 犯罪行为是否为犯罪嫌疑人、被告人所实施；

(4) 犯罪嫌疑人、被告人有无故意或过失，行为的动机、目的；

(5) 实施行为的时间、地点、对象、手段、后果；

(6) 犯罪嫌疑人、被告人在共同犯罪中的地位、作用及其与同案人的关系；

(7) 其他从重、从轻、减轻、免除处罚的情节；

(8) 其他与定罪量刑有关的事实；

(9) 与涉案物品处理有关的事实；

(10) 涉及管辖、回避、强制措施等的程序事实。

第二条　下列事实无需举证证明：

(1) 众所周知的事实；

(2) 自然规律及定理；

(3) 国内法律及其立法、司法解释；

(4) 法律规定的推定事实。

第三条　审查犯罪嫌疑人、被告人身份应注重下列内容：

(1) 有无犯罪嫌疑人、被告人的户籍、国籍（外国人犯罪的）材料；

(2) 犯罪嫌疑人、被告人的户籍、国籍材料是否附有犯罪嫌疑人、被告人的照片；

(3) 犯罪嫌疑人、被告人本人或其照片是否经过被害人、同案人、目击证人等有关人员辨认；

(4) 犯罪嫌疑人、被告人供述的身份情况是否与其身份

证、户籍、国籍材料相符。

犯罪嫌疑人、被告人不讲真实姓名、住址，年龄不明的，必要时可以委托进行骨龄鉴定或其他科学鉴定，鉴定结论能够准确确定犯罪嫌疑人、被告人实施行为时的年龄的，可以作为判断犯罪嫌疑人、被告人年龄的证据使用；鉴定结论不能准确确定犯罪嫌疑人、被告人实施行为时的年龄，仅能证明犯罪嫌疑人、被告人年龄在刑法规定的应负刑事责任年龄上下的，应当按照有利于犯罪嫌疑人、被告人的原则使用该鉴定结论。

根据犯罪嫌疑人、被告人的户籍资料无法认定其年龄的，应当结合医院出生证明、犯罪嫌疑人、被告人近亲属的户籍资料、知情人员证言等证据，综合加以认定。

证明犯罪嫌疑人、被告人年龄的多个证据相互矛盾，且矛盾无法排除的，应当按照有利于犯罪嫌疑人、被告人的原则来认定其年龄。

犯罪嫌疑人、被告人的身份情况确实无法查明的，可以按犯罪嫌疑人、被告人自报情况认定，但应当在法律文书中列明为自报并附犯罪嫌疑人、被告人的照片。

犯罪嫌疑人、被告人的身份情况确实无法查明，犯罪嫌疑人、被告人又未自报其身份情况的，可以在法律文书中以编号代表该犯罪嫌疑人、被告人，并附犯罪嫌疑人、被告人的照片。

第四条　审查被害人身份应注重下列内容：

被害人年龄对犯罪嫌疑人、被告人定罪、量刑有影响的，参照本意见第三条的规定审查、认定被害人年龄。无法查明被害人年龄的，应当按照有利于犯罪嫌疑人、被告人的原则进行认定。

审查已死亡或疑为死亡的被害人身份应注重下列内容：

（1）有无被害人的户籍、国籍材料；

（2）被害人的户籍材料中是否附有被害人的照片；

（3）被害人的近亲属、其他熟悉被害人的人员以及犯罪嫌疑人、被告人是否辨认过被害人的尸体或照片；

（4）被害人尸体因腐败、被肢解、被焚烧、被腐蚀、被动物撕咬等，导致难以辨认的，是否进行过DNA鉴定；

（5）对于只有被害人尸骨的，是否进行过DNA鉴定或颅像重合实验；

（6）对于只有少量人体组织块、血迹而无法找到被害人尸体的，是否对该组织块、血迹进行过DNA鉴定，能否排除该人体组织块、血迹为被害人近亲属所留的可能性，能否确定该组织块的所属部位，能否确定该组织块缺失的后果，能否排除被害人尚存活的可能性。

对于无法找到被害人尸体，但证实被害人死亡的其他证据确实充分的，可以认定被害人已死亡。

第五条　审查破案经过应注重下列内容：

（1）案件来源；

（2）侦查措施；

（3）有无特情参与破案；是否采用技侦手段破案；

（4）确定犯罪嫌疑人的根据；

（5）犯罪嫌疑人是自动投案还是被动归案；犯罪嫌疑人是否有协助抓获同案犯行为；犯罪嫌疑人是否主动交代司法机关所不掌握的其他犯罪行为；

（6）抓获犯罪嫌疑人的时间、地点；

（7）共同犯罪嫌疑人供述犯罪事实的先后次序；

（8）获取证据的时间顺序及取证行为之间的内在联系。

第六条　审查案情事实应注重下列内容：

（1）犯罪行为是否存在，是否确实有人身权利、财产权利或其他法益被侵害；是否属于意外事件、正当防卫、紧急避险；

（2）犯罪行为是否为犯罪嫌疑人、被告人实施；实施行为的时间、地点、手段、后果；是一人实施还是多人实施；同案人各自的行为、地位、作用；

（3）主观方面是直接故意还是间接故意；是疏忽大意的过失还是过于自信的过失；是有预谋的还是临时起意的；同案人之间犯意是如何沟通的，是指使与被指使的还是心有默契、不约而同的；指使他人实施故意犯罪的，指使者授意的具体内容，被指使者是否实行过限；

（4）是否存在犯罪预备、未遂、中止等情形；

（5）犯罪嫌疑人、被告人是否具有坦白、自首、立功、累犯、再犯等法定从轻、从重情节；

（6）案件是否属于婚姻家庭矛盾、恋爱感情矛盾或邻里纠纷等民间矛盾引起的，被害人有无过错及过错大小，犯罪嫌疑人、被告人是否取得被害人或被害人亲属的谅解，附带民事赔偿情况及案件社会影响等酌定情节。

二、证据审查的方法

第七条　物证、书证的审查方法

（1）审查物证、书证的来源是否合法，由侦查机关取得的物证、书证，是否有搜查证、提取笔录、扣押物品清单等相应法律手续；

（2）审查提取笔录、扣押物品清单能否反映物证、书证收集提取地点、提取方式、保管方式、保管地点等情况；

（3）审查物证、书证是原物、原件还是物（书）证照片、录像或复制件、副本；不能提供物证、书证原物、原件的原因是否符合法律规定，即是否确实是不便移动、易腐烂变质而不易保存，或者是依法应返还被害人，或因保密工作需要不能调取的，或因法律规定不宜随案移送而应由公安机关保管或按照国家有关规定分别移送主管部门处理或者销毁的；

（4）审查物证的外形、属性等特征有无变化，变化原因是自然原因还是人为因素；

（5）审查书证的形成过程，有无伪造与变造，内容是否是书写人真实意思反映；

（6）审查物证、书证是否已交由被害人、证人、犯罪嫌疑人或犯罪嫌疑人、被告人等有关人员辨认；

（7）审查物证、书证与其他证据有无矛盾，是否吻合、

一致。

向法庭出示的物证、书证应当是原物、原件。只有在取得或出示原物、原件确有困难的情况下，才可以是物（书）证照片、录像或复制件、副本。不能证明物（书）证照片、录像或复制件、副本与原物、原件一致的，该物（书）证照片、录像或复制件、副本不能采信为定案根据。

法院在审理案件过程中发现有应当提取的物证、书证而公安、检察机关未予提取的，应当要求公安、检察机关补充提取，公安、检察机关应当补充提取。确实无法补充提取的，公安、检察机关应当具函说明。

因公安、检察机关提取笔录、扣押物品清单缺失或不规范，导致物证、书证来源不清的，法院可以要求公安、检察机关予以补正。公安、检察机关应当予以补正，确实无法补正的，应当具函说明。因无法补正而导致不能排除物证、书证来源疑点的，该物证、书证不得作为定案根据。

第八条　证人证言的审查方法

（1）　审查证人与当事人之间的关系，查明证人与当事人有无利害关系或其他特殊关系，证人提供证言时有无思想顾虑或外界压力、有无受到他人的指使、收买或者暴力、威胁、引诱、欺骗、暗示；

（2）审查证言内容的来源，查明证言内容是证人直接感知的还是证人获取的传闻，查明证言内容是证人实际感知的客观事实还是因自我诱导、重构而形成的；

（3）审查证人感知案件事实时的客观环境和条件，分析距离的远近、光线的明暗、风力的大小、声音的强弱等自然条件是否会影响证人正确感知案件事实；

（4）审查证人的感知、记忆和表达能力，查明证人感知能力的高低、记忆能力的好坏、表达能力的强弱是否会影响其证言的准确性；根据幼年证人的年龄和智力发育程度，审查其证言的内容和作证时所使用的语言是否与其年龄、智能相一致；

（5）审查证人作证的时间，查明案发时间和证人作证时间的间隔长短，分析证言内容的准确性是否因此受到影响；

（6）审查证言的内容是否合乎情理，与其他证据有无矛盾，证据之间是否吻合、一致。

证言应为自然人所提供。公安机关以单位名义出具的关于犯罪嫌疑人、被告人归案过程等情况的证明材料，必须有参与破案人员签名或者盖章才能采信。

证人的意见或推测不得作为定案根据。

证人对案件情况的了解源于他人的，司法机关应当向最初提供有关案件情况的人调查取证。

证人证言内容前后矛盾的，要认真审查其改变证言的原因，结合其他证据判断其真伪。

第九条　被害人陈述的审查方法

（1）　审查被害人提出控告的经过，查明案件是由被害人自行控告还是由他人报案或者司法机关查知的；被害人是在什么时间、什么情况下提出控告的；

（2）审查被害人陈述内容的来源，查明被害人陈述的内容是直接感知的，还是由他人告知的，或是自己想象、推测的；

（3）审查被害人与犯罪嫌疑人、被告人的关系；

（4）审查被害人与案件相关的品格和行为习惯；

（5）审查被害人陈述是否受到他人暗示、指使、引诱、威胁、欺骗的影响，幼年被害人的语汇是否为幼年人通常使用的，幼年被害人陈述的内容与其智力水平、表达能力是否相称等；

（6）审查被害人陈述的内容是否合乎情理，与其他证据有无矛盾，证据之间是否吻合、一致。

被害人陈述内容前后矛盾的，要认真审查其改变陈述的原因，结合其他证据判断其真伪。

第十条　犯罪嫌疑人、被告人供述和辩解的审查方法

（1）审查犯罪嫌疑人、被告人供述和辩解是在什么情况下作出的，是否受到办案人员刑讯逼供、威胁、引诱、欺骗，是否受到其他共同犯罪人、同监仓人员、辩护人的威胁、引诱、欺骗、指使；

（2）审查犯罪嫌疑人、被告人供述或辩解的动机；

（3）审查犯罪嫌疑人、被告人前后多次供述之间有无矛盾，如有矛盾，审查分析产生矛盾的原因；

（4）对于共同犯罪案件，在对犯罪嫌疑人、被告人供述、辩解逐个进行审查的基础上，还应当综合审查各犯罪嫌疑人、被告人对同一事实情况的供述、辩解是否一致，有无矛盾。如果供述、辩解一致，要审查有无事前通谋或事后串供的可能；如果供述、辩解不一致，应当查明原因；

（5）审查犯罪嫌疑人、被告人供述和辩解的内容是否合乎情理，与其他证据有无矛盾，证据之间是否吻合、一致。

只有共同犯罪嫌疑人、被告人供述，没有其他证据的案件，共同犯罪嫌疑人、被告人供述符合以下条件的，可以作为定案根据：

供述系合法取得；

犯罪嫌疑人、被告人供述的犯罪事实在细节上一致或吻合；

排除犯罪嫌疑人、被告人自诬的可能性。

同案审理但不属于共同犯罪的案件，同案人之间的供述互为证言，经查证属实，可以作为定案根据。

第十一条　鉴定结论的审查方法

（1）审查鉴定人是否具备鉴定资格，是否与案件或案件当事人有利害关系或其他特殊关系，是否受到外界的干扰影响；

鉴定结论没有附鉴定人资格证明文件的，应当及时调取；

（2）审查鉴定书形式是否完备，是否具备序言、简单案情、检材、检验记录、分析说明、鉴定结论等内容，鉴定报告尾部是否有两名以上鉴定人签名、盖章；

（3）审查检材和对比样本的提取、保管、移交是否依照

法定程序进行，审查检材、对比样本与原始提取物是否同态、等量、同质、同一；

（4） 审查检材的提取时间与检验鉴定时间的间隔长短，鉴定的设备和方法是否完备、科学，鉴定报告的分析论证是否周密，分析论证和鉴定结论是否矛盾；

（5）审查鉴定结论是确定性的还是或然性的，是唯一性的还是具有多种可能性的；

（6）审查鉴定结论与案件其他证据有无矛盾；

（7）审查委托鉴定机关是否将用作证据的鉴定结论告知犯罪嫌疑人、被告人、被害人。

在交通肇事案件中，人民法院经审查认为公安机关作出的交通事故责任认定与案件事实不符的，对交通事故认定书不予采信，以人民法院审理查明的案件事实作为定案的根据。

CPS多道心理测试（俗称测谎）报告、文证审查意见不属于刑事诉讼法规定的鉴定结论，不能作为认定案件事实的直接依据。

法律专家单独或联名出具的关于案件定罪量刑的法律意见书不能作为证据使用。

对于鉴定结论有异议，申请重新鉴定，符合下列情形之一的，人民法院应当准许：

鉴定人不具备鉴定资格的；

鉴定人应当回避而未回避的；

鉴定人徇私枉法的；

鉴定程序违法的；

鉴定所依据的材料不全面、不客观，可能影响鉴定结论正确性的；

鉴定结论缺乏科学依据的；

鉴定结论与其他已经查证属实的证据有矛盾且不能排除的；

鉴定结论不明确或者不完整的；

存在其他可能影响鉴定结论准确性的情况。

对同一问题有多个鉴定结论的，存在上列重新鉴定情形的鉴定结论的效力一般低于其他鉴定结论；有其他证据佐证或补强的鉴定结论效力高于没有其他证据佐证或补强的鉴定结论；依上述方法仍难以确认的，按照有利于犯罪嫌疑人、被告人的原则处理。

鉴定结论的证明力大小与鉴定机构的级别高低无直接对应关系，但是法律、司法解释有特别规定的除外。

第十二条 勘验、检查笔录的审查方法

（1）审查勘验、检查笔录的制作是否符合法律要求。应当着重审查勘验、检查人员有无勘验、检查的职权，勘验、检查时有无见证人在场，检查妇女的身体是否由女工作人员或医师进行，有关人员是否在笔录上签名或盖章，笔录是当场制作的，还是事后补作的；

（2）审查勘验、检查笔录的内容是否完整、准确。应当着重审查笔录中文字记录部分、照相部分、绘图部分是否齐全；勘验、检查笔录是否反映了现场或其他勘验、检查对象的样貌；笔录中的文字术语是否确切，有关数字是否准确，有无含糊不清的字眼或主观推测的内容；照片、绘图等是否清晰可辨；

（3） 审查勘验、检查所见情况是否是原始样貌。应当着重审查现场、物品、痕迹是否被破坏或伪造；人身的特征、伤情或生理状态有无伪装或变化；

（4）审查对在现场发现的物证、书证、痕迹是否予以提取或固定；勘验、检查笔录中记载的物证、书证等与提取、固定的实物或痕迹是否相符；

（5）审查勘验、检查笔录与其他证据有无矛盾，是否吻合、一致。

法院在审理案件过程中发现有应当勘验、检查而未勘验、检查的，或者勘验、检查不全面的，应当要求公安、检察机关补充进行勘验、检查，公安、检察机关应当进行补充。确已失去条件而无法进行勘验、检查的，公安、检察机关应当具函说明。

第十三条 视听资料的审查方法

（1）审查视听资料的来源，视听资料是何人在何时、何地、何种情况下制作的，是否有通过剪接、洗擦、仿音、叠音、移像等手段伪造、篡改的可能；

（2） 审查制作视听资料的技术、设备情况，周围环境对视听资料效果有无影响；

（3）审查视听资料所反映的案件事实与其他证据是否相符，是否存在矛盾。

视听资料制作、提取的时间、地点、方式或视听资料内容存在疑点，不能合理解释的，该视听资料不能采信。

原始视听资料证明效力高于转制加工后的视听资料。

第十四条 电子证据的审查方法

对电子邮件、网上聊天记录、网络博客、手机短信、电子签名等电子证据材料，应当着重审查以下内容：

（1）审查电子证据的生成环节：电子证据是否是在正常的活动中按常规程序生成的；生成电子证据的系统是否曾被非法人员控制；系统的维护和调试是否处于正常状态；生成电子证据的程序是否可靠；

（2）审查电子证据的存储环节：存储电子证据的方法是否科学；存储电子证据的介质是否可靠；存储电子证据的人员是否中立；存储电子证据时是否加密；所存储的电子证据是否会遭受未经授权的接触等等；

（3）审查电子证据的传送环节：调查分析传递、接收电子证据时所用的技术手段或方法是否科学、可靠；传递电子证据的“中间人”（如网络运营商等）是否中立；电子证据在传递的过程中有无加密措施、有无可能被非法截获；

（4）审查电子证据的收集环节：电子证据是由谁收集的，收集证据者与案件有无利害关系；收集电子证据的过程中是否遵守了法律的有关规定；人工录入电子证据时，录入者是否被有效地监督并按照严格的操作程序合法录入；收

集、提取电子证据的方法（如备份、打印输出等）是否科学、可靠；收集者在对证据进行重组、取舍时是否客观，所采用的方法是否科学可靠等等。

控辩双方均认可的电子证据，一般予以采纳。

由适格专家鉴定未遭受修改的电子证据，一般予以采纳。

有证据证明计算机等系统在电子证据生成时刻处于正常状态的，推定电子证据具有真实性，予以采纳。

经过公证的电子证据的证明力一般大于未经公证的电子证据；

在正常业务活动中制作的电子证据的证明力一般大于为诉讼目的而制作的电子证据；

由不利方保存的电子证据及由中立的第三方（如ISP服务商、EDI服务中心）保存的电子证据的证明力一般较大，由有利方保存的电子证据的证明力一般较小。

第十五条 辨认笔录的审查方法

（1）审查辨认过程是否符合下列要求：

主持辨认的侦查人员不得少于二人；

辨认前，辨认人不得与辨认对象接触或者见面；

辨认前，侦查人员应当向辨认人详细询问辨认对象的具体特征；

数名辨认人对同一辨认对象进行辨认的，应当分别由每名辨认人单独进行；

辨认应当是混杂辨认，但对尸体等特定对象的辨认除外。混杂辨认时，辨认对象应达到法律、司法解释、行政规章要求的数量。被混杂辨认人应当性别相同、年龄相近且体貌特征不存在巨大反差；被混杂辨认的物品的特征一般应当相近；

辨认时，侦查人员不得对辨认人进行任何指使、诱导、暗示；

对辨认经过和结果应当制作笔录，并可以同时录音、录像，侦查人员、辨认人、见证人应当在辨认笔录上签名或盖章。

（2）辨认中侦查人员对辨认人进行指使或明显暗示的，辨认前辨认人与辨认对象有过接触、见面的，辨认不是单独进行的，或者是应当进行混杂辨认而未混杂辨认的，辨认结果不能作为定案根据。存在其他不符合辨认要求的情形，确实可能导致辨认结果差误的，辨认结果也不能作为定案根据。

（3）辨认对象系手机、机动车等种类物的，审查辨认笔录时，应当结合手机串号、机动车发动机号、车架号、车牌号等证据综合审查、认定。

三、证据采信的一般规则

第十六条 证据材料必须同时符合下列三个条件，才能被采信为定案根据：

采用符合法律规定的程序取得，证据材料的形式不违反法律的规定；

与待证事实相关；

客观真实。

第十七条 证据必须经法庭举证、质证才能采信，未经法庭举证、质证的证据不能作为定案根据。

适用普通程序审理的案件，应当一证一质或者分组举证、质证，禁止一次性出示、宣读全部证据而后进行综合质证。

对二审期间新获取的可能影响案件定罪、量刑的新证据，原则上应当开庭质证。如果新证据属于证明被告人存在从宽处罚情节的，合议庭可以在庭外分别交由控辩双方质证，对双方无异议的新证据可以不再开庭质证。

第十八条 纪检、监察部门依照纪检、监察条例规定制作的调查笔录不能直接作为证据使用。经侦查机关依法核查，被调查人对其在纪检、监察部门接受调查时所作的笔录内容认可的，该调查笔录可以作为证据使用。

第十九条 对于采用刑讯逼供等非法手段取得的犯罪嫌疑人、被告人供述和采用暴力、威胁等非法手段取得的证人证言、被害人陈述，应当予以排除，不能作为定案的根据。

第二十条 有关犯罪嫌疑人、被告人的不良品格、前科的证明材料，不能用以证明其行为的一贯性进而认定犯罪嫌疑人、被告人有罪。

第二十一条 证明同一事实的数个证据之间存在矛盾的，其证明力一般可以参照下列原则认定：

原始证据的证明力优于传来证据；

实物证据的证明力优于言词证据；

历史档案或者经过公证、登记的书证的证明力一般优于其他书证；

证人提供的对与其有亲属关系或者其他密切关系的一方当事人有利的证言，其证明力低于其他证人证言；

内容稳定、前后一致的言词证据证明力优于内容不稳定、前后不一致的言词证据。

第二十二条 证据确实、充分才能认定案件事实。事实清楚、证据确实充分主要是指：

据以定案的全部证据来源合法，形式符合法律规定，客观真实；

据以定案的全部证据能够相互印证；

证据之间、证据与案件事实之间的矛盾已得到合理排除；

依据证据得出的结论是唯一的，合理地排除了其他可能性；

犯罪构成要件事实和量刑情节事实已经查清。

第二十三条 没有直接证据证明犯罪行为系犯罪嫌疑人、被告人实施，但间接证据符合下列条件的可以认定：

据以定案的间接证据均已查证属实；

据以定案的间接证据形成完整的证明体系；

据以定案的间接证据之间能够相互印证，不存在无法排除的矛盾和无法解释的疑问；

运用间接证据进行的推理必须符合逻辑、合乎情理；

依据间接证据得出的结论是唯一的，足以排除其他可能性。

第二十四条 足以影响罪与非罪认定的主要证据存疑的，应当作出证据不足、指控的犯罪不能成立的无罪判决；影响此罪与彼罪认定的证据存疑的，应当认定为轻罪。影响量刑的证据既不能查实也不能否定的，如果该证据是不利于被告人的，应当在量刑时予以排除；如果该证据是有利于被告人的，应当在量刑时适当加以考虑。

第二十五条 审判人员对于其认证的结论和理由应当向当事人和社会加以说明。审判人员在法庭审理中或者裁判文书中应当说明采信证据或不采信证据的理由。

第二十六条 本指导意见自下发之日起供全省各级法院、检察院、公安机关参考适用。本意见内容与法律、司法解释相抵触的，依照法律、司法解释的规定执行。

广东省高级人民法院
关于印发《涉外涉港澳台刑事案件调解规程（试行）》的通知

粤高法发［2010］50号

全省各级人民法院、广州铁路运输两级法院：

现将《涉外涉港澳台刑事案件调解规程（试行）》印发你们，请认真学习，深刻领会文件精神，并采取有效措施贯彻落实。执行过程中遇到问题，请及时层报我院刑二庭。

二〇一〇年八月十日

涉外涉港澳台刑事案件调解规程
（试行）

为了充分发挥涉外、涉港澳台刑事审判职能作用，深入推进社会矛盾化解，维护社会稳定与和谐，规范我省涉外、涉港澳台刑事审判中的调解工作，根据《中华人民共和国刑法》、《中华人民共和国刑事诉讼法》等相关法律及最高人民法院相关司法解释的规定精神，制定本规程。

第一条 本规程所称涉外、涉港澳台刑事案件调解，是指在审理涉外、涉港澳台刑事案件过程中，在被告人认罪悔罪的前提下，经当事人申请或同意，人民法院根据自愿、合法原则，组织、协调、引导当事人及其代理人、辩护人、近亲属等进行相互协商，促使双方自愿就精神抚慰和经济赔偿问题达成协议，被告方因此取得被害方的谅解，人民法院将此作为酌定量刑情节予以认定的纠纷解决活动。

第二条 全省各级人民法院应当在不损害国家和社会公共利益、集体利益及第三人合法权益的前提下，大力推进涉外、涉港澳台刑事案件调解工作。

第三条 涉外、涉港澳台刑事案件调解应当坚持维护国家司法主权原则和“一国两制”原则，深入贯彻宽严相济的刑事政策，坚持“能调则调，当判则判，调判结合，案结事了”的工作指导方针。

第四条 附带民事诉讼案件的调解应当遵照《中华人民共和国民事诉讼法》及司法解释有关规定进行，法律和司法解释未予规定的，可以依照本规程的有关规定进行。其他涉

外、涉港澳台刑事案件的调解工作，依照本规程进行。

第五条 下列涉外、涉港澳台刑事案件，可以适用刑事调解：(1) 过失犯罪的案件；(2) 未成年人、在校学生、限制刑事责任能力人、老年人、残疾人、怀孕哺乳妇女等犯罪案件；(3) 初犯、偶犯、激情犯的案件；(4) 因婚姻家庭、邻里纠纷、民事纠纷等引发的案件；(5) 破坏社会主义市场经济秩序犯罪且有具体被害人的案件；(6) 人民法院在审理刑事案件过程中，认为可以适用调解的其他案件。

第六条 适用调解的涉外、涉港澳台刑事案件，应当具备下列条件：(1) 犯罪事实清楚，证据确实充分；(2) 有具体的被害人；(3) 被告人自愿认罪，有悔罪表现。

第七条 对于符合本规程第五条和第六条规定的案件，主审法官应当根据被告人及其亲属的经济状况、社会舆论的关注程度等情况，对案件是否存在成功调解的可能性作出判断，经合议庭初步讨论后，决定是否启动调解。

在案件审理过程中，审判委员会、主管院领导和庭领导在评议、审核案件过程中，认为有必要的，可以启动调解。

第八条 调解工作由案件主审法官负责和组织，在必要情况下，庭领导和合议庭成员可以参与调解。

人民法院认为必要时，可以邀请检察机关派员参与调解。

第九条 在引导被告方与被害方进行刑事调解过程中，法官应保持中立，重在引导。合议庭应当根据案件实际情况，为当事人创造自由协商、互谅互让的条件和氛围。

第十条 在确定对案件进行调解后，主审法官应当对当事人及其主要社会关系的基本情况做必要的调查研究，并在此基础上制作调解工作方案，方案应当对调解采取的步骤、方式、方法及调解时间等作出安排。

第十一条 除当事人及其代理人参加调解外，人民法院还可邀请当事人的亲友，以及当事人所在单位和基层组织参加调解。

人民法院认为必要时，可以在不违反有关外事工作纪律的前提下，邀请外国当事人国籍国驻华使领馆、港澳台驻内地有关机构协助参与调解工作。

第十二条 经征求意见，当事人双方同意调解的，书记员应当记录在案，并及时开展下一步的调解工作。

一方当事人明确表示不同意调解、经做进一步解释说服工作仍不同意的，书记员应当记录在案，合议庭应当依法及时作出裁判，不得违反当事人的意愿强行调解，也不得以拖延审理的方式强迫当事人调解。

第十三条 调解应当以争取被告方向被害方赔礼道歉以实现对被害方的精神抚慰、在被告方赔偿能力范围内尽可能完全赔偿被害方经济损失，以及实现被害方对被告方的谅解为主要内容。

在调解过程中，主审法官及合议庭应当对被告人进行批评教育以促其彻底悔罪；在协商赔偿时，应为被告人家庭保留必需的生活费用。

第十四条 在调解过程中，主审法官及合议庭应根据实际情况，在调解的不同阶段，灵活采用各种调解方式和方法。

第十五条 当事人经调解达成一致意见的，应当在主审法官及合议庭组织下签订调解协议书或由被害方出具谅解意见书。

当事人虽然达成一致意见，但不愿意签订调解协议书或者谅解意见书的，主审法官及合议庭应当就协商一致内容尤其是被害方是否谅解被告人进行询问，并记录在案。

第十六条 当事人自行签订的调解协议书或者被害方出具的谅解意见书有下列情形之一的，人民法院不予确认：

（一）侵害国家和社会公共利益、集体利益或第三人合法权益的；

（二）违反法律、行政法规禁止性规定的；

（三）违背善良风俗和社会公共道德的。

第十七条 当事人在立案、侦查、起诉阶段达成的调解协议，或者在案件审理过程中自行和解的，人民法院应当依法进行审查，不违反本规程第十六条规定的，应当予以确认。

第十八条 涉外、涉港澳台刑事案件的部分当事人就其法律权限范围内的事项达成的调解协议不违反本规程第十六条规定的，人民法院可以就此先行确认。

第十九条 人民法院应当督促被告方及时履行调解协议中约定的义务。

被告方支付调解协议约定在案件审结前支付的赔偿金，一般应当在案件审结之前一次性支付。在特殊情况下，被告方确有意愿赔偿、补偿，而又未能一次性支付的，经被害方书面同意后，可以采用分期支付的方式。

第二十条 被告方为了表达调解的诚意或争取被害方的谅解而在签订调解协议前向被害方支付赔偿金的，可以由人民法院暂时保管并出具收据；调解成功的，人民法院应及时将款项交付被害方。调解不成的，应及时退还被告人亲友代为退赔的款项。

被告方自愿支付的款项超过依法应当赔偿金额的，人民法院应予允许。

第二十一条 在案件裁判作出之前，被告方已经履行了调解协议所约定的事项，被害方反悔的，人民法院应当做好被害方罢访息诉的工作。

第二十二条 当事人达成调解协议或者被害方通过调解对被告人表示谅解的，人民法院应当根据被告人在调解过程中的悔罪程度、被害方的谅解程度、调解协议的履行等情况，依法对被告人酌情从宽处罚。

第二十三条 当事人经调解不能达成协议、调解协议未获履行，或者达成调解协议后实际履行前反悔且拒绝再次调解的，人民法院应及时依法审理并作出判决。

第二十四条 一审法院已经进行过调解并促使当事人达成调解协议的，二审法院一般不再进行调解。

第二十五条 本规程自公布之日起施行。

广东省高级人民法院
关于印发《广东省高级人民法院关于进一步发挥司法能动作用，为构建我省和谐稳定劳动关系提供司法保障的若干意见》的通知

粤高法发［2010］53号

全省各级人民法院、广州海事法院、广州铁路运输两级法院：

为充分发挥全省法院服务经济和社会发展的职能作用，及时预防和化解劳动矛盾纠纷，构建和谐共赢的新型劳动关系，维护我省社会的和谐稳定，我院制定了《广东省高级人民法院关于进一步发挥司法能动作用，为构建我省和谐稳定劳动关系提供司法保障的若干意见》，现印发给你们，请遵照执行。执行中有何问题，请及时报告我院。

二〇一〇年九月三日

广东省高级人民法院
关于进一步发挥司法能动作用，为构建我省和谐稳定劳动关系提供司法保障的若干意见

当前，我省正处于经济结构转型和发展方式转变的关键时期，劳动关系复杂、多变，群体性劳动矛盾不断增多，甚至出现极个别企业停工的极端事件，严重影响和制约了我省和谐劳动关系的构建，也对我省转型发展、科学发展造成直接影响。为充分发挥全省法院服务经济和社会发展的职能作用，及时预防和化解劳动矛盾纠纷，构建和谐共赢的新型劳动关系，维护我省社会的和谐稳定，特提出如下指导意见：

一、树立大局意识，深刻认识妥善处理劳动矛盾纠纷的重要性和紧迫性。妥善处理好各类劳动矛盾纠纷，关系到劳动者的切身利益，关系到企业的健康发展，关系到我省经济结构的调整和增长方式的转变，关系到我省社会的和谐稳定。各级法院要切实增强政治意识、大局意识和责任意识，高度重视劳动矛盾纠纷的预防化解工作，以深入推进“社会矛盾化解、社会管理创新、公正廉洁执法”三项重点工作为主线，坚持能动司法，积极预防化解劳动矛盾纠纷，保障我省经济结构和发展方式的顺利调整，确保社会大局稳定有序。

二、开展“送法进企业”活动，从源头上预防和化解劳动矛盾纠纷。省法院要以“青年法律志愿服务队”为主体，积极组织开展“送法进企业”活动。各中级法院和基层法院也要相应组织“青年法律志愿服务队”或熟悉劳动法律法规的法官，主动开展“送法进企业”活动。要选择劳动争议纠纷较多或可能存在劳动纠纷隐患的重点行业和企业，通过举办座谈会、法律咨询、以案说法、编发典型案例等多种形

式，及时了解企业劳资关系中存在的问题和需求，有针对性地加强对企业和职工的劳动法制宣传，努力提高企业的法制和社会责任意识，不断增强职工的依法维权意识，形成企业依法用工、职工理性维权的健康劳动关系。

三、坚持能动司法、靠前服务，积极协助重大劳动矛盾纠纷的化解。对于辖区内发生的重大劳动矛盾纠纷，各级法院要牢固树立能动司法意识，按照当地党委的统筹安排，适当提前介入，提前了解情况，及时提供纠纷处理的法律意见，对可能需要进入司法程序的纠纷，要提前做好立案准备，确保案件随到随立、及时处理。对当事人申请诉前保全、先予执行等措施的，要在认真审查后依法支持，确保矛盾纠纷快速平稳解决。

四、完善工作机制，提高劳动争议案件审判效率。对劳动争议案件要实行快立案、快审判、快执行。劳动者起诉的劳动争议案件符合条件的须在当天立案，原则上应在三个月内审结。对简单案件实行速裁机制，全面简化裁判文书写法。加大劳动争议案件主动执行力度，实现审执无缝衔接。加强与劳动仲裁机构在处理劳动争议案件时的程序衔接，派员了解仲裁受理的群体性劳动争议，前移法院劳动争议案件处理工作，提前做好风险评估。

五、强化人文关怀，切实维护劳动者的合法权益。对劳动者因加班时间长、实际工资低提出的追索加班工资、经济补偿等诉讼请求，合理区分不同情形，若未达到法定最低工资标准的，应支持劳动者的合理诉求，判令用人单位承担相应责任，引导实施法定最低工资标准以上的用工行为。支持劳动者因用工单位不签劳动合同、不符合劳动卫生条件、随意辞退员工等提出的合理诉求，最大限度维护劳动者的生存权和劳动权。加强对劳动者诉讼指引，扩大适用对有困难的劳动者诉讼费缓、减、免，降低诉讼门槛，强化对劳动者的司法保护。

六、注重利益衡平，依法保障企业的合法用工权。依法保护企业正当用工权益，支持用工企业按合同用工，对劳动者提出的不合理诉讼请求，依法不予支持或不全部支持。尊重企业内部治理，支持依法解除合同、合理调整岗位等正常经营行为。支持通过劳资双方工资协商以及企业增强社会责任等方式，逐步提高劳动者工资水平。在案件审理过程中，要慎用查封、冻结等保全措施，灵活运用企业重整等手段，为企业创造发展空间，促进用工企业与劳动者形成共生双赢格局。

七、强化调解优先，促进政治效果、社会效果、法律效果的有机统一。把调解和解作为处理劳动争议案件的首要和最佳结案方式，积极引导当事人通过调解和解化解劳动争议，倡导建立恢复型劳动关系。坚持全程调解，将调解贯穿劳动争议案件立案、一审、二审、再审、执行、信访等全过程。建立与劳动行政部门、行业组织、社会团体的联合调解机制，形成调解合力。积极支持劳动争议的人民调解、行政调解、行业调解和企业内部调解，构建化解劳动争议纠纷的多元体系。加强与镇街信访综治维稳中心的合作，依法及时通过司法确认赋予诉讼外调解的法律效力，促进法院调解与人民调解、行政调解的有机衔接。

八、统一裁审尺度，确保劳动争议案件审理质量。各级法院要建立与劳动仲裁委联席会议、审裁例会工作机制，强化审裁沟通，统一审裁尺度，提高劳动仲裁公信力，减少裁后再诉案件的数量。在全省法院范围内推行劳动争议标准化办案，对多发性、类型化案件及时出台指导意见，提高审判质量。完善上下级法院之间的法律适用协调机制，统一法律适用。强化审判委员会、审判长会议统一裁判标准功能，完善同一法院内部审理劳动争议案件的法律适用协调机制。大力加强判后答疑工作，进一步减少上诉、申诉案件数量。

九、优化职权配置，推进劳动争议专业化审判。省法院要统筹全省法院劳动争议案件审理的指导工作。在劳动争议案件数量多、比例大的中级法院和基层法院，可适当调整法庭内部设置，增设专门处理劳动争议的审判庭或组成专门合议庭，整合审判力量，专门处理劳动争议案件。设在市区、劳动争议纠纷案件相对集中的人民法庭，可改设为劳动争议专业法庭，专门处理劳动纠纷。基层法院可根据需要探索设立劳动争议巡回法庭，方便劳动者诉讼。

十、规范代理行为，制裁不正当的挑诉滥诉。积极引导劳动者申请法律援助，充分利用法律援助解决劳动纠纷。规范公民代理行为，向当事人提示公民代理的风险，对不符合《民事诉讼法》规定的公民代理，不予准许。对于以煽动、挑唆、篡改法条等违法方式蛊惑劳动者、导致劳资矛盾激化而引发群体性事件的人员，建议公安机关依法进行处理，触犯刑法的，建议公安机关立案侦查，依法追究刑事责任。

十一、加强司法建议，建立劳动争议“白皮书”制度。对在审理劳动争议纠纷案件过程中发现的政府执法、企业管理等方面存在的问题，要及时向政府有关部门及相关企业提出司法建议，促进政府和企业整改，推动社会管理创新。省法院、各中院及劳动纠纷集中的基层法院要建立适时发布劳动争议“白皮书”制度，通过司法统计与案例分析，集中反映特定时段劳动争议诉讼的基本情况，对较具代表性的案件进行类型化分析，客观指出劳动争议纠纷在法律适用、政府管理、裁审协调、规范用工以及劳动者维权等方面存在的问题，有针对性地提出建议，从源头上推动劳动部门、用人单位和劳动者积极规范自身行为，实现良性互动，共同促进劳动关系和谐。

广东省高级人民法院　中国人民银行广州分行转发《最高人民法院、中国人民银行关于人民法院查询和人民银行协助查询被执行人人民币银行结算账户开户银行名称的联合通知》的通知

粤高法发〔2010〕54号

全省各中级人民法院、基层人民法院，广州海事法院，广州铁路运输两级法院，中国人民银行广东省内各中心支行（不含深圳）：

近日，最高人民法院、中国人民银行联合下发了《关于人民法院查询和人民银行协助查询被执行人人民币银行结算账户开户银行名称的联合通知》（法发〔2010〕27号），现转发给你们，请遵照执行。

二〇一〇年八月十九日

最高人民法院　中国人民银行关于人民法院查询和人民银行协助查询被执行人人民币银行结算账户开户银行名称的联合通知

法发〔2010〕27号

各省、自治区、直辖市高级人民法院，解放军军事法院，新疆维吾尔自治区高级人民法院生产建设兵团分院，中国人民银行上海总部，各分行、营业管理部、省会（首府）城市中心支行，深圳市中心支行：

为维护债权人合法权益和国家司法权威，根据《中华人民共和国民事诉讼法》、《中华人民共和国中国人民银行法》等法律，现就人民法院通过人民币银行结算账户管理系统查询被执行人银行结算账户开户银行名称的有关事项通知如下：

一、人民法院查询对象限于生效法律文书所确定的被执行人，包括法人、其他组织及自然人。

二、人民法院需要查询被执行人银行结算账户开户银行名称的，人民银行上海总部，被执行人注册地（身份证发证机关所在地）所在省（自治区、直辖市）人民银行各分行、营业管理部、省会（首府）城市中心支行及深圳市中心支行应当予以查询。

三、人民法院查询被执行人银行结算账户开户银行名称的，由被执行人注册地（身份证发证机关所在地）所在省（自治区、直辖市）高级人民法院（另含深圳市中级人民法院）统一集中批量办理。

四、高级人民法院（另含深圳市中级人民法院）审核汇总有关查询申请后，应当就协助查询被执行人名称（姓名、身份证号码）、注册地（身份证发证机关所在地）、执行法院、执行案号等事项填写《协助查询书》（见附件1），加盖高级人民法院（另含深圳市中级人民法院）公章后于每周一上午（节假日顺延）安排专人向所在地人民银行上述机构送

交《协助查询书》（并附协助查询书的电子版光盘）。

五、人民银行上述机构接到高级人民法院（另含深圳市中级人民法院）送达的《协助查询书》后，应当核查《协助查询书》的要素是否完备。经核查无误的，在5个工作日内通过人民币银行结算账户管理系统查询被执行人的银行结算账户开户行名称，根据查询结果如实填写《协助查询答复书》（见附件2），并加盖人民银行公章或协助查询专用章。经核查《协助查询书》要素不完备的，人民银行上述机构不予查询，并及时通知相关人民法院。

六、被执行人的人民币银行结算账户开户银行名称由银行业金融机构向人民银行报备，人民银行只对银行业金融机构报备的被执行人的人民币银行结算账户开户银行名称进行汇总，不负责审查其真实性和准确性。

七、人民法院应当依法使用人民银行上述机构提供的被执行

人银行结算账户开户银行名称信息，为当事人保守秘密。

人民银行上述机构及其工作人员在协助查询过程中应当保守查询秘密，不得向被查询当事人及其关联人泄露与查询有关的信息。

八、人民银行上述机构因按本通知协助人民法院查询被执行人银行结算账户开户银行名称而被起诉的，人民法院应不予受理。

九、人民法院对人民银行上述机构及工作人员执行本通知规定，或依法执行公务的行为，不应采取强制措施。如发生争议，高级人民法院（另含深圳市中级人民法院）与人民银行上述机构应当协商解决；协商不成的，应及时报请最高人民法院和中国人民银行处理。

十、本通知自下发之日起正式施行，原下发的《最高人民法院中国人民银行关于在全国清理执行积案期间人民法院查询法人被执行人人民币银行结算账户开户银行名称的通知》（法发〔2009〕5号）同时废止。

附：1. 协助查询书

2. 协助查询答复书

（略）

广东省高级人民法院　中国人民银行广州分行关于通过网络专线查询被执行人人民币银行结算账户开户银行名称的联合通知

粤高法发［2010］55号

全省各级人民法院、广州海事法院、广州铁路运输两级法院、中国人民银行广东省内各中心支行（不含深圳）：

为利用科技手段提高工作效率，深化联动机制建设，综合治理执行难，根据最高人民法院、中国人民银行《关于人民法院查询和人民银行协助查询被执行人人民币银行结算账户开户银行名称的联合通知》（下称《联合通知》）的规定，经广东省高级人民法院（下称省法院）、中国人民银行广州分行（下称人民银行广州分行）协商，就建立网络专线查询被执行人人民币银行结算账户开户银行名称问题通知如下：

一、本省各级法院在执行案件中查询注册地在广东省（不含深圳）的被执行人人民币银行结算账户开户银行名称，以及其他省（自治区、直辖市）高级人民法院根据《联合通知》委托省法院向人民银行广州分行查询注册地在广东省（不含深圳）的被执行人人民币银行结算账户开户银行名称的，适用本通知有关规定。

二、省法院与人民银行广州分行建立网络专线，作为被执行人人民币银行结算账户开户银行名称查询专线。

三、省法院与人民银行广州分行各自确定专人负责联网查询工作，并以电子文件形式进行查询和回复。

四、省法院汇总每周查询需求，于每周一（节假日顺延）统一制作一份《协助查询书》（内容和格式见附件1，为方便回复各高级法院、省内各中级法院，所附《查询清单》以各高级法院、各中级法院为单位单独列出），通过查询专线发送给人民银行广州分行。

紧急情况下，省法院可就个案向人民银行广州分行查询。

省法院对查询的被执行人名单的真实性、合法性负责。

五、人民银行广州分行收到省法院《协助查询书》后，在五个工作日内查询完毕，填写《协助查询答复书》（内容和格式见附件2）并通过查询专线回复查询结果（查询结果亦以各高级法院、各中级法院为单位单独列出）。

六、省法院和人民银行广州分行分别在查询或者回复后七个工作日内将查询及回复文书原件交换给对方。条件具备时双方使用电子签章的电子文件代替书面文件。

七、省内各中级法院、基层法院通过该网络专线查询被执行人人民币银行结算账户开户银行名称的，应当由中级法院汇总所辖法院查询需求，统一向省法院报送《协助查询书》（内容和格式见附件3，并附电子文档），省法院审核并经领导批准后通过查询专线向人民银行广州分行查询，省法院收到人民银行广州分行查询结果后，及时将查询结果回复下级法院。

已经开通全省法院综合业务系统的中级法院或者基层法院，可通过该系统向省法院发送电子查询文件并加盖电子公章，省法院通过该系统以电子文件回复。

八、本通知所称被执行人，包括法人、其他组织和自然人。

九、本通知自下发之日起施行。原下发的《关于在全国集中清理执行积案期间人民法院查询法人被执行人人民币银行结算账户开户银行名称的通知》（粤高法发［2009］43号）同时废止。

特此通知。

附件：1.《协助查询书》（省法院向人民银行广州分行发出查询需求用）

2.《协助查询回复书》

3.《协助查询书》（中级法院向省法院报送查询申请用）

（略）

二〇一〇年八月十九日

广东省高级人民法院关于印发《广东省高级人民法院关于委托查询被执行人人民币银行结算账户开户银行名称的暂行规定》的通知

粤高法发［2010］56号

全省各级人民法院、广州海事法院、广州铁路运输两级法院：

现将《广东省高级人民法院关于委托查询被执行人人民币银行结算账户开户银行名称的暂行规定》印发给你们，请认真贯彻执行。执行中如遇到问题或建议，请及时反馈给我院执行局。

二〇一〇年八月十日

广东省高级人民法院关于委托查询被执行人人民币银行结算账户开户银行名称的暂行规定

为贯彻执行《最高人民法院、中国人民银行关于人民法院查询和人民银行协助查询被执行人人民币银行结算账户开户银行名称的联合通知》（下称《联合通知》），确保异地查询被执行人开户银行名称工作顺利进行，根据执行工作实际，制定本规定。

一、委托其他省（自治区、直辖市）高级人民法院查询

第一条 省内各级法院（不含深圳市两级法院）在执行案件中需查询注册地、身份证发证机关所在地不在广东省行政区域内的被执行人人民币银行结算账户开户银行名称的，由广东省高级人民法院（下称省法院）统一委托被执行人注册地或者身份证发证机关所在地高级人民法院查询。

第二条 省内各级法院（不含深圳市两级法院）需委托查询被执行人人民币结算账户开户银行名称的，应当由中级法院汇总所辖法院查询需求，统一向省法院报送《委托查询书》（内容和格式见附件1，并附电子文档）。

已经开通全省法院综合业务系统的中级法院或者基层法院，可通过该系统向省法院发送电子查询文件（须加盖电子公章）。

第三条 省法院每周一汇总各中级法院委托查询需求，向相关高级人民法院发出《委托查询书》（内容和格式见附件2）。

第四条 省法院收到其他省（自治区、直辖市）高级人民法院查询结果后，及时回复委托查询的中级法院。

第五条 深圳市中级人民法院（含所辖基层法院）需查询注册地或者身份证发证机关所在地在其他省（自治区、直辖市）的被执行人人民币银行结算账户开户银行名称的，直接委托相关高级人民法院查询。省内其他中级法院（含所辖基层法院）需查询注册地或者身份证发证机关所在地在深圳市的被执行人人民币银行结算账户开户银行名称的，可直接委托深圳市中级人民法院查询。

二、其他省（自治区、直辖市）高级人民法院委托查询

第六条 省法院接受其他省（自治区、直辖市）高级人民法院委托，向人民银行广州分行查询注册地或者身份证发证机关所在地在广东省行政区域内（不含深圳市）的被执行人人民币银行结算账户开户银行名称。

第七条 收到委托查询材料后，省法院根据《联合通知》的规定进行审核，有下列情形之一的，不予委托查询，并将材料退回有关法院：

（一）非高级人民法院委托的；

（二）被执行人注册地或者身份证发证机关所在地不在广东省行政区域内（不含深圳市）的；

（三）无《委托查询书》、查询清单或者未附电子文档的；

（四）未加盖高级人民法院公章的；

（五）有其他不符合委托查询情形的。

第八条 经审核符合委托查询条件的，省法院根据《广东省高级人民法院、中国人民银行广州分行关于通过网络专线查询被执行人人民币银行结算账户开户银行名称的联合通知》的有关规定办理向人民银行广州分行查询的手续。

第九条 收到中国人民银行广州分行《协助查询答复书》后，省法院在五个工作日内将《协助查询答复书》寄送相关高级人民法院。

第十条 本规定自下发之日起施行。

附件：1.《委托查询书》（中级法院向省法院报送委托查询申请用）

2.《委托查询书》（省法院委托其他省、自治区、直辖市高级法院查询用）

（略）

广东省纪律检查委员会　广东省委组织部　广东省委宣传部　广东省社会治安综合治理委员会办公室　广东省高级人民法院　广东省人民检察院　广东省发展和改革委员会　广东省公安厅　广东省监察厅　广东省民政厅　广东省司法厅　广东省国土资源厅　广东省住房和城乡建设厅　中国人民银行广州分行　广东省国家税务局　广东省地方税务局　广东省工商行政管理局　广东省人民政府法制办公室　广东银监局　广东证监局转发《关于印发〈关于建立和完善执行联动机制若干问题的意见〉的通知》的通知

粤高法发［2010］59号

全省各级纪律检查委员会、党委组织部、党委宣传部、社会治安综合治理委员会办公室、人民法院、人民检察院、发展和改革委员会、公安局、监察局、民政局、司法局、国土资源局（国土环境资源局）、住房和城乡建设局、规划局、房管局、国家税务局、地方税务局、工商局（市场监督管理局、市场安全监管局）、法制办（局）、银监会广东省内各分局、中国人民银行广东省内各地市中心支行、广州海事法院、广州铁路运输两级法院、广州铁路运输两级检察院：

现将中央纪律检查委员会、中央组织部、中央宣传部、中央社会治安综合治理委员会办公室、最高人民法院、最高人民检察院、国家发展和改革委员会、公安部、监察部、民政部、司法部、国土资源部、住房和城乡建设部、中国人民银行、国家税务总局、国家工商行政管理总局、国务院法制办公室、中国银监会、中国证监会《关于印发〈关于建立和完善执行联动机制若干问题的意见〉的通知》（法发［2010］15号）转发给你们，请结合我省实际，认真贯彻执行。

二〇一〇年十二月七日

中央纪委检查委员会 中央组织部 中央社会治安综合治理委员会办公室 最高人民法院 最高人民检察院 国家发展和改革委员会公安部 监察部 民政部 司法部 国土资源部 住房和城乡建设部 中国人民银行 国家税务总局 国家工商行政管理总局 国务院法制办公室 中国银监会 中国证监会 关于印发《关于建立和完善执行联动机制若干问题的意见》的通知

法发［2010］15号

各省、自治区、直辖市纪律检查委员会、党委组织部、党委宣传部、社会治安综合治理委员会办公室、高级人民法院、人民检察院、发展和改革委员会、公安厅（局）、监察厅（局）、民政厅（局）、司法厅（局）、国土资源厅（国土环境资源局、国土资源局、国土资源和房屋管理局、规划和国土资源局）、建设厅（委）及有关部门、国家税务局、地方税务局、工商行政管理局、人民政府法制办、银监局、证监局，计划单列市国家税务局、地方税务局、证监局，中国人民银行上海总部、各分行、营业管理部、各省会（首府）城市中心支行、大连、青岛、宁波、厦门、深圳中心支行，新疆生产建设兵团各相关单位：

现将《关于建立和完善执行联动机制若干问题的意见》予以印发，请认真贯彻执行。

二〇一〇年七月七日

关于建立和完善执行联动机制若干问题的意见

为深入贯彻落实中央关于解决执行难问题的指示精神，形成党委领导、人大监督、政府支持、社会各界协作配合的执行工作新格局，建立健全解决执行难问题长效机制，确保生效法律文书得到有效执行，切实维护公民、法人和其他组织的合法权益，维护法律权威和尊严，推进社会诚信体系建设，依据有关法律、政策规定，现就建立和完善执行联动机制提出以下意见。

第一条 纪检监察机关对人民法院移送的在执行工作中发现的党员、行政监察对象妨碍人民法院执行工作和违反规定干预人民法院执行工作的违法违纪线索，应当及时组织核查；必要时，应当立案调查。对于党员、行政监察对象妨碍人民法院执行工作或者违反规定干预人民法院执行工作，以及拒不履行生效法律文书确定义务的，应当依法依纪追究党纪政纪责任。

第二条 组织人事部门应当通过群众信访举报、干部考察考核等多种途径，及时了解和掌握党员、公务员拒不履行生效法律文书以及非法干预、妨害执行等情况，对有上述问题的党员、公务员，通过诫勉谈活、函询等形式，督促其及时改正。对拒不履行生效法律文书、非法干预或妨碍执行的党员、公务员，按照《中国共产党纪律处分条例》和《行政机关公务员处分条例》等有关规定处理。

第三条 新闻宣传部门应当加强对人民法院执行工作的宣传，教育引导社会各界树立诚信意识，形成自觉履行生效法律文书确定的义务、依法协助人民法院执行的良好风尚；把握正确的舆论导向，增强市场主体的风险意识。配合人民法院建立被执行人公示制度，及时将人民法院委托公布的被执行人名单以及其他干扰、阻碍执行的行为予以曝光。

第四条 综合治理部门应当将当地党委、人大、政府、政协重视和支持人民法院执行工作情况、被执行人特别是特殊主体履行债务情况、有关部门依法协助执行的情况、执行救助基金的落实情况等，纳入社会治安综合治理目标责任考核范围。建立健全基层协助执行网络，充分发挥基层组织的作用，配合人民法院做好执行工作。

第五条 检察机关应当对拒不执行法院判决、裁定以及其他妨害执行构成犯罪的人员，及时依法从严进行追诉；依法查处执行工作中出现的渎职侵权、贪污受贿等职务犯罪案件。

第六条 公安机关应当依法严厉打击拒不执行法院判决、裁定和其他妨害执行的违法犯罪行为；对以暴力、威胁方法妨害或者抗拒执行的行为，在接到人民法院通报后立即出警，依法处置。协助人民法院查询被执行人户籍信息、下落，在履行职责过程中发现人民法院需要扣留、拘传的被执行人的，及时向人民法院通报情况；对人民法院在执行中决定拘留的人员，及时予以收押。协助限制被执行人出境；协助人民法院办理车辆查封、扣押和转移登记等手续；发现被执行人车辆等财产时，及时将有关信息通知负责执行的人民法院。

第七条 政府法制部门应当依法履行备案审查监督职责，加强备案审查工作，对报送备案的规章和有关政府机关发布的具有普遍约束力的行政决定、命令，发现有超越权限、违反上位法规定、违反法定程序、规定不适当等情形，不利于人民法院开展执行工作的，应当依照《法规规章备案条例》等规定予以处理。

第八条 民政部门应当对生活特别困难的申请执行人，按照有关规定及时做好救助工作。

第九条 发展和改革部门应当协助人民法院依法查询被执行人有关工程项目的立项情况及相关资料；对被执行人正在申请办理的投资项目审批、核准和备案手续，协调有关部门和地方，依法协助人民法院停止办理相关手续。

第十条 司法行政部门应当加强法制宣传教育，提高人民群众的法律意识，提高债务人主动履行生效法律文书的自觉性。对各级领导干部加强依法支持人民法院执行工作的观念教育，克服地方和部门保护主义思想。对监狱、劳教单位作为被执行人的案件，督促被执行人及时履行。指导律师、公证人员和基层法律服务工作者做好当事人工作，积极履行生效法律文书确定的义务。监狱、劳教所、强制隔离戒毒所对服刑、劳教人员和强制隔离戒毒人员作为被执行人的案件，积极协助人民法院依法执行。

第十一条 国土资源管理部门应当协助人民法院及时查询有关土地使用权、探矿权、采矿权及相关权属等登记情况，协助人民法院及时办理土地使用权、探矿权、采矿权等的查封、预查封和轮候查封登记，并将有关情况及时告知人民法院。被执行人正在办理土地使用权、采矿权、探矿权等权属变更登记手续的，根据人民法院协助执行通知书的要求，停止办理相关手续。债权人持生效法律文书申请办理土地使用权变更登记的，依法予以办理。

第十二条 住房和城乡建设管理部门应当协助人民法院及时查询有关房屋权属登记、变更、抵押等情况，协助人民法院及时办理房屋查封、预查封和轮候查封及转移登记手续，并将有关情况及时告知人民法院。被执行人正在办理房

屋所有权转移登记等手续的，根据人民法院协助执行通知书的要求，停止办理相关手续。轮候查封的人民法院违法要求协助办理房屋登记手续的，依法不予办理。债权人持生效法律文书申请办理房屋转移登记手续的，依法予以办理。协助人民法院查询有关工程项目的规划审批情况，向人民法院提供必要的经批准的规划文件和规划图纸等资料。被执行人正在申请办理涉案项目规划审批手续的，根据人民法院协助执行通知书的要求，停止办理相关手续。将房地产、建筑企业不依法履行生效法律文书义务的情况，记入房地产和建筑市场信用档案，向社会披露有关信息。对拖欠房屋拆迁补偿安置资金的被执行人，依法采取制裁措施。

第十三条 人民银行应当协助人民法院查询人民币银行结算账户管理系统中被执行人的账户信息；将人民法院提供的被执行人不履行法律文书确定义务的情况纳入企业和个人信用信息基础数据库。

第十四条 银行业监管部门应当监督银行业金融机构积极协助人民法院查询被执行人的开户、存款情况，依法及时办理存款的冻结、轮候冻结和扣划等事宜。对金融机构拒不履行生效法律文书、拒不协助人民法院执行的行为，依法追究有关人员的责任。制定金融机构对被执行人申请贷款进行必要限制的规定，要求金融机构发放贷款时应当查询企业和个人信用信息基础数据库，并将被执行人履行生效法律文书确定义务的情况作为审批贷款时的考量因素。对拒不履行生效法律文书义务的被执行人，涉及金融债权的，可以采取不开新户、不发放新贷款、不办理对外支付等制裁措施。

第十五条 证券监管部门应当监督证券登记结算机构、证券、期货经营机构依法协助人民法院查询、冻结、扣划证券和证券交易结算资金。督促作为被执行人的证券公司自觉履行生效裁判文书确定的义务；对证券登记结算机构、证券公司拒不履行生效法律文书确定义务、拒不协助人民法院执行的行为，督促有关部门依法追究有关负责人和直接责任人员的责任。

第十六条 税务机关应当依法协助人民法院调查被执行人的财产情况，提供被执行人的纳税情况等相关信息；根据人民法院协助执行通知书的要求，提供被执行人的退税账户、退税金额及退税时间等情况。被执行人不缴、少缴税款的，请求法院依照法定清偿顺序追缴税款，并按照税款预算级次上缴国库。

第十七条 工商行政管理部门应当协助人民法院查询有关企业的设立、变更、注销登记等情况；依照有关规定，协助人民法院办理被执行人持有的有限责任公司股权的冻结、转让登记手续。对申请注销登记的企业，严格执行清算制度，防止被执行人转移财产，逃避执行。逐步将不依法履行生效法律文书确定义务的被执行人录入企业信用分类监管系统。

第十八条 人民法院应当将执行案件的有关信息及时、全面、准确地录入执行案件信息管理系统，并与有关部门的信息系统实现链接，为执行联动机制的顺利运行提供基础数据信息。

第十九条 人民法院认为有必要对被执行人采取执行联动措施的，应当制作协助执行通知书或司法建议函等法律文书，并送达有关部门。

第二十条 有关部门收到协助执行通知书或司法建议函后，应当在法定职责范围内协助采取执行联动措施。有关协助执行部门不应对生效法律文书和协助执行通知书、司法建议函等进行实体审查。对人民法院请求采取的执行联动措施有异议的，可以向人民法院提出审查建议，但不应当拒绝采取相应措施。

第二十一条 被执行人依法履行了生效法律文书确定的义务或者申请执行人同意解除执行联动措施的，人民法院经审查，认为符合有关规定的，应当解除相应措施。被执行人提供担保请求解除执行联动措施的，由人民法院审查决定。

第二十二条 为保障执行联动机制的建立和有效运行，成立执行联动机制工作领导小组，成员单位有中央纪律检查委员会、中央组织部、中央宣传部、中央政法委员会、中央社会治安综合治理委员会办公室、最高人民法院、最高人民检察院、国家发展和改革委员会、公安部、监察部、民政部、司法部、国土资源部、住房和城乡建设部、中国人民银行、国家税务总局、国家工商行政管理总局、国务院法制办公室、中国银监会、中国证监会等有关部门。领导小组下设办公室，具体负责执行联动机制建立和运行中的组织、协调、督促、指导等工作。

各成员单位确定一名联络员，负责执行联动机制运行中的联络工作。

各地应成立相应的执行联动机制工作领导小组及办公室。

第二十三条 执行联动机制工作领导小组由各级政法委员会牵头，定期、不定期召开会议，通报情况，研究解决执行联动机制运行中出现的问题，确保执行联动机制顺利运行。

第二十四条 有关单位不依照本意见履行职责的，人民法院可以向监察机关或其他有关机关提出相应的司法建议，或者报请执行联动机制领导小组协调解决，或者依照《中华人民共和国民事诉讼法》第一百零三条的规定处理。

第二十五条 为确保本意见贯彻执行，必要时，人民法院可以会同有关部门制定具体的实施细则。

广东省高级人民法院 关于印发《广东省法院关于加强判后答疑工作的若干意见》及《广东省法院判后答疑工作细则》的通知

粤高法发［2010］60号

全省各级人民法院、广州海事法院、广州铁路运输两级法院：

现将《广东省法院关于加强判后答疑工作若干意见》及《广东省法院判后答疑工作细则》印发给你们，请认真贯彻执行。执行过程中有何问题，请及时报告我院立案二庭。

二〇一〇年十一月一日

广东省法院关于加强判后答疑工作的若干意见

为了进一步增强裁判的公信力，保障当事人的合法权益，努力实现案结事了，根据我省再审审查和涉诉信访工作实际，提出加强判后答疑工作的意见。

一、判后答疑工作是新时期人民法院落实“为大局服务、为人民司法”工作主题的重要内容，对于实现最高人民法院提出的“矛盾化解、案结事了，促进和谐”的审判目标，有效减少涉诉信访，意义重大，各级人民法院必须高度重视此项工作。

二、判后答疑工作应当坚持三项原则：一是便民原则。坚持“便民、利民、为民”，努力避免因答疑增加当事人负担。二是协作原则。上下级法院，相关审判部门，必须加强配合、分工协作，防止相互推诿、拖延。三是实事求是，有错必纠的原则。答疑过程中发现原裁判确有错误的，应主动依法予以纠正。

三、全省各级法院应当全面实行判后答疑制度。当事人直接向原审法院提出质疑的，原审法院应当及时予以解答。当事人申请再审可以通过原审法院向上一级法院提出，原审法院应当先进行判后答疑。当事人直接向上一级法院提出再审申请的，上一级法院可以交由原审法院进行答疑。

四、全省各级法院的立案庭是判后答疑工作的组织协调部门，负责上下级法院之间、本院各部门判后答疑工作的组织协调、答疑跟踪、情况统计以及信息报送等工作。

五、具体答疑应由做出原生效裁判的审判部门负责。答疑法官应在接到答疑件之日起1个月内完成答疑工作，有特殊情况的经主管副院长审批后可以延长1个月。答疑应针对当事人的申请或质疑理由，耐心细致地做好当事人的法律释明和答疑工作，必要时可以邀请人民调解委员会、当地村（居）委会等相关部门，共同做好答疑，努力实现案结事了。答疑过程应当做好笔录以及备案工作。

六、全省各级法院应当结合本院实际，建立健全行之有效的判后答疑机制，明确答疑法官、答疑期限、答疑责任以及相关部门的分工协调等，做到分工明确、责任到人，确保判后答疑工作不走过场，取得实效。有条件的法院应充分利用信息化平台，建立判后答疑流程管理系统，并实现与审判管理、质量评估、绩效考评等工作的有效衔接。

七、上一级法院应当加强对判后答疑工作的督促指导。建立定期抽查、定期通报制度，对判后答疑工作进行统计排名、分析和研究，提出改进和加强的意见和建议。对于在判后答疑中敷衍塞责、简单应付或者推诿拖延的，上一级法院应及时督促纠正。

八、判后答疑工作成效纳入法院、法官年度综合考核范围。各级法院应当将申请再审率作为法院和承办法官审判质量的重要考核指标，引导法院和法官提高审判质量和审判效果，从而从源头上减少再审审查和涉诉信访案件。

九、本意见自公布之日起施行。

广东省法院判后答疑工作细则

第一条 根据《民事诉讼法》、《刑事诉讼法》、《行政诉讼法》以及《广东省法院关于加强判后答疑工作的若干意见》的规定，结合我省工作实际，制定本细则。

第二条 当事人不服人民法院做出的生效裁判，就证据采信、事实认定、法律适用、裁判理由及诉讼程序等有关审判问题，首次提出异议的，原审法院应予判后答疑。

第三条 判后答疑工作应当实行流程管理，各级法院应完善登记、流转、答疑、归档等环节。具体组织协调、督办催办工作由立案庭统一负责。

第四条 当事人直接向原审法院提出的初信、初访，立案庭登记后能够安排原审判庭当即答疑的，当即答疑。不能当即答疑的，以预约答疑的方式按照本细则转原审判庭进行答疑。

重复来信、来访由立案庭按照信访程序处理。但如涉及新问题需要原答疑法官进一步答疑的，立案庭可要求原答疑法官协助接访。

第五条 当事人申请再审的，可以通过原审法院向上一级法院提出。原审法院应首先安排判后答疑，不得以申请再审属上一级法院管辖而拒绝答疑。

第六条 当事人直接向上一级法院提出再审申请的，上一级法院立案庭在2日内登记并转原审法院进行判后答疑。以下案件除外：

（一）行政申请再审案件

（二）刑事申诉案件

（三）已有判后答疑记录的民事申请再审案件

（四）上一级法院立案庭认为不适宜答疑的案件

第七条 原审法院的立案庭在收到当事人申请再审书或上一级法院转来的答疑件后，在2日内登记并附《判后答疑接访表》转原审判庭。

第八条 原审判庭在收到答疑件后7日内确定答疑法官、答疑时间、答疑地点以及答疑方式，并负责通知当事人。

第九条 答疑法官应由原合议庭成员或庭领导担任。

答疑应以当面答疑为原则，对于外地的当事人，根据便民原则，可以采取书面答疑的方式。

答疑应自审判庭收到答疑件之日起一个月内完成，有特殊原因需要延长的，报主管副院长审批。超期未答疑的，立案庭应发出催办函。

第十条 答疑法官应当针对当事人提出的问题、申请再审的理由进行答疑，并填写《判后答疑接访表》。

答疑过程应有书记员制作答疑笔录，由来访人签名或盖章。来访人拒绝签名的应予注明。答疑笔录一式三份，一份交当事人、一份交立案庭、一份答疑部门留存。

书面答疑的，答疑书应由答疑法官签名，主管副庭长签发，盖信访专用章。

第十一条 答疑法官在答疑过程中发现有非正常信访苗头的，应及时通报立案庭及相关部门。

答疑法官经答疑，认为已生效的裁判可能存在错误的，应依据民诉法第一百七十七条的规定，在判后答疑接访表中提出复查建议，并向庭领导、主管副院长汇报。

第十二条 答疑法官完成答疑后，应在3日内将答疑件、《判后答疑接访表》、答疑笔录、答疑书及邮寄回执退立案庭，由立案庭确认答疑完结并建档备案。

第十三条 立案庭应按照司法统计周期对上一级法院交办的答疑件的办理情况进行统计，并报上一级法院立案庭。

对于有非正常信访苗头的答疑交办件，应及时向上级法院报告。

第十四条 经判后答疑后，当事人仍不服坚持申请再审的，原审法院立案庭应在当事人明确表示坚持申请再审之日起3日内将申请再审的相关材料、判后答疑接访表复印件1份、答疑笔录复印件1份等一并移送上一级法院。上一级法院应立案审查。当事人向原审法院递交申请书的时间为申请再审的时间。

第十五条 各级法院应在立案信访大厅公示判后答疑的范围、期限以及答疑流程。对于申请再审可以通过原审法院提出的规定，应予以公示。

第十六条 案件宣判、送达时所作的释法答疑工作不属于本细则规定的判后答疑范畴。

第十七条 申请再审、申诉案件经立案审查后被裁定

(通知)驳回后，当事人继续来访的，执行案件的当事人就执行程序的裁定等文书来访的，参照本程序处理。

第十八条 各级法院应对本院判后答疑情况定期进行总结分析，并结合申请再审（申诉）率、答疑息访率等指标予以通报。申请再审率应纳入法官审判质量考核指标。

第十九条 本细则自发布之日起施行。

附件：1. 判后答疑函

2. 判后答疑接访表

（略）

广东省高级人民法院　广东省人民检察院　广东省公安厅　广东省国家安全厅　广东省司法厅　转发《最高人民法院、最高人民检察院、公安部、国家安全部、司法部印发〈关于规范量刑程序若干问题的意见（试行)〉的通知》的通知

粤高法发［2010］62号

全省各级人民法院、人民检察院、公安局、国家安全局、司法局，广州铁路运输两级法院、检察院，广州铁路公安局：

为进一步规范量刑程序，促进量刑活动的公开、公正，最高人民法院、最高人民检察院、公安部、国家安全部、司法部联合制定了《关于规范量刑程序若干问题的意见（试行)》，并决定自2010年10月1日起试行。现将该意见转发给你们，请认真组织学习，结合工作实践，严格贯彻执行。对于实施情况及执行过程中遇到的问题，请分别及时报告省法院、省检察院、省公安厅、省国家安全厅、省司法厅。

二〇一〇年十月十九日

最高人民法院　最高人民检察院 公安部　国家安全部　司法部 印发《关于规范量刑程序若干问题的意见（试行）》的通知

法发［2010］35号

各省、自治区、直辖市高级人民法院、人民检察院、公安厅（局）、国家安全厅（局）、司法厅（局），解放军军事法院、军事检察院，新疆维吾尔自治区高级人民法院生产建设兵团分院、新疆生产建设兵团人民检察院、公安局、国家安全局、司法局：

为进一步规范量刑程序，促进量刑活动的公开、公正，根据中央关于深化司法体制和工作机制改革的总体部署，在深入调研论证，广泛征求各方面意见的基础上，最高人民法院、最高人民检察院、公安部、国家安全部、司法部联合制定了《关于规范量刑程序若干问题的意见（试行）》。现予以印发，请认真贯彻执行。对于实施情况及遇到的何题，请分别及时报告最高人民法院、最高人民检察院、公安部、国家安全部、司法部。

二〇一〇年九月十三日

关于规范量刑程序若干问题的意见（试行）

为进一步规范量刑活动，促进量刑公开和公正，根据刑事诉讼法和司法解释的有关规定，结合刑事司法工作实际，制定本意见。

第一条　人民法院审理刑事案件，应当保障量刑活动的相对独立性。

第二条　侦查机关、人民检察院应当依照法定程序，收集能够证实犯罪嫌疑人、被告人犯罪情节轻重以及其他与量刑有关的各种证据。

人民检察院提起公诉的案件，对于量刑证据材料的移送，依照有关规定进行。

第三条　对于公诉案件，人民检察院可以提出量刑建议。量刑建议一般应当具有一定的幅度。

人民检察院提出量刑建议，一般应当制作量刑建议书，与起诉书一并移送人民法院；根据案件的具体情况，人民检察院也可以在公诉意见书中提出量刑建议。对于人民检察院不派员出席法庭的简易程序案件，应当制作量刑建议书，与起诉书一并移送人民法院。

量刑建议书中一般应当载明人民检察院建议对被告人处以刑罚的种类、刑罚幅度、刑罚执行方式及其理由和依据。

第四条　在诉讼过程中，当事人和辩护人、诉讼代理人可以提出量刑意见，并说明理由。

第五条　人民检察院以量刑建议书方式提出量刑建议的，人民法院在送达起诉书副本时，将量刑建议书一并送达被告人。

第六条　对于公诉案件，特别是被告人不认罪或者对量刑建议有争议的案件，被告人因经济困难或者其他原因没有委托辩护人的，人民法院可以通过法律援助机构指派律师为其提供辩护。

第七条 适用简易程序审理的案件，在确定被告人对起诉书指控的犯罪事实和罪名没有异议，自愿认罪且知悉认罪的法律后果后，法庭审理可以直接围绕量刑问题进行。

第八条 对于适用普通程序审理的被告人认罪案件，在确认被告人了解起诉书指控的犯罪事实和罪名，自愿认罪且知悉认罪的法律后果后，法庭审理主要围绕量刑和其他有争议的问题进行。

第九条 对于被告人不认罪或者辩护人做无罪辩护的案件，在法庭调查阶段，应当查明有关的量刑事实。在法庭辩论阶段，审判人员引导控辩双方先辩论定罪问题。在定罪辩论结束后，审判人员告知控辩双方可以围绕量刑问题进行辩论，发表量刑建议或意见，并说明理由和依据。

第十条 在法庭调查过程中，人民法院应当查明对被告人适用特定法定刑幅度以及其他从重、从轻、减轻或免除处罚的法定或者酌定量刑情节。

第十一条 人民法院、人民检察院、侦查机关或者辩护人委托有关方面制作涉及未成年人的社会调查报告的，调查报告应当在法庭上宣读，并接受质证。

第十二条 在法庭审理过程中，审判人员对量刑证据有疑问的，可以宣布休庭，对证据进行调查核实，必要时也可以要求人民检察院补充调查核实。人民检察院应当补充调查核实有关证据，必要时可以要求侦查机关提供协助。

第十三条 当事人和辩护人、诉讼代理人申请人民法院调取在侦查、审查起诉中收集的量刑证据材料，人民法院认为确有必要的，应当依法调取。人民法院认为不需要调取有关量刑证据材料的，应当说明理由。

第十四条 量刑辩论活动按照以下顺序进行：

（一）公诉人、自诉人及其诉讼代理人发表量刑建议或意见；

（二）被害人（或者附带民事诉讼原告人）及其诉讼代理人发表量刑意见；

（三）被告人及其辩护人进行答辩并发表量刑意见。

第十五条 在法庭辩论过程中，出现新的量刑事实，需要进一步调查的，应当恢复法庭调查，待事实查清后继续法庭辩论。

第十六条 人民法院的刑事裁判文书中应当说明量刑理由。量刑理由主要包括：

（一）已经查明的量刑事实及其对量刑的作用；

（二）是否采纳公诉人、当事人和辩护人、诉讼代理人发表的量刑建议、意见的理由；

（三）人民法院量刑的理由和法律依据。

第十七条 对于开庭审理的二审、再审案件的量刑活动，依照有关法律规定进行。法律没有规定的，参照本意见进行。

对于不开庭审理的二审、再审案件，审判人员在阅卷、讯问被告人、听取其他当事人、辩护人、诉讼代理人的意见时，应当注意审查量刑事实和证据。

第十八条 本意见自2010年10月1日起试行。

广东省高级人民法院
转发《最高人民法院关于印发〈人民法院量刑指导意见（试行）〉的通知》的通知

粤高法发［2010］63号

全省各中级人民法院、基层人民法院，广州铁路运输两级法院：

为深入推进量刑规范化司法改革项目，最高人民法院制定了《人民法院量刑指导意见（试行）》，并决定从2010年10月1日起在全国法院全面试行。现将《最高人民法院关于印发〈人民法院量刑指导意见（试行）〉的通知》（法发［2010］36号）转发给你们，请认真组织学习，按照通知要求，结合审判实践，抓紧落实试行工作。对于执行过程中遇到的问题，请及时报告我院刑三庭。

二〇一〇年九月二十九日

最高人民法院关于印发《人民法院量刑指导意见（试行）》的通知

法发［2010］36号

各省、自治区、直辖市高级人民法院，解放军军事法院，新疆维吾尔自治区高级人民法院生产建设兵团分院：

“规范裁量权，将量刑纳入法庭审理程序”（以下简称“量刑规范化改革”）是中央确定的重大司法改革项目。根据中央关于深化司法体制和工作机制改革的总体部署，经过深入调研论证，广泛征求各方面意见，最高人民法院制定了《人民法院量刑指导意见（试行）》（以下简称《量刑指导意见》），最高人民法院、最高人民检察院、公安部、国家安全部和司法部联合制定了《关于规范量刑程序若干问题的意见（试行）》（另行印发）。《量刑指导意见》经过全国部分法院较长时间试点，成效明显，已经具备在全国法院全面试行的条件，决定从2010年10月1日起在全国法院全面试行。现印发给你们指导量刑工作，并提出以下意见：

一、充分认识量刑规范化改革的巨大意义

量刑规范化改革是法治进步和时代发展的客观需要，是新时期人民群众的新要求新期待，主要目的在于统一法律适用标准，规范裁量权，严格执行法律，准确裁量刑罚，确保办案质量，实现公平正义，维护社会稳定，促进社会和谐。推行这项改革，对于完善量刑制度和刑事诉讼制度，提高执法办案水平，促进社会主义法治建设，保障在全社会实现公平正义，具有十分重要的意义。中央高度重视量刑规范化改革，中央政治局常委、中央政法委书记周永康同志充分肯定了量刑规范化改革取得的成效，要求各级人民法院要把量刑规范化改革作为提高办案质量和水平的一项重要工作，结合审判实际，细化执行标准，搞好法官培训，精心组织实施。各级人民法院要从全局的高度深刻认识量刑规范化改革的重大意义，把思想认识统一到中央决策部署上来，把量刑规范化改革作为当前和今后长期的一项工作任务，积极稳妥地推进，确保取得成效。

二、研究制定实施细则

《量刑指导意见》对量刑的基本方法、常见量刑情节的适用、常见犯罪的量刑等内容作了原则性规定，各高级人民法院要结合当地实际，按照规范、实用、符合审判实际的原则要求，依法、科学、合理地进行细化，保证实施细则的规范性、实用性和可操作性。

三、认真组织学习培训

量刑规范化改革改变了传统的量刑方法，对人民法院量刑工作提出了新的更高的要求。各高级人民法院要及时组织学习培训工作，培训到每一位刑事法官，让全体刑事法官都了解量刑规范化改革的基本思路和具体内容，掌握量刑的基本方法和技巧，确保《量刑指导意见》正确试行。

四、全面试行量刑规范化

《量刑指导意见》从2010年10月1日起在全国法院全面试行。各级人民法院要以《量刑指导意见》为指导，统一法律适用标准，严格依法办案，确保量刑公正和均衡。要及时解决试行中遇到的问题和困难，确保量刑规范化工作平稳有序开展，不断提高办案质量和水平。

五、及时总结不断深化

量刑规范化改革是一项全新的司法活动，需要有一个不断总结完善的过程。在试行过程中，可能会遇到各种各样的问题，各地法院要及时研究解决，并将有关情况报告我院。我院将定期调研总结，适时对《量刑指导意见》进行完善，不断提高量刑规范化水平。

二〇一〇年九月十三日

人民法院量刑指导意见（试行）

为进一步规范刑罚裁量权，贯彻落实宽严相济的刑事政策，增强量刑的公开性，实现量刑均衡，维护司法公正，根据刑法和刑事司法解释的有关规定，结合审判实践，制定本意见。

一、量刑的指导原则

1. 量刑应当以事实为根据，以法律为准绳，根据犯罪的事实、犯罪的性质、情节和对于社会的危害程度，决定判处的刑罚。

2. 量刑既要考虑被告人所犯罪行的轻重，又要考虑被告人应负刑事责任的大小，做到罪责刑相适应，实现惩罚和预防犯罪的目的。

3. 量刑应当贯彻宽严相济的刑事政策，做到该宽则宽，当严则严，宽严相济，罚当其罪，确保裁判法律效果和社会效果的统一。

4. 量刑要客观、全面把握不同时期不同地区的经济社会发展和治安形势的变化，确保刑法任务的实现；对于同一地区同一时期，案情相近或相似的案件，所判处的刑罚应当基本均衡。

二、量刑的基本方法

1. 量刑步骤

（1）根据基本犯罪构成事实在相应的法定刑幅度内确定量刑起点；

（2）根据其他影响犯罪构成的犯罪数额、犯罪次数、犯罪后果等犯罪事实，在量刑起点的基础上增加刑罚量确定基准刑；

（3）根据量刑情节调节基准刑，并综合考虑全案情况，依法确定宣告刑。

2. 量刑情节调节基准刑的方法

（1）具有单个量刑情节的，根据量刑情节的调节比例直接对基准刑进行调节。

（2）具有多种量刑情节的，根据各个量刑情节的调节比例，采用同向相加、逆向相减的方法确定全部量刑情节的调节比例，再对基准刑进行调节。

（3）对于具有刑法总则规定的未成年人犯罪、限制行为能力的精神病人犯罪、又聋又哑的人或者盲人犯罪、防卫过当、避险过当、犯罪预备、犯罪未遂、犯罪中止、从犯、胁从犯和教唆犯等量刑情节的，先用该量刑情节对基准刑进行调节，在此基础上，再用其他量刑情节进行调节。

（4）被告人犯数罪，同时具有适用各个罪的立功、累犯等量刑情节的，先用各个量刑情节调节个罪的基准刑，确定个罪所应判处的刑罚，再依法实行数罪并罚，决定执行的刑罚。

（5）对于同一事实涉及不同量刑情节时，不重复评价。

3. 确定宣告刑的方法

（1）量刑情节对基准刑的调节结果在法定刑幅度内，且罪责刑相适应的，可以直接确定为宣告刑；如果具有应当减轻处罚情节的，依法在法定最低刑以下确定宣告刑。

（2）量刑情节对基准刑的调节结果在法定最低刑以下，具有减轻处罚情节，且罪责刑相适应的，可以直接确定为宣告刑；只有从轻处罚情节的，可以确定法定最低刑为宣告刑。

（3）量刑情节对基准刑的调节结果在法定最高刑以上的，可以法定最高刑为宣告刑。

（4）根据案件的具体情况，独任审判员或合议庭可以在10%的幅度内进行调整，调整后的结果仍然罪责刑不相适应的，提交审判委员会讨论决定宣告刑。

（5）综合全案犯罪事实和量刑情节，依法应当判处拘役、管制或者单处附加刑，或者无期徒刑以上刑罚的，应当依法适用。

（6）宣告刑为三年以下有期徒刑、拘役并符合缓刑适用条件的，可以依法宣告缓刑；犯罪情节轻微，不需要判处刑罚的，可以免予刑事处罚。

三、常见量刑情节的适用

量刑时要充分考虑各种法定和酌定量刑情节，根据案件的全部犯罪事实以及量刑情节的不同情形，依法确定量刑情节的适用及其调节比例。对严重暴力犯罪、黑社会性质组织犯罪、毒品犯罪，在确定从宽的幅度时，要从严掌握；对较轻的犯罪要充分体现从宽的政策。对以下常见量刑情节，可以在相应的幅度内确定具体调节比例。本意见尚未规定的其他量刑情节，在量刑时也要予以考虑，并确定适当的调节比例。

1. 对于未成年人犯罪，应当综合考虑未成年人对犯罪的认识能力、实施犯罪行为的动机和目的、犯罪时的年龄、是否初犯、悔罪表现、个人成长经历和一贯表现等情况，予以从宽处罚。

（1）已满十四周岁不满十六周岁的未成年人犯罪，可以减少基准刑的30%-60%；

（2）已满十六周岁不满十八周岁的未成年人犯罪，可以

减少基准刑的10%~50%。

2. 对于未遂犯，综合考虑犯罪行为的实行程度、造成损害的大小、犯罪未得逞的原因等情况，可以比照既遂犯减少基准刑的50%以下。

3. 对于从犯，应当综合考虑其在共同犯罪中的地位、作用，以及是否实施犯罪实行行为等情况，予以从宽处罚，可以减少基准刑的20%–50%；犯罪较轻的，可以减少基准刑的50%以上或者依法免除处罚。

4. 对于自首情节，综合考虑投案的动机、时间、方式、罪行轻重、如实供述罪行的程度以及悔罪表现等情况，可以减少基准刑的40%以下；犯罪较轻的，可以减少基准刑的40%以上或者依法免除处罚。

5. 对于立功情节，综合考虑立功的大小、次数、内容、来源、效果以及罪行轻重等情况，确定从宽的幅度。

（1）一般立功的，可以减少基准刑的20%以下；

（2）重大立功的，可以减少基准刑的20%–50%；犯罪较轻的，可以减少基准刑的50%以上或者依法免除处罚。

6. 对于被采取强制措施的犯罪嫌疑人、被告人和已宣判的罪犯，如实供述司法机关尚未掌握的罪行，与司法机关已掌握的或者判决确定的罪行属同种罪行的，根据坦白罪行的轻重以及悔罪表现等情况，可以减少基准刑的20%以下。

7. 对于当庭自愿认罪的，根据犯罪的性质、罪行的轻重、认罪程度以及悔罪表现等情况，可以减少基准刑的10%以下，依法认定自首、坦白的除外。

8. 对于退赃、退赔的，综合考虑犯罪性质，退赃、退赔行为对损害结果所能弥补的程度，退赃、退赔的数额及主动程度等情况，可以减少基准刑的30%以下。

9. 对于积极赔偿被害人经济损失的，综合考虑犯罪性质、赔偿数额、赔偿能力等情况，可以减少基准刑的30%以下。

10. 对于取得被害人或其家属谅解的，综合考虑犯罪的性质。罪行轻重、谅解的原因以及认罪悔罪的程度等情况，可以减少基准刑的20%以下。

11. 对于累犯，应当综合考虑前后罪的性质、刑罚执行完毕或赦免以后至再犯罪时间的长短以及前后罪罪行轻重等情况，可以增加基准刑的10%–40%。

12. 对于有前科劣迹的，综合考虑前科劣迹的性质、时间间隔长短、次数、处罚轻重等情况，可以增加基准刑的10%以下。

13. 对于犯罪对象为未成年人、老人、残疾人、孕妇等弱势人员的，综合考虑犯罪的性质、犯罪的严重程度等情况，可以增加基准刑的20%以下。

14. 对于在重大自然灾害、预防、控制突发传染病疫情等灾害期间犯罪的，根据案件的具体情况，可以增加基准刑的20%以下。

四、常见犯罪的量刑

（一）交通肇事罪

1. 构成交通肇事罪的，可以根据下列不同情形在相应的幅度内确定量刑起点：

（1）致人重伤、死亡或者使公私财产遭受重大损失的，可以在六个月至二年有期徒刑幅度内确定量刑起点。

（2）交通肇事后逃逸或者有其他特别恶劣情节的，可以在三年至四年有期徒刑幅度内确定量刑起点。

（3）因逃逸致一人死亡的，可以在七年至八年有期徒刑幅度内确定量刑起点。

2. 在量刑起点的基础上，可以根据责任程度、致人重伤、死亡的人数或者财产损失的数额以及逃逸等其他影响犯罪构成的犯罪事实增加刑罚量，确定基准刑。

（二）故意伤害罪

1. 构成故意伤害罪的，可以根据下列不同情形在相应的幅度内确定量刑起点：

（1）故意伤害致一人轻伤的，可以在六个月至一年六个月有期徒刑幅度内确定量刑起点。

（2）故意伤害致一人重伤的，可以在三年至四年有期徒刑幅度内确定量刑起点。

（3）以特别残忍手段故意伤害致一人重伤，造成六级严重残疾的，可以在十年至十二年有期徒刑幅度内确定量刑起点。依法应当判处无期徒刑以上刑罚的除外。

（4）故意伤害致一人死亡的，可以在十年至十五年有期徒刑幅度内确定量刑起点。依法应当判处无期徒刑以上刑罚的除外。

2. 在量刑起点的基础上，可以根据伤亡后果、伤残等级、手段的残忍程度等其他影响犯罪构成的犯罪事实增加刑罚量，确定基准刑。

3. 雇佣他人实施伤害行为的，可以增加基准刑的20%以下。

4. 有下列情节之一的，可以减少基准刑的20%以下：

（1）因婚姻家庭、邻里纠纷等民间矛盾激化引发的；

（2）因被害人的过错引发犯罪或对矛盾激化引发犯罪负有责任的；

（3）犯罪后积极抢救被害人的。

（三）强奸罪

1. 构成强奸罪的，可以根据下列不同情形在相应的幅度内确定量刑起点：

（1）强奸妇女、奸淫幼女一人一次的，可以在三年至五年有期徒刑幅度内确定量刑起点。

（2）有下列情形之一的，可以在十年至十二年有期徒刑幅度内确定量刑起点：强奸妇女、奸淫幼女情节恶劣的；强奸妇女、奸淫幼女三人的；在公共场所当众强奸妇女的；二人以上轮奸妇女的；强奸致被害人重伤或者造成其他严重后果的。依法应当判处无期徒刑以上刑罚的除外。

2. 在量刑起点的基础上，可以根据强奸人数、次数、致人伤亡后果等其他影响犯罪构成的犯罪事实增加刑罚量，确定基准刑。

（四）非法拘禁罪

1. 构成非法拘禁罪的，可以根据下列不同情形在相应的幅度内确定量刑起点：

（1）未造成伤害后果的，可以在三个月拘役至六个月有期徒刑幅度内确定量刑起点。

（2）致一人重伤的，可以在三年至四年有期徒刑幅度内确定量刑起点。

（3）致一人死亡的，可以在十年至十二年有期徒刑幅度内确定量刑起点。

2. 在量刑起点的基础上，可以根据非法拘禁人数、次数、拘禁时间、致人伤亡后果等其他影响犯罪构成的犯罪事实增加刑罚量，确定基准刑。

3. 有下列情节之一的，可以增加基准刑的 20%以下：

（1）具有殴打、侮辱情节的；

（2）国家机关工作人员利用职权非法扣押、拘禁他人的。

4. 为索取合法债务、争取合法权益而非法扣押、拘禁他人的，可以减少基准刑的30%以下。

（五）抢劫罪

1. 构成抢劫罪的，可以根据下列不同情形在相应的幅度内确定量刑起点：

（1）抢劫一次的，可以在三年至五年有期徒刑幅度内确定量刑起点。

（2）有下列情形之一的，可以在十年至十二年有期徒刑幅度内确定量刑起点：入户抢劫的；在公共交通工具上抢劫的；抢劫银行或者其他金融机构的；抢劫三次或者抢劫数额达到数额巨大起点的；抢劫致一人重伤，没有造成残疾的；冒充军警人员抢劫的；持枪抢劫的；抢劫军用物资或者抢险、救灾、救济物资的。

2. 在量刑起点的基础上，可以根据抢劫致人伤亡的后果、次数、数额、手段等其他影响犯罪构成的犯罪事实增加刑罚量，确定基准刑。

（六）盗窃罪

1. 构成盗窃罪的，可以根据下列不同情形在相应的幅度内确定量刑起点：

（1）达到数额较大起点的，或者一年内入户盗窃或者在公共场所扒窃三次的，可以在三个月拘役至六个月有期徒刑幅度内确定量刑起点。

（2）达到数额巨大起点或者有其他严重情节的，可以在三年至四年有期徒刑幅度内确定量刑起点。

（3）达到数额特别巨大起点或者有其他特别严重情节的，可以在十年至十二年有期徒刑幅度内确定量刑起点。

2. 在量刑起点的基础上，可以根据盗窃数额、次数、手段等其他影响犯罪构成的犯罪事实增加刑罚量，确定基准刑。

3. 盗窃近亲属财物的，可以减少基准刑的50%以下。不作犯罪处理的除外。

（七）诈骗罪

1. 构成诈骗罪的，可以根据下列不同情形在相应的幅度内确定量刑起点：

（1）达到数额较大起点的，可以在三个月拘役至六个月有期徒刑幅度内确定量刑起点。

（2）达到数额巨大起点或者有其他严重情节的，可以在三年至四年有期徒刑幅度内确定量刑起点。

（3）达到数额特别巨大起点或者有其他特别严重情节的，可以在十年至十二年有期徒刑幅度内确定量刑起点。依法应当判处无期徒刑的除外。

2. 在量刑起点的基础上，可以根据诈骗数额等其他影响犯罪构成的犯罪事实增加刑罚量，确定基准刑。

（八）抢夺罪

1. 构成抢夺罪的，可以根据下列不同情形在相应的幅度内确定量刑起点：

（1）达到数额较大起点的，可以在三个月拘役至一年有期徒刑幅度内确定量刑起点。

（2）达到数额巨大起点或者有其他严重情节的，可以在三年至四年有期徒刑幅度内确定量刑起点。

（3）达到数额特别巨大起点或者有其他特别严重情节的，可以在十年至十二年有期徒刑幅度内确定量刑起点。依法应当判处无期徒刑的除外。

2. 在量刑起点的基础上，可以根据抢夺数额等其他影响犯罪构成的犯罪事实增加刑罚量，确定基准刑。

（九）职务侵占罪

1. 构成职务侵占罪的，可以根据下列不同情形在相应的幅度内确定量刑起点：

（1）达到数额较大起点的，可以在三个月拘役至一年有期徒刑幅度内确定量刑起点。

（2）达到数额巨大起点的，可以在五年至六年有期徒刑幅度内确定量刑起点。

2. 在量刑起点的基础上，可以根据职务侵占数额等其他影响犯罪构成的犯罪事实增加刑罚量，确定基准刑。

（十）敲诈勒索罪

1. 构成敲诈勒索罪的，可以根据下列不同情形在相应的幅度内确定量刑起点：

（1）达到数额较大起点的，可以在三个月拘役至六个月有期徒刑幅度内确定量刑起点。

（2）达到数额巨大起点或者有其他严重情节的，可以在三年至四年有期徒刑幅度内确定量刑起点。

2. 在量刑起点的基础上，可以根据敲诈勒索数额、手段等其他影响犯罪构成的犯罪事实增加刑罚量，确定基准刑。

（十一）妨害公务罪

1. 构成妨害公务罪的，可以在三个月拘役至一年有期徒刑幅度内确定量刑起点。

2. 在量刑起点的基础上，可以根据妨害公务的手段、造成的后果等其他影响犯罪构成的犯罪事实增加刑罚量，确定

基准刑。

3. 煽动群众阻碍依法执行职务、履行职责的，可以增加基准刑的20%以下。

4. 因执行公务行为不规范而导致妨害公务犯罪的，可以减少基准刑的20%以下。

（十二）聚众斗殴罪

1. 构成聚众斗殴罪的，可以根据下列不同情形在相应的幅度内确定量刑起点：

（1）犯罪情节一般的，可以在六个月至一年六个月有期徒刑幅度内确定量刑起点。

（2）有下列情形之一的，可以在三年至四年有期徒刑幅度内确定量刑起点：聚众斗殴3次的；聚众斗殴人数多，规模大，社会影响恶劣的；在公共场所或者交通要道聚众斗殴，造成社会秩序严重混乱的；持械聚众斗殴的。

2. 在量刑起点的基础上，可以根据聚众斗殴人数、次数、手段等其他影响犯罪构成的犯罪事实增加刑罚量，确定基准刑。

3. 组织未成年人聚众斗殴的，可以增加基准刑的20%以下。

（十三）寻衅滋事罪

1. 构成寻衅滋事罪的，可以在三个月拘役至一年有期徒刑幅度内确定量刑起点。

2. 在量刑起点的基础上，可以根据寻衅滋事次数、伤害后果、强拿硬要他人财物或任意损毁、占用公私财物数额等其他影响犯罪构成的犯罪事实增加刑罚量，确定基准刑。

（十四）掩饰、隐瞒犯罪所得、犯罪所得收益罪

1. 构成掩饰、隐瞒犯罪所得、犯罪所得收益罪的，可以根据下列不同情形在相应的幅度内确定量刑起点：

（1）犯罪情节一般的，可以在三个月拘役至六个月有期徒刑幅度内确定量刑起点。

（2）情节严重的，可以在三年至四年有期徒刑幅度内确定量刑起点。

2. 在量刑起点的基础上，可以根据犯罪数额等其他影响犯罪构成的犯罪事实增加刑罚量，确定基准刑。

（十五）走私、贩卖、运输、制造毒品罪

1. 构成走私、贩卖、运输、制造毒品罪的，可以根据下列不同情形在相应的幅度内确定量刑起点：

（1）走私、贩卖、运输、制造鸦片一千克，海洛因、甲基苯丙胺五十克或者其它毒品数量达到数量大起点的，量刑起点为十五年有期徒刑。依法应当判处无期徒刑以上刑罚的除外。

（2）走私、贩卖、运输、制造鸦片二百克，海洛因、甲基苯丙胺十克或者其它毒品数量达到数量较大起点的，可以在七年至八年有期徒刑幅度内确定量刑起点。

（3）走私、贩卖、运输、制造鸦片不满二百克，海洛因、甲基苯丙胺不满十克或者其他少量毒品的，可以在三个月拘役至三年有期徒刑幅度内确定量刑起点；情节严重的，可以在三年至四年有期徒刑幅度内确定量刑起点。

2. 在量刑起点的基础上，可以根据毒品犯罪次数、人次、毒品数量等其他影响犯罪构成的犯罪事实增加刑罚量，确定基准刑。

3. 有下列情节之一的，可以增加基准刑的30%以下：

（1）组织、利用、教唆未成年人、孕妇、哺乳期妇女、患有严重疾病人员、又聋又哑的人、盲人及其他特殊人群走私、贩卖、运输、制造毒品，或者向未成年人出售毒品的；

（2）毒品再犯。

4. 有下列情节之一的，可以减少基准刑的 30%以下：

（1）受雇运输毒品的；

（2）毒品含量明显偏低的；

（3）存在数量引诱情形的。

五、附则

1. 本意见对常见法定和酌定量刑情节的调节幅度和常见犯罪的量刑作了原则性规定，各省、自治区、直辖市高级人民法院可以结合当地实际，对常见量刑情节及其他尚未规范的量刑情节，以及常见犯罪的量刑起点幅度、增加刑罚量的具体情形和各种量刑情节进行细化，并报最高人民法院备案。

2. 本意见适用于有期徒刑以下的案件。

3. 本意见所称以上、以下，均包括本数。

4. 本意见自2010年10月1日起试行。

广东省高级人民法院
关于印发《广东省高级人民法院〈人民法院量刑指导意见（试行）〉实施细则（试行）》的通知

粤高法发［2010］64号

全省各级人民法院、广州铁路运输两级法院：

为进一步推进量刑规范化改革，现将《广东省高级人民法院〈人民法院量刑指导意见（试行）〉实施细则（试行）》印发给你们，请认真贯彻执行。对于实施情况及执行过程中遇到的问题，请及时报告我院刑三庭。

二○一○年九月二十九日

广东省高级人民法院
《人民法院量刑指导意见（试行）》实施细则（试行）

为进一步规范刑罚裁量权，贯彻落实宽严相济的刑事政策，增强量刑的公开性，实现量刑均衡，维护司法公正，根据刑法、刑事司法解释以及《人民法院量刑指导意见（试行）》的有关规定，结合我省刑事审判实践，制定本实施细则。

一、量刑的指导原则

1. 量刑应当以事实为根据，以法律为准绳，根据犯罪的事实、犯罪的性质、情节和对于社会的危害程度，决定判处的刑罚。

2. 量刑既要考虑被告人所犯罪行的轻重，又要考虑被告人应负刑事责任的大小，做到罪责刑相适应，实现惩罚和预防犯罪的目的。

3. 量刑应当贯彻宽严相济的刑事政策，做到该宽则宽，当严则严，宽严相济，罚当其罪，确保裁判法律效果和社会效果的统一。

4. 量刑要客观、全面把握不同时期不同地区的经济社会发展和治安形势的变化，确保刑法任务的实现；对于同一地区同一时期，案情相近或相似的案件，所判处的刑罚应当基本均衡。

二、量刑的基本方法

1. 量刑步骤

（1）根据基本犯罪构成事实在相应的法定刑幅度内确定量刑起点；

（2）根据其他影响犯罪构成的犯罪数额、犯罪次数、犯罪后果等犯罪事实，在量刑起点的基础上增加刑罚量确定基准刑；

（3）根据量刑情节调节基准刑，并综合考虑全案情况，依法确定宣告刑。

2. 量刑情节调节基准刑的方法

（1）具有单个量刑情节的，根据量刑情节的调节比例直接对基准刑进行调节。

（2）具有多种量刑情节的，根据各个量刑情节的调节比例，采用同向相加、逆向相减的方法确定全部量刑情节的调节比例，再对基准刑进行调节。

（3）对于具有刑法总则规定的未成年人犯罪、限制行为能力的精神病人犯罪、又聋又哑的人或者盲人犯罪、防卫过当、避险过当、犯罪预备、犯罪未遂、犯罪中止、从犯、胁从犯和教唆犯等量刑情节的，先用该量刑情节对基准刑进行

调节，在此基础上，再用其他量刑情节进行调节。

（4）被告人犯数罪，同时具有适用各个罪的立功、累犯等量刑情节的，先用各个量刑情节调节个罪的基准刑，确定个罪所应判处的刑罚，再依法实行数罪并罚，决定执行的刑罚。

（5）对于同一事实涉及不同量刑情节时，不重复评价。

3. 确定宣告刑的方法

（1）量刑情节对基准刑的调节结果在法定刑幅度内，且罪责刑相适应的，可以直接确定为宣告刑；如果具有应当减轻处罚情节的，依法在法定最低刑以下确定宣告刑。

（2）量刑情节对基准刑的调节结果在法定最低刑以下，具有减轻处罚情节，且罪责刑相适应的，可以直接确定为宣告刑；只有从轻处罚情节的，可以确定法定最低刑为宣告刑。

（3）量刑情节对基准刑的调节结果在法定最高刑以上的，可以法定最高刑为宣告刑。

（4）根据案件的具体情况，独任审判员或合议庭可以在10%的幅度内进行调整，调整后的结果仍然罪责刑不相适应的，报院长或提交审判委员会讨论决定宣告刑。

（5）综合全案犯罪事实和量刑情节，依法应当判处拘役、管制或者单处附加刑，或者无期徒刑以上刑罚的，应当依法适用。

（6）宣告刑为三年以下有期徒刑、拘役并符合缓刑适用条件的，可以依法宣告缓刑；犯罪情节轻微，不需要判处刑罚的，可以免予刑事处罚。

三、常见量刑情节的适用

量刑时要充分考虑各种法定和酌定量刑情节，根据案件的全部犯罪事实以及量刑情节的不同情形，依法确定量刑情节的适用及其调节比例。对严重暴力犯罪、黑社会性质组织犯罪、毒品犯罪，在确定从宽的幅度时，要从严掌握；对较轻的犯罪要充分体现从宽的政策。对以下常见量刑情节，可以在相应的幅度内确定具体调节比例。本实施细则尚未规定的其它量刑情节，在量刑时也要予以考虑，并确定适当的调节比例。

1. 对于未成年人犯罪，应当综合考虑未成年人对犯罪的认识能力、实施犯罪行为的动机和目的、犯罪时的年龄、是否初犯、悔罪表现、个人成长经历和一贯表现等情况，予以从宽处罚。对符合管制、缓刑、单处罚金或者免予刑事处罚适用条件的未成年被告人，应当依法适用管制、缓刑、单处罚金或者免予刑事处罚。

（1）已满十四周岁不满十六周岁的未成年人犯罪，可以减少基准刑的30%-60%。

（2）已满十六周岁不满十八周岁的未成年人犯罪，可以减少基准刑的10%-50%。

2. 对于尚未完全丧失辨认能力或者控制能力的精神病人犯罪，根据其犯罪时精神障碍影响行为能力的严重程度、犯罪性质等因素，可以减少基准刑的40%以下。

3. 对于又聋又哑的人或者盲人犯罪，综合考虑其接受教育的程度、认知能力、犯罪性质等因素，可以减少基准刑的40%以下。故意利用残疾身份犯罪的，减少基准刑的幅度不超过10%。

4. 65周岁以上的人犯罪，可以减少基准刑的50%以下。

5. 正当防卫明显超过必要限度造成重大损害的，综合考虑不法侵害的性质、程度、损害后果的大小等情况，可以减少基准刑的50%以上。

6. 紧急避险超过必要限度造成不应有的损害的，综合考虑危险来源、避险方式、损害大小等情况，可以减少基准刑的50%以上。

7. 对于预备犯，可以比照既遂犯减少基准刑的60%以上。

8. 对于未遂犯，综合考虑犯罪行为的实行程度、造成损害的大小、犯罪未得逞的原因等情况，可以比照既遂犯减少基准刑。

（1）实行终了的未遂犯，根据造成的损害大小，可以比照既遂犯减少基准刑的40%以下。

（2）未实行终了的未遂犯，根据造成的损害大小，可以比照既遂犯减少基准刑的50%以下。

9. 对于造成损害结果的中止犯，可以减少基准刑的50%以上。

没有造成损害的，可以免除处罚。

10. 对于从犯，应当综合考虑其在共同犯罪中的地位、作用，以及是否实施犯罪实行行为等情况，予以从宽处罚，可以减少基准刑的20%-50%；犯罪较轻的，可以减少基准刑的50%以上或者依法免除处罚。

对于胁从犯，应当综合考虑犯罪的性质、被胁迫的程度、实行犯罪中的作用等情况，予以从宽处罚，可以减少基准刑的40%-70%；犯罪较轻的，可以减少基准刑的70%以上。

未区分主从犯，但对于作用相对较小的被告人，可以减少基准刑的10%-30%。

对于共同犯罪中作用相对较小的主犯，可以减少基准刑的10%-20%。

11. 对于教唆犯，应当综合考虑其在共同犯罪中的作用、是否教唆未成年人犯罪以及被教唆者是否犯被教唆的罪等情况，予以处罚。

（1）教唆未成年人犯罪，根据所犯罪行的轻重、造成损害的程度，可以增加基准刑的40%以下。

（2）被教唆的人没有犯被教唆的罪的，可以减少基准刑的50%以下。

12. 对于自首情节，综合考虑投案的动机、时间、方式、罪行轻重、如实供述罪行的程度以及悔罪表现等情况，可以减少基准刑的40%以下；犯罪较轻的，可以减少基准刑的40%以上或者依法免除处罚。

13. 对于立功情节，综合考虑立功的大小、次数、内容、来源、效果以及罪行轻重等情况，确定从宽的幅度。

（1）一般立功的，可以减少基准刑的20%以下。

（2）重大立功的，可以减少基准刑的20%-50%；犯罪较轻的，可以减少基准刑的50%以上或者依法免除处罚。

（3）犯罪后自首又有重大立功表现的，可以减少基准刑的50%以上。

14. 对于被采取强制措施的犯罪嫌疑人、被告人和已宣判的罪犯，如实供述司法机关尚未掌握的罪行，与司法机关已掌握的或者判决确定的罪行属同种罪行的，根据坦白罪行的轻重以及悔罪表现等情况，可以减少基准刑的20%以下。

15. 对于当庭自愿认罪的，根据犯罪的性质、罪行的轻重、认罪程度以及悔罪表现等情况，可以减少基准刑的10%以下，依法认定自首、坦白的除外。

16. 对于退赃、退赔的，综合考虑犯罪性质，退赃、退赔行为对损害结果所能弥补的程度，退赃、退赔的数额及主动程度等情况，确定从宽的幅度。

（1）非暴力型犯罪，被告人退赃、退赔的，可以减少基准刑的30%以下。

（2）暴力型犯罪，被告人退赃、退赔的，可以减少基准刑的20%以下。

17. 对于积极赔偿被害人经济损失的，综合考虑犯罪性质、赔偿数额、赔偿能力等情况，可以减少基准刑的30%以下。

18. 对于取得被害人或其家属谅解的，综合考虑犯罪的性质、罪行轻重、谅解的原因以及认罪悔罪的程度等情况，可以减少基准刑的20%以下。

19. 被害人对犯罪发生有过错的，根据过错的程度、负有责任的大小，可以减少基准刑的40%以下。

20. 对于累犯，综合考虑前后罪的性质、刑罚执行完毕或赦免以后至再犯罪时间的长短以及前后罪罪行轻重等情况，予以从重处罚，可以增加基准刑的10%-40%。

21. 对于有前科劣迹的，综合考虑前科劣迹的性质、时间间隔长短、次数、处罚轻重等情况，可以增加基准刑的10%以下。

22. 对于黑社会性质组织犯罪、恶势力犯罪，根据案件的具体情况，可以增加基准刑的20%以下。

23. 对于犯罪对象为未成年人、老人、残疾人、孕妇、精神病人等弱势人员的，综合考虑犯罪的性质、犯罪的严重程度等情况，可以增加基准刑的20%以下。

24. 对于在重大自然灾害、预防、控制突发传染病疫情等灾害期间犯罪的，根据案件的具体情况，可以增加基准刑的20%以下。

25. 对于犯罪对象为救灾、抢险、防汛、优抚、扶贫、移民、救济、医疗等特定款物的，综合考虑犯罪的性质、犯罪的严重程度等情况，可以增加基准刑的20%以下。

26. 因婚姻、家庭、邻里矛盾等民事纠纷引发的犯罪，根据案件的具体情况，可以减少基准刑的20%以下。

四、常见犯罪的量刑

（一）交通肇事罪

1. 构成交通肇事罪的，可以根据下列不同情形在相应的幅度内确定量刑起点：

（1）致人重伤、死亡或者使公私财产遭受重大损失的，可以在六个月至二年有期徒刑幅度内确定量刑起点。

（2）交通肇事后逃逸或者有其他特别恶劣情节的，可以在三年至四年有期徒刑幅度内确定量刑起点。

（3）因逃逸致一人死亡的，可以在七年至八年有期徒刑幅度内确定量刑起点。

2. 在量刑起点的基础上，可以根据致人伤亡的人数或者财产损失的数额以及逃逸等其他影响犯罪构成的犯罪事实增加刑罚量，确定基准刑。

（1）轻伤人数每增加一人，可以增加三个月至六个月的刑期；重伤人数每增加一人，可以增加六个月至一年的刑期；死亡人数每增加一人，可以增加六个月至一年的刑期；因逃逸致人死亡的，死亡人数每增加一人，可以增加一年至三年的刑期。

（2）造成公共财产或者他人财产直接损失，无能力赔偿数额每增加10万元，可以增加一个月至四个月的刑期。

（3）每增加下列情形之一的，可以增加三个月至六个月刑期：

①酒后、吸食毒品后驾驶机动车辆的；

②无驾驶资格驾驶机动车辆的；

③明知是安全装置不全或者安全机件失灵的机动车辆而驾驶的；

④明知是无牌证或者已报废的机动车辆而驾驶的；

⑤严重超载驾驶的。

3. 拒不赔偿被害人经济损失的，可以增加基准刑的30%以下。

（二）故意伤害罪

1. 构成故意伤害罪的，可以根据下列不同情形在相应的幅度内确定量刑起点：

（1）故意伤害致一人轻伤的，可以在六个月至一年六个月有期徒刑幅度内确定量刑起点。

（2）故意伤害致一人重伤的，可以在三年至四年有期徒刑幅度内确定量刑起点。

（3）以特别残忍手段故意伤害致一人重伤，造成六级严重残疾的，可以在十年至十二年有期徒刑幅度内确定量刑起点。依法应当判处无期徒刑以上刑罚的除外。

（4）故意伤害致一人死亡的，可以在十年至十五年有期徒刑幅度内确定量刑起点。依法应当判处无期徒刑以上刑罚的除外。

2. 在量刑起点的基础上，可以根据伤亡后果、伤残等级、手段的残忍程度等其他影响犯罪构成的犯罪事实增加刑罚量，确定基准刑。

（1）每增加一人轻微伤，可以增加一个月至三个月刑期；每增加一人轻伤，可以增加三个月至一年刑期；每增加

一人重伤，可以增加一年至二年刑期。

（2）每增加一级一般残疾的，可以增加一个月至三个月刑期；每增加一级严重残疾的，可以增加六个月至一年刑期；每增加一级特别严重残疾的，可以增加二年至三年刑期。

（3）持械伤害他人的，可以增加三个月至一年刑期。

3. 拒不赔偿被害人经济损失的，可以增加基准刑的30%以下。

4. 雇佣他人实施伤害行为的，可以增加基准刑的20%以下。

5. 犯罪后积极抢救被害人的，可以减少基准刑的20%以下。

（三）强奸罪

1. 构成强奸罪的，可以根据下列不同情形在相应的幅度内确定量刑起点：

（1）强奸妇女、奸淫幼女一人一次的，可以在三年至五年有期徒刑幅度内确定量刑起点。

（2）有下列情形之一的，可以在十年至十二年有期徒刑幅度内确定量刑起点：强奸妇女、奸淫幼女情节恶劣的；强奸妇女、奸淫幼女三人的；在公共场所当众强奸妇女的；二人以上轮奸妇女的；强奸致被害人重伤或者造成其他严重后果的。依法应当判处无期徒刑以上刑罚的除外。

2. 在量刑起点的基础上，可以根据强奸人数、次数、伤害后果等其他影响犯罪构成的犯罪事实增加刑罚量，确定基准刑。

（1）强奸妇女、奸淫幼女每增加一人，可以增加二年至三年刑期。

（2）强奸同一妇女、奸淫同一幼女每增加一次，可以增加一年至一年六个月刑期。

（3）每增加一人轻微伤，可以增加一个月至三个月刑期；每增加一人轻伤，可以增加三个月至一年刑期；每增加一人重伤，可以增加一年至二年刑期。

（4）每增加一级一般残疾的，可以增加一个月至三个月刑期；每增加一级严重残疾的，可以增加六个月至一年刑期；每增加一级特别严重残疾的，可以增加二年至三年刑期。

（四）非法拘禁罪

1. 构成非法拘禁罪的，可以根据下列不同情形在相应的幅度内确定量刑起点：

（1）未造成伤害后果的，可以在三个月拘役至六个月有期徒刑幅度内确定量刑起点。

（2）致一人轻伤的，可以在六个月至一年六个月有期徒刑幅度内确定量刑起点。

（3）致一人重伤的，可以在三年至四年有期徒刑幅度内确定量刑起点。

（4）致一人死亡的，可以在十年至十二年有期徒刑幅度内确定量刑起点。

2. 在量刑起点的基础上，可以根据非法拘禁人数、次数、拘禁时间、致人伤亡后果等其他影响犯罪构成的犯罪事实增加刑罚量，确定基准刑。

（1）非法拘禁时间超过24小时的，每增加12小时，可以增加一个月至三个月刑期。

（2）每增加一人或者一次，可以增加三个月至六个月刑期。

（3）每增加一人轻微伤，可以增加一个月至三个月刑期；每增加一人轻伤，可以增加三个月至一年刑期；每增加一人重伤，可以增加一年至二年刑期。

（4）每增加一级一般残疾的，可以增加一个月至三个月刑期；每增加一级严重残疾的，可以增加六个月至一年刑期；每增加一级特别严重残疾的，可以增加二年至三年刑期。

（5）造成他人精神失常等其他严重后果的，可以增加二年至三年刑期。

3. 有下列情节之一的，可以增加基准刑的20%以下：

（1）具有殴打、侮辱情节的；

（2）国家机关工作人员利用职权非法扣押、拘禁他人的。

4. 为索取合法债务、争取合法权益而非法扣押、拘禁他人的，可以减少基准刑的30%以下。

（五）抢劫罪

1. 构成抢劫罪的，可以根据下列不同情形在相应的幅度内确定量刑起点：

（1）抢劫一次的，可以在三年至五年有期徒刑幅度内确定量刑起点。

（2）有下列情形之一的，可以在十年至十二年有期徒刑幅度内确定量刑起点：入户抢劫的；在公共交通工具上抢劫的；抢劫银行或者其他金融机构的；抢劫三次或者抢劫数额达到数额巨大起点的；抢劫致一人重伤，没有造成残疾的；冒充军警人员抢劫的；持枪抢劫的；抢劫军用物资或者抢险、救灾、救济物资的。

2. 在量刑起点的基础上，可以根据抢劫致人伤亡的后果、次数、数额、手段等其他影响犯罪构成的犯罪事实增加刑罚量，确定基准刑。

（1）每增加一人轻微伤，可以增加三个月至六个月刑期；每增加一人轻伤，可以增加六个月至一年刑期；每增加一人重伤，可以增加一年至二年刑期。

（2）每增加一次抢劫，可以增加二年至三年刑期。

（3）抢劫财物数额未达到数额巨大起点的，每增加5000元，可以增加一年至二年刑期。

（4）抢劫财物数额超过数额巨大起点的，根据超过的数额，可相应增加刑罚量确定基准刑。

（5）持枪支以外的械具抢劫的，可以增加六个月至一年刑期。

（6）每增加《中华人民共和国刑法》第二百六十三条第

(一)至(八)项情节之一的，可以增加一年至二年刑期。

(六)盗窃罪

1. 构成盗窃罪的，可以根据下列不同情形在相应的幅度内确定量刑起点：

(1)达到数额较大起点的，或者一年内入户盗窃或者在公共场所扒窃三次的，可以在三个月拘役至六个月有期徒刑幅度内确定量刑起点。

(2)达到数额巨大起点或者有其他严重情节的，可以在三年至四年有期徒刑幅度内确定量刑起点。

(3)达到数额特别巨大起点或者有其他特别严重情节的，可以在十年至十二年有期徒刑幅度内确定量刑起点。

2. 在量刑起点的基础上，可以根据盗窃数额、次数、手段等其他影响犯罪构成的犯罪事实增加刑罚量，确定基准刑。

(1)超过数额较大起点未达到数额巨大起点的，一类地区每增加6000元，二类地区每增加4500元，三类地区每增加3000元，可以增加六个月至一年刑期。

(2)超过数额巨大起点未达到数额特别巨大起点的，一类地区每增加10000元，二类地区每增加7500元，三类地区每增加5000元，可以增加六个月到一年刑期。

(3)超过数额特别巨大起点的，根据超过的数额，可相应增加刑罚量确定基准刑。

(4)具有下列情形之一的，可以增加三个月至六个月刑期：

①每增加盗窃一次；

②入户盗窃；

③在公共交通工具上盗窃。

3. 有下列情形之一的，可以增加基准刑的30%以下：

(1)采取破坏性手段盗窃造成公私财产损失的；

(2)盗窃生产资料，影响生产的；

(3)导致被害人死亡、精神失常或者其他严重后果的；

(4)为吸毒、赌博等违法犯罪活动而盗窃的；

(5)盗窃财物无法缴回的。

4. 盗窃近亲属财物，可以减少基准刑的50%以下。不作犯罪处理的除外。

(七)诈骗罪

1. 构成诈骗罪的，可以根据下列不同情形在相应的幅度内确定量刑起点：

(1)达到数额较大起点的，可以在三个月拘役至六个月有期徒刑幅度内确定量刑起点。

(2)达到数额巨大起点或者有其他严重情节的，可以在三年至四年有期徒刑幅度内确定量刑起点。

(3)达到数额特别巨大起点或者有其他特别严重情节的，可以在十年至十二年有期徒刑幅度内确定量刑起点。依法应当判处无期徒刑的除外。

2. 在量刑起点的基础上，可以根据诈骗数额等其他影响犯罪构成的犯罪事实增加刑罚量，确定基准刑。

(1)超过数额较大起点未达到数额巨大起点的，一类地区每增加5000元，二类地区每增加4000元，可以增加一个月至三个月刑期。

(2)超过数额巨大起点未达到数额特别巨大起点的，一类地区每增加100000元，二类地区每增加80000元，可以增加一年到一年六个月刑期。

(3)超过数额特别巨大起点的，根据超过的数额，可相应增加刑罚量确定基准刑。

3. 有下列情形之一的，可以增加基准刑的30%以下：

(1)诈骗生产资料，影响生产的；

(2)挥霍诈骗的财物，致使诈骗的财物无法返还的；

(3)导致被害人死亡、精神失常或者其他严重后果的。

(八)抢夺罪

1. 构成抢夺罪的，可以根据下列不同情形在相应的幅度内确定量刑起点：

(1)达到数额较大起点的，可以在三个月拘役至一年有期徒刑幅度内确定量刑起点。

(2)达到数额巨大起点或者有其他严重情节的，可以在三年至四年有期徒刑幅度内确定量刑起点。

(3)达到数额特别巨大起点或者有其他特别严重情节的，可以在十年至十二年有期徒刑幅度内确定量刑起点。依法应当判处无期徒刑的除外。

2. 在量刑起点的基础上，可以根据抢夺数额等其他影响犯罪构成的犯罪事实增加刑罚量，确定基准刑。

(1)每增加一人轻微伤，可以增加一个月至三个月刑期；每增加一人轻伤，可以增加三个月至一年刑期。

(2)超过数额较大起点未达到数额巨大起点的，每增加1000元，可以增加一个月至三个月刑期。

(3)超过数额巨大起点未达到数额特别巨大起点的，每增加10000元，可以增加六个月到一年刑期。

(4)超过数额特别巨大起点的，根据超过的数额，可相应增加刑罚量确定基准刑。

(5)具有下列情形之一的，可以增加三个月至一年刑期：

①每增加抢夺一次；

②利用行驶的机动车辆抢夺的。

3. 有下列情形之一的，可以增加基准刑的30%以下：

(1)为吸毒、赌博等违法犯罪活动而抢夺的；

(2)抢夺财物无法缴回的；

(3)导致被害人精神失常或者其他严重后果的；

(九)职务侵占罪

1. 构成职务侵占罪的，可以根据下列不同情形在相应的幅度内确定量刑起点：

(1)达到数额较大起点的，可以在三个月拘役至一年有期徒刑幅度内确定量刑起点。

(2)达到数额巨大起点的，可以在五年至六年有期徒刑幅度内确定量刑起点。

2. 在量刑起点的基础上，可以根据职务侵占数额等其他影响犯罪构成的犯罪事实增加刑罚量，确定基准刑。

(1) 超过数额较大起点未达到数额巨大起点的，一类地区每增加20000元，二类地区每增加15000元，可以增加一个月至三个月刑期。

(2) 超过数额巨大起点的，根据超过的数额，可相应增加刑罚量确定基准刑。

3. 有下列情节之一的，可以增加基准刑的30%以下：

(1) 多次侵占的；

(2) 侵占法人、企业或其他组织急需要的生产资料，严重影响生产的。

(十) 敲诈勒索罪

1. 构成敲诈勒索罪的，可以根据下列不同情形在相应的幅度内确定量刑起点：

(1) 达到数额较大起点的，可以在三个月拘役至六个月有期徒刑幅度内确定量刑起点。

(2) 达到数额巨大起点或者有其他严重情节的，可以在三年至四年有期徒刑幅度内确定量刑起点。

2. 在量刑起点的基础上，可以根据敲诈勒索数额等其他影响犯罪构成的犯罪事实增加刑罚量，确定基准刑。

(1) 超过数额较大起点未达到数额巨大起点的，一类地区每增加2500元，二类地区每增加2000元，三类地区每增加1500元，可以增加一个月至三个月刑期。

(2) 超过数额巨大起点的，根据超过的数额，可相应增加刑罚量确定基准刑。

(3) 每增加一人轻微伤，可以增加一个月至三个月刑期；每增加一人轻伤，可以增加三个月至一年刑期。

3. 有下列情节之一的，可以增加基准刑的30%以下：

(1) 以危险方法制造事端进行敲诈勒索的；

(2) 以非法手段获取他人隐私勒索财物的；

(3) 冒充国家机关工作人员敲诈勒索的；

(4) 手段恶劣，造成被害人精神失常或其它严重后果的。

(十一) 妨害公务罪

1. 构成妨害公务罪的，可以在三个月拘役至一年有期徒刑幅度内确定量刑起点。

2. 在量刑起点的基础上，可以根据妨害公务造成的后果等其他影响犯罪构成的犯罪事实增加刑罚量，确定基准刑。

(1) 每增加轻微伤一人，可以增加一个月至三个月刑期。

(2) 每增加轻伤一人，可以增加三个月至一年刑期。

3. 具有下列情形之一的，可以增加基准刑20%以下：

(1) 煽动群众阻碍依法执行公务、履行职责的；

(2) 采取持械、聚众围攻等暴力、威胁手段的；

(3) 烧毁警用、公务车辆的；

(4) 因妨害公务的行为，致使执行救人、救险、追捕、警卫、收集固定案件证据等紧急任务无法完成的。

4. 因执行公务行为不规范而导致妨害公务犯罪的，可以减少基准刑的20%以下。

(十二) 聚众斗殴罪

1. 构成聚众斗殴罪的，可以根据下列不同情形在相应的幅度内确定量刑起点：

(1) 犯罪情节一般的，可以在六个月至一年六个月有期徒刑幅度内确定量刑起点。

(2) 有下列情形之一的，可以在三年至四年有期徒刑幅度内确定量刑起点：聚众斗殴三次的；聚众斗殴人数多，规模大，社会影响恶劣的；在公共场所或者交通要道聚众斗殴，造成社会秩序严重混乱的；持械聚众斗殴的。

2. 在量刑起点的基础上，可以根据聚众斗殴人数、次数、手段等其他影响犯罪构成的犯罪事实增加刑罚量，确定基准刑。

(1) 每增加聚众斗殴一次，可以增加六个月至九个月刑期。

(2) 每增加一人轻微伤的，可以增加一个月至三个月刑期。

(3) 每增加一人轻伤，可以增加三个月至一年刑期。

3. 组织未成年人聚众斗殴的，可以增加基准刑的20%以下。

(十三) 寻衅滋事罪

1. 构成寻衅滋事罪的，可以在三个月拘役至一年有期徒刑幅度内确定量刑起点。

2. 在量刑起点的基础上，可以根据寻衅滋事次数、伤害后果、强拿硬要他人财物或任意损毁、占用公私财物数额等其他影响犯罪构成的犯罪事实增加刑罚量，确定基准刑。

(1) 每增加寻衅滋事一次，可以增加三个月至九个月刑期。

(2) 每增加一人轻微伤，可以增加一个月至三个月刑期。

(3) 每增加一人轻伤，可以增加三个月至一年刑期。

3. 有下列情形之一的，可以增加基准刑的30%以下：

(1) 持械进行寻衅滋事的；

(2) 在学校、医院、商场等人员密集场所及大型活动等人员密集时间寻衅滋事的。

(十四) 掩饰、隐瞒犯罪所得、犯罪所得收益罪

1. 构成掩饰、隐瞒犯罪所得、犯罪所得收益罪的，可以根据下列不同情形在相应的幅度内确定量刑起点：

(1) 犯罪情节一般的，可以在三个月拘役至六个月有期徒刑幅度内确定量刑起点。

(2) 情节严重的，可以在三年至四年有期徒刑幅度内确定量刑起点。

2. 在量刑起点的基础上，可以根据犯罪数额等其他影响犯罪构成的犯罪事实增加刑罚量，确定基准刑。

(1) 每增加一次犯罪，可以增加三个月至六个月刑期。

(2) 情节一般的，每增加50000元，可以增加一个月至

三个月刑期。

(3) 情节严重的，根据增加的数额，可相应增加刑罚量确定基准刑。

3. 以掩饰、隐瞒犯罪所得、犯罪所得收益为业或以营利为目的，可以增加基准刑的30%以下。

(十五) 走私、贩卖、运输、制造毒品罪

1. 构成走私、贩卖、运输、制造毒品罪的，可以根据下列不同情形在相应的幅度内确定量刑起点：

(1) 走私、贩卖、运输、制造鸦片一千克，海洛因、甲基苯丙胺五十克或者其它毒品数量达到数量大起点的，量刑起点为十五年有期徒刑。依法应当判处无期徒刑以上刑罚的除外。

(2) 走私、贩卖、运输、制造鸦片二百克，海洛因、甲基苯丙胺十克或者其它毒品数量达到数量较大起点的，量刑起点为七年至八年有期徒刑。

(3) 走私、贩卖、运输、制造鸦片一百四十克，海洛因、甲基苯丙胺七克或者其他数量相当毒品的；国家工作人员走私、贩卖、运输、制造毒品的；在戒毒监管场所贩卖毒品的；向多人贩毒或者多次贩毒等其他情节严重的行为，量刑起点为三年至四年有期徒刑。

(4) 走私、贩卖、运输、制造鸦片四十克以下，海洛因、甲基苯丙胺二克以下或者其他数量相当毒品的，量刑起点为三个月拘役至一年有期徒刑。

2. 在量刑起点的基础上，可以根据毒品犯罪次数、人次、毒品数量等其他影响犯罪构成的犯罪事实增加刑罚量，确定基准刑。

海洛因、甲基苯丙胺十克以上不满五十克的，每增加五克增加九个月刑期；七克以上不满十克的，每增加一克增加一年刑期；二克以上不满七克的，每增加一克增加六个月刑期；

鸦片二百克以上不满一千克的，每增加一百克增加九个月刑期；一百四十克以上不满二百克的，每增加二十克增加一年刑期；四十克以上不满一百四十克的，每增加二十克增加六个月刑期。

3. 走私、贩卖、运输、制造本条规定之外其他毒品犯罪的量刑起点和基准刑，可按照最高人民法院作出的相关规定予以换算后确定。

4. 有下列情节之一的，可以增加基准刑的30%以下：

(1) 组织、利用、教唆未成年人、孕妇、哺乳期妇女、患有严重疾病人员、又聋又哑的人、盲人及其他特殊人群走私、贩卖、运输、制造毒品，或者向未成年人出售毒品；

(2) 毒品再犯，但同时构成累犯的除外；

(3) 走私、贩卖、运输、制造不同类型毒品或含有多种成分的毒品。

5. 有下列情节之一的，可以减少基准刑的30%以下：

(1) 受雇运输毒品的；

(2) 毒品含量明显偏低的；

(3) 存在数量引诱情形的。

五、附则

1. 本细则适用于有期徒刑以下的案件。

2. 本细则所称以上、以下，均包括本数。

3. 本细则所指一类地区、二类地区、三类地区，是指本院发布的指导意见对相关罪名犯罪数额所确定的地区分类。

4. 本细则仅提供参考性意见，在执行中遇到与现行法律、司法解释相抵触的，以现行法律、司法解释为准。

5. 本细则自2010年10月1日起试行。

广东省高级人民法院　广东省公安厅　广东省司法厅关于印发《广东省高级人民法院、广东省公安厅、广东省司法厅关于建立道路交通事故案件诉调衔接工作机制的意见》的通知

粤高法发［2010］72号

全省各级人民法院，各市、县公安局、司法局，广州海事法院，广州铁路运输两级法院：

现将《广东省高级人民法院、广东省公安厅、广东省司法厅关于建立道路交通事故案件诉调衔接工作机制的意见》印发给你们，请结合实际认真贯彻执行。执行中有何问题请及时报告省法院民一庭和省公安厅交通管理局、省司法厅基层工作指导处。

二〇一〇年十二月一日

广东省高级人民法院、广东省公安厅、广东省司法厅关于建立道路交通事故案件诉调衔接工作机制的意见

为贯彻落实最高人民法院《关于建立健全诉讼与非诉讼相衔接的矛盾纠纷解决机制的若干意见》（法发［2009］45号）和公安部、司法部、中国保险监督管理委员会《关于推行人民调解委员会调解道路交通事故民事损害赔偿工作的通知》（公通字［2010］29号），切实推进诉讼调解、行政调解和人民调解相衔接的诉调衔接工作机制，及时、妥善处理道路交通事故案件，结合我省实际，提出如下意见：

一、全省各级人民法院、公安机关、司法行政机关应在依法、高效、便民利民、当事人自愿的原则指导下，切实推进道路交通事故案件诉调衔接机制建设，在人民法院（庭）、公安交通管理部门和司法行政机关之间建立规范化、制度化的诉调衔接工作机制。

二、各级人民法院（庭）与对应的各级公安交通管理部门、司法行政机关均应建立诉调衔接工作会议制度，定期召开会议，并指定专人担任联络员，负责日常联络工作。诉调衔接工作会议原则上每半年召开一次。需要临时召开会议的，由各部门根据工作需要协商召开。

各级公安机关、司法行政机关成立道路交通事故纠纷人民调解指导小组，负责指导本地建立道路交通事故人民调解委员会。

三、各级司法行政机关应在公安交通管理部门设立道路交通事故人民调解工作室，有条件的人民法院（庭）应在公安交通管理部门设立道路交通事故巡回法庭。

道路交通事故巡回法庭的法官和工作人员由人民法院选派，负责道路交通事故损害赔偿案件中调解协议的司法确认、调解、立案和审判工作，依法决定财产保全、先予执行、司法鉴定等事宜，同时加强对道路交通事故民事赔偿人民调解工作的指导。

道路交通事故人民调解工作室人民调解员的聘任和管理由司法行政机关负责，主要从律师、法律工作者或者退休交警、法官、司法行政工作人员中公开招聘。对于涉及道路交通事故损害赔偿保险理赔的案件，可以通知承保保险公司派员参加。司法行政机关及人民法院应加强对人民调解员的技能培训、业务管理及工作指导、考核。

道路交通事故巡回法庭和道路交通事故人民调解工作室的办公场所由公安交通管理部门提供。

至2011年2月前，全省50%以上的县（市、区）建立道路交通事故人民调解工作室，其中珠三角地区达到60%以上、其它地市每市有3-5个县（市、区）建立道路交通事故人民调解工作室；至2011年5月前，珠三角地区建成率达到80%，其它地区建成率达到50%；至2011年12月前，全省所有的县（市、区）建立道路交通事故人民调解工作室。道路交通事故人民调解工作室的工作时间由各地司法部门和公安交通管理部门协商确定，但珠三角地区每周驻点办公时间不少于3天，其他地区不少于2天。

四、根据人民法院审理案件的程序性规定，建立人民法院（庭）与公安交通管理部门、司法行政机关诉调衔接工作制度。人民法院要充分发挥审判权的规范、引导作用，保证调解衔接工作依法稳妥进行。

人民法院应积极探索道路交通事故赔偿纠纷的快速处理机制，与公安交通管理部门、司法行政机关逐步建立道路交通事故损害赔偿纠纷案件的绿色通道。

（一）诉前调解衔接

1. 公安交通管理部门在送达道路交通事故认定书之前，应告知各方当事人可以向公安交通管理部门申请损害赔偿调解或直接向人民法院提起民事诉讼，并向当事人发送空白调解申请书。

对道路交通事故损害赔偿案件，公安交通管理部门一般应先行组织调解。当事人未在法定期限内提出调解申请或者对公安交通管理部门组织的调解有异议的，应引导当事人向道路交通事故人民调解工作室申请人民调解。

2. 属于人民法院受理范围的道路交通事故案件，当事人在起诉前未经当地公安交通管理部门或者道路交通事故人民调解工作室组织调解的，人民法院在立案前，经双方当事人同意，可委托案件所在地的公安交通管理部门或者道路交通事故人民调解工作室进行调解。

3. 双方当事人均同意诉前委托调解的，应在《诉前委托调解建议书》（附件1、2）上签字确认。人民法院（庭）应当及时将《委托调解函》（附件3）和有关材料移交公安交通管理部门或者道路交通事故人民调解工作室。一方或双方当事人不同意委托调解或者自人民法院委托之日起15日内不能达成调解协议的，人民法院应当及时立案。

4. 经公安交通管理部门或道路交通事故人民调解工作室调解达成协议的，当事人可共同向人民法院申请司法确认。

5. 对造成人员受伤的交通事故，公安机关交通管理部门应通知保险公司支付抢救费用，另书面告知赔偿权利人可向人民法院起诉并申请先予执行。对肇事车辆放行后可能影响案件执行的，应告知当事人向人民法院申请诉前财产保全。对当事人申请诉前财产保全的，人民法院应及时作出裁定并将相关情况通报公安交通管理部门。

（二）诉中调解衔接

1. 经双方当事人同意，人民法院可以在立案后将民事案件委托道路交通事故人民调解工作室进行调解。人民法院应当及时将《委托调解函》（附件3）和有关案卷材料移交道路交通事故人民调解工作室。自人民法院委托之日起30日内不能达成调解协议的，人民法院应当及时审理。委托调解期间可不计入案件审理期限。

当事人双方均同意诉中委托调解的，应当在《委托调解建议书》（附件4）上签字确认。

2. 人民法院在审理案件过程中可以邀请公安交通管理部门或道路交通事故人民调解工作室参与诉讼调解。人民法院应当及时将《协助调解函》（附件5）送达公安交通管理部门或道路交通事故人民调解工作室。

3. 达成调解协议的，当事人可以向人民法院申请撤诉或申请审查后制作调解书。调解不成的，人民法院应当及时判决。

4. 公安交通管理部门和道路交通事故人民调解工作室对接受的诉前、诉中委托调解案件，应就其调解结果制作《委托调解情况复函》（附件6），并及时将有关案件材料送回委托调解的人民法院（庭）。

（三）执行衔接

1. 经公安交通管理部门或者道路交通事故人民调解工作室调解达成的具有民事权利义务内容并由各方当事人签字或盖章确认的调解协议，具有民事合同性质。公安交通管理部门或道路交通事故人民调解工作室应当告知当事人可以向人民法院申请司法确认，或者按照《中华人民共和国公证法》的规定申请公证机关依法赋予强制执行效力。债务人不履行或不适当履行经司法确认的调解协议内容或者具有强制执行效力的公证文书的，债权人可依法向有管辖权的人民法院申请强制执行。

2. 当事人持已生效的调解协议向人民法院申请支付令，经审查符合《中华人民共和国民事诉讼法》第一百九十一条规定条件的，人民法院应当予以支持。

（四）判后维稳衔接

对于涉及判后维稳的案件，人民法院在案件宣判前后，可以邀请公安交通管理部门或者司法行政机关参与判后维稳工作，引导当事人息诉罢访。人民法院应当及时将《协助开展判后维稳工作函》（附件7）送达公安交通管理部门或司法行政机关。

（五）工作人员衔接

1. 各级人民法院、公安交通管理部门、司法行政机关应当安排经验丰富的工作人员参与诉调衔接工作，并做好与相关部门的沟通和协调。

2. 人民法院与公安交通管理部门、司法行政机关要定期开展学习交流活动，相互促进、共同提高。

人民法院应当定期邀请公安交通管理部门、道路交通事故人民调解工作室的工作人员旁听庭审，并指派调解经验丰富的法官担任调解工作指导员，协助开展培训，提高工作人员的调解技能。

3. 人民法院对于政治素质高、具有一定法律政策水平和调解工作经验的人民调解员，符合人民陪审员法定条件的，可以依法提请任命为人民陪审员。

（六）其他衔接

1. 各级人民法院、公安交通管理部门、司法行政机关要加大对诉调衔接工作的指导力度，及时总结、发现和推广先进经验，逐步完善衔接工作机制，促进调研成果的转化和利用。

2. 各级人民法院、公安交通管理部门、司法行政机关要加大宣传力度，大力宣传衔接工作的机制优势和工作实效，提高人民群众的法制意识和调解意识，促进社会和谐。

3. 各级人民法院、公安交通管理部门、司法行政机关要将调解衔接工作绩效列入年终考核的重要内容，建立奖励制度，并与年终评奖、评先、评优、晋级挂钩。

五、建立信息通报交流制度。

1. 人民法院（庭）与公安交通管理部门、司法行政机关要及时互相通报调解衔接工作情况。各级公安机关和司法行政机关应定期填写《调解承办法院（庭）委托调解案件情况登记表》（附件8），并抄送人民法院（庭）。

2. 公安交通管理部门、道路交通事故人民调解工作室对经主持调解而未能达成调解协议、当事人起诉到人民法院的案件，要及时向人民法院（庭）通报原调解工作的有关情况。

3. 人民法院（庭）审理涉及不履行调解协议而提起诉讼的案件，要及时将生效裁判文书通报案件所在地的公安交通管理部门和道路交通事故人民调解工作室。

4. 经司法审查不予确认的调解协议，人民法院（庭）要及时将不予确认的原因、案件审理中发现的问题及有关调解建议通报案件所在地的公安交通管理部门和道路交通事故人民调解工作室。

六、本意见自下发之日起施行。

附件：

1. 诉前委托____部门调解建议书（原告适用）
2. 诉前委托____部门调解建议书（被告适用）
3. 委托调解函
4. 委托____人民调解工作室调解建议书
5. 协助调解函
6. 委托调解情况复函
7. 协助开展判后维稳工作函
8. ____部门调解承办法院（庭）委托调解案件情况登记表

广东省高级人民法院、中国保险监督管理委员会广东监管局关于印发《关于保险纠纷案件加强调解若干问题的意见》的通知

粤高法发［2010］75号

全省各级人民法院、汕头保监分局、驻粤各省级保险机构、广东省保险行业协会及各地市保险行业协会（办事处）、广东省保险中介行业协会：

现将《广东省高级人民法院、中国保险监督管理委员会广东监管局关于保险纠纷案件加强调解若干问题的意见》印发给你们，如在执行过程中遇有任何问题，请及时报告省法院民二庭或广东保监局法制处。

二〇一〇年十二月二十三日

关于保险纠纷案件加强调解若干问题的意见

为了努力促成保险纠纷案件调解结案，及时化解保险纠纷案件当事人之间的矛盾纠纷，根据《中华人民共和国民事诉讼法》、《中华人民共和国人民调解法》、《中华人民共和国保险法》、《最高人民法院关于人民法院民事调解工作若干问题的规定》（法释［2004］12号）和《最高人民法院关于进一步贯彻“调解优先、调判结合”工作原则的若干意见》（法发［2010］16号）等法律、行政法规、司法解释的规定，特制定本意见。

第一条 人民法院、保险监管机构、保险行业协会之间应当建立定期沟通联系的长效协作联络机制，促进各方在保险纠纷案件的处理过程中充分贯彻“调解优先、调判结合”的原则，鼓励、支持和规范保险纠纷案件的调解工作，努力促成保险纠纷案件以调解方式结案。

第二条 人民法院在对保险纠纷案件进行调解时，可以根据需要邀请保险监管机构以及保险行业协会参与保险纠纷案件的调解工作。对于保险纠纷案件调解中遇到的疑难问题，可以由人民法院和保险监管机构召开联席工作会议协商解决，以相对统一保险纠纷类案件的处理尺度。

第三条 保险监管机构可以指导保险行业协会与人民法院进行沟通协调，实现保险公司内部的赔偿项目、赔偿标准与人民法院适用的赔偿项目、赔偿标准的相对统一，积极为保险纠纷案件的调解结案创造条件。

第四条 保险监管机构可以指导保险行业协会依据保险纠纷案件类型以及案件涉及赔偿数额等标准制定相应规范，促进相关保险机构明确调解权限的范围，以便相关保险机构依法、及时、正当行使调解权。

第五条 保险监管机构应当指导保险行业协会积极倡导各级保险机构建立案件调解审批程序的快速通道，以便案件调解方案的快速审批；人民法院在审理保险纠纷案件时，应当建立保险纠纷案件调解结案审批程序的快速通道。

第六条 人民法院应当与保险监管机构、保险行业协会之间加强沟通合作，积极促进保险行业建立保险纠纷调解机构，建立健全和完善保险纠纷调解机制，指导保险纠纷案件的调解工作。各方应分别指定专人担任联络员，负责日常的协调工作。

第七条 人民法院应当大力推行保险纠纷案件的诉调对接，对经保险纠纷调解机构调解达成的调解协议，不存在以下情形的，人民法院审查后应当予以认可，当事人请求制作调解书的，人民法院应当根据调解协议制作调解书：

（一）当事人不具有完全民事行为能力的；

（二）违背当事人真实意思的；

（三）侵害国家利益、社会公共利益的；

（四）侵害案外人合法利益的；

（五）违反法律、行政法规禁止性规定的。

第八条 人民法院与保险监管机构之间就执行本意见发生争议的，由省法院和广东保监局召开联席工作会议协商解决。

第九条 本意见自2011年1月1日起施行。

广东省高级人民法院
转发《最高人民法院关于
案例指导工作的规定》的通知

粤高法发［2010］76号

全省各中级人民法院、基层人民法院，广州海事法院，广州铁路运输两级法院：

现将《最高人民法院关于案例指导工作的规定》（法发［2010］51号）转发给你们，请按要求认真贯彻执行。

二〇一〇年十二月二十八日

最高人民法院
印发《关于案例指导工作的规定》的通知

法发［2010］51号

各省、自治区、直辖市高级人民法院，解放军军事法院，新疆维吾尔自治区高级人民法院生产建设兵团分院：

《最高人民法院关于案例指导工作的规定》已于2010年11月15日由最高人民法院审判委员会第150次会议讨论通过，现印发给你们，请认真贯彻执行。

二〇一〇年十一月二十六日

最高人民法院关于案例指导工作的规定

为总结审判经验，统一法律适用，提高审判质量，维护司法公正，根据《中华人民共和国人民法院组织法》等法律规定，就开展案例指导工作，制定本规定。

第一条 对全国法院审判、执行工作具有指导作用的指导性案例，由最高人民法院确定并统一发布。

第二条 本规定所称指导性案例，是指裁判已经发生法律效力，并符合以下条件的案例：

（一）社会广泛关注的；

（二）法律规定比较原则的；

（三）具有典型性的；

（四）疑难复杂或者新类型的；

（五）其他具有指导作用的案例。

第三条 最高人民法院设立案例指导工作办公室，负责指导性案例的遴选、审查和报审工作。

第四条 最高人民法院各审判业务单位对本院和地方各级人民法院已经发生法律效力的裁判，认为符合本规定第二条规定的，可以向案例指导工作办公室推荐。

各高级人民法院、解放军军事法院对本院和本辖区内人民法院已经发生法律效力的裁判，认为符合本规定第二条规定的，经本院审判委员会讨论决定，可以向最高人民法院案例指导工作办公室推荐。

中级人民法院、基层人民法院对本院已经发生法律效力的裁判，认为符合本规定第二条规定的，经本院审判委员会讨论决定，层报高级人民法院，建议向最高人民法院案例指导工作办公室推荐。

第五条 人大代表、政协委员、专家学者、律师，以及其他关心人民法院审判、执行工作的社会各界人士对人民法院已经发生法律效力的裁判，认为符合本规定第二条规定的，可以向作出生效裁判的原审人民法院推荐。

第六条 案例指导工作办公室对于被推荐的案例，应当及时提出审查意见。符合本规定第二条规定的，应当报请院长或主管副院长提交最高人民法院审判委员会讨论决定。

最高人民法院审判委员会讨论决定的指导性案例，统一在《最高人民法院公报》、最高人民法院网站、《人民法院报》上以公告的形式发布。

第七条 最高人民法院发布的指导性案例，各级人民法院在审判类似案件时应当参照。

第八条 最高人民法院案例指导工作办公室每年度对指导性案例进行编纂。

第九条 本规定施行前，最高人民法院已经发布的对全国法院审判、执行工作具有指导意义的案例，根据本规定清理、编纂后，作为指导性案例公布。

第十条 本规定自公布之日起施行。

广东省高级人民法院
关于在全省法院全面实行主动执行制度的通知

粤高法［2010］4号

全省各级人民法院、广州海事法院、广州铁路运输两级法院：

为顺应新时期法院执行工作发展需要，全面准确地领会和落实法律规定精神，有效地破解“执行难”问题，切实维护诉讼当事人的合法权益，开创我省法院执行工作新局面，省法院先后分两批在从化法院等23个基层法院开展主动执行试点工作，取得了积极成效，积累了宝贵经验。试点单位的情况普遍表明，通过开展主动执行，执行到位率有所提高，执行周期有所缩短，执行投诉有所下降，执行人员积极性明显提高，人民群众对执行工作的评价明显改善。当前，在全省推行主动执行改革的时机已经成熟。为全面推进这项工作，省法院决定自2010年1月1日起，在全省法院全面实行主动执行制度。现就有关事项通知如下：

一、牢固树立主动执行理念，增强改革的自觉性

主动执行是省法院党组在全面思考执行工作如何贯彻落实科学发展观的基础上，率先于全国提出的重要改革理念，是司法为民宗旨和能动司法理念在执行中的体现，是执行工作更好地为大局服务、为人民司法的新的改革思路。当前一些案件有财产而得不到执行，人民群众不满意，究其原因固然是多方面的，但与法院执行不够主动有重要关系。针对这种情况推行主动执行制度，有利于减轻申请人讼累，加速程序流转，降低债务人转移财产逃避债务的风险。各级法院要从当前复杂多变的形势和司法工作实际出发，从执行工作的内在规律出发，从人民司法服务大局、服务人民的政治责任出发，增强推进这项改革的自觉性，在执行工作中坚持发挥法院的能动作用，把主动执行作为解放思想、更新理念的一条主线，作为破解执行难和“执行乱”的重要突破口；把全面推行主动执行、全程实行主动执行作为2010年执行改革的重中之重，以良好的精神状态、坚定的信心和坚强的意志，精心筹划，坚决推进。“一把手”要亲自部署，确保主动执行工作与不同部门之间的工作相互协调。各级法院要认真总结和借鉴主动执行试点工作的经验，不断探索和完善相关做法，确保这项改革顺利实施并取得预期效果。

二、加强对主动执行改革工作的统筹协调，确保立、审、执相互配合，协调一致

推行主动执行，涉及立案、审判和执行三个工作环节的相互配合、相互衔接，甚至关系到上下级法院之间的工作配合和衔接。立案庭在受理民事诉讼或者刑事附带民事诉讼案件后，应当在送达有关立案文书时，向当事人送达《主动执行告知书》，履行告知职责。审判庭应当在案件宣判时识别宣判的法律文书是否有可执行内容。有可执行内容的，应当在宣判时征询债权人意见。债权人同意由法院主动启动执行程序的，应当在《主动启动执行程序确认书》上签名确认；不同意的，由其依法申请执行。债权人签名确认的，由审判庭跟踪法律文书是否生效、生效法律文书规定的履行期限是否届满以及债务人在规定的履行期限内是否履行债务。债务人没有按期履行的，由第一审法院审判庭在生效法律文书规定的履行期限届满后5个工作日内将卷宗材料移送立案庭审查立案。债权人已经向审判庭提交债务人财产线索或者已经采取财产保全措施的，应当将相关材料一并移送。审判庭移送材料后，立案庭应当在3个工作日内完成立案工作，并在2个工作日内将卷宗材料移送执行局执行。案件经过二审的，第二审人民法院审判庭负责审查和确认法律文书已经生效，并在5个工作日内将有关卷宗和法律文书生效证明一并移送第一审人民法院审判庭，第一审法院审判庭负责接受二审卷宗、跟踪履行情况及移送立案执行。案件经过再审改判的，根据再审法院是第一审法院还是上级法院的不同，分别按照上述精神办理。因此，必须加强对主动执行改革工作的统筹协调，确保改革工作各个环节相互配合、协调一致。各级法院要加强调查研究，明确立案、审判、执行部门在推行改革中的职责，确保改革顺利实施。

三、认真研究解决改革中遇到的难点，理顺法律、司法解释规定与改革要求的关系

推行主动执行改革没有先例可循。23个法院试点工作表明，推行主动执行改革，还要注重研究和妥善解决一些难点问题。一是正确处理尊重当事人意思自治与主动履行职责的关系问题。在操作程序设计中，必须体现尊重当事人的自由处分权。债权人不同意主动启动执行程序的，可依法行使申请执行的权利。委托诉讼代理人同意主动执行的，必须有债权人的特别授权。邮寄送达法律文书的，一并邮寄送达《主

动启动执行程序确认书》，邮寄送达未回复的，视为不同意人民法院主动启动执行程序。二是正确界定主动执行改革的案件适用范围。根据试点经验，主动启动执行程序适用案件的范围包括我省一审、二审和再审生效的具有民事执行内容的判决书、裁定书、调解书以及支付令的执行。三是正确处理主动执行改革中遇到的案件管辖问题。对于第一审人民法院与被执行财产所在地人民法院不属同一人民法院的，债权人可根据《中华人民共和国民事诉讼法》第二百零一条的规定选择是否同意由第一审人民法院主动启动执行程序。第一审人民法院主动启动执行程序立案后，债权人又向被执行财产所在地人民法院申请强制执行的，依照《最高人民法院关于适用〈中华人民共和国民事诉讼法〉执行程序若干问题的解释》第2条等有关规定处理。

四、在执行工作中全程实行主动执行

主动执行是统领我省法院执行工作的全新理念，这一理念不仅要体现在主动启动执行程序上，而且要体现在执行工作的其他各个环节中。人民法院不仅要主动启动执行程序，还要主动穷尽一切手段调查和核实被执行人财产；主动寻找最适合于该案的执行方式；主动对有和解可能的案件进行调解；主动对不履行债务的被执行人适用限制出境、公开曝光、在征信系统中记录等执行措施；主动对恶意逃债的老赖采取妨害民事诉讼的强制措施直至依法追究刑事责任；主动将因地方和部门保护主义难以执行的案件提交党委政法委挂牌督办或者采取执行联动措施；主动将拒不履行债务或者协助执行义务的党员干部通报给纪检监察部门；主动对特困申请人进行救助，以主动的工作姿态扭转被动的工作局面。

五、加强调查研究，不断完善和规范主动执行工作

省法院正在针对试点工作中发现的问题，尤其是根据全程实行主动执行的需要，开展调查研究，尽快对《关于实行主动执行制度的若干规定（试行）》进行修改完善，进一步加强对全省法院实行主动执行制度的指导。各中院也可以就如何深入贯彻主动执行理念的问题，研究提出改革方案和操作意见，或者选择一个或几个环节进行重点调研，出台具体举措，制定规章制度，积极稳妥地推进改革。相关工作进展情况、经验、问题及意见和建议，请及时向省法院执行局反映。

特此通知。

二〇〇九年十二月三十一日

广东省高级人民法院
关于在当前执行工作中重视并
切实维护好社会稳定的通知

粤高法［2010］8号

全省各级人民法院、广州海事法院、广州铁路运输两级法院：

近期，我省一些法院在加强执行清案，尤其是处理强制搬迁、强制退出土地案件中，因工作不周、处理失当等原因，引发群体性对抗执行事件，给法院工作、当地社会稳定造成了负面影响，应当引起各级法院高度重视，举一反三，引以为鉴。最近，全国、全省政法工作和法院工作视频会议，分别围绕做好社会矛盾化解、社会管理创新、公正廉洁执法三项工作，提出了明确要求和部署，法院执行工作在其中承担的任务艰巨，责任重大，决不可掉以轻心，有负职责，自损形象。为此，在加强执行工作，努力破解“执行难”的同时，要切实做好维护社会稳定的工作。现就有关事宜通知如下：

一、增强维护稳定的政治敏锐性。各级法院在执行工作中，要充分认识维护和保持社会稳定的极端重要性，教育广大干警牢固树立稳定压倒一切的思想，增强政治敏锐性，提高确保社会稳定的大局意识。对于重大复杂和有影响的群体性执行案件，各级法院应当高度重视，主动及时地向党委、政府汇报，争取领导和支持依法妥善处理案件。对于案件中反映出的苗头性、倾向性问题以及有可能引发群体性案件和影响社会稳定的问题，要及时提出司法建议，便于党委、政府采取措施，从源头上将群体性事件化解在萌芽状态。

二、增强和谐执行、案结事了意识。各级法院要坚决克服机械执行，就案办案思想。高度重视执行办案的法律效果、社会效果与政治效果的统一。要多措并举，做足调解工

作，尽量促使被执行人自动履行义务或者双方当事人和解。尤其是对下列六类案件，都必须先做双方的执行和解工作：一是双方当事人对立情绪较大，可能发生冲突的案件；二是被执行人有财产可供执行，但当前履行暂时困难，强制执行可能导致生产经营停产、破产或其他障碍的案件；三是被执行人的财产变现困难的案件；四是当事人或有关部门、当地群众强烈要求执行和解的案件；五是执行程序中遇到法律、法规规定不明确，不具体的案件；六是有其他特殊情况，和解执行效果较好的案件。各级法院要着力提升广大执行干警的和谐执行能力，找准当事人双方的矛盾焦点，着重化解双方的怨气和误解，以说服教育、挖掘执行资源为主，以强制执行为辅，采取以物抵债、执行股权及第三人到期债权、分期付款、抵贷返租、削债支付等和解措施，化解干戈，把执行和解的过程，转化成为增进双方当事人理解沟通，促进社会和谐稳定的有效途径，真正实现案结事了。

三、异地执行应增强社情意识，履行报告制度。对于到异地执行的案件，必须深入了解当时当地的社情民情，要注重了解其当地基层政权、基层组织的领导管理情况，公安派出所的协助执行能力及民众的法律意识，被执行人的文化修养、道德品质、性格特征、精神状态及其家族势力等，并有针对性地确定执行方案。凡经调查分析认为有激化矛盾可能的，都应当事先与当地党委政法委、基层政府、公安机关协调，并在当地法院和有关部门的支持下方可执行。异地强制执行中，凡涉及拘留妨害执行行为人的，必须有当地法院派员同行协助，拘留人员送当地拘留所看管。凡涉及异地强制迁出房屋或强制退出土地，组织10名以上执行人员行动的，必须在执行前将执行方案报告上一级法院；组织20名以上执行人员参与执行清场活动的，或者虽未达到上述人数但须商请地级以上市政法公安机关协助支持的，必须报省法院执行指挥中心。

四、重视和遵循程序公正。执行工作必须坚持程序正义原则，严格按照法定程序进行，在任何情况下都不可图“便捷”而舍弃法定程序。执行人员在执行程序中必须一丝不苟地按照法定程序操作，切实有效地防止矛盾激化，保持良好的执行秩序。对于容易引发群体对抗的被执行人，应当邮寄送达执行通知书，改变当面送达即予执行的做法；如果经查被执行人暂无可供执行的财产，可促成其与申请执行人达成和解协议，不可不经工作即以拘留、拘传等方式“追债”；被执行人对据以执行的生效法律文书或执行行为有异议，并提供证据证明的，应当当场停止执行，并在事后认真审查，依法处理；被执行人提出执行异议虽没有当场提供证据证明，但以异议理由当场对抗执行的，也应当为防激化矛盾而停止执行，事后依法妥处；凡被执行人或案外人当众有暴力抗拒执行的言行，或以自焚、自缢、自溺等自杀手段或自残方式相要挟的，应当即调整执行策略，尽量防止自杀、自残事件的发生。事后按法定程序予以司法拘留或追究其刑事责任。

五、审慎周密地部署并做好应变工作。执行工作直接面对执行当事人，处在当事人利益争夺、利益冲突、矛盾对立的漩涡中，置身于反腐败斗争的“风口浪尖”上。各级法院要教育广大执行干警，加强执行安全和自我保护意识。要坚决克服麻痹大意，盲目自信。重大执行行动要制定切实可行的执行方案，并对一切可以预见到的暴力抗拒执行的因素作出防范预案，把握工作的主动权。执行中出现群体围观、参与时，要以社会效果为重，力避激化矛盾。对于可能引发群体冲突事件，已经面临严重暴力抗法危及执行人员生命健康安全的，现场组织指挥人员应果断停止执行活动，择日另行继续执行。

六、强化报告意识。对于执行中发生的暴力抗法事件、群体性冲突事件、有关人员伤亡事件，各级法院要立即报告上一级法院。发生3人以上伤亡事件的，应在4小时内向省法院执行指挥中心书面报告。

特此通知。

二〇一〇年一月十一日

广东省高级人民法院
关于印发《关于在全省法院开展“加速推进排头兵达标”竞赛活动的工作方案》的通知

粤高法［2010］105号

全省各级人民法院、广州海事法院、广州铁路运输两级法院：

省法院党组决定，2010年在全省法院开展“加速推进排头兵达标”竞赛活动。现将《关于在全省法院开展“加速推进排头兵达标”竞赛活动的工作方案》印发给你们，请高度重视，加强领导，精心组织，确保活动取得明显成效，加速推进全省法院在整体工作上争当全国法院排头兵进程，促进审判执行工作质量、效率、效果和队伍形象的全面提升。

二〇一〇年二月二十四日

关于在全省法院开展“加速推进排头兵达标”竞赛活动的工作方案

为认真贯彻落实汪洋书记提出的“见分晓、比高低、论英雄”指示精神和省直工委开展的“抓落实、促发展”主题活动，深入推进“人民法官为人民”主题实践活动，加速推进全省法院在整体工作上争当全国法院排头兵进程，促进审判执行工作质量、效率、效果和队伍形象的全面提升，省法院党组决定，2010年在全省法院开展“加速推进排头兵达标”竞赛活动。为确保此项活动有序推进，取得明显成效，特制定本方案。

一、竞赛范围

全省中级法院。

为了使竞赛活动更具有针对性和有效性，省法院对全省23个中院分成三个组进行竞赛：

第一组：广州、深圳、珠海、佛山、东莞、中山中院

第二组：汕头、梅州、惠州、江门、清远、肇庆中院及海事法院、广铁中院

第三组：韶关、河源、汕尾、阳江、湛江、茂名、潮州、揭阳、云浮中院

基层法院、业务部门、审判人员的竞赛分别由中院、所在法院、业务部门组织实施。

二、竞赛内容

《广东法院在整体工作上争当全国法院排头兵的指导意见》确定的38项具体指标，重点竞赛12项审判执行工作指标：

1. 上诉发改率
2. 生效案件发改率
3. 结案率
4. 结案均衡度
5. 上诉率
6. 申请再审率
7. 信访投诉率
8. 一审民事案件调撤率
9. 一审行政案件和解撤诉率
10. 非监禁刑适用率
11. 未成年人罪犯非监禁刑适用率
12. 实际执行率

同时，年终还要对审判质量进行评查（具体方案另行制定），并将其纳入竞赛的范围，计入决赛总分排名。除此之外，服务大局、司法为民、改革创新、基层基础，以及信息化建设和队伍建设等指标，虽未列入此次竞赛活动的范围，但同样是我们在整体工作上争当全国法院排头兵不可缺少的

重要指标，各级法院务必高度重视，扎实推进，确保早日全面达标。

三、竞赛方式

省法院按三个组分别设定2010年度争当全国法院排头兵阶段工作目标值，并对各中院完成指标情况采用一季一评比、半年一小结、一年一总评的方式进行竞赛。

（一）一季一评比

每季度分别评比通报一次各中院指标完成情况，即按第一季度、上半年、1–9月和全年四个时段分别进行评比通报。对于单项指标达标的中院，每达标一项获得小红旗一面，对于每季度各组综合排在前两名的中院评为季度优胜单位（将12项指标按照分值权重折算成分数，以综合分高低排序，排在前两名的为优胜单位）。

（二）半年一小结

半年结束后，省法院将召开达标竞赛阶段讲评会，对各中院指标完成情况进行小结讲评。

（三）一年一总评

2011年初对各中院开展达标竞赛活动及全年指标完成情况进行总结考评，评出各组年度优胜单位（全年综合总分加年度审判质量评查得分后，排在前两名的为年度优胜单位）。对年度优胜单位、单项达标单位分别进行表彰和通报表扬。

为了更加有效地推进达标竞赛活动，此次达标竞赛活动考评结果还与各中院年度综合考核挂钩，对每获得一次季度优胜单位、一面小红旗，在中院综合考核时分别加0. 3分、0. 05分，其中对获得年度优胜单位的，再加0. 3分。以上各项均累积加分。

四、组织机构

为加强达标竞赛活动的组织领导，省法院成立达标竞赛活动办公室，由政治部、办公室、研究室、审判管理办公室组成。

主　任：聂式恢

副主任：赵军、熊正良、任宗理

成　员：梁春祥、金军、王庆丰、黄必良、张莉

五、实施步骤

达标竞赛活动分三个阶段推进：

（一）动员部署阶段（2月1日—3月30日）

2月份制定全省法院达标竞赛活动方案，3月19日召开全省法院电视电话会议进行动员部署。会后，各中院也要召开动员会，主要领导要亲自动员。要结合实际，按照省法院的目标要求，找准定位，明确方向，广泛发动，争创佳绩。要组织广大干警深入学习郑鄂院长在达标竞赛活动电视电话会议上的讲话精神，以及《广东省高级人民法院关于大力推进全省法院改革创新，加快推进排头兵步伐的指导意见》、《广东法院在整体工作上争当全国法院排头兵宣传教育提纲》，进一步统一思想，提高广大干警对开展争当全国法院排头兵工作和达标竞赛活动重要性的认识，积极投身到活动中去。

（二）检查推进阶段（4月1日—12月30日）

省法院将认真实施一季一评比、半年一小结、一年一总评制度，及时发现问题，加速推进。同时，组织开展一系列达标检查督促行动，深入各中院检查争当排头兵各项指标竞赛活动进展情况。各中院也要加强对基层法院的督促指导。

（三）总结评比阶段（2011年1月）

各级法院对达标竞赛活动开展情况要认真做好总结。省法院将对达标竞赛活动进行总结，对先进予以表彰，对后进予以鞭策，并对2011年争当全国法院排头兵工作进行部署。

六、具体要求

（一）提高认识，加强领导。按照到2011年底基本实现整体工作争当全国法院排头兵的目标规划，2010年是关键之年。各级法院要树立信心，认准目标，狠抓落实，奋勇争先，不断创新工作方法，着力破解难题，争取早日实现目标。各中院要切实加强活动的组织领导，按照活动方案的要求，认真组织好两级法院的达标竞赛活动，层层分解目标责任，将竞赛任务落实到各基层法院、各业务部门，确保竞赛活动有序推进。

（二）建立机制，层层考核。除省法院建立对中院的竞赛考核机制外，各中院要建立对基层法院、各法院要建立对业务部门、各业务部门要建立对审判人员的竞赛考核机制。通过这四个机制的建立，在全省法院营造“多办案、快办案、办好案、争当排头兵”的热潮，充分调动各方面、各层面人员的积极性，形成强有力的激励机制。

（三）明确目标，落实责任。各中院要认真研究省法院确定的年度排头兵达标目标，对各项数据指标的达标情况进行随时监控，随时发现问题，随时做好整改，出实招、出真招，切实破解“老大难”问题。已超过指标的中院要提出更高更严的标准，起好引领和带动作用，做好表率；没达到指标要求的中院要制定切实可行的措施，确保达到目标，不拖全省法院争当排头兵工作的后腿。要严肃纪律，明确责任。各中院要实事求是地上报司法统计数据，不得弄虚作假，对于查实在司法统计工作中弄虚作假的，予以通报批评，取消评先资格。

（四）统筹兼顾，整体推进。开展达标竞赛活动不是个人赛，而是团体赛；不是资格赛，而是淘汰赛；既要看重金牌数量，也要注重团体总分。在推进排头兵工作和达标竞赛活动的进程中，既要重点抓好竞赛活动的12项审判执行工作指标，又要兼顾其他审判执行工作指标，以及服务大局、司法为民、改革创新、基层基础和信息化建设、队伍建设的指标要求；既要着眼长远，又要务求实效，定好时间表，稳步推进；既不能急躁冒进，也不能拖拖拉拉，要协调好工作的方方面面，审时度势，全面发展。

（五）注重宣传，营造氛围。充分发挥新闻媒体的舆论导向作用，在报刊、电视台等相关媒体开辟专栏、专版，大力宣传竞赛活动中涌现的典型先进事迹，及时总结推广竞赛活动中的典型经验，充分展示排头兵达标竞赛活动取得的成

果。省法院将加强信息交流和活动指导，《法庭》杂志和广东法院网将把介绍、宣传达标竞赛活动作为今年的重要工作任务，积极宣传开展活动的好经验、好做法，营造良好的舆论氛围。同时在《广东法院简报》、《广东法院信息》、《政工动态》上刊登各级法院开展达标竞赛活动的好做法、好经验。

附件：

1. 全省中院排头兵达标竞赛活动审判执行工作指标目标值及分值（权重）一览表

2. 全省中院排头兵达标竞赛活动审判执行工作情况通报表

（略）

广东省高级人民法院关于贯彻执行《关于老病残罪犯适用减刑假释和暂予监外执行有关问题的意见》的通知

粤高法［2010］472号

全省各中级人民法院、广州海事法院、广州铁路运输中级法院：

为深入贯彻落实宽严相济刑事政策精神，我院与广东省人民检察院、广东省公安厅、广东省司法厅、广东省社会治安综合治理委员会办公室联合下发了《关于老病残罪犯适用减刑假释和暂予监外执行有关问题的意见》（粤司［2010］248号），请各中级人民法院认真组织学习，切实抓好贯彻执行。

一、密切联系刑罚执行工作实际，充分认识对老病残罪犯减刑假释从宽掌握的重要性。对老病残罪犯减刑假释从宽掌握和罪犯财产刑执行与减刑假释工作联动是我省完善刑罚执行工作和贯彻宽严相济刑事政策的重要举措，是我省法院落实“社会矛盾化解、社会管理创新、公正廉洁执法”三项重点工作的具体体现。各中级人民法院必须加强组织领导，将这两项工作作为今后一段时期减刑假释工作的重点狠抓落实，合理调配审判力量和资源，确保两项工作顺利开展。各中级人民法院可根据本地的实际情况，研究、制定实施细则。

二、正确适用法律，认真审理好老病残罪犯减刑假释案件。要严格依照有关标准对老病残罪犯进行认定，认真把关。要全面把握《最高人民法院关于贯彻宽严相济刑事政策的若干意见》第34条的规定，准确裁量减刑幅度和适用假释。在同等条件下，对于老病残犯罪，减刑幅度可以适当放宽，减刑间隔时间可相应缩短，假释条件放宽掌握。对具有“从严掌握”情形的老病残罪犯的减刑假释，要结合其悔改表现、原判罪行、社会效果等因素，综合判断作出适当的裁判。各中级人民法院要树立对罪犯减刑假释也是人民法院依法行使审判权的观念，认真审理好减刑假释案件，摒弃机械办理的做法，强化正确行使减刑、假释裁量权的意识，确保办案质量，实现法律效果和社会效果的统一。

三、加强与监狱、看守所和驻监检察机构沟通协调，及时解决工作中出现的问题。老病残罪犯减刑假释、暂予监外执行工作和罪犯财产刑执行工作是我省减刑假释工作的两项新举措，各中级人民法院要根据“分工负责、相互配合、相互制约”的法律原则，与监所、检察机关等部门建立经常性的工作协调机制，既要各司其职，又要形成合力，对工作中遇到的问题和困难及时进行沟通，友好协商，共同解决，不断推进减刑假释工作和其他各项工作的有序开展。

各中级人民法院在执行过程中遇到的新情况、新问题，请及时报我院审监庭。

二〇一〇年十二月七日

第五章　各部门工作

纪 检 组 监 察 室

2010年，省纪委派驻省法院纪检组、省法院监察室认真贯彻落实省纪委、院党组的有关工作部署，坚持以人为本、服务大局，全面推进司法作风和党风廉政建设，各项工作取得新进展、新成效。

一、廉政教育深入推进。坚持“教育优先、重在预防”，不断创新教育方式方法，努力提升廉政教育的针对性、实效性。一是纪律教育学习月活动丰富多彩。组织开展“六个一”学习教育活动，增强干警纪律作风意识。主要是举办全省三级法院领导干部廉洁从政视频培训班，强化领导干部廉洁从政意识；举行省法院机关干警廉政宣誓仪式，全体干警在《廉政宣誓书》上签名并归入廉政档案；将近年违纪违法典型案件、重点党纪条规等材料汇编成廉政电子读本，组织干警集中学习，并进行考试抽查；邀请省委党校王玉云教授对《中国共产党党员领导干部廉洁从政若干准则》进行专题辅导；举办全省法院“公正、廉洁、为民”演讲比赛，引导广大干警深入研究、思考和宣传司法核心价值观，打牢思想基础，提升精神境界。二是警示教育入脑入心。根据“11.13”案件制作了《金钱背后的阴谋》警示教育专题片，组织全省法院播放和撰写心得体会，被评为2010年度省法院十件大事之首；结合典型违纪违法案件的查处，及时召开案件通报会；组织干警观看省纪委拍摄的教育专题片，长鸣警钟，防微杜渐。三是提醒教育春风化雨。坚持对新进人员和新提拔晋升职务人员开展任前集体谈话共计100余人次，对有投诉反映的人员开展提醒谈话60人次，对有违纪苗头的人员开展诫勉谈话14人次。

二、廉政监督全面加强。以加强对班子和案子监督为重点，认真履行执法执纪监督职责。利用两年多时间在全国率先完成第一轮对23个中院的巡查工作任务，向各中院提出200多条整改意见，加大了省法院对各中院的监督指导力度。认真贯彻落实郑鄂院长关于“廉政监察员的生命力在于与办案实践的结合是否紧密”的重要批示精神，将《广东省高级人民法院设立廉政监察员实施办法》落到实处，充分发挥廉政监察员的作用。参与对大额物资采购、工程招投标、评估拍卖及干部提拔晋升等重点环节的监督工作。全年共参与专项监督工作42次。

三、廉政制度有效落实。深入推进廉政账户、廉政档案、重大事项报告、领导干部引咎辞职、廉政监察员等五项廉政制度的落实。全省共有64个法院设立了廉政账户；125个法院建立了廉政档案，与干警晋级使用挂钩；2880名干警报告了重大事项，21个法院设立了专职廉政监察员104名；对7名领导干部实行了问责。积极探索建立健全党风廉政责任制的考核和问责、审判长“一岗双责”、规范法官与律师关系、廉政风险防控管理体系、廉政保障等制度，不断严密廉政制度体系。制定了机关党风廉政建设考核办法并首次组织对各部门考核，推动党风廉政责任制的落实。

四、廉政查处力度加大。坚持自查为主、协助为辅的办案原则，加强信访举报案件自查自办工作。畅通违纪违法发现渠道，建立了信访线索分类管理与筛选排查制度，安排专人对涉诉信访与违纪线索分类登记；将约谈举报人和诉讼案件实体复核相结合，从中排查案件线索。省高院纪检组监察室受理群众来信2499件，来电1088个，接访45批99人，从中处理筛选出案件线索204件，其中立案查处和诫勉谈话的均来源于上述所排查线索。主动查办违纪违法案件。积极争取省纪委、省检察院等部门的支持与指导，鼓励各级法院纪检监察部门早发现、早查处。自查自办案件所占比例较大，其中省法院纪检组监察室查办的何某违反“五个严禁”案被省纪委评选为派驻机构十大优质案件并予以表彰。

五、廉政指导全面加强。认真落实《人民法院监察工作条例》和省纪委的有关规定，全面加强对下级法院纪检监察工作的领导和业务指导。将惠州中院、中山中院作为全省法院司法作风建设示范点，省法院立案一庭为司法作风建设联系点。创办了《广东法院纪检监察》；积极办好纪检监察网页。加强纪检监察业务培训，共组织全省法院纪检监察干部参加业务培训班42人次。举办了办案骨干培训班。

此外，大力推进理论和实践创新，反腐倡廉建设经验得到上级充分肯定。贾永庆同志撰写《坚持以科学发展观为指导，推动纪检监察工作实践创新》的文章被《党风》杂志刊用；立足“五位一体”完善保廉促廉机制、主动查处违纪违法案件和多措并举推进信访举报案件等工作经验。

六、自身建设深入发展。加强自身的理论建设，坚持每月一次集体学习，开展理论联系实际、密切联系群众、批评与自我批评；选派干部参加各种培训，不断提高纪检监察工作的政策理论水平和实际工作能力。扎实开展争先创优活动，营造团结向上、勇于争先的工作氛围。狠抓纪检监察干部的形象建设严格执行和模范遵守各项规章制度，说好每一句话、办好每一件事，与人为善、谦虚谨慎，摆正个人与组织的关系，共同维护纪检监察队伍的威信。

政 治 部

2010年，政治部在院党组的正确领导下，牢固树立“三个至上”的指导思想，全面贯彻落实科学发展观，深入推进和落实各项政治工作任务，取得了较好的成效。

一、坚定方向，突出主题，深入推进法院队伍思想政治建设。大力加强系统党建和机关党建工作，认真总结和调研全省法院的党建工作经验，受到中央政法委和最高法院领导的充分肯定。精心组织全省法院“加速推进排头兵达标”竞赛活动，在省法院机关开展劳动竞赛活动，促进法院各项工作的开展。深入挖掘和宣传“人民的好法官”、“全国模范法官”张林武的先进事迹，掀起学习高潮。成功召开了首次全省法院文化建设工作会议，制定《广东法院文化建设规划2010–2015)》，全力推动全省法院文化建设。积极开展创建“学习型法院”、“学习型部门”、争当“学习型标兵”活动，开展多种形式的学习研讨和教育培训工作。

二、完善机制，强化管理，不断加强和改进法院干部人事工作。广泛征求意见，改进干部选任工作机制，制定了《审判长选任暂行办法》，完成了一批领导职务和非领导职务选拔、晋升工作。配合省委组织部推选了3名副厅级干部，完成了对省法院领导班子2009年度考核和干部选拔任用“一报告两评议”工作，以及对近三年来干部选拔任用工作的大检查工作。完成了干部岗位调整、借调、审判职务任免，选派干部挂职，选拔援藏干部，新招公务员，选调法官和其他干部，接收军转干部，招聘速录员等工作。进一步加强省法院机关干部队伍管理。制定了《关于进一步明确和强化法官办案激励机制的意见》、《关于确定部门和个人办案指标的暂行办法》，重新修订完善了机关绩效考核办法。下发《关于进一步严肃考勤纪律的通知》、《关于进一步端正干部选拔任用风气的意见》，加强干部纪律教育和管理。不断加大干部协管工作力度，办理了有关中院领导班子成员的考察、调整、职务任免审批等工作。完成了对全省中院2009年度的综合考核。认真做好铁路法院改制的前期准备工作和全省法院进人审核和法官、法警管理工作。部署开展了新一轮的陪审员选任和岗前培训工作。

三、牢记宗旨，倾心服务，积极为干警、为基层办实事、办好事。完成了涉及干警工资、福利、身份管理、干警体检等大量服务性工作，积极开展关爱干警活动和经常性的群众文体活动。坚持定期探视和走访生病住院、异地安置、行动不便的老干部，做好生活困难老同志及遗属的节日慰问工作。认真组织好老干部体检和疗养工作，开展各种有益身心健康的文娱活动。不断总结结对帮扶经验，推进帮扶工作的开展。落实全省法院干警扶助金管理规定，及时办理3批36人次共41.5万元的扶助金以及全省14名因公牺牲法官特别慰问金的发放工作。认真做好连南县涡水镇必坑村“双到”扶贫开发工作。组织全院各党支部深入贫困户家庭开展帮扶活动，建立了“扶贫扶助基金”和“扶贫助学基金”，出资进行村民危房改造、建设村办公楼和村小学饮水工程。

四、开阔思路，积极创新，努力打造法院队伍建设新亮点。首次召开全省法院非编人员管理工作会议，制定了《省法院速录人员级别评定和晋升暂行办法》，创新非编人员管理机制。制定了《省法院从下级法院选调法官的暂行办法》，首次从下级法院遴选了15名优秀法官充实到省法院。做好清远、惠州、肇庆中院“四统一”（统一用编、招录、分配、待遇）招录法官工作，在法官断层严重的连南、连山和乳源法院，开展招录培养体制改革试点工作。制定了《学分制考核管理暂行办法》，在省法院实施学分制考核管理；在内网开设了“学习交流点将台”栏目，积极探索“学习型法院”创建的新方法、新措施。开展党群工作创新，建立党费公示制度，在内网上设立了“好人好事表扬台”，组织成立了省法院青年法律服务志愿队。开办了“广东省高级人民法院老干部大学”，积极创新老干部开展文化学习活动的形式。积极推进法官助理试点改革，推进阳西县法院法官助理改革试点工作，构筑“大审判机制”，着力解决山区法官断层和法官员额不足问题。

五、振奋精神，自我完善，全面加强政工干部自身建设。积极开展创建学习型部门活动，开设了“政工论坛”和“学习园地”专栏。面向全省编发《政工动态》29期，推动队伍建设经验和信息的交流。坚持执行“三会一课”制度和定期集中学习制度，坚持每周一召开由各处负责人参加的部务会，坚持深入基层调研，积极开展谈心活动，部领导以身作则，积极开展批评与自我批评，帮助基层和党员干部解决思想问题和生活上的实际困难。

执　行　局

2010年，执行局以加快执行指挥中心建设、全面推进主动执行以及构建执行申诉信访新机制为工作重点，带动各级法院执行工作取得明显成效。

一、加强执行管理，公正、高效地办理各类执行案件。全省法院执行案件结案率为80.81%，比去年同期上升11.11%；执结标的总金额较去年同期提高78.28%；执行和解率提高了11.42%；实际执行率为77.46%，提高了20.85%。同时努力化解社会矛盾，成功解决中色第十二冶金建设公司惠阳分公司工程款执行案，广东电网公司拖欠2亿元执行款案。此外，深圳“海上皇宫”拆除案、南平学校聚众阻碍执行事件等一批在社会上有较大影响的案件均得到有效解决。下半年开展委托执行案件的清理活动，采取落实时间和责任人、召开座谈会、派出检查组检查、定期排名通报等多项措施进行检查、督促，全省委托执行案件执结率99.68%，在全国排在第六位。为规范执行工作，对2008年以前的“打包”执行案件1万余件进行了清理，清除历史遗留问题。

二、全面推动主动执行工作。主动执行制度是我省执行工作的一项重大改革，按照省法院《关于在全省各级法院全面实行主动执行制度的通知》推进主动执行制度全面深入实施。设计了主动执行制度的规程和电脑流程，完善了相关法律文书，于7月份起对生效裁判全部主动移送立案执行。省委常委、政法委书记梁伟发同志批示要求认真研究，深入推进。最高法院王胜俊院长称赞广东法院的主动执行制度改革是坚持能动司法的具体体现，促进了社会和谐。当年10月份，最高法院在我省召开全国能动执行现场会，江必新副院长出席会议，总结推广广东法院主动执行的经验和做法。

为推进执行指挥中心建设，印发了《广东省法院执行指挥中心建设纲要》，明确了全省三级法院执行指挥中心的工作规划、建设任务。拥有五大工作系统的指挥大厅建成启用，其中被执行人查询系统启用两个月来，已接受省内外法院委托查询6318次，极大提高工作效率，节约了人力、物力成本。

三、加强执行申诉信访工作。制订《关于开展执行申诉信访工作的总体规划》，提出三个转变的工作思路和“二个目标”的工作任务，明确了负责执行申诉信访工作的机构。省法院和部分中级法院、基层法院已正式编立执申字号的案件。执行申诉案件的收、立、办、结纳入流程基本顺畅。各级法院化解了一批重大疑难的申诉信访案件，取得了令人满意的社会效果。

四、提高全省执行干警的业务能力。组织编写《强制执行法规汇编》并出版发行，为全省执行干警提供了实用性强的工具书。针对异地拆迁、搬迁发生影响稳定的群体性事件的情况，出台《关于在当前执行工作中重视并切实维护好社会稳定的通知》；为了防止因不当适用先予执行措施引起突发性事件，下发了《关于依法慎用先予执行措施的若干规定》；为妥善办理执行重大敏感案件，制订了《执行局关于重大敏感执行案件的管理规定》。此外，为实现立、审、执彻底分立，制订了《关于完善当事人立案主体信息采集和录入工作的通知》，规范执行案件立案工作。

为突出新形势下执行工作的新要求，以考核促工作，结合最高法院开展的“创建无执行积案先进法院活动”，制订下发了《广东省各地级以上市法院执行工作考核标准》、《全省法院执行工作考核办法》，以新标准推动创建活动的积极开展。建立通报制度，对各地法院执行工作情况坚持每月进行通报，鞭策各法院执行工作向前发展。

五、坚持以党建促队建，严格管理，打造一支让党和人民放心的执行队伍。通过开展读书学习活动，努力建设学习型党组织。制订了《推进学习型党组织建设实施意见》并且按照规定落实“五个一”读书学习制度；局内设置“漂流书架”，院党组成员、局长许佩华同志带头为全局做学习动员、撰写学习体会、谈读书心得，推动学习型党组织和学习型领导班子建设。为提高执行干警的业务素质，8月份举办了一次全省法院执行干警业务培训班。还开展丰富多样的组织活动，组织全体党员重温入党誓词，发扬一方有难八方支援的光荣传统，组织全省法院执行干警为广西受伤执行干警捐款及慰问困难群众。认真开展廉政教育，通报近年来发生的违法违纪案件，对这些案件进行分析、解剖，深挖原因，通过分析反面典型的方式增强队伍的廉政意识。

办　公　室

2010年，各项工作又取得新进步。人大工作报告通过率连续3年以2个百分点上升；三项重点工作、执行力建设指导意见获王胜俊院长、汪洋书记等领导批示肯定；信息工作获全国法院和全省党委系统先进单位；机要工作获全省党委系统先进单位；档案工作连续4年被评为优秀管理等级；图书发行连续16年被评为全国法院先进单位；安保建设成效突出获最高院通报肯定；秘书科连续6年获团省委续评“青年文明号”；文印科获省总工会颁发“工人先锋号”；绩效管理等3项工作受到机关党办在内网通报表扬；筹划建院60周年庆祝纪念活动多位同志获院通报表扬。

一、参谋助手、综合协调实现新发展。围绕党组工作，当好参谋助手。完成人大报告等综合材料225篇、165万余字。开展法院执行力建设等6方面专题调研。跟进院领导日常工作，保障重大会议活动，承办或协办建院60周年庆祝纪念活动等重大会议活动101次；跟进党组会21次、院领导临时召集会152次和外出参会及活动550次；送批案卷600多宗、文件资料万余份。协助院党组做好督查督办，决策督查发函15份；督办案件和事项321件，其中督办省级以上代表关注案件81件，对代表、委员沟通和办复率均为100%。强化统计分析、信息内宣，服务党组决策。汇总报表近2万张、1800多万个数据；整编完成建院到1979年的司法统计数据资料；建成司法统计二级专网报送系统。编写各类信息简报1155篇，《广东法院简报》同比增幅达112.5%；编报《联络工作信息》10期、《值班快报》10期、《机关工作月报》12期、《省委政法委信息专报》48期。

二、政务管理、内外联络实现新提高。强化公文管理，抓好机要保密。全年收发、清退各类文件等32万多件，同比增长5%；拟办、跟踪各类待办文件3780件，格式把关862件，转发文件70多件。智能信箱建成投入使用。建章立制，提升司法政务管理。制定法院执行力建设意见等工作规定13项。精简“文山会海”、倡导勤俭节约；将全院内部刊物从40种整合精简为19种。内外联络，紧张有序。联络工作改“请进来”为“既请进来，又走出去”，组织走访21个地级市和解放军代表团共473名省级以上代表，征集各类意见54条。开拓法院外事工作新领域，探索广东等8省（区）涉台司法互助工作，办理涉台司法协助461件、文书送达440件、涉外涉港澳司法协助944件；办理涉外刑案照会697件、领事探视122人次；办理因公出国（境）40批150人次、各中院21批153人次。接待外宾18批172人次、内宾3600多人次。

三、机关运作、后勤保障实现新进步。推进全省法院值班应急工作。安检信访、来访和开庭人员58763人，和相关部门协同处理群访事件31起、闹访事件165起，处置突发事件21起，送上访人到救助站11人次；接听值班电话600余次，接收值班传真220余份，编报突发事件信息170余份。统筹抓好广州亚运全省法院安保工作。致力全省法院值班应急统筹管理，出台指导意见，河源等6家中院成立总值班室。抓好法院安保工作内外联络，与省公安厅联合发文，借助公安力量提升全省法院安保能力。严抓档案、图书管理与利用。推行“归档报结”。归档诉讼档案16139宗、32915册、文书材料1881件，核收信息20915条。接待查阅诉讼档案311人次，借出诉讼档案2140宗；接待读者1500多人次；完成法官书架设立工作，收集45位法官专著、证书200多册（件）；加强山区、贫困法院图书室帮扶建设，捐出旧书400多本。提升文印服务水平。全年工作总量创新高，印制各类稿件15800件，同比上升3%；打字、排版14.5万个，同比增加30%；数码油印、打印、复印约770万张次，同比增加10%。后勤服务保障到位。做好副巡视员文秘服务保障；与行政处共同研究确定A楼1–4层装修改造设计方案。

四、作风建设、队伍管理实现新突破。推绩效管理，破发展难题。推行办公室绩效考核管理机制，推进“一二三四”工程建设，激发“尖兵”意识，努力发挥典型引路作用。狠抓学习教育，强化作风建设。争先创优，扎实推进“人民法官为人民”等主题实践活动，支部谈心活动受到机关党办在内网通报表扬。抓好廉政教育，落实“一岗双责”；党建促队建，围绕公正、为民和廉洁开展3次党课活动。全年未发生违规违纪的人和事。推进队伍执行力建设。在达标竞赛活动中注重探索执行力建设。扎实开展机要、档案等培训学习，以培训促进执行能力和服务水平的提高。

肯定成绩，也清醒看到不足：参谋助手、决策督查方法不够多、力度不够大，离党组要求还有距离；司法政务管理水平还需提升，规范化建设需要进一步完善；基层基础建设的指导、帮扶力度不强，全省法院司法政务统筹管理还需进一步加强，等等。

审判管理办公室

2010年是广东审判管理具有里程碑意义的一年，审判管理办公室有关工作情况如下：

一、全力推进审判管理工作体系建设

1. 加强调研，深化审判管理工作改革。审管办开展了审判管理工作专题调研活动，就全面加强和改进审判管理工作两次向院党组提交了全面客观的综合报告和意见。2. 召开全省会议，统一部署全省的审判管理工作。12月上旬，省法院召开了全省法院审判管理工作会议。郑鄂院长作了重要讲话，陈华杰副院长作了工作报告。3. 加强审判管理制度建设。向全省法院下发了《广东省法院加强审判管理工作的若干意见》，对全面加强审判管理工作提出了指导性意见。4. 积极参与审判管理信息化建设。审管办领导高度重视与审判管理相关的软件设计和开发，结合本院的工作实际，研究建设我院的审判管理指标体系。5. 改版推出《广东审判管理》，着力打造全省法院审判管理信息交流平台。审管办将《审判委员会工作情况》改版为《广东审判管理》，对全省法院审判管理信息的交流发挥了积极作用。6. 明确职责定位，大力推动全省法院审判管理组织机构建设。审管办起草了中级法院和基层法院设置审判管理机构的建议，全省法院审判管理组织建设取得了很大进展。7. 加强队伍建设，不断提高审判管理工作水平。在审管办内部设立了四个组，适当配备人员，明确了各组的工作目标和任务。在整合审判管理力量的同时，大力加强队伍建设。

二、加强审判质量管理工作

1. 深入研判分析全省法院审判质量态势，提出决策建议。审管办对相关数据进行深入的分析，向院党组提交了《关于我省法院在2009年全国法院案件质量情况统计中排位落后的原因分析及改进的建议》。2. 积极开展常态化的质量评查工作。以最高人民法院《关于开展案件质量评估工作的指导意见（试行）》以及省法院制定的《案件质量评查试行方案》为基础，全省法院正式开展常态化的案件质量评查工作。3. 圆满完成今年的重点评查工作。2011年是全国政法系统开展“百万案件评查”工作的第一年，审管办制定下发了《关于案件评查活动的工作方案》，并顺利通过了中央督导组的检查。4. 加强办案标准化的研究。标准化办案课题组对继续推进我省法院标准化办案工作提出了意见和建议，院党组已通过审管办撰写的《关于推进我省法院标准化办案的调研报告》。5. 积极开展案例指导工作。一是组织全省法院开展优秀裁判文书评选工作。二是编辑出版《广东法院案例精选》，郑鄂院长高度评价此书。三是抓好典型案例的报送编辑工作。

三、继续推进审判效率管理

1. 做好我院机关的案件预测与分解工作。审管办与政治部机关干部处经过认真研究，并与各审判业务部门细致沟通协调，制定了院机关2010年案件预测和分解方案，指导全院办案工作。2. 继续健全审限管理长效机制。审管办在去年下发的《审限管理实施意见（试行）》基础上，狠抓审限管理规定的贯彻落实。同时，进一步探索建立审限监督及审限通报制度。3. 积极推进我省司法公开试点工作。审管办深入研究，提出了抓好我省司法公开示范法院试点工作的实施方案，为我院当好试点单位及抓好试点工作奠定了基础。4. 推进规范结案管理工作，实行归档结案。院党组决定自2011年起，在全省法院范围内全面实行内部审判管理的归档结案，审判人员报结案件，以归档确认为准。

四、全力做好审委会服务工作

1. 继续做好审委会会务工作。2010年共组织安排召开审委会会议134次。针对审委会讨论刑事案件效率不高的问题，审管办提交了《关于进一步改审委会讨论刑事案件工作的意见》。2. 协助审判委员会做好审判经验总结工作。审管办定期分析和通报最高法院复核我院死刑案件的最新情况、审委会讨论的典型案例、最高法院和本院对法律适用问题的答复意见以及本院二审发改案件的审理情况。

五、圆满完成上级交办的其他工作任务

1. 承办全国部分高、中级法院案件统计工作会议。9月份，与佛山中院共同承办了全国部分法院案件统计工作会议。最高法院王秀红专职委员、审管办、研究室领导及来自7个高、中级法院的有关同志出席了会议。2. 完成对驻东莞市的全国人大及省人大代表的走访工作。廖万春主任和办公室、联络办的领导走访了驻东莞地区部分全国人大和省人大代表，取得良好的效果。3. 协同政治部开展对各中级法院及本院各部门的年度考核工作。结合审判管理工作需要，对政治部起草的《全省中级法院综合考核办法》以及《机关绩效管理考核办法》提出修改完善有关指标的意见、建议。

立 案 一 庭

2010年，立案一庭深入开展加速推进排头兵达标竞赛活动，突出抓好亚运信访维稳工作，大力推进立案信访窗口建设，推动立案各项工作全面发展，情况如下：

一、突出抓好亚运信访维稳工作

为了实现平安亚运，该庭采取有力措施切实推动涉诉信访积案的清理工作。一是召开专项会议。4–9月，先后组织召开4次全省涉诉信访专项会议，对全省法院开展集中清理信访积案活动进行动员部署，提出工作要求。二是制订工作方案。制定下发了《关于开展“化矛盾、保平安、迎亚运”清理涉诉信访积案活动的实施方案》，《全省法院亚运期间涉诉信访突发事件应急处置预案》。三是抓好排查甄别。对有关中央国家机关和省委政法委等省级机关提供的8000余条线索进行全面甄别排查；落实排查报告制度；对已经排查出的涉诉信访积案，严格按照“四定一包”落实责任，努力将矛盾纠纷化解在基层和萌芽状态。四是组织中央政法委交办案件的办理。组织、协调全院各责任部门办理中央政法委交办的涉法涉诉信访案件三批共89件，先后组织召开了3次全院案件交办动员会议，3次案件后续工作跟进办理会议，动员部署案件的办理。第一、二批案件均按中央政法委规定的期限和要求办结，办结率为100%；第三批进京重复访案件37宗，已化解31宗，化解率和书面承诺率均为83.78%，受到省委政法委的通报表扬。五是开展检查指导。组成工作组，到13个中院及辖区部分基层法院，就各地法院涉诉信访积案化解的工作布置、排查、化解进展情况进行检查督导。

在狠抓积案清理的同时，认真履行信访工作职责。接待当事人及群众来访5383批次，涉及8814人次；处理来信5204件；处理最高法院、省人大、省委政法委等领导机关及有关领导、人大代表和政协委员交办的各类案件58件；处理网上信访360件；按月向各中级法院转办最高法院交办的越级进京上访案件；安排院领导和厅级干部接访19次；安排部门领导接待62次；安排新提拔的副处级干部18人到信访岗位，每期5人，每人接访三个月；积极做好信访救助，全年共救助18人次，涉及金额24万元；积极应对，妥善群体性事件和突发情况，协助湖北省信访局处理好张荣英长期滞留上访等7件信访个案。

二、大力推进全省法院立案信访窗口建设工作

一是进行动员部署。召开全省法院加强立案信访窗口建设工作会议，对全省法院如何加强立案信访窗口建设做了工作部署。二是下发指导文件。制定下发了《关于全省法院在“人民法官为人民”主题实践活动中进一步加强立案信访窗口建设的实施意见》、《加强立案信访窗口建设考核验收标准》等规范性文件，对窗口建设提出具体要求。三是深入实地指导。组成工作组，到部分中院及辖区部分基层法院和人民法庭进行实地察看，检查指导窗口建设。四是听取律师意见。邀请全省各地律师代表召开座谈会，开门纳谏，听取广东律师界对全省三级法院窗口建设工作的意见和建议。五是编印工作手册。选取9个最高法院和本院有关窗口建设的文件，编印了《广东法院立案信访窗口工作手册》并发至全省法院所有立案信访的工作人员。六是聘请律师为法院“立案信访窗口监督员”。制定了《省法院关于聘请部分律师为“法院立案信访窗口监督员”的工作方案》，明确了监督员的条件、构成和监督的内容等，并向省律协发出商请推荐监督员人选的函件。七是统一诉讼指引材料。要求各级法院报送各类诉讼指引材料目录，由该庭组织力量对这些诉讼指引材料的样式、内容和相关的做法予以规范统一。

三、全力做好司法服务工作

2010年全年收转诉讼资料11870件，开具裁判文书生效证明767件；为最高法院送卷96件，接受最高法院退卷597件，指令再审立案72件，发回重审15件，委托送达535件；办理全院各类案件“四排定”初次排案6958件，重新排案548件，总排案7506件；办理诉讼费减免缓案件95件；民事、行政再审案件调卷124件；移送省检察院阅卷15件；接待律师阅卷1016人次；处理司法专邮35915封，为全院提供了方便的服务。

四、大力加强队伍建设

围绕我院开展警示教育整顿活动、司法作风建设活动和作风纪律教育活动的各项部署，抓好队伍司法作风、纪律作风及工作能力建设，通过制定和完善立案信访工作规章，设立“司法作风建设示范岗”等方式加强司法作风；按照干警队伍和立案信访窗口的特色，整合资源，新成立审判事务小组，专职负责案件的案卷报送等相关事项的组织、协调及办理，通过职能的整合和细化，提高了工作效率和水平。

立 案 二 庭

2010年，该庭坚持能动司法、多措并举，努力走出一条再审审查工作科学发展的新路。

一、圆满完成办案任务，多项指标刷新纪录

全年受理案件9113件（含旧存1394件），同比上升38.35%，刷新省法院受理再审审查案件数的历史记录；审结8493件，同比上升63.52%,结案率93.2%，同比增加14.3个百分点，结案数和结案率均创历史新高，首次实现结案数超过新收案件数；存案620件，同比下降55.52%，创民诉法修改以来该庭存案新低；法官人均结案数215件，同比上升36.6%，为历史最高。再审审查工作呈现出结案数、结案率和人均结案数三上升、存案下降的良性发展态势。

为全力清案，采取了以下措施：1. 以指标促效率。每季度公布全庭人员办案指标完成进度一览表，开展办案冠军、能手评比活动，激励全庭人员多办案。2. 调整民事审查队伍力量。取消行政合议庭，对行政申请再审案件改为全庭轮排，使原9个民事合议庭增至10个，有效提高审判效率。3. 加强审判管理。制定立案二庭《考勤及请休假管理规定（试行）》、《审批权限规定（试行）》等制度。4. 完善激励机制。在原法官每月办案排行榜的基础上，增加审判长办案排行榜、合议庭办案排行榜、书记员季度工作排行榜等内容，形成比学赶超的良好氛围。5. 庭领导带头办案，3位副庭长的具体办案指标大大高于院里要求的办案比例。

二、坚持能动司法，息诉维稳工作成效显著

重点抓好以下三项工作：1. 贯彻“调解优先”原则，加大调解力度。全年共调撤案件171件，调撤率同比增长126.42%。坚持“全程、全员、全面”调解，形成从主管庭长、审判长，到经办法官、书记员的立体调解模式，把调解贯穿到案件审查的全过程。专门就调解经验交流作为一期业务学习的主题。规定以调解方式结案一件，在计算工作量时要多于以裁定方式结案的工作量；在庭网及院网上对调解案件进行通报，效果好的报宣传及政工部门，加大宣传力度；推荐合议庭和审判人员参加调解工作先进集体和调解能手的评比。重点强化劳动争议、人身损害赔偿、房屋拆迁安置补偿合同纠纷等对抗程度激烈、涉及利益较广、社会影响较大案件的调解。仅用40天就成功促使廖崇义等13人广州地铁沿线拆迁补偿纠纷申请再审系列案当事人和解撤诉。胡新明等31名劳动者与东莞某台资企业劳动争议纠纷系列案的成功调解，也赢得了当事人“一纸申而诉，几度辛且勤。理晓讼可息，言暖心自平！”的赞誉。2. 认真办理督办、交办案件。全年办结各类督办、交办案件37件，结案率达到77.08%。3. 加强与人大代表沟通联络。2010年7月，施适庭长专程前往江门地区开展联络工作。在审理广空离退休老干部申请再审系列案过程中，主动邀请省人大代表朱列玉等人参与听证调解工作，增强了代表对法院工作的理解与支持。

三、多管齐下，探索再审审查科学发展新路

一是建立申请再审案件审查指标体系，为院领导及相关部门决策提供参考。二是推行判后答疑前置制度，制定并印发《广东省法院关于加强判后答疑工作的若干意见》及《广东省法院判后答疑工作细则》。三是定期开展研判分析。代表省法院申报并获准与中国政法大学联合承担最高法院重点调研课题，形成《民事再审审查程序的实证调研与分析》等6份调研报告，并顺利通过中期检查。开展“进一步完善民事再审审查案件又好又快办理机制”调研工作，向院党组提出了完善又快又好办理机制的对策和建议。

四、加强党风廉政建设，打造干净干事队伍

结合反腐倡廉暨司法作风建设年活动，加强党风廉政建设，确保队伍战斗力，提高队伍司法能力。制定立案二庭《关于加强党风廉政建设责任制若干意见（试行）》等。春节期间向家属寄送《致广东高院立案二庭家属的一封信》。组织全庭干警参加廉政宣誓活动，签署廉政宣誓书，观看警示教育片。该庭书记员收到当事人邮寄的银行卡后及时上报廉政监察员。将扶贫和党建有机结合，建立帮扶贫困户专项基金，专款专用，切实解决重点帮扶户的实际困难。加强政治和业务学习，坚持每周一条廉政短信、每月一次学习、每个季度一封家书。坚持每月第一个周五下午全庭政治、业务学习制度。组织向家庭困难同志捐款，探望生病法官，抢救突发疾病、晕倒在工作岗位上的书记员并组织探望，增强队伍的凝聚力。

刑事审判第一庭

一、坚持依法办案第一要务，全力提高审判质量和效率

1. 结案数、结案率大幅提高，未结案件绝大部分已经出手。共受理各类刑事案件688件（其中新收案件551件，同比下降8.6%；另有旧存案件137件），同比下降3.9%；审结案件624件，同比提高7.8%；结案率为90.7%，为各刑庭中最高，同比提高9.8个百分点；按照我院目标管理考核办法折算后结案数为906.5件，为各刑庭中最多，同比提高15.0%。

2. 突出抓好死刑、抗诉案件和旧存案件的审理工作。全年共审结死刑、抗诉案件239件，为各刑庭中最多，同比提高34.3%；死刑、抗诉案件结案率为78.9%，比去年提高了13.6个百分点；137件年初旧存案件（其中死刑、抗诉案件134件）中，除1件在省检察院阅卷未归外全部审结，旧存案件结案率为99.3%。

3. 克服困难，深挖潜力，人均结案数又有提高。以政治部核算的该庭全职办案法官25.67人计（去年同期为24.2人），人均结案24.31件。按照我院目标管理考核办法折算后人均结案35.31件，比上一年提高了2.75件。

4. 对案件严格把关，同时注意维护一审判决的稳定性。审结的案件中改判99件，发回重审35件，发改率为21.5%，比去年同期升高1.5个百分点。发改的案件78.4%都是死刑案件，对于其他案件，可改可不改的尽量不改。

5. 均衡结案情况好于去年。按照院党组有关要求从年初就把审判工作抓得很紧，坚决克服“前松后紧”思想和“麻痹厌战”的情绪，各季度结案数占全年总结案数的比例为10.9%、35.6%、13.3%、41.5%，结案均衡情况仍然明显好过去年。

6. 报核的死刑案件仍然保持了较高的核准率。今年最高法院共核回该庭报送的死刑案件84件89人，其中核准78件84人，核准率为93.8%。不核准的6宗案件中均因复核期间达成和解或因政策原因，没有案件因为二审认定的事实证据问题被发回重审。

二、坚持服务大局，能动地做好维护社会和谐稳定和审判工作科学发展的各项工作

1. 全力维护社会稳定，促进社会管理创新。积极发挥刑事审判职能，打击破坏亚运安全的各类刑事犯罪活动，快速、成功地审结了胡益华故意杀人案（揭阳杀警案）、孔金麟绑架案（深圳绑架杀害儿童案）等严重影响人民群众安全感的案件。组织开展全省法院办案安全防范检查工作；负责组织督导组赴汕头市潮阳区督导社会治安重点问题排查整治工作。

2. 全力做好附带民事诉讼调解工作，积极化解社会矛盾。成功调解、和解案件19件，赔偿总额为271.8万元，调解、和解实际执行率100%，最大限度地挽回了被害人的损失，共收到当事人寄、送来的锦旗4面、感谢信2封；同时，积极为8名被害人申请司法救助金。调解、和解工作的深度和广度上都有了较大进步。

3. 加强与公安、检察机关的沟通联系，推进工作向纵深发展。组织召开了2009年度省公、检、法联席会议；起草的《关于刑事证据若干问题的指导意见》正式与省检察院、省公安厅会签下发。

4. 认真开展人大代表、政协委员联络工作，高度重视来自社会各界的各种监督意见。先后到韶关市区、始兴、仁化、新丰、南雄、翁源等区县登门拜访了多名省人大代表，向代表介绍了我院上半年的工作情况，听取他们的建议和意见；成功办理人大代表、政协委员关于加强被害人救助和司法救助、建立证人作证保障机制、严厉打击盗窃通信电缆犯罪、从重从快打击刑事犯罪等5项建议和提案。

三、加强自身建设，努力实现自身科学发展

1. 抓好支部建设，把好审判工作的政治方向，保持好公正廉洁司法的良好形象。2. 深入推进精细化、规范化、科学化管理。完善了排期开庭和死刑案件先阅卷制度，建立了案件的督办、催办机制，制定了劳动竞赛细则；制定了《刑一庭关于进一步加强内部管理的若干意见》，对日常工作职责、时限、质量、纪律等方面进行了严格要求。3. 利用科技手段创新审理方式。共配合最高法院进行远程视频提讯9次，制发了《广东省高级人民法院远程视频提讯操作规程》。以远程视频方式开庭审理案件10件，起草了《广东省高级人民法院远程视频开庭审理刑事案件操作规程（试行）》。4. 通过举办会议和培训班、编写典型案例等方式，增强指导的有效性和针对性。举办了全省法院贯彻宽严相济刑事政策暨刑事证据审查认定培训班，首次实现了全省三级法院刑事法官的全员培训、全员考核。编写了我院2008年10月至2010年4月的发改死刑案例充实到典型案例数据库中，成功并入“法院综合业务系统”。5. 加强调查研究，及时转化调研成果。《关于广东法院在审判中开展刑事和解的调研报告》获得2009年度全省法院调研成果优秀奖，并已此为基础形成《广东省高级人民法院、省人民检察院、省公安厅、省司法厅关于刑事诉讼中适用和解的指导意见（试行）》。

刑事审判第二庭

2010年，刑二庭共审结二审、复核案件392件，书面内审、请示案件18件，结案率再创新高，达89.3%，比去年高出0.9个百分点。未结二审、复核案件47件，比去年同期下降14.5%，年内可结的案件已全部审结。

一、争先创优，审判绩效有新提高

1. 狠抓审判管理，均衡结案良性发展。将加强审判管理，促进均衡结案作为审判工作重点，加以大力推进。具体措施如下：一是加强动员和宣传，在全庭营造多办案、快办案、办好案的良好氛围。二是建立了庭长适时调整分案制度，统筹规划全庭的办案任务。三是规范延长审限和中止审理，全力加强审限监督。四是加强与相关单位的沟通协调，及时消除影响办案效率的因素。经过全庭同志的共同努力，2010年的审判绩效及结案均衡度较上一年有明显提高。

2. 服务大局，成功审结一批大案要案。以大案要案的审理为重点，统筹安排审判力量，并加强对下指导，确保高质高效地完成审判任务。先后成功指导并审理了江门方国容、罗春锦走私普通货物案，以叶树养受贿、巨额财产来源不明案为代表的韶关系列案等一大批在全社会有较大影响的案件，取得了良好的政治效果、社会效果和法律效果。

3. 能动司法，调解工作彰显特色。涉外、涉港澳台刑事案件和经济犯罪案件调解是刑二庭的特色。努力克服上述类型案件调解工作领域新、难度大等困难，积极创新、勇于实践，为我省刑事调解工作增添了新亮点。2010年，成功调解了包括香港籍被告人刘步云故意伤害案、日本籍被告人大井纪夫交通肇事案、台湾籍被告人刘国龙故意杀人案等在内的多起刑事案件，真正做到了案结事了。

二、创新管理，队伍建设有新进步

1. 扎实开展政治学习和主题实践活动，以党建促队建。先后开展了司法作风建设、人民法官为人民等一系列政治学习和主题实践活动。在活动中，刑二庭秉承“以党建促队建”的宗旨，精心组织每一次活动，确保活动效果最大化。

2. 加强制度建设，以制度促管理。在认真贯彻执行本院各项规章制度的同时，十分注重结合自身实际，加强建章立制工作，力争使庭务管理制度化。先后制定实施了《刑二庭落实〈广东省高级人民法院关于广东法院在整体工作上争当全国排头兵的指导意见〉的具体措施》、《刑二庭管理规程》、《刑二庭书记员工作绩效量化考核表》等规范性文件。

3. 加强廉政建设，以廉政促勤政。一直把廉政建设摆在各项工作的重要位置，不断健全和完善惩防并举的党风廉政建设工作机制，努力把惩治和预防腐败的各项措施真正落到实处。一是认真落实“一岗双责”。二是加强制度保障。三是抓好内部监督。

三、总结经验，调研指导有新成果

2010年是着力强化全庭调研指导职能的一年。一月份以来，刑二庭紧紧围绕司法实践中亟待解决的问题，举全庭之力，着力开展调研指导工作。全年共完成重点调研课题及成果转化2项，下发各类指导意见、会议纪要8份，在《中国青少年司法》、《法庭》等杂志上发表各类文章6篇，听取下级法院个案汇报26次，并圆满完成走私犯罪和涉外毒品犯罪两项重点课题的调研任务、成功举办省法院、省检察院、海关总署广东分署第九次联席会议。

1. 对下级法院的业务指导不断加强。一是着力统一全省各级法院的裁判思路，努力降低二审发改率。共向下级法院下发《二审发改案件通报》三期。其中，对因事实不清、证据不足而发改和因量刑不当而发改的两类案件进行了具体分析，并对财产刑的适用问题进行专题研究，在全省范围内统一了做法，对于统一上下级法院的裁判尺度起到了积极作用。二是为下级法院开展涉外、涉港澳台刑事案件调解工作提供指引。6月29日，由刑二庭主办的全省部分中级法院涉外、涉港澳台刑事案件调解工作座谈会在珠海召开，还制定下发了《刑二庭关于本庭管辖案件中可适用调解案件范围的规定》、《涉外、涉港澳台刑事案件调解规程（试行）》。

2. 及时协调解决司法实践中亟待解决的问题。一是协调解决了枪支鉴定中存在的问题。二是统一了涉外、涉港澳台刑事案件中的有关刑罚适用问题。三是对取保候审疾病鉴定工作提出了明确的操作规范。四是完成了相关法律汇编工作。

刑二庭2011年成绩喜人，全年的结案指标在四个刑庭中排名第一；6月23日，刑二庭获得了“广东省卷烟打假工作先进集体”荣誉称号。吴铁城同志被评为第三届广东省“人民满意的公务员”并当选第十六届广州亚运会火炬手。

刑事审判第三庭

一、重点任务有亮点

1. 高质高效审结阳江黑社会性质组织专案。该案是中央政法委挂牌督办，公安部打黑除恶专项工作的典型案例，刷新了广东刑事审判史上4个之最：罪名最多，20个，事实单数最多，96单，开庭时间最长，一审45天，二审9天，判决书最长，780页，57万字。还涉及被告人43名、被告单位4个，卷宗材料665册。面对如此重大、复杂的案件，二审合议庭在不到3个月内完成了阅卷、开庭、合议等工作，在4个月内宣判结案，高质高效地完成了审理任务，取得了良好的政治效果、社会效果和法律效果，得到了领导及人民群众的肯定和认可。

2. 牵头组织我省量刑规范化改革工作取得重大进展。量刑规范化改革是中央确定的重要司法改革项目，该庭扎实推进工作，成效显著，多次得到了最高法院及我院领导的高度肯定。联合省检察院制订了《量刑程序指导意见》，提前扩大了改革的试行范围，走在了全国前列。试行后，试行案件的上诉率均有所下降，抗诉率、发改率则趋于零，得到了社会各界的广泛认可，被《人民日报》、《中央电视台》等权威媒体广泛报道。我省广州市白云区法院还在2010年全国政法工作会议上，作为全国法院系统和我省政法系统的唯一代表，就量刑规范化建设作了经验介绍。

二、案件审理重质效

2010年度，共结案569件；人均结案36.36件，较去年提高了12.6%；未结案件147件，较去年下降了7.5%。该庭审判效率得到提高，实现了案件审理的良性循环。该庭积极响应提高办案均衡度的号召，采取了一系列强有力的措施。包括：（1）制度激励，深挖潜力，进一步提高办案效率。能及早部署，并制定了合议庭临时调整制度，以及参与开庭加分制度。（2）强调质量意识，规范管理，进一步提高案件审理质量。强化审判长在案件审批环节的把关作用，着力提高审判质量。（3）加强沟通，争取支持，进一步提高重大案件的审理效果。能践行能动司法的理念，圆满审结了被告人陈康炳故意杀害幼儿园师生案。

三、政治学习谋发展

以“人民法官为人民”主题实践活动为主线，进一步深入学习实践科学发展观，牢固“三个至上”重要思想，紧紧围绕院党组提出的任务目标和实施方案，采取全庭大会、支委会、党小组会以及个人自觉参与等形式，认真开展廉政建设、司法作风建设和学习型党组织建设等活动，提高了干部的司法能力，促进了该庭审判质量、效率、效果与形象的提升。

四、调解罢访促和谐

成功调解了多宗案件，陈光昶法官成功调解梁志敏抢劫一案后，被告人家属送来了写有“公正判决，法网有情”的牌匾和感谢信。积极响应“百庭调解”活动，邀请了人大代表参与许娟法官主审的林新开抢劫、李静法官主审的廖其钧抢劫等两宗案件的解调工作。

还由庭领导亲自带队，分别远赴湖南省怀化市和福建省漳州市做息诉罢访工作，确保薛会良故意杀人、张圳山故意伤害等中央督办案件取得良好的处理效果。

五、调研指导见成效

该庭开展了多项卓有成效的调研活动，包括：（1）庭领导亲自主持，撰写出《关于加强刑事大要案审判指导工作的调研报告》，并经党组会议讨论通过，得到了院领导的高度评价；（2）联合省检察院，对依法快速办理轻微刑事案件工作机制展开调研；（4）指派专人对死刑案件第二审开庭情况、以及制定从严惩处严重犯罪的刑事政策展开调研，并形成书面调研报告。

制定了多项规范性指导文件，包括：（1）联合省检察院，制定下发了《量刑程序指导意见》；（2）联合省检院、省公安厅，出台了《关于办理盗窃、破坏高速铁路设备设施案件适用法律若干问题的指导意见》；（3）制定出广东省《量刑指导意见实施细则》，下发全省各级法院参照适用。

该庭同志还积极参加征文评选、学术讨论等理论研究活动。撰写文章进行理论和实践问题探讨。

六、队伍建设不放松

大力推进队伍建设和党风廉政建设，狠抓落实“一岗双责”，确保“五个严禁”等各项廉政制度落实到位，并采取一系列措施健全考勤、考核、激励、监督制约等机制，认真落实司法作风建设及学习型党组织建设等活动。此外，该庭同志还积极响应号召，为扶贫解困贡献力量。共筹集价值1万多元的款物，帮扶清远市连南县必坑村贫困户，共筹集7200元，支持玉树特大地震灾民。

刑事审判第四庭

一、办案工作取得好成绩

1. 办案成绩突出，呈现“日趋均衡、两增两升一降”的特点。一是早抓清案，均衡结案。上下半年的结案率分别是47.26%、52.74%，均衡度较去年同期（42.78%和57.22%）有明显提高，达5.5%。二是结案总数和结案率大幅增长。办案总数716件，其中新收案件594件，旧存案件122件，新收案件与去年持平。共审结二审、复核案件639件，比去年同期增加50件，结案率为89.25%，比去年同期82.48%提高6.76个百分点。人均结案27.48件，比去年同期24.37件增加3.11件，创刑四庭历史新高。三是死刑核准率稳步上升、刑事附带民事案件调解和解成功率大幅提升。该庭共报最高法院复核案件58件，核准53件，核准率为91.38%，比去年同期提高1.4个百分点；刑事附带民事案件调解和解成功22件，成功率达52.5%，比去年同期提升17.45%。四是未结案件数大幅下降。今年未结案件77件，比去年同期减少45件，降幅36.89%。

2. 贯彻“宽严相济”刑事政策，严把案件质量关，最高法院复核回该庭上报的核准死刑案件中没有一件案件是因为事实、证据原因不予核准或改判。

3. 服务“平安亚运”，优质高效审理大案要案。为“平安亚运”提供司法保障，指定了二个合议庭专门办理“涉亚运”案件。把握大、要案、敏感疑难案件的工作重心，坚持一手抓一审审判指导，一手抓二审审理工作，保证优质高效审理大案要案。对“涉亚运”案件，一审期间即由庭领导带领资深审判长提前介入进行指导，及早掌握案件审理的主动权，确保案件高效高质顺利审结，达到“快、准、狠”打击犯罪分子的社会效果。如广州地区以李忠、黎桂廷为首的75人涉黑系列案等一批大案要案，又如“杀人狂魔”成瑞龙案。

4. “和解”与“救助”双管齐下，推进社会矛盾化解。克服办案压力大的困难，以化解矛盾、案结事了为目标和要求，深入推进刑事附带民事案件调解和解工作。突出抓好对群体性纠纷、未成年被告人等类型案件的调解和解工作，努力化解社会矛盾纠纷，维护社会和谐稳定，形成全员参与、梯级调解、全程调解的工作机制。

积极推进司法救助工作的开展与完善。一方面庭领导亲自指挥部署，另一方面，就司法救助工作作出详细规定。一年来，上报政法委申请司法救助的案件共38件，救助金额174万余元，经审批同意，已拨付救助款144余万元。

二、创新管理方式，建立科学、高效的内部管理机制

1. 向管理要效率，创新案件管理机制。在办案任务繁重、法官人数减少的情况下，向管理要成效，统筹规划全庭的办案任务，强调提高8小时内的工作效率。

2. 注重“规范化”建设，提升内部管理能力。为进一步加强队伍建设，建立健全审判管理的长效机制，以创建有凝聚力和战斗力的队伍为目标，认真梳理了自建庭以来的28项规章制度，并进行增补和修改完善，形成了涵盖行政管理、党务管理、审判管理、政治学习、业务学习等全方位的庭务管理规章汇编。

3. 强化“审判长”职责，充分发挥合议庭工作职能。以队伍的廉政建设为龙头，积极探索落实层级“一岗双责”工作机制，实行审判长负责制，将管理权下沉到合议庭，规范审判长在合议庭内部的政治思想、廉政、审判、行政等各项职责，进一步增进了合议庭的战斗力和凝聚力。

三、圆满完成我院二项重点调研任务，开创调研指导及理论研究的新局面

1. 高质量完成两项全院重点司改工作的调研。2010年该庭承担了我院“扩大非监禁刑适用”和“规范司法救助基金管理”两项重点司改工作的调研。撰写的《我省法院缓刑适用情况的调研报告》获得全省法院调研成果三等奖。

2. 加强业务指导，规范裁量标准的适用。为了顺应量刑规范化改革的大形势，统一死刑案件的裁判标准，降低二审发改率，改变以往的做法，以合议庭为单位深入基层法院进行及时总结和指导。

3. 积极创造条件，深入推进少年法庭工作。今年9月，按照院党组的指示，全省法院少年法庭指导工作调整由该庭负责。该庭采取了一系列措施推动少年法庭工作深入开展。

四、加强队伍建设

针对干警年轻干部居多的情况，采取形式多样的政治学习教育方式，提高队伍对中国特色社会主义理论的理解度，增加队伍对共产主义的认同度。

高度重视廉政教育工作，以灵活的廉政教育方式，努力营造清正廉洁的工作氛围和生活环境。

在紧张办案的同时，鼓励全庭干警针对审判实践中出现的新情况、新动向，与时俱进的加强专业技能类学习和交流。第一，深入学习领会刑事法律和政策。第二，认真开展案件质量自查。第三，及时学习新的工作方法，提高工作实效率。

民事审判第一庭

2010年，采取多项措施促进民事审判工作的均衡、良性发展，各方面均取得了可喜的成绩。

一、强化能动司法理念，切实增强民事法官为大局服务、为人民司法的自觉性、主动性

1. 关注民生，树立能动司法理念，切实做到以审判工作解民忧、护民利，延伸审判职能，回应社会司法需求，最大限度促进社会和谐。

2. 主动建立健全诉讼与非诉讼矛盾处理衔接机制。完成本院重点调研课题《完善诉讼与非诉讼矛盾处理衔接机制》的调研任务，形成5万多字的调研报告。与省综治办联合下发《关于开展诉讼调解与基层综治工作衔接的意见》，与省妇联联合下发《关于开展诉讼调解与妇联组织调解衔接工作的意见》，与省公安厅、司法厅联合下发《关于建立道路交通事故案件诉调衔接工作机制的意见》，共同加强对道路交通事故纠纷的调解，努力将大部分交通事故纠纷解决在诉讼之外。

3. 推动家事审判合议庭建设，妥善处理涉家暴纠纷。完成本院“关于涉家庭暴力民事案件审理情况及司法建议”的调研，并确定在中山中院、广州黄埔法院、珠海香洲法院、中山第一法院、中山第二法院、佛山顺德法院、东莞第二法院等7家单位试行设立家事审判合议庭，并制定下发《人身安全保护裁定适用指引》和《家事审判合议庭操作指引》。

4. 联动部队维权服务机构，做好涉军案件审判工作。制定下发《关于进一步加强涉军案件审判工作的通知》，要求各级法院深刻认识加强涉军案件审判工作的重要意义，成立涉军案件审判工作领导小组、设立相对固定的涉军审判合议庭、建立涉军案件识别制度和统计制度，并加强与当地部队服务机构的协调沟通，解决好涉军案件审判中送达难、调解难问题，稳妥处理涉军案件。

5. 自觉接受社会各界监督，化压力为动力。全年共办结督办案件、重大敏感案件52宗，其中办理中央交办的重大敏感信访案件10宗，受到有关部门的好评和嘉奖。

二、积极贯彻“调解优先、调判结合”原则，最大限度实现案结事了

努力践行“调解优先、调判结合”的能动司法理念，扎实推进民事调解工作的开展，并用调解方式稳妥处理了一大批大案要案，取得了良好的社会效果。在审结的417件案件中，以调解或撤诉方式结案的有74宗，调撤率为18.23%，同比去年提高0.34%。其中一审案件调撤率达到54.55%；再审案件调撤率为34.15%。同时，民一庭十分重视加强对民事案件调解技能的培训。2010年5月专门召开全省民事调解技能培训，全省民事法官均参加了此次调解视频培训班。

三、加强沟通与指导，最大限度提高审判质量效果

2010年以来，通过落实沟通机制和信息公开机制，实施对重点地区、重点案件的业务指导新措施，加强裁判尺度的统一协调，审判质量得到有效提高。据统计，全年我庭按照民事二审程序审结各类案件345宗（含再审），其中发现原判决错误或不当而发回重审或改判有103宗，发改率为29.85%，同比去年下降1.5个百分点。

四、重视学习调研，不断提升司法能力

1. 重视业务培训，加强审判交流。全年选派业务骨干为下级法院业务培训班授课十余次，多次派业务骨干参加最高法院举办的业务学习以及有关审判业务专题研讨会。5月，举办了为期一周的全省法院民事审判业务培训班，重点组织学习了《侵权责任法》及《物权法》、《合同法》的相关司法解释。

2. 注重重点调研课题的落实与成果转化。在全面调研基础上，形成了一份数据翔实、内容丰富、对策合理的《2009年度广东法院民事审判工作若干具体问题的分析报告》，得到最高法院民一庭领导的高度赞扬，并全文发表于《民事审判指导与参考》，为全国法院民事审判工作提供参考依据。完成《广东法院2007年以来劳动争议审判工作有关情况的报告》，为劳动争议案件审判中的疑难问题提供具体指导意见。

五、全力推进排头兵达标竞赛活动，促进审判工作全面发展

坚持以落实我院各项排头兵指标为工作目标，充分发挥主观能动性，调动工作积极性，推动审判工作的全面发展。全年新收各类案件354宗（再审案件108宗），审结417宗，结案数大于新收案数，超出民一庭年初制定的办案指标50.54%，历史旧存案件率为20%，同比去年下降55.65个百分点，逐步实现均衡结案；已结案件的调撤率为18.23%，同比去年有小幅提高；二审案件公开开庭率为8.85%，相比去年有较大突破；二审案件发改率为29.85%，同比去年下降1.5个百分点。

六、加强支部建设，确保队伍风清政廉

以支部建设为平台，切实加强党风廉政教育，落实党风廉政建设责任制，通过增强队伍凝聚力，努力打造一支争先创优、团结进取、作风优良、清正廉洁、善于攻坚克难的团队。

民事审判第二庭

一、狠抓审判工作，排头兵指标落实情况良好

2010新收案件877件，其中一审11件，二审148件，提审647件，检察院抗诉案件33件，执行复议案件19件，新收案件比去年同期增长222%。办结880件，结案率达到95.76%，比去年同期上升1.38个百分点。存案40件，其中15件为诉讼中止的案件，为历史最低。执行复议案件、破产请示案件、内部请示案全部办结。

1. 以审判工作为第一要务，早抓清案，结案均衡度明显提升。从均衡结案度来看，因607宗系列案的影响，结案均衡度为25.77，与排头兵指标有一定的差距，但剔除607总系列案，结案均衡度为62.77，较去年高26.74个点。注重特案特办，圆满审结607宗天龙居系列案。妥善处理广东国投破产案终结破产程序后大量清算善后工作，涉及分配破产财产6.03亿元，累计分配破产财产37.18亿元，破产债权的清偿比例已达到18.52%，创历史新高。

2. 贯彻“调解优先、调判结合”原则，促进案结事了，调撤率有所提升。2010年二审案件调撤率为18.82%，比上年同期提升了5.18个百分点。邀请了来自人大、政法、金融、企业等不同系统的4名省人大代表参与见证了“全国五大证券维权案之一”的科龙公司虚假陈述上诉案件的调解过程。多家报刊媒体对此进行了报道，反响良好。加强与相关金融机构的联系沟通，联合广东保监局共同制定了《关于保险纠纷案件加强调解若干问题的意见》，促进保险纠纷案件的调解工作。

3. 严格案件发改标准，发改率持续下降。进一步严格了二审案件发改标准，同时加强与其他部门的联系沟通，促进了裁判尺度的相对统一。2010年审结的二审案件发改率为18.23%，较上年下降了14.04个百分点。

4. 大力推行二审案件公开开庭审理，二审案件公开开庭率明显提高。民事二审案件公开开庭审理是审判公开制度的重要内容，也是我院争当改革创新排头兵体系里的重要指标。2010年二审公开开庭率已达到41.89%，较上年同期有了明显提高。

5. 高度重视人大代表关注案件、重大敏感案件的审判工作。人大代表关注案件及重大敏感案件办结率高、据统计通报情况：民二庭2010年督办件89件，已办结83件，办结率93.26%，在民庭中排在前列。

二、强化商事审判的调研指导工作，提高全省法院商事审判整体水平

1. 顺利召开全省法院商事审判工作会议。2010年9月17日召开了全省法院商事审判工作电视电话会议，传达贯彻全国法院商事审判工作会议精神，总结近三年来全省法院商事审判工作，对今后一段时期商事审判工作进行了部署。

2. 大力开展专项调研活动，进一步提升审判指导工作水平。完成了最高法院重点调研课题《关于因金融危机引发相关纠纷案件审理情况的调研》和《破产管理人在破产程序中形成的档案保管问题的调研》。召开了民商事审判疑难问题研讨会，形成了《民商事审判疑难问题解答》，发全省法院商事审判工作部门作为审判参考。牵头制定了《关于完善民事、行政案件改判、发回重审沟通机制的意见》。完成了省法院重点调研课题《提高基层法院案件质量、降低上诉率的调研》，获得全省法院优秀调研成果二等奖。编写了《破产案件审理精要》一书，在法律出版社公开发行。

3. 加强具体个案指导工作，提高下级法院审判质量。撰写了《省法院民二庭二审案件（2009年）发改原因分析》，全面分析了案件改判原因，郑鄂院长批示：“民二庭结合审判实践，及时总结发改原因，分析问题、指导全局的做法很好！值得省法院各业务庭学习，在抓好自身办案的同时，更加关注中院、基层法院的案件质量，关口前移的做法是明智的，将会起到事半功倍的效果”。

4. 鼓励全庭干部积极参与商事审判理论研讨活动，营造良好的学术氛围。先后组织庭内人员参加了由最高法院或者其他学术机构举办的包括海峡两岸金融法制建设研讨会、公司诉讼热点问题研讨会、商法适用中的疑难问题暨2010年全国商法研究年会等在内的近20个学术研讨会。全庭人员共在《法律适用》、《人民司法》等核心期刊及其他刊物上发表文章近20余篇。

三、将廉政工作摆在突出位置，队伍建设稳步推进

结合省法院开展的“11.13警示教育活动”、司法作风建设活动等活动部署，坚持将抓队伍和抓业务结合起来，在坚持一手抓业务、一手抓廉政“两手抓”的基础上，确立了以廉政促公正的工作理念，将廉政工作摆在更加突出的位置。狠抓廉政制度的落实，严格执行省法院考勤管理制度，充分利用廉政监察员这种机制和平台，加强与纪检监察部门的沟通联系，队伍素质有了新的提高。

民事审判第三庭

2010年，民三庭全力推进各项工作，实现了知识产权审判工作新跨越。

一、紧抓第一要务，审判工作再创佳绩

全庭共收案件696件，其中知识产权案件625件，再审案件58件，申诉审查案件13件；新收知识产权案件523件，同比去年上升17.79%；全年审结案件691件，结案率为99.28%，结案数和结案率均为历年最高，其中审结知识产权案件623件，仅存2件诉讼中止案件，二审案件首次实现零存案，审结再审案件55件，仅存3件；申诉审查案件已全部审结；全庭调撤知识产权案件206件，调撤率为33.1%，调撤案件数同比上升33.77%，调撤再审案件19件，调撤率为34.55%，调解工作创下历史最好成绩；新收知识产权案件平均结案周期42天，为历年最短；督办案件100%妥善审结；全年均衡结案度历年最好，实现了收结案良性循环。

严把审判质量关，努力打造精品案件。审结被媒体称为日化商标第一案的奥妮公司与宝凯公司注册商标专用权纠纷等一批重大疑难案件，受到高度关注和充分认可；审结华谊兄弟传媒公司诉千钧网络科技公司侵犯信息网络传播权纠纷等一批典型案件，明晰了知识产权审判原则和思路；审结辛波特与圆谷制作公司关于知名动漫形象奥特曼的著作权侵权纠纷等涉外案件，依法平等保护境内外当事人合法权利，树立良好国际形象；审结原由广西高院终审并再审的程润昌案件，以及受全国人大代表关注的北京长地万方科技公司导航电子地图著作权纠纷案等，依法妥善审理了最高法院指定再审、人大代表关注的重大疑难案件。

二、强化审判管理，推进排头兵达标进程

一是及早部署争取主动，要求统筹安排审理时间，加快审理进度，实现均衡结案；二是严格审限延长审批，控制审限延长案件的比例；三是合理调配办案力量，优化办案资源；四是定期召开审判长会议，集中讨论一批复杂疑难案件；五是加强关联案件协调，统一执法标准；六是加强书记员工作管理，尤其是签收和归档工作，确保案卷转入和移出的正常秩序。

三、加强调研指导，整体提升全省知识产权审判工作

全年全省新收一审知识产权案件10029件，增长3885件，同比上升63.23%，在全省知识产权新收案件数、案件增速创下历史新高的严峻审判形势下，进一步加强对下级法院监督指导，积极协助推进审判机制创新，努力提高全省知识产权审判质量和效率。一是举办“全省法院知识产权审判业务培训班”，讲授审判疑难问题，分析二审发改原因。二是制定指导性文件，印发《关于在知识产权审判工作中认真领会和适用〈中华人民共和国侵权责任法〉的通知》。三是为拓展视野，加强交流，召开了“广东省法学会审判理论研究会知识产权审判理论专业委员会成立大会”、“华南地区著作权司法保护座谈会”、“自主创新与知识产权司法保护论坛”，“岭南知识产权论坛”。四是经报请最高法院同意，在深圳市、佛山市、中山市两级法院开展“三审合一”审判机制改革工作，获得突破性进展。五是以提高司法能力为目标，及时总结经验成效，圆满完成“网络环境下著作权司法保护问题”、“商业秘密司法保护的调研”、“知识产权诉讼禁令制度”的调研，以及反不正当竞争法修改调研报告。

四、扩大宣传交流，形成知识产权保护合力

以“4.26世界知识产权日”为契机，广泛宣传知识产权保护，组织开展了徐春建副院长做客“金羊网”接受在线访谈，发布“十大典型案例”，现场法制宣传等一系列宣传活动。为形成知识产权保护合力，加强与行政执法机关、行业协会的交流合作，深入推进与国家专利复审委沟通交流机制，交流学习人员扩大到重点中院；参加省市律师协会、知识产权保护协会、动漫产业协会、家电业协会、皮革皮具业协会组织的各类培训研讨20余人次。为宣传广东知识产权审判工作，扩大了国际影响，多次会见国外知识产权同行，与美国专利商标局官员、日本辨理士会代表团、美国联邦法官等进行了座谈交流。

五、着手固本强基，队伍建设不断强化

深入开展“人民法官为人民”主题实践活动，树立“公正、廉洁、为民”的司法核心价值观，保持了队伍的纯洁。制定《关于进一步加强审判管理和内部监督的规定》，强化队伍管理。通过创建廉政监督卡制度，主动接受当事人的监督，取得良好反响。深入推进裁判文书上网工作，以司法公开促司法公正。

该庭荣立“集体一等功”，被评为“全省法院调解先进集体”，在省直机关评比中荣获“三八红旗巾帼先进集体”。高静法官被评为“廉政标兵”，欧丽华法官被评为“全省法院调解能手”，另外还有三篇裁判文书在全省法院优秀裁判文书评选活动中获奖。

民事审判第四庭

2010年，民四庭大力推进涉外商事海事审判精品战略在全省法院的贯彻实施，狠抓审判管理和调研指导，各项工作进展顺利，呈现出良好的新风貌。

一、深入开展加速推进排头兵达标活动，落实公正与效率主题

根据院党组关于加速推进排头兵达标劳动竞赛活动的要求以及关于推进均衡结案的部署，采取多项有效措施确保结案均衡度的提高和排头兵达标任务的完成。全庭共新收一、二审、审监、执行复议案件共319件，办结346件，结案率77.06%。存案103件，比去年的130件有了大幅下降。发改案件57件，发改率16.91%，与去年基本持平。扣除公告送达或缺席审理等不具备调解可能性83件案件，今年调撤案件60件，调撤率为25.53%，比去年提高5个百分点。此外，还办结涉外仲裁司法审查案件9件，域外判决承认与执行案件5件，限制当事人出境措施案件2件。

二、深入贯彻落实海口会议精神，全面实施精品战略

高度重视最高法院于海口召开的第三次全国涉外商事海事审判工作会议，及时学习会议精神，着重就广东法院如何正确领会和实施精品战略问题作了全面分析研究，形成《关于广东贯彻第三次全国涉外商事海事审判工作会议精神，实施涉外商事海事审判精品战略的情况报告》，向院党组和最高法院作了专题汇报。依照最高法院全面实施涉外商事海事审判战略的工作部署，很好地完成了涉外商事案件评查及专项检查工作，参加全国涉外商事审判业务培训班的组织工作及全国涉外商事海事优秀裁判文书评比，并在裁判文书评比中取得了较好成绩。

三、大力加强调研指导宣传工作，成果丰硕亮点纷呈

一是完成了水污染民事公益诉讼地方立法建议的调研报告，得到中共中央政治局委员、省委书记汪洋同志的重视和批示。二是围绕广东实施涉外商事海事审判精品战略的目标任务、工作思路和措施问题，研究起草了系列报告，并在《人民司法》第598期专栏刊登，在全国法院范围内引起了较大的反响。三是完成防范和打击虚假诉讼重点课题的调研报告，及时向全省法院发文部署强化审判管理和防范、打击工作，引起省委政法委重视。该报告在9月30日《人民法院报》第八版整版予以刊登，在全国引起积极反响。四是大力推进中国法学会审判理论研究会涉外审判专业委员会的各项工作。完成了涉外专业委员会第一期学术研究活动成果的汇编出版工作。积极筹备开展涉外专业委员会第二期会议暨全国研讨会。为配合郑院长率广东法官协会代表团访问台湾，按要求完成了大量调研和材料准备工作，为访问取得圆满成功做出了贡献。

四、创新和加强审判管理机制，推动工作科学发展

认真学习贯彻最高法院有关会议精神，不断创新和加强全省涉外商事海事审判管理机制，加大现有既有制度的执行力度，特别是完善落实审判工作情况分析机制、上下级法院办案沟通协调机制、分类指导机制等三项重要管理机制，以规范化、精细化、科学化管理促进工作效率的提高。同时，创新涉台审判管理机制，探索成立涉台审判指导委员会。根据最高法院领导的指示，在作了充分调研和论证的基础上，提出建议并经郑鄂院长同意，决定在省法院及省内涉台案件较多的中院，设立涉台审判指导委员会，以既不占行政编制和增加内设机构，又能指导解决问题的方式，在涉台商事审判领域加强审判管理创新、深化实施精品战略。

五、狠抓队伍纪律作风建设，深入实践司法为民

围绕院党组关于思想政治和纪律作风建设工作的各项部署，采取了多项措施，狠抓全庭思想作风及廉政建设。组织干警认真学习贯彻全国政法工作电视电话会议、全省法院“三项工作”检查推进会等重要会议精神，切实增强全庭干部“为大局服务、为人民司法”的意识和能力。利用召开全庭干部大会、支部大会等时机，反复强调廉政纪律，明确廉洁司法要求。创造性地采取了“请进来、走出去”的形式，深化廉政纪律意识。“请进来”是邀请“时代先锋”荣膺“南粤杰出劳模”荣誉称号的佛山市中级人民法院副院长黄学军同志就社会主义司法理念和司法纪律作风问题为我庭同志进行了系统讲授；“走出去”是组织全庭同志到我院老院长李学先曾经带过的老部队红三连进行学习交流。认真开展院里安排的“结对帮扶”活动，积极践行司法为民理念，主动开展“支援灾区”和“捐资助学”活动。今年以来全庭干警共为玉树震区灾民和连南贫困居民捐款18500元，长期资助连山贫困学生8名。这些善举都受到清远全国、省人大代表的高度赞扬。

行政审判庭

2010年，深入开展“加速推进排头兵达标”竞赛活动，扎实工作，锐意进取，圆满完成了各项任务。

一、办案质效进一步提高

1. 结案率超九成。全年新收二审案件220件，请示案件4件，庭领导集体带头办案，带领全庭同志克服今年大型会议较多、人事变动频繁等困难，积极参与院机关劳动竞赛，努力均衡结案，共审结二审案件210件，请示案件4件，结案率达92.51%。2. 护航平安亚运。一是着重运用协调和解新机制，妥善协调各种利益关系，全年共协调撤诉23件，协调撤诉率达11%，较去年增长2.2个百分点；二是稳妥审理亚运协办城市的行政案件。汕尾市筹办亚运会以来，上诉到省法院的行政案件骤增240%。该庭积极稳妥地加快处理、效果好。3. 办案周期缩短1/4。全年平均办案周期为96.8天（含16件中止后恢复审理案件），较上年缩短了30.1天，审理效率提高了31%。与此同时，全年审结的案件无一被改判或发回重审，无一群体上访，当事人申诉、投诉明显减少。

二、互动联动机制深化

1. 行政审判“白皮书”获省政府办公厅转发。5月12日，省政府办公厅向全省各地级以上市政府及省政府各部门、直属各行政机关转发了本院2008年和2009年度行政审判“白皮书”，该通知指出，行政审判“白皮书”对提高行政机关和领导同志依法行政水平具有重要参考价值，要求高度重视“白皮书”反映出的政府决策、行政执法问题，对照检查整改，自觉接受司法监督，加强行政应诉工作。

2. 联合纪念行政诉讼法实施二十周年。10月1日是《行政诉讼法》实施20周年。联合广东省依法治省工作领导小组办公室和省政府法制办，在9月22日至29日的“宣传周”内，密集开展宣传活动，多家媒体给予了宣传报道和高度评价。9月28日，三家单位又联合召开广东省纪念行政诉讼法实施二十周年座谈会暨表彰大会，共同表彰全省行政审判和行政应诉先进集体、先进个人。共同总结我省行政审判和行政应诉工作23年来取得的巨大成就。

3. 应邀授课、咨询帮助提高行政执法水平。庭领导和审判骨干先后应海关总署广东分署、省财政厅、农业厅、水利厅、司法厅等单位邀请，为执法、复议人员培训班授课，讲解行政诉讼知识，提出改进执法水平建议，培训人员500多人次。此外，还应邀为省国税局、广州市政府法制办等单位提供咨询意见。

三、对下指导进一步加强

1. 开展差异化实地指导。按照“差异化+实地”这个思路，2–3月间，刘恒军副院长带领该庭人员赴珠三角和粤东地区两级法院开展实地调研指导，近距离发现问题、面对面推动工作，收到了明显成效。尤其是行政审判的拳头产品——“白皮书”多了，开展此项工作的中院从去年的2个增加到7个，其中河源中院的“白皮书”还获得该市刘小华市长批示转发。

2. 全省会议描绘排头兵路线图。4月14日，召开全省法院行政审判暨国家赔偿工作视频会议。会议深刻分析了当前全省行政审判工作存在的机构和队伍建设状况不尽理想等4个问题，提出了全面优化行政审判绩效的奋斗目标，要求全省法院通过切实保护当事人诉权、搭建互动联动平台等6项既管当前又管长远的措施，扎实迈向排头兵目标。

3. 举办粤西、粤东北培训班。先后举办了粤东北、粤西行政审判业务培训班，10市行政审判干部全员受训，司法能力提升效应已经陆续显现。截至11月，全省上诉案件改判发回重审率由上年同期的8.25%锐减到4.77%，下降了3.48个百分点，一审裁判正确率提高了1.52个百分点。

4. 承办全国行政审判工作座谈会。5月22日至23日，和东莞中院承办了全国行政审判工作座谈会，我院在会上作了经验介绍。

5. 指导行政案件申诉信访专项治理活动。7月底我们部署了行政案件申诉信访专项治理活动，共清理590件积案，发动全省三级法院共同治理。10月9日，根据院领导指示，庭领导带队赴信宜，利用互动联动机制，顺利化解了罗清生、王坤元集资办学借款纠纷，为全省化解行政申诉上访积案创造了经验。

四、队伍素质进一步优化

1. 廉政建设有新意。党组成员、纪检组贾永庆组长为全庭干警上廉政党课，打好保廉促廉基础，全年未发现违法违纪现象，也没有接到当事人投诉。二是扎实开展纪律教育学习月活动，召开支部专题组织生活会，认真开展“五查”活动。

2. 建设学习型庭室。结合争先创优活动，着力建设学习型庭室，培养专家型法官，在学术研究、业务调研等方面取得突破。一年来全庭干警共发表论文5篇，1篇论文获全国法院系统第二十二届学术讨论会二等奖，1份调研成果获全省法院优秀调研成果二等奖，2份裁判文书获评2010年全省法院优秀裁判文书，完成2010年院重点调研课题“关于非诉案件审查与执行有关问题的调研”。

审判监督庭

2010年，审监庭以清案工作为中心，化解矛盾为抓手，保障“平安亚运”为重点，有序推进各项工作的全面开展。

一、全力以赴，埋头苦干，打好清案翻身仗

2010年该庭实际新收各类再审案件98件（不含分给四个民庭审理的民事再审案件，下同），旧存加新收再审案件共612件，新收减刑假释案件2377件。审结各类再审案件453件，结案数与上年同比增长7.86%，按绩效管理考核办法折算后同比增长46.40%；尚存案件159件，其中再审案件148件。减刑假释案件2377件全部审结，结案数同比增长49.13%。已结再审案件中，维持208件，维持率为45.92%；改判113件，发回重审29件，发改率为31.35%；调解49件，撤诉14件，调撤率为13.91%，同比增长近5个百分点；另有40件以终结、驳回等其他方式结案。

全年共审结督办案件12件，其中4件是全国人大代表或者省人大代表关注的案件。其中周柏洁虚假出资、抽逃出资一案的审理得到了省人大代表的高度赞扬。对于中央交办的4件重点信访案件，全部按期妥处。

二、以调为主，调判结合，审判工作取得良好社会效果

发挥调解优势，做到案结事了。审监庭同志创造性地贯彻落实郑鄂院长“在调上做文章，在解上下功夫”的指示精神，率先在本院开展“百案调解”工作，邀请人大代表参与案件调解。全庭法官还运用各种调解手段，用耐心、诚心来化解当事人之间的矛盾和对法院的误解。最高人民法院将秦静芳列为全国“不再登记，不再接谈，不再向下级法院交办”的“三不”人员，但是，审监庭法官通过多次努力，成功调解其代理合同纠纷；乐昌农村信用合作社等贷款及担保合同纠纷等10年以上的“骨头案”也以调解结案；中山和景花园商品房买卖合同纠纷等二十几件在当地影响较大的案件，得到了当事人和当地党委、政府的高度赞扬；在高柏秀与广东省人力资源和社会保障厅、原审第三人中山大学肿瘤防治中心行政不作为纠纷案中在开庭前就达成了和解协议等调解结案的49宗案件，均取得了法律效果与社会的统一。

三、服务大局，能动司法，为平安亚运全力维稳

按照院的部署，审监庭紧紧把握住“平安亚运”这一总目标。一是提高认识，人人参与维稳工作。对可能出现不稳定因素的案件，形成由周定挺庭长全面督促检查和协调，副庭长、审判长具体监督指导和参与，承办人狠抓落实的维稳工作机制。二是积极主动，从源头上化解矛盾。承办人主动与当事人联系说理释法，同时耐心倾听其意见，对案件较长时间没审结的，实事求是讲明原因，消除当事人的误解。亚运期间，案件承办人与当事人电话沟通200余次，在本院接访当事人19次，到当地协调案件20余次。三是加强甄别排查，逐案落实维稳方案。对所有在办案件，包括已经结案，但仍存在不稳定因素的案件进行地毯式排查，全面梳理出可能存在不稳定因素的敏感案件，共排查甄别出可能存在不稳定因素的案件44件。四是协调联动，形成维稳合力。及时将有关案件情况反馈给本院立案一庭，就敏感案件多次与案件所在地政法委、法院等有关部门进行信息沟通，密切配合做好矛盾化解工作。

四、固本强基，多措并举，促进整体工作水平全面提升

一是充分发挥党支部战斗堡垒作用。对于全庭的重大事项，贯彻公开、公平、公正的原则，坚持在民主投票的基础上，由支委会集体讨论决定，自觉接受全庭同志的监督。二是坚持政治学习，提升理论素养。党支部及时召开组织生活会，集中学习胡锦涛总书记在深圳经济特区建立30周年庆祝大会上的讲话精神、十一届全国人大三次会议精神等重要文件。三是狠抓廉政教育，严守“五个严禁”。认真开展“廉政警示教育年”、“纪律教育学习月”和司法作风建设活动。召开以“五查”为内容的专题民主生活会。组织全庭同志认真观看《金钱背后的阴谋——“11.13”广东法院违纪违法系列案件警示录》，提高了全庭同志反腐倡廉的自觉性。四是加强调研指导，找准工作定位。完成了《关于基层法院审监庭是否保留的调研报告》，对我省基层法院审监庭的机构设置和职能调整提出了改革建议。召开全省法院审判监督工作会议，贯彻落实最高法院审判监督工作会议有关精神。五是注重沟通协调，构建联动机制。与省检察院联合下发了会议纪要。与省监狱管理局建立减刑假释协同办案平台，进一步规范服刑罪犯财产刑执行。

研 究 室

2010年，研究室工作成绩突出。全年共起草领导讲话稿、情况报告等较大型综合性材料56件，完成各种调研26项，撰写人大提案2篇，回复人大代表提案9件，起草各类答复、通知、函件150件，修改各类法律法规征求意见稿68件，向最高法院各案例载体编报案例482件，被最高法院公报采用2件，制定规范性文件10件，编印出版书籍5本，主办、承办全国和全省较大型会议12个，编辑《法庭》杂志12期和2009年年鉴300万字，编辑《调研参考》9期，完成各类文稿的数量和工作量同比增长30%以上。其中我省法院6个调研报告分获全国一、二、三等奖，5个法院中标全国法院重点招标课题，5个法院被确定为全国司法公开示范法院。主要抓了以下七个方面工作：

一、围绕为大局服务，切实加强宏观指导。一是积极服务保障平安亚运。制定实施了《关于为广州亚运会提供司法服务和司法保障的若干意见》并设立了亚运法庭，为平安亚运提供司法保障。省委常委、政法委梁伟发书记和省委常委、广州市委书记张广宁均作了批示。二是尽力稳定劳动关系。针对富士康员工跳楼和广本罢工等劳资关系紧张事件，起草《广东省高级人民法院关于进一步发挥司法能动作用，为构建我省和谐稳定劳动关系提供司法保障的若干意见》。三是开展“能动司法与服务大局”论坛活动。四是成功举办了全省法院能动司法暨深化调解工作视频会议。五是完成了《关于在全省法院推行约见法官制度的指导意见》等。六是通过参与政策制定和法规修改服务大局。

二、围绕为党组科学决策服务，全力当好参谋助手。一是提出在全省各级法院开展“排头兵达标”竞赛活动建议。被院党组采纳。二是围绕破解科学发展难题确定调研课题。三是积极为党组建言献策。编辑《调研参考》共9期，提供了外国、外省最新的司法动态，及时提出当前我省法院工作存在的突出问题及相关意见建议。四是为党组占领理论高地提供智力支持。完成了向省人大提出《关于制定司法救助条例的立法建议》的议案。

三、围绕为法院工作科学发展服务，稳步推进司法改革。一是修改排头兵指导意见、构建排头兵指标体系。二是着力推动全省法院23项重点改革工作落实。三是重点推动基层法院审监庭撤改及中院增设审管办工作。四是进一步规范法官与律师关系。会签了《建立法官协会与律师协会联席会议制度意见》。五是推动特区法院改革创新。六是推动审判制度改革。七是大力加强司法公开。最高法院确定我院等5个法院作为全国司法公开示范法院，是全国最多的省份。

四、围绕为审判第一要务服务，努力抓好专题调研和调研管理工作。一是调研成果有新突破。在今年全国法院第五次优秀调研成果评比活动中，我省有1篇获一等奖，5篇分获二、三等奖，获奖篇数全国最多。二是重点完成专题调研。“关于建立法官与律师良性互动关系的调研”在《人民法院报》上登载.三是狠抓调研组织管理。四是抓调研工作规范化建设。五是抓调研成果转化工作。六是案例工作取得新突破。向最高法院、国家法官学院等单位的案例载体编报案例482个，《人民法院公报》今年使用我省案例2个，均创近年新高。

五、围绕为全省法官服务，扎实开展法官协会工作。一是结合审判热点问题开展审判理论研讨。二是开展法官维权调研。与政治部联合开展全省法官职业权益维护的专题调研。三是不断加强交流合作。四是积极支持女法官协会工作。五是重视自身组织建设。六是建立审判理论专家人才库。率先落实郑鄂院长提出的我省成立三个专家人才库的设想，确定了43名审判业务专家和19名特邀审判理论专家。

六、围绕提高办刊质量，做好《法庭》和《年鉴》编辑工作。一是做好《法庭》编辑工作。增加反映审判理论研究、司法改革创新动向和指导意见解读文稿采用量；增设“调研参考”栏目，摘登前沿学术观点，发现法院发展存在的突出问题，及时提出对策建议；开设“司法改革”、“加速推进排头兵达标竞赛活动”、“院长论坛”专栏，增设“法官随笔”栏目。增强《法庭》杂志的可读性。二是采取措施提前完成《广东法院年鉴（2009）》编纂出版工作。三是做好与编辑相关工作。完成60周年院庆纪念卡、纪念礼品设计工作，审核《广东省志·政法卷》、《广东省志·检察卷》、《广东省志·法院卷》，做好《广东年鉴·2010》法院部分的编撰工作。

七、围绕自身科学发展，大力加强内部管理和队伍建设。一是狠抓制度完善。二是狠抓工作落实。年初制定全年工作要点，每月召开全室会议。三是狠抓学习型部门建设。每月举办一次全室学习论坛。要求每人每年“发现一个问题、提出一条建议、写一篇调研文章”。五是开展谈心活动。增强全室凝聚力和战斗力。六是开展形式多样的廉政警示教育活动。全年开展司法作风建设活动、陈燕萍工作法学习座谈会、纪律教育学习活动等。

司法行政装备管理处

2010年，行装处不断提高司法行政工作水平和效率，为审判执行工作提供全方位的保障和服务。省法院被省财政厅评为2009年度全省汇总会计决算报表编制工作先进单位；荣获2010年全国法院机关后勤服务调研报告组织奖，撰写的两篇论文分别荣获2010年全国法院机关后勤服务调研二等奖和优秀奖。

一、落实“作风建设年”各项要求，促进后勤保障廉洁高效

1. 在队伍中开展提高工作执行力教育。结合我院关于落实“三项硬要求”的总体部署和司法行政工作实际，完善科室结构，创新管理方法，在队伍中开展加强执行力教育，使队伍的战斗力不断加强。2. 开展廉政教育，为排头兵达标竞赛活动提供有力纪律保障。充分利用发生在身边的违纪违法典型案件，参观学习全国检察系统自身反复倡廉教育展，结合实际，警钟长鸣。一年来，从未出现违法、违纪的人和事。

二、加强经费管理，为各项工作顺利开展提供有力基础保障

1. 固本强基，不断强化对中级、基层法院的经费支持。一及时对中央政法补贴我省法院2亿元办案专款做出分配计划。二制定全省法院诉讼费收支计划，确定全省统筹诉讼费的使用额度。三与财政厅起草会签《关于基层法院错缴诉讼费退费有关事项的通知》，解决错缴诉讼费退费的问题。

2. 加强管理，较好完成本级经费保障。一是严格遵守《预算法》和省财厅规定，做好预、决算工作。二是完成我院所属单位“小金库”专项治理自查自纠工作。三完成财务软件升级工作，财务核算顺利过渡到电算化。四是进一步完善公务卡制度，使我院财务管理工作更加透明完善。五是继续贯彻落实省委、省政府厉行节约的决定，确保我院在年终综合考评良好。

3. 重视调研，为经费保障提供数据支持。一是开展广东法院经费保障和管理情况的调研，调研成果得到省委领导的重视，促进政法经费保障体制改革相关政策的落实。二是协助纪检组对12个中院及12个基层院的违规收费违规管理涉案款物及政法保障经费、转移支付资金进行了专项检查。三是完成了我省法院基础设施建设项目拖欠债务摸底调查。

三、强化保障职能，为审判执行工作提供全方位支持

1. 加强全省特种车辆、枪支弹药管理，注重改善基础设施建设，有序开展服装制作。一是修订《广东省法院系统“警、O”车辆使用、管理实施办法》并加强枪支弹药管理。二是利用统筹款，为欠发达地区法院配备囚车120台。三是为全省法院办理警、O牌车辆新入户180辆，办理补证110辆，报废注销130辆，变更登记50辆。四是为全院干警制作一批短大衣，羊绒背心。

2. 认真做好司法委托管理，加强对全省司法委托的监督指导。进一步建立健全机构设置与人员配制，落实“审鉴分立、统一归口”管理。开展全省法院司法委托工作检查，促进司法委托工作健康、稳妥开展。认真做好对外委托工作和名册的动态管理。

3. 加强交通车辆管理，服务审判执行。一利用高科技手段，加强车辆规范管理，严格执行24小时值班制度。二全年出车7000余次，行车170余万公里，保障了审判执行工作需要。三是为我院新增车辆定编10辆。四是举办《车辆安全与养护》讲座并为本院干警办理驾驶证年审、换证、私家车年审、购买保险等。今年新增交通班车线路1条、调整线路2条。

4. 提高餐饮供应水平，不断改善服务。一是通过天河区疾病防治中心进行的多次不定期抽检。二是配合各庭室需要，从容应对累计超过8000人次的加班餐供应。

四、强化服务职能，促进各项工作顺利运行

1. 顺利推进审判法庭改造工作，有序实施国有资产管理。一是持续推进审判大楼1–4楼审判用房改造工程，完成项目立项、平面规划、招投标的前期准备工作。二是完成院执行指挥中心及总值班室的装修改造等零星工程项目15项。三是顺利完成我院92套富余职工住房的出售和房产证的办理工作。

2. 坚持依法依规采购，促进项目廉洁、节约。在本院采购评审委员会和纪检部门的配合下，保证我院各项设备、服务的招标采购工作的廉洁高效，且比预算节约资金230多万元。

3. 落实维护、保养措施，保证办公楼宿舍运转正常。一是对办公楼和宿舍区设备、设施进行维护保养，保障正常运行。二是当好管家，落实节能降耗。本年度回收138件富余、遗弃办公桌椅等设施，为我院节省开支。三是协助做好搬迁工作，并完善搬迁后的办公设施。四是做好后勤保障工作，为全院干警购买、配置办公文具6万多件，提供法庭7千多次，布置各类型会场58次，制作会标52条。五是完成了仓边路老干活动中心装修改造工程。

4. 落实从优待警，为干警办实事16项。

宣 传 处

2010年，宣传处立足于广东法院“争当全国法院排头兵”工作的全局和大局，实现“有效宣传”，司法宣传“隐性司法”效果凸显。

一、宣传工作稳步发展

1. 平面媒体发稿量保持增长。全年共在中央、省级媒体发表新闻作品221篇，见诸省级以上平面媒体760条，比上年的628条增长21%。其中在《人民法院报》发表194条，头版头条4条，整版16篇，报眼及重要版面及版面头条77条；在《法制日报》发表36条。

2. 电视宣传工作迈上新台阶。今年共与各电视台联合制作电视专题33辑，制作电视新闻36条；全年共拍摄图片10200张，发表图片新闻18条。同时，还协助纪检组、执行局拍摄制作《11.13案件警示教育片》、《主动执行宣传片》、《白云法院量刑规范化宣传片》，承担院史馆视频资料的收集工作、全国司法警察工作会议、建院60周年等大型活动的摄影、摄像工作。

3. 网络建设取得新突破。截至2010年，广东法院网累计访问量达到1256万人次，全年更新信息量11163条，点击率达到260万人次，比2009年增加50万人次，日均访问量达7123人次，比2009年增长29.5%。

二、宣传工作呈现新特点

为完成院党组在今年年初确立的“重塑法院和法官新形象”、弘扬法治精神、倡导社会新风正气等工作目标，2010年的工作呈现出以下几个新特点：

1. 加强主题策划，扩大宣传规模。靠主动策划提高新闻报道传播广度和深度，靠主动宣传提升法院在老百姓心目中的地位和作用，达到唱响主旋律、弘扬法治精神的目的。

2. 创新宣传工作机制，整合宣传资源。结合“广东法院整体工作水平争当全国法院排头兵”目标，在要求全省各级法院积极上报新闻线索的基础上，整理出了涵盖工作报道、人物报道和案件报道在内的22条重点线索，并对每一个新闻线索详细列出了宣传要点和新闻价值，供记者自由挑选。在2010年7月15日召开的“司法宣传媒体选题会”上，17家中央和省市主流媒体对广东法院首创的选题会制度给予了高度的评价，22个题材全部被媒体选中，并纷纷认为这是一个媒体、记者、法院“三赢”的好办法。

2010年4月，下发了《关于进一步加强新闻线索报送的通知》，建立了新闻线索周报制度，通过定期统计、定期分析通报，极大激发各级法院报送新闻线索的积极性。

3. 能动发挥媒体作用，提升宣传效果。在策划宣传潮州潮安法院张林武同志生前先进事迹时，把目标媒体定在了都市类报纸发行量最大的《南方都市报》上，通过主动协调，该报派出包括首席记者在内的两名资深记者到潮安法院进行深入采访，4月1日，该报用两个整版图文并茂刊登了《癌症法官的倔强人生》一文，省委书记汪洋同志和省委政法委书记梁伟发同志分别作了亲笔批示。

广东法院“案多人少”、“法官断层”等现象一直以来受到社会各界的广泛关注，该处主动邀请《南方日报》记者深入东莞市第一人民法院进行采访，5月20日，《南方日报》“南方深度”整版对东莞法院法官办案和生存现状进行了报道。报道引起了强烈反响，5月23日，全国行政审判会议在东莞召开，南方日报的报道成为会议代表的会议文件之一，与会人员惊呼：“东莞法官太不容易了!”

用媒体喜闻乐见的方式传播法院声音，成为该处关注和努力创新的主要方向之一。今年2月份、5月份、6月份，分别协调组织了三个网络在线访谈。郑鄂院长、徐春建副院长和刘恒军副院长分别就社会高度关注的问题与网民进行在线交流，三场访谈共有近200万网民在线交流，取得了良好的传播效应。

三、正面引导社会舆论

加大正面宣传力度，采取主动出击的方式积极引导舆论导向，树立法院和法官的正面形象，维护司法权威。同时，积极稳妥地应对各种负面舆情，有效预防、应对和化解司法舆论危机，避免对法院工作造成不良影响。

在组织策划“少年审判系列”、“反家暴系列”、“劳动争议系列”等专题报道中，分别邀请了陈华杰常务副院长、谭玲副院长，以及民一庭庭长谢文练，副庭长杨慧怡等专家型法官接受专访并“出镜”说法、点评。通过有计划地选择我省法院的专家型法官，凸现了广东法院的人力资源优势，展示广东法官高学历、高素质、公正司法的良好形象。

2010年全年，舆情网共采集到涉及司法方面的信息共计369676条，涉及全国法院信息103763条，涉及广东法院的信息10280条，其中媒体监督类别的信息910条。舆情监测工作受到最高法院和兄弟高院的高度重视，海南、云南、陕西等高院纷纷致电了解相关情况，重庆、湖北等多家高院还专门到我院参观考察。

法 警 总 队

2010年，法警总队按照职责要求，积极履行职能，充分发挥集体智慧，组织推动各项警务工作开展，为争创全国法院排头兵工作做出了应有的努力。

一、始终把思想政治建设作为根本任务。司法警察作为人民法院一支武装性质的司法队伍，始终把思想政治建设摆在首位。一是抓党建。总队从08年开始提出“把党支部建在警队上”，号召全省三级警队树立一个党支部就是一个战斗堡垒，一个党员就是一面旗帜。开展争先创优活动，大力培树职业能手、执法标兵、技术骨干等典型，弘扬遵纪守法、爱岗敬业、无私奉献精神，不断提升队伍综合素质。二是抓主题实践活动。开展创建“学习型部门”活动，组织学习党的路线、方针、政策以及党风廉政建设准则等，拟写心得体会，不断提高干警政治理论水平和政策水平。努力探讨帮扶脱贫之策，今年四次奔赴扶贫点，跟踪帮扶干部工作，力促帮扶计划和进度的落实。三是抓警示教育。按照最高法院统一部署，认真组织三级警队开展警示教育，利用案例，先进典型，教育广大干警着力解决作风散漫、管理不严、为警不廉等问题。四是抓警营文化建设。把警营文化作为为队伍建设提供精神资源、提升精神境界的力量，以传统文化为根基，以抓示范点为引领，构建适合警营特点的文化样式，从而提升队伍综合素质。

二、始终把警务保障作为工作重点。一是保障刑事审判工作。总队直接参与保障刑事开庭181宗，押解被告人867人次，出动警力1869人次，组织实施跨区域调警381次，完成死刑二审案件474宗，押解被告人1059人次。组织备受关注的阳江“3.26”许建强、林国钦等43名被告人的黑社会性质团伙案警务保障工作，并对首犯执行了死刑。二是保证行政、民事执行工作。总队共出动警力100多人次直接参与16宗行政、民事案件值庭，送达法律文书226份.三是保障法院机关安全。总队保障重大会议、重要活动7次，出动警力50多人次，处置突发事件30多起，出动警力800多人次。参与法院安保工作，亚运期间安保升级，总队全体干警停止休假，安排人员带枪上岗，武装值勤，有效地预防和制止了各类事故的发生。四是服务基层。全年为540名法警完成警衔晋升报批手续，订购、发放警用标志4万多件，发放执行死刑药物×××份。五是承办全国法院司法警务工作会议。九月下旬，与办公室、行装处等部门共同承办了全国法院司法警务工作会议，会议规格高、规模大、人数多，是总队成立以来第一次承办这样的大型会议，取得圆满成功。

三、始终把规范化建设作为工作主线。司法警察属于纪律队伍，我们始终坚持从严治警的方针，严格贯彻最高人民法院为司法警察制定的各项条例条令，按照省委、政法委要求，参照公安做法，在全省三级警队开展警务工作规范化建设，对警务工作实行量化管理，建立科学的绩效考评体系。今年总队按照06年制定的《广东省法院司法警察警务工作规范建设考评细则》，指导全省三级警队进行考评活动，评出了45名标兵，50个标兵单位，有力地促进了队伍建设。

四、始终把执法能力建设作为工作目标。按照最高法院王胜俊院长要求：“要建设一支信得过、靠得住、有战斗力、高素质的司法警察队伍，为执法办案提供坚强保障”。根据这一要求，一年以来继续坚持从教育训练入手，狠抓执法能力建设。上半年组织了全省法院200名新警入营培训和95名军转干部警衔晋升培训，从23个法警支队抽调人员组织参加最高法院安检业务培训，从七月份开始为迎接全国法院司法警务工作会议召开，组织全省开展业务技能训练，九月下旬在警务会议期间，我省500名司法警察举行阅警式和12个科目的演练取得成功，得到全国同行的肯定和最高法院领导以及省委领导的赞誉。

五、始终把改革创新作为发展动力。一是在警力建设方面，根据珠三角地区法院警力不足问题，尤其是东莞、中山地区增加法院，警力严重不足的情况，继续试用聘任制法警，并对聘任制从入警到上岗以及职能履行都进行了充分调研，制定了相对规范的制度，解决和缓解了警力不足的问题。二是理顺管理体制。严格实行“双重领导、编队管理”体制，规范机构设置，规范教育训练制度，规范重大警务指挥体系，严格任免备案制度，严格警衔晋升制度，严格工作报告制度，确保了全省三级警队警务工作有条不紊地开展。三是健全工作机制。根据社会矛盾突显期和亚运安保的形势，以及三级警队的职业特点，重大审判、死刑二审、区域重大执行工作由总队负责组织协调，三级警队必须协同配合，初步形成了三级保障体系。按照信息互通、优势互补、资源共享原则，形成了珠三角、粤东、粤西、粤北地区警队的区域合作，形成全方位、宽领域的警务协作模式。在处置突发事件方面三级警队与公安、武警、社区建立联防联动机制。从而增强了配合与协调，提升了警队的凝聚力和战斗力。

法 官 学 院

一、统一思路，确定目标，明确可持续发展方向。年初，省院党组对学院领导班子进行了调整。新的领导班子到位后，集思广益明确了“结合自身实际，整合各种资源，以教培工作为根本，以规范管理为契机，以创新经营为手段”的思路，树立了“优质、规范、服务好，实现教培与经营工作两翼齐飞”的目标，有效促进了学院各项工作的发展。

二、建章立制，规范管理，为可持续发展奠定基础。学院班子深刻认识到规范化是各项工作可持续性发展的重要保障，狠抓了规范化建设。全年新制定32个规范文件，并对原有的16个进行了修改完善。系统构建了包括各部门职责、工作规程、任务管理等规范，使学院的各项工作有章可循，有规可依，初步形成了以“制度管人、规程管事”的工作新机制。

三、配合法院中心工作，教育培训成绩显著

1. 以法官素能提升为重点，教培工作向高水平迈进

——创新教学模式，预备法官培训人数创历史新高。全年共开办六期预备法官培训班，培训人数1194人。在教学模式上以提高实际操作能力为重点，增加了互动式教学内容，深受参训学员欢迎，普遍反映效果很好。

——扩大教培深度，领导素能培训获得好评。学院同北京大学合办了4期“广东法院系统领导干部素能提升高级研修班”，培训各级法院领导542人。其中，中院院长、副院长22人，基层法院院长、副院长90人，中院、基层法院中层领导干部430人。在这项培训中，学院紧紧围绕提高领导干部综合素质和管理能力的需求，安排了国内知名教授、学者授课，培训效果显著。

——推动学历教育，专升本和研究生培养稳步扩大。学院与上海财经大学合作培养在职法律硕士研究生45名，组织了全省1793名干警参加北京大学远程教育专升本的学习。

——狠抓晋高培训，考试通过率达到最高水平。落实了390名法官通过网络参加晋升高级法官的培训工作，并经严格考试，359人取得合格证书，占参训人数的92%，取得历年来最好成绩。

2. 强化学术论文组织工作，理论研究取得突破性进展。1月，学院承办了“全国法院第二十一届学术讨论会暨第二届中国大法官论坛”，郑鄂院长作了题为《把死刑案件办成铁案的实践与思考》的演讲。5月，学院主办了“广东法院第二十一届学术讨论会”。两次学术讨论会和大法官论坛的召开，对推进我省法院应用法学研究发挥了巨大的推动作用。

学院在“全国法院学术讨论会”的论文征集推荐工作中，共征集全省法院论文1294篇，创历史最多。经严格评审，推荐了70篇参加“全国法院系统第二十二届学术讨论会”的评比，突破性地取得了1篇论文获得一等奖、13篇论文获得二等奖以及总分全国第一名的好成绩。

3. 重视教师队伍建设，形成了较为稳定的教师队伍。根据“法官教法官”的指导思想，针对没有专职教师的特殊情况，在师资建设、组织管理方面，学院采取了“内稳外聘”的方式，不仅巩固了包括省院院领导、中层领导、资深法官在内的兼职教师队伍，还根据教学专题聘请了省内高等院校和学术机构的专家学者作为外请教师。

4. 狠抓干部思想教育，全面促进了勤政和廉政建设。学院党支部严格按照省院党组的部署，积极组织全体同志开展政治学习活动，通过集中学习、民主生活会、集体活动等多种形式，增进了集体的凝聚力和战斗力，有效提升了同志们责任感和工作积极性。

在廉政警示教育活动中，学院围绕“动员学习、检查整顿、巩固深化”三个阶段稳步推进。结合学院存在经营业务的实际情况，要求全体干部常修为政之德，常思贪欲之恶，常怀律己之心，树立正确的人生观和价值观，并强化了“以制度管人，按规章办事”的管理措施。一年来，学院不仅出色完成了各项工作任务，而且没有出现一件违章违纪的事件，没有发生任何不廉洁的问题。

四、开拓思路，创新管理，服务保障能力跃新层次

学院领导在抓好教育培训工作的同时，积极转变思路，确立了“强化规范管理、提高服务质量、增强服务保障能力”的策略，获得一致好评。加强部门协作，全年协助省院各部门举办各类培训班16期，协办各种会议98次；强化了“多元化、深层次、广协作”的服务保障体系，加强了同省直单位、机关团体的密切联系，全年接待外部会议140次。

五、存在的问题和改进意见

一年来，学院的各项工作取得了较好的成绩，但与争创全国法院教育培训工作排头兵，以及高质量服务中心工作的要求相比，还存在一些问题。

1. 学院教务和管理人员的数量和能力有待加强。学院工作人员偏少，老同志居多，低于省院其它部门的平均水平，素质和能力还无法与省院党组对学院发展的定位相匹配。

2. 经营压力加大，可持续发展存在隐忧。一是多数设备开始老化，维护、保养、更新问题迫在眉睫。二是业务潜能基本饱和，亟待增强拓展业务的能力和水平。三是业务技能不适应形势的发展，需要强化人员素质。四是固定资产的盘点和规范化管理亟待加强。五是管理机制存在缺陷，被动性因素增加，需要进一步理清和完善，以充分利培训中心既有的资源，更好地为法官教育培训和法院的中心工作服务。

信息中心

2010年，信息中心认真落实以信息化服务审判的工作定位，以全省法院信息化建设“08工程”为重点，全面推进全省法院信息化建设，取得了可喜的成绩。

一、网络建设：完成了全省三四级网络建设和视频会议系统建设，为各项数据应用打下了坚实的基础。于2010年完成了三、四级网建设，其中14个欠发达地区由省法院统一建设、其它法院自行建设。其中，省法院到各中级法院采用政法网统建ATM线路，中心线路带宽今年已升级为622M；中级法院到基层法院的三级网线路：省院统建的14个地区有90条线路，其中主线路带宽为12M，备用线路带宽为2M，自建地区有38条三级网线路，广州地区采用千兆光纤，佛山、东莞、中山均达到百兆带宽，其它地区均为4M以上带宽；基层法院到人民法庭的四级网共350条线路，均为2M以上带宽。

于2009年完成了全省法院三级高清视频会议系统，图像质量达到720P，同时派出法庭通过流媒体方式实现收看视频会议的功能，技术标准在全国属于较为先进的水平。我省各级法院目前已经基本采用远程视频会议方式召开各种会议、培训，并利用视频会议系统进行远程开庭，配合最高法院进行对死刑案件的远程提讯。

二、应用系统建设：完成了“广东法院综合业务系统”，统一了全省业务系统。在全省三级法院实现了统一业务管理系统、统一网站平台、统一邮件系统、统一身份认证系统、统一运维监控系统，其中统一业务管理系统涵盖了审判执行业务、行政办公、人事管理等各方面业务系统，实现了90%以上业务系统推广到全省各级法院。

按照最高院的要求，全国各地法院应与省为单位首先实现业务系统的统一。我省法院“08工程”建设将推行全省统一的综合业务系统平台作为各项任务中最核心最重要的一项内容，提出了“广东法院综合业务系统”的建设规划。系统涵盖审判管理、行政办公、人事管理三大管理功能，包括了审判业务管理、信访业务管理、执行业务管理、审委会业务管理、案件质量监督管理、绩效考核管理、档案和电子档案管理、办公自动化管理等25个功能模块，是个全面综合的统一平台。该系统由省法院统一开发，经试点法院试运行后向全省法院推广使用。目前系统已经在全省各级法院推广实施，在2010年12月20日起全省法院将全部正式启用新系统。

三、数字法庭建设：在全省各级法院全面推进数字法庭建设，实现庭审监控管理，进一步提升数字化管理水平。按照最高院的要求和“08工程”建设规划，全省法院在2010年底前要完成省法院4个数字法庭、每个中院至少2个数字法庭、每个基层法院至少1个数字法庭的建设任务。其中欠发达地区93个基层法院各1个数字法庭的建设由省法院统筹完成，各中院和珠三角地区基层法院自行建设完成。目前由省法院统筹建设的数字法庭正在招标中，各中院和珠三角地区基层法院也正在推进数字法庭建设，部分地区已经完成或者超标完成建设任务，预计明年上半年可以全部完成规划的建设任务，实现“数字庭审”。

四、安全体系建设：实现了全网安全认证和安全监控。一是完成了身份认证和电子签章系统建设。该系统由省法院统一建设，能够实现对全网2万多名系统用户的安全认证，并在此基础上实现了电子签名和盖章，目前与业务系统同步在9个法院实施。身份认证和电子签章系统将为我省法院系统实现无纸化运行提供安全可靠的保障。二是实现了对全省法院系统和网络的远程运维管理。通过远程运维管理系统，对我省法院的网络和系统运行环境进行实时监控管理，刚才信息中心已经向大家展示了该系统的强大功能，省法院能够全面掌握全省各级法院、中院能够掌握辖区两级法院的信息系统运行状况，及时发现和排除故障，确保广东法院专网和业务系统安全运行。

按照“08工程”的规划和目前的进度，至2011年6月，全省法院信息化建设“08工程”将如期完成四大建设任务，形成以下局面：一是完成了网络高速通道，数据线路将直达最边远的人民法庭，实现了四级线路畅通，为数据和音视频应用打下了扎实的基础；二是完成了各项应用系统建设，统一了全省法院业务管理系统和内部网站，实现了网上办公、办案和远程会议、培训等应用；三是完成了数字法庭和庭审监控系统建设，实现案件数字化审理，实现远程开庭和庭审监控管理；四是建立健全了信息安全保障体系，实现了全网安全认证和安全监控。广东法院将基本形成全省法院“全覆盖、全业务、全流程”的局面，信息化建设水平取得飞跃式发展。

赔偿委员会办公室

2010年，赔委办稳步推动了我省国家赔偿审判工作的有序发展。

一、以人为本，能动司法，不断提高审判质量和效率

2010年，共受理各类司法赔偿案件42宗，审结40宗（含旧存1宗），结案率达93%，所有案件都在审限内办结。未结3件中2件是12月新收，1件待赔委会讨论。在审判中精益求精，注重法律效果与社会效果的相统一，审判质量和效率得到有效保障。

1. 以人为本，能动司法。从保护申请人的权益出发，以人为本，能动司法，在审理过程中加大协调力度，促使双方理性对待，效果较好。到目前为止，今年所办结的案件尚未出现上访的情形。

很多案件中，被申请人是否违法并没有明确的界限，但确实存在不当行为给申请人造成了损害。如果仅仅就案办案，简单地不确认违法，申请人的权益将得不到任何救济，案结事不了。因此，主动与被申请人沟通，最大限度地保障申请人的权益。如曹孝周、罗方礼申请确认惠州市惠城区法院查封违法一案，虽然尚难以认定法院一方的行为违法，但确有不妥。经与惠城区法院沟通，该院及时变更查封财产数额，缓和了矛盾，保护了申请人的权益。

2. 和谐司法，为亚运会护航。为了给亚运会创造和谐的举办环境，对上访或越级上访的赔偿案件，耐心做息诉罢访工作。经过努力，完成了所有上访案件的息诉罢访工作。其中，中央督办的案件有5宗。对特殊案件，动员各方力量，联动司法，以求取得最佳效果。如在中央交办的刘诗莹涉诉信访一案中，联合相关部门，仅用四天就找到失踪的刘诗莹，通过反复释法和劝服，刘同意息诉罢访，并对法院的工作表示理解。

3. 注重业务指导，规范司法。注重加强对基层法院的业务指导。对下级法院的请示及时答复，帮助下级法院解决遇到的新问题，保证国家赔偿案件得到相对规范的审理。先后帮助广州、深圳、湛江、江门、茂名、韶关等地法院会诊难点案件，及时稳妥审结。

二、加强培训，深入调研，提升业务素质

1. 采用多种方式，加强培训。首先，根据审判工作需要，与行政庭于4月14日联合召开全省行政审判和国家赔偿审判工作电视电话会议，总结审判工作经验，部署工作任务。其次，新《国家赔偿法》通过后，与法官学院联合举办了国家赔偿法培训班，对全省各级法院210名从事国家赔偿审判工作的领导及业务骨干进行了培训。

2. 深入开展调研，梳理审判思路。首先，结合新法的实施，集中精力对机构设置、赔偿程序、刑事赔偿案件的审理、精神损害赔偿等专题进行了调研，并形成调研报告，有4篇上报最高院。其次，配合法官学院，积极组织人员撰写国家赔偿法方面的论文，参加全国法院系统第二十二届学术讨论会。经初选后，报送13篇至最高院。其中，有2篇在省内评选中取得好成绩。

3. 编写案例，指导审判。在工作中鼓励大家编写案例，指导审判。在今年最高院赔偿办编纂的《国家赔偿法指导案例评注》一书中，该办提交的全省案例有9篇被选用，占全书案例的14%，是全国入选最多的省份，充分展示了该办在案例编纂方面的实力。

三、广泛宣传，多方协调，营造良好的执法环境

1. 借助媒体宣传，扩大影响力。新法颁布后，利用媒体这一平台，进行国家赔偿的宣传普及工作。5月份，与南方网联合，开展网上在线访谈活动，邀请刘恒军副院长与网民进行了长达一个半小时的在线互动活动，深受网民热捧和欢迎。活动结束后，多家网站和报刊纷纷转载这一消息，实现了预期的宣传效果，获得好评。

2. 推行联席会议，加强协调沟通。在审判中注重与其他国家机关的沟通与协调。除对个案加强协调力度，继续与省检察院、省公安厅主管国家赔偿的工作部门领导召开年会，就国家赔偿法的适用和办案过程中的相互配合协调问题深入交换意见，达成共识，为我省国家赔偿审判工作的可持续发展奠定了坚实的基础。

四、存在的问题

1. 执法环境仍需改善。国家赔偿的执法环境仍需改善。一方面，媒体对一些极端案件的报道，缺乏必要的法律导向，使一些国家赔偿案件的申请人产生误会，往往会提出一些不切实际的要求，缠诉缠访。另一方面，个别赔偿义务机关不积极履行赔偿义务的现象时有发生，不利于国家赔偿法制环境的生成和优化。

2. 宣传工作尚有差距。国家赔偿作为新类型审判，需要加强宣传。但宣传工作无法回避具体案件，有可能对司法机关造成某些负面影响。如何做到维护司法工作大局和加强国家赔偿法宣传之间的平衡，是一个两难问题。

第六章　院领导和各部门领导

广东省高级人民法院领导班子成员

党组书记、院长　郑　鄂
副　院　长　陈华杰　凌祁漫　李毅峰　刘恒军　徐春建　霍　敏　谭　玲　洪适权
纪检组组长　贾永庆
政治部主任　聂式恢
执行局局长　许佩华

郑　鄂

陈华杰

凌祁漫

李毅峰

刘恒军

徐春建

霍　敏

谭　玲

洪适权

贾永庆

聂式恢

许佩华

广东省高级人民法院各部门领导

纪检组
副组长　廖炳新　李平昌
政治部
副主任　周　玲　熊正良
执行局
副局长　邓　忠　林秀雄　胡志超
办公室
主　任　卫俊儒
副主任　金　军　王冬洁　崔志伟
审判管理办公室
主　任　廖万春
副主任　陈国进　张　莉
立案一庭
庭　长　陈润霖
副庭长　詹伟雄　叶向荣　史尊魁
立案二庭
庭　长　施　适
副庭长　刘奕冰　王　恒　李学辉
刑事审判第一庭
庭　长　陈　超
副庭长　钟道春　时　磊　刘锦平
刑事审判第二庭
庭　长　黄建屏
副庭长　吴铭泽　傅曜天　李　继
刑事审判第三庭
庭　长　王在魁
副庭长　李宏建　陈小飞　万远福
刑事审判第四庭
庭　长　陈　冰
副庭长　李　兵　叶佐林　洪嘉忠
民事审判第一庭
庭　长　谢文练
副庭长　杨慧怡　陈吉生　佘琼圣
民事审判第二庭
庭　长　丁海湖
副庭长　欧阳振远　李洪堂　羊　琴
民事审判第三庭
庭　长　刘思彬
副庭长　欧修平　张学军　李　嵘
民事审判第四庭
庭　长　林广海
副庭长　王建平　杜以星　赵　虹
行政审判庭
庭　长　付洪林
副庭长　梁　赋　秦红梅
审判监督庭
庭　长　周定挺
副庭长　张永明　梁　聪　严加武
赔偿委员会办公室
主　任　邱文宽
执行局综合处
处　长　邱　丹
副处长　朱　峰　刘慧卓
执行一处
处　长　杨　铭
副处长　林少虎　陈良军
执行二处
处　长　王　静
副处长　林振华　谢小斌
研究室
主　任　任宗理
副主任　王庆丰　费汉定
司法行政装备处
处　长　林建辉
副处长　刘国喜　刘样发　李　川
监察室
主　任　李平昌
副主任　李文骥　方　明
机关干部处
处　长　郑岳龙
副处长　陈洪浩
地方干部处
处　长　陈东茹
副处长　黄必良　冯　强
教育处
处　长　朱可胜
副处长　段　勇
机关党委办公室
主　任　罗少雄
副主任　周长林
离退休人员管理处
处　长　李忠铭
副处长　熊惠梅

宣传处

处　长　戴佛明

副处长　云利珍　张慧鹏

法警总队

总队长　沈国强

政　委　方建跃

副总队长　施博林

法官（培训）学院

院　长　陈友强

副院长　林宏坚　王晓明　王增泉

信息中心（机关服务中心）

主　任　林建辉（兼）

副主任　邹亨球　李　婷

资料来源：广东省高级人民法院政治部

第四编

各中级法院工作

广州市中级人民法院

2010年，全市法院共受理各类案件195123件，办结179508件，分别比上年下降6.14%和6.33%。其中，市中院受理35486件，办结31425件，分别比上年降低1.61%和1.18%。

一、发挥审判职能作用，服务国家中心城市建设

审结刑事案件16629件，同比增长1.61%。其中市中院审结2236件，同比增长7.53%。积极参与“打黑除恶”专项行动，审结伍志坚、殷卓波、彭章云等组织、领导、参加黑社会性质组织等一批大案要案。重点打击严重危害治安的犯罪，审结杀人、“两抢”、盗窃、毒品犯罪案件8855件。审结我市十年来最大的团伙盗窃案。加大对经济犯罪的打击力度，审结破坏市场经济秩序犯罪案件924件。配合反腐败斗争深入开展，审结省盐业局原局长沈志强受贿案等贪污、贿赂、渎职犯罪案件352件。

审结民事案件94637件，同比下降3.86%。其中市中院审结16790件，同比下降9.91%。服务“调结构、促转变”战略，审结金融、投资、商贸、物流、消费等方面的案件17201件。依法支持产业转型升级，审结企业破产、强制清算等案件46件。强化知识产权司法保护，审结商标、专利、著作权等案件2522件。配合我市治水工程，审结3宗环境公益诉讼案件。平等保护中外当事人的合法权益，审结涉外涉港澳台案件2239件。维护和谐家庭关系，审结婚姻家庭和继承案件8639件。指导黄埔法院试点设立家事合议庭，在全省率先试行婚姻纠纷司法确认制度。维护和谐劳动关系，审结劳动争议案件16490件。维护农民的合法权益，审结农村承包合同案件161件。积极应对房地产调控政策的影响，审结房地产案件19950件。认真贯彻新颁布的侵权责任法，审结人身损害赔偿、财产损害赔偿等案件17884件。

审结行政案件2936件，同比增长2.44%。其中市中院审结1064件，同比增长6.83%。重点审理城市房屋拆迁、社会保障、劳动工伤认定、环保执法等案件。与政府联合组织典型案例评析，发布年度行政案件司法审查报告。探索行政诉讼和解制度，一审行政案件原告撤诉率36.57%，比上年提高10.85个百分点。依法开展国家赔偿审判，审结国家赔偿案件15件。

二、围绕实现“平安亚运”目标，提供有力司法保障

制定实施了《关于为广州亚运会提供司法服务和司法保障的若干意见》，设立亚运法庭，明确界定涉亚运案件范围，开辟涉亚运案件办理绿色通道，共办结涉亚运案件1093件，诉前调处54宗涉亚运群体性纠纷。

延伸司法职能，积极参与特殊人群帮教管理，参与社区矫正试点，派出“社区法官”指导协调镇街矫正工作。试行减刑假释案件开庭审理，审结减刑假释案件7532件。加强司法建议工作，共发出司法建议35份。

做好信访维稳工作，派驻8个合议庭、安排58名法官参与镇街综治信访维稳中心工作。切实清理信访积案，共处理群众来信3837件次，接待群众来访5175人次。组织2000余名干警、5000多人次参与亚运社会面整体防控工作。

三、践行司法为民宗旨，维护群众合法权益

深入推进“阳光审判”、“阳光执行”，落实公开审判、执行听证、文书上网、判后答疑等制度。选任人民陪审员601名，参审案件28317件。借助网络实行上网查询、院长在线访谈，网络庭审直播。以多种形式定期发布工作动态和典型案例，共向媒体发送新闻稿件1851条次，与电视台、电台联合制作法制节目233期。举办“法庭开放日”活动41次，邀请市民、学生6800余人次参观法庭、旁听庭审。组织送法下乡，开展法律咨询、专题讲座140次。

创新调解方式，一审民事案件调解、撤诉率同比提高1.25个百分点；前移矛盾化解关口，11708件案件在立案阶段调解成功。加强刑事附带民事案件调解、行政案件协调以及执行和解工作，促成猎德村改造“零强拆”。积极搭建多元调解对接平台，实现诉讼调解与人民调解、行政调解的有效衔接。推广司法确认制度，对3469份由人民调解组织和交警、劳动仲裁、民政等部门主持达成的调解协议进行司法确认。积极邀请人大代表参与“百案调解”活动，共邀请人大代表73人次参与72件案件的调解工作。

加强立案窗口建设，成立诉讼服务中心，实行预约立案和上门立案，方便当事人诉讼。做好司法救助工作，为6460件案件的当事人减、免、缓交诉讼费1756万元，为1038名刑事被告人指定辩护人。拓宽便民利民渠道，设立巡回办案点、流动法庭18个。

加强执行工作，全面推广主动执行工作，完善执行指挥中心建设，全市法院共执结各类案件57281件，实际执行率同比提高16.44个百分点。我市法院主动执行模式在全国法院推广。

四、狠抓法院自身建设，促进司法公正高效廉洁

加强领导班子、学习型法院、调研能力建设，承担全国重点课题调研任务，83个集体、290名个人获国家、省、市级荣誉。花都法院获评全国优秀法院；从化法院获评全省优秀公务员集体。

规范审判自由裁量权，全面铺开量刑规范化工作，白云法院获评全国量刑规范化试点典型单位。健全速裁工作机制，基层法院适用简易程序审结民事案件占一审民事案件的57.13%，全市法院未结案件同比下降3.96%。

深化党风廉政建设，选任199名法院工作人员为专、兼职廉政监察员。建立网上廉政申报系统。探索建立案件回访、审务督查、司法巡查等制度，及早发现、及时纠正、严厉查处司法廉洁方面存在的问题。

深化基层基础建设，坚持两级法院人员交流制度。注重发现挖掘、总结推广基层典型经验做法，萝岗法院获评全国司法公开示范法院、全国法院文化建设示范单位，越秀法院获评全国集中清理执行积案先进集体。

▲9月26日，最高院常务副院长沈德咏视察广州中院并与省、市领导及中院领导和干警代表合影。

◀12月10日，广州亚残运会火炬新体育馆广场传递活动，广州中院院长吴树坚点燃火炬盆。

▶10月29日，广州中院在保障服务亚运动员誓师大会上为志愿者授旗。

▲4月29日，广州中院举行主动执行现场会推广主动执行经验。

▲6月2日，香港大学交流访问团访问广州中院。

▲6月7日，市中院公开开庭审理伍志坚等19人黑社会性质组织犯罪案。

▲8月12日，广州市人大领导及人大代表视察中院。

▲11月3日，广州中院邀请人大代表座谈，办理代表建议。

▲12月7日，广州中院首次通过网络对一起故意杀人案庭审过程进行全程直播。

越秀区人民法院

2010年，广州市越秀区法院共受理各类案件27928件，审、执结案26787件，收、结案件数量继续位居全市基层法院之首；法官人均结案194.1件，结案率达95.91%。荣获“全国集中清理执行积案活动先进集体”、“最高法院2010年审判监督工作转型试点联系单位”、“全国法院学术讨论会组织工作先进奖”、“全省文化建设示范法院”。

一、拓宽为民渠道，围绕服务民生开展工作。积极组织法官“走出去”指导人民调解活动，全力打造符合区情的调解联动机制；组织资深法官前往省市各大医院以案释法，深受医疗机构和医务人员欢迎；不定期组织法官到辖区内各大银行、保险公司等金融机构进行座谈交流、送法授课，实行“一站式”集中办理金融类商事案件；召开知识产权保护专题座谈会，为区内知识产权行政保护和司法保护协作搭建新的平台。

二、提升司法理念，围绕管理创新开展工作。制定实施《信访工作规则》和《法官信访档案制度实施办法（试行）》，使信访工作制度化、规范化、科学化、长效化，走出一条颇具特色的向源头要成效、以规范保长效的涉诉信访工作新路子。及时启动审判监督工作转型工作，成功打造集查错、纠错、评错、罚错于一体的案件质量监督管理评查工作机制。研发运行拍卖保证金联网交易系统，有效提高法院拍卖业务的完成速度和质量，受到省法院充分肯定。

三、强化自身管理，围绕法院建设开展工作。制定《落实党风廉政建设责任制任务分解工作方案》、《关于开展司法作风建设活动工作方案》等制度，以廉政文化建设带动法院建设的整体推进。开展“百万案件评查”和裁判文书评比活动，深化素质提升机制，加强司法能力建设。以调研宣传文体工作为主导，深化文体带动机制，加强法院文化建设。

▲7月28日，省高院副院长凌祁漫（前排左）在越秀区法院视察时充分肯定“两个窗口”建设。

▲8月，越秀区法院被中央政法委、最高人民法院评为“全国集中清理执行积案活动先进集体”。

▲10月30日，在人大代表参与调解、外事部门全力协调、各方当事人充分谅解等同努力下，一起困扰十余年的房产纠纷得到一揽子解决。

番禺区人民法院

▲8月26日，省高院党组书记、院长郑鄂（右二）率队到番禺区法院调研指导亚运安保工作。

2010年，番禺区法院共受理各类案件20039件，审（执）结各类案件18925件，结案率为94.44%，人均结案123.1件，被评为“番禺区亚运安保工作先进单位”、“广东法院二十二届学术讨论会组织工作先进奖”、“广州市法院系统第八届学术讨论会推选组织工作先进单位”、“全市法院调研工作先进单位”。

一、狠抓亚运安保工作。大力加强司法能动性，积极为广州亚运会成功举办提供优质高效的司法服务和司法保障。组建亚运法庭，集中审理各类涉亚运案件，确保涉亚运案件优先立案、优先审理、优先执行。加大调解力度，最大限度化解涉亚运矛盾纠纷。及时向党委、政府汇报服务保障亚运的工作情况，不断健全矛盾联调、问题联治、信息联网等工作机制，建立协作联动机制，形成亚运保障的整体合力。

二、积极创新调解机制。充分发挥人民调解的作用，组织民商事审判人员参与信访接待，完善涉诉接访与立案调解的无缝对接机制，推动建立诉讼调解与非诉调解相衔接的大调解格局，将大量纠纷化解在诉前。2010年，通过调解成功化解了4211件民商事纠纷。

三、全面落实司法公开。全面开展“案件评查活动”，主动邀请人大代表、政协委员、律师、群众代表等相关人员对已办结的案件进行全面评查。积极邀请人大代表参与“百案调解”活动，共邀请人大代表8人次参与6宗案件的调解工作，调解成功 5件。

四、大力加强队伍建设。持续开展深入学习实践科学发展观、“人民法官为人民”等主题教育活动，大力弘扬“公正、廉洁、为民”的司法核心价值观，深入推进廉政建设，严格贯彻落实党风廉政建设责任制，全面推进廉政风险防范管理工作，全年无一名干警违反廉政纪律。

▲4月20日，省高院党组成员、纪检组组长贾永庆（左二）一行到番禺区法院视察指导党风廉政建设和司法作风建设工作。

▲9月29日番禺区法院积极开展环保专项执行行动，为“绿色亚运”保驾护航。

▲12月23日，广州市人大代表番禺联组代表到番禺区法院视察工作。

白云区人民法院

▲1月5日，最高法院副院长熊选国一行到白云区法院调研、指导量刑规范化改革试点工作。

2010年，白云区人民法院受理各类案件20869件，审结18666件，法官人均结案207.4件，收、结案总数和法官人均结案数在全市基层法院位居前列，被广州中院授予集体三等功。

一、司法改革

稳步推行量刑规范化改革试点工作，自2009年6月试点以来共适用量刑审理程序审结刑事案件2116件，上诉率为5.29%，同比下降了6.51个百分点。代表全国试点法院在全国政法工作会议上作了题为《积极推进量刑规范化改革　进一步提高司法公信力》的经验介绍，获得中央政法委的充分肯定。

二、能动司法

全面加强调解工作，建立由法官、庭长、主管副院长三级共同参与调解工作模式，积极邀请人大代表参与“百案调解”，全年调撤率为69.67%，同比上升31.98个百分点。在全市法院率先设立保护妇女、儿童合法权益巡回法庭，成立公益诉讼合议庭，大力开展劳动、交通事故纠纷的非诉讼调解和司法确认工作。行政案件协调和解率为39.64%，稳妥处理一批涉外嫁女权益纠纷重大敏感案件；编印并派发《白云区外嫁女及农转居等农村居民权益保障问题的法律适用汇编》，主动支持和服务依法行政。建立“分段集约”执行机制，首创研发“短信互通平台”——“信息猫”制度，共向当事人发出信息2652条，通过申请人短信回复提供财产线索或被执行人下落、快速执结案件95宗。

三、队伍建设

优化配置审判执行资源，队伍司法能力不断增强，全年共有77人次受个人嘉奖、6个部门受集体嘉奖。其中，刑事审判庭王文法官荣获“全国法院办案标兵”荣誉称号；广东高院给予刑事审判庭记集体二等功，法警大队被评定为“一级警队”，并荣获“全省法院司法警察警务工作规范化建设标兵单位”。

▲6月5日，最高法院副院长苏泽林一行到白云区法院检查亚运安全保卫工作。

深圳市中级人民法院

2010年，全市法院在市委的坚强领导和市人大及其常委会的有力监督下，在政府、政协和社会各界的大力支持下，以邓小平理论和“三个代表”重要思想为指导，深入贯彻落实科学发展观，遵照市第五次党代会和市五届人大一次会议精神，扎实推进“三项重点工作”，努力适应经济社会发展的新变化，竭力满足人民群众的司法新需求，坚持审判工作与队伍建设“两手抓”，各项工作取得新进展，为推动我市经济社会发展进步做出了积极贡献。全年，全市法院全年共受理各类案件220833件，办结209859件，均首次突破20万大关。结案率超过95%，未结案件同比下降42.2%；一审民商事案件调撤率66.3%，一审行政案件和解撤诉率41.6%，同比分别提高13.1和24.4个百分点。在全省法院优秀裁判文书评比中，我市法院获奖数位列第一。在全省法院排头兵竞赛中综合排名位列同组法院前茅。市中级法院受理各类案件34994件，办结32458件，同比分别下降10.77%和上升12.8%。

一是坚持宽严相济，依法审判打击犯罪，全力维护社会稳定。2010年，全市法院认真落实中央和省、市委的部署，与其他政法机关协调配合，结合深圳社会治安的实际，重点打击涉黑、涉恶犯罪、毒品犯罪、“两抢一盗”等多发性犯罪和杀人、绑架等严重暴力性犯罪，增强群众安全感，取得了良好的社会效果。协同其他部门积极开展治理商业贿赂、非法传销、打击制假售假等专项斗争，依法严惩严重破坏市场经济秩序的犯罪，努力消除影响经济发展的不和谐因素。全年受理一审刑事案件15287件24418人，同比分别上升5.09%和5.94%；审结14894件23588人，同比分别上升5.16%和5.77%；判处发生法律效力的犯罪分子20608人，其中2052人被判处5年以上有期徒刑、无期徒刑或者死刑。坚持打击犯罪与保障人权并重，认真贯彻宽严相济的刑事政策，充分保障被告人的合法权益。全年共有5名被告人依法宣告无罪，对2450名罪行轻微的被告人依法适用缓刑、管制或免予刑事处罚，为799名被告人依法指定辩护律师，对1807名认真悔过、改造较好的罪犯依法办理减刑、假释。积极参与社会治安综合治理，推动我市社会治安防控体系建设和基层平安创建活动。

二是强化司法调节职能，维护社会经济秩序，化解矛盾。2010年全市法院共受理各类一审民商事106947件，审结103330件，同比分别上升28.80%和33.20%，结案率为96.62%，结案标的金额229.84亿元。针对后金融海啸给经济社会发展带来的新变化，积极调整审判工作布局，坚持把服务发展、促进和谐作为审判工作的中心任务，牢固树立“案结事了，和谐双赢”指导思想，全面实施审前调解制度，大力加强诉讼调解、辨法析理和息诉服判工作。2010年，全市法院一审民商事案件调解撤诉结案66993件，调解撤诉率为66.25%，同比上升13.01个百分点，比全省平均水平高0.19个百分点。认真履行司法审查职责，积极稳妥地开展行政审判工作，按照“保护合法权益，促进依法行政，优化司法环境，化解行政争议”的要求，坚持保护行政相对人合法权益与维护行政管理权威并重，既支持行政机关依法行政，又充分保护公民、法人和其他组织的合法权益。全市法院受理各类一审行政案件1176件，同比上升26.86%，审结一审行政案件1067件，同比上升25.23%。

三是强化执行力度，切实维护申请执行人合法权益和生效裁判权威。2010年全市法院受理执行案件69373件，同比上升17.69%；执结63711件，同比上升17.22%，执结率为91.84%，执结标的金额105.42亿元；申请执行案件的自动履行率为10.54%。

四是全力践行司法为民，深化法院工作改革。2010年全市法院依法为困难当事人缓、减、免交诉讼费941.9万元。不断巩固行之有效的改革成果，继续深化法院工作改革，建立符合司法审判规律的工作机制，提高司法效率，促进司法公正。在继续深化法律统一适用机制、审判委员会工作机制、量刑制度、未成年人审判制度及执行工作机制改革与创新的基础上，重点推进三项改革，切实发挥司法改革试验田的作用。全面启动“法官进社区”活动，选派597名法官进驻全市632个社区，同时选任674名社区司法联络员，努力打造全新的司法服务方式，提高法官的群众工作能力。全面实施知识产权“三审合一”改革，原来由不同审判庭审理的知识产权民事、刑事、行政案件全部由知识产权审判庭审理，确保知识产权案件裁判标准的统一，提高知识产权司法保护水平，进一步优化我市的创新创业环境。去年高交会期间，市中院在会场组织知识产权巡回法庭，受到与会企业的普遍好评。全市法院全年新收各类知识产权案件4473件，上升106.9%，占全省的47.3%。全面建立审前调解制度，在诉讼体制上大胆创新，能动贯彻调解优先原则，充分发挥司法调解的职能作用，适应群众便利、低成本的司法需求，在全市法院立案庭和人民法庭设置审前调解专门机构，实现调解工作专业化、调解程序前置化，对移送审判的案件先行过滤，不仅减轻了当事人的诉讼负担，也一定程度上缓解了法院案多人少的矛盾。

五是大力加强队伍建设。围绕增强司法能力、提高司法水平的根本要求，结合法院工作面临的新任务、新要求，坚持把从严治院作为提升司法公信力的根本途径，着眼自身找差距，从严治院抓落实，有力地促进了各项工作的开展。着力加强作风建设。以机关作风大提升活动和“人民法官为人民”主题实践活动为载体，加强司法作风建设，强化司法人民性、司法价值观教育；通过进社区、下企业和回访案件当事人等，引导法官深入群众“接地气”，到群众中接受教育、汲取智慧；印发《文明用语和职业忌语手册》，通过专项检查和明察暗访，及时整改发现的突出问题，认真规范司法行为；加强法院文化建设，积极打造富有深圳法院特色的文化品牌，市中院和盐田法院被确定为全省法院文化建设示范单位。着力加强能力建设。开展创建“学习型法院”和“学习型部门”、争当“学习型标兵”活动，加大教育培训力度，突出群众工作本领和职业技能培训，先后组织《侵权行为法》适用、裁判文书制作、调解技能等培训，安排新录用人员到基层法庭、新任中层干部到信访窗口锻炼，增强法院工作人员对社情民意的了解。加强司法调研工作，更加重视审判经验的总结和传承，提高整体工作水平。

六是突出重点，激发活力，基层工作呈现可喜局面。市中院认真贯彻服务基层的工作思路，加强对基层工作指导、监督和支持。加强对基层法院的宏观指导、业务指导和队伍协管，推动全市法院协调发展。注重发挥审级监督职能，定期分析通报区法院发改案件情况，各区法院上诉案件数量下降35%。龙岗等法院不断深化法院工作规范化建设，司法管理水平迈上新的台阶。各区法院认真落实中院部署，结合实际创造性地开展工作，取得了明显成效。在党委、政府支持下，部分区法院完成审判法庭新建和改造任务，完善办公办案信息化系统，提高了司法管理的科技化水平。六个区法院办结各类案件177401件，同比上升23.3%；17个人民法庭办结案件69163件，同比上升33.7%。

▲6月22日，最高人民法院院长王胜俊（左三）接见深圳中院李华楠院长（左四）一行。

▲7月27日，省高级法院郑鄂院长到深圳中院调研。

▲6月8日，省委常委、市委书记王荣（左）等市领导视察中院，李华楠院长（右）陪同视察深圳中院审判楼。

▲7月30日，深圳中院召开全市法院工作会议，李华楠院长作工作报告，部署工作。

▲12月21日，深圳中院召开全市审前调解工作现场会暨调解先进表彰会，全面推行审前调解工作。

▲7月1日，当事人赛格集团给深圳中院送表扬匾牌。

龙岗区人民法院

2010年，龙岗区法院全年共受理案件43581件，结案42580件，同比分别上升24.80%和25.96%，结案率97.70%，结案标的27.17亿元。排头兵达标竞赛12项重点指标综合总分位列全市各区院第二，被评为2010年度“全市先进法院”并记“集体三等功”。全院共获得国家级表彰、荣誉1个，省级10个，市级24个，区级48个。

一是围绕地方工作大局发挥审判职能。2010年，刑事案件，共受理4059件，结案4028件，判处犯罪分子6416人；民商事案件，共受理24748件，结案24330件，结案率98.31%，结案标的18.31亿元；行政案件，共审结一审行政诉讼案件117件，非诉行政执行案件38件，行政机关的胜诉率88.89%；执行案件，共受理14646件，执结14100件，执结率96.27%，同比分别增长9.35%、12.96%；信访工作，共处理来信327件，来访469人次，组织全院排查信访隐患6次，发放司法救助金123万余元，确保不出现极端访、越级访特别是赴省进京访及重大群体性事件。

二是以公正高效为目标创新审判工作机制。首先，以“全国优秀法院”为起点，强化排头兵指标数据的动态监测管理，全面深入开展法院排头兵活动，实现了审判工作机制的新发展。其次，完善立、审、执、监、访各节点，全面加强案件流程管理；强化业务庭对法庭的业务指导和沟通机制，促进法律适用的统一；新修订《制度汇编》，实现制度管人、管案、管事。其三，树立“调解优先”的办案理念，全面加强调解工作，全年调撤案件16606件，其中民商事调撤率68.97%，刑附民调解率65.63%，行政和解撤诉率49.57%，执行和解率30.16%，均居全市法院先进水平。

三是着力打造高素质的廉洁法院队伍。第一，以建设学习型党组织活动为重点，创建“学习型、开拓型、能力型、廉洁型”支部，以党建带队建，以队建促审判。第二，通过竞争上岗等形式提拔任命了一批中青年业务骨干走上了领导岗位，为干部队伍注入了新的活力。第三，营造良好的学习调研氛围。以院刊《龙岗审判》为平台，巩固全院动手开展业务研讨的大调研格局，提升了队伍的专业素养。250万字的大型精装丛书《龙岗法丛》的出版发行，谱写了该院法院文化建设的新篇章。第四，抓好廉政建设责任制，分头签订了“党风廉政建设责任书”，纪检监察部门监督见证了530余件案件的摇珠评估、拍卖工作，开展廉政专题辅导750余人次，采取多种形式加强廉政文化建设。

四是积极主动接受各种社会监督。坚持重大事项向区委汇报制度，主动接受党对法院工作的领导；全面加强人大代表联络工作，通过寄送院刊和简报、举办座谈会等形式定期向人大代表通报法院工作情况，邀请人大代表旁听案件庭审35人次，参加“见证执行”6人次，季度“直通车”接访12人次，邀请了5位区人大代表参与案件调解工作；从区人大代表和政协委员中聘请25人担任司法监督员，79名人民陪审员全年参审合议案件2969 件。

▲深圳中院李华楠院长（前排右二）到龙岗区法院指导工作。

▲龙岗区法院领导亲临现场指挥强制执行。

▲龙岗区法院集中发放“五洲风情”系列案执行款。

宝安区人民法院

2010年，宝安法院以深入落实中央政法委提出的三项重点工作和扎实开展全省全市法院部署的排头兵达标竞赛活动为抓手，忠实履行法定职责，坚守公平正义底线，为大局服务、为人民司法，服务科学发展和实现自身科学发展取得了新的显著成绩;在全市基层法院年终综合量化考核中再次夺魁，实现了年终综合量化考核“三连冠”，并荣立集体二等功，蝉联全市“先进法院”。全年共受理各类案件51551件，结案49500件，一线法官人均结案556.5件，收结案总数继续位居全市基层法院之首。

宽严相济惩处犯罪。更加注重使刑事审判符合社会治安的实际状况，更加注重对未成年罪犯的教育、感化、挽救工作，更加注重量刑规范化，受理刑事案件5270件8070人，审结5084件7770人。

强化矛盾纠纷化解。突出司法调解和联调工作，受理民商事案件23952件，审结23491件，其中调解结案16929件，调解率72.07%，调解工作成为全院化解矛盾纠纷的传家宝。完善行政案件协调处理机制，受理行政诉讼案件128件，结案127件，其中协调和解81件，和解撤诉率63.78 %。

切实兑现胜诉权益。全面清理执行积案，充分发挥执行联动机制作用，启动主动执行工作，建立执行24小时全勤值班制度，探索建立快速执行工作机制，对被执行人有履行能力、执行难度较小的案件实行速执速结，对于执行难度较大的案件完成财产的速查速控，有效提升了执行效果，执行局被省法院记集体一等功，宝安法院被省委政法委评为全省集中清理执行积案活动先进集体。受理执行案件22036件，结案20640件，同比分别上升7.44%、5.88%，结案率93.66%。

审前调解工作实现快调优先。宝安法院运用首创的审前调解工作机制成功审前调解案件8092件，调解率68.31%，占全部民商事案件的34.45 %，每案平均结案周期仅为6.1个工作日。审前调解机制成批量高效便捷经济地化解矛盾纠纷，展示了特区司法审判战线化解矛盾纠纷的“深圳速度”，全市法院予以推广。该制度引起最高院和省高院的关注，最高法院《中国审判》杂志社在深圳召开专门研讨会，对审前调解工作机制的内容、意义、价值进行了研讨。

知产审判体制实行“三合一”改革。成立知识产权审判庭，对民事、刑事、行政案件实施 “三审合一”。已审理知识产权民事案件192 件，刑事案件7件。

推行社区司法联络员制度。在宝安及光明新区的社区及相关企业选聘236名社区司法联络员，便捷反馈社情民意、方便群众诉讼、参与调解、监督法院工作，全面建立司法协作网络，不断提高司法公信力。

扎实推进司法为民。设立全市第一家交通事故巡回院开放日”活动，建立日常开放制度，进一步健全司法公开和民意沟通机制。

审判法庭，修建残疾人无障碍通道，立案庭获评省级“青年文明号”。开展“尊重当事人、尊重代理人”的“双尊”活动，进一步强化文明司法，进一步加大司法救助力度，积极推进生效裁判文书上网，在法院外网设置征求意见和接受咨询板块，举行“法院开放日”活动，建立日常开放制度，进一步健全司法公开和民意沟通机制。

▲最高法院政治部主任周泽民在宝安法院调研队伍建设情况。

▲市中院院长李华楠在宝安法院调研审前调解工作。

▲宝安法院推行“法官进社区”，深入社区开展巡回审判。

珠海市中级人民法院

2010年，珠海中院在市委正确领导和市人大有力监督下，在市政府、市政协和社会各界的关心支持下，深入贯彻落实科学发展观，坚持“三个至上”指导思想，围绕全市工作大局，认真履行审判职能，深入推进三项重点工作，各项工作取得了新进展。一年来，全市法院共受理各类案件27821件，审结26611件，同比分别增长2.22%、3.85%，共解决诉讼标的金额63亿元。办案质量不断提高，上诉案件改判和发回重审率为8.7%，同比下降2.4个百分点。办案效率稳步提升，结案率达95.7%，同比上升1.5个百分点；办案法官人均结案174件。办案效果持续向好，生效案件服判息诉率为98%；民商事案件调撤率为61.8%，同比上升21.7个百分点；实际执行率为92.7%，同比上升37.2个百分点；信访投诉率为0.5%，同比下降0.75个百分点。在全省法院排头兵达标竞赛活动中，珠海市法院连续四个季度获得优胜，年终总评得分排名珠三角法院第一，累计达标项目全省第二。

一、坚持司法公正高效，推进法治城市建设

2010年，珠海中院共受理各类案件3951件，审结3805件，同比分别增长3.81%、3.56%，结案率达96.3%。在审判执行工作中紧扣公正、高效主题，为珠海建设法治城市发挥了应有的作用。刑事审判着力维护社会安定有序，认真贯彻落实宽严相济刑事政策，全面启动量刑规范化改革，积极参与社会治安综合治理，全年共受理刑事案件463件，审结454件。民事审判注重促进经济社会和谐发展，妥善审理各类民事纠纷，维护社会经济秩序，全年受理民商事案件2658件，审结2582件。行政审判依法行使司法审查权，监督行政行为，保障行政相对人的合法权益。认真总结行政诉讼法实施20年来的经验，积极向行政机关发出司法建议。共受理行政案件88件，审结81件。执行工作着力兑现债权人合法权益，开展创建“无执行积案法院”活动，进一步深化执行分权改革，加强执行指挥中心建设，全年共受理执行案件699件，执结656件。兑现债权11.4亿元，同比增长115%；实际执行率为84%，同比上升29.1个百分点；执行和解率达71.8%，同比上升35.2个百分点。

二、服务全市工作大局，保障经济社会发展

认真贯彻市委决策部署，坚持能动司法，围绕中心服务大局，依法保障和促进我市经济社会发展。制定《依法保障“十大重点建设工程”顺利推进的指导意见》，提出45项具体措施，对涉及重点工程的案件，优先立案、优先审理、优先执行，确保项目建设的顺利进行。认真贯彻落实《横琴总体发展规划》，制定《积极服务横琴新区建设的指导意见》，妥善处理历史债务纠纷。充分发挥知识产权法庭独特作用，加大对高新技术企业和知名品牌的保护力度，指导高新技术企业在科技创新中防范和化解诉讼风险。不断加大调解力度，全市法院民商事案件调撤率首次突破60%。高度重视涉诉信访，深入开展集中清理涉诉信访积案活动。积极参与构建大调解工作格局，支持镇街综治信访维稳中心建设，及时针对审判中发现的社会管理问题发出司法建议。

三、践行司法为民宗旨，维护群众合法权益

高度重视保障民生权益，及时审理人身损害赔偿、企业破产、征地、拆迁等涉及人民群众切身利益的案件。实施巡回办案、上门调解，努力减轻当事人诉讼负担。不断加大司法救助力度，完善刑事被害人、特困申请执行人和涉诉信访人救助制度。大力推进阳光司法，实行立案、庭审、证据采信、事实认定、判决结果和审务信息“六公开”。积极利用新闻媒体，引导社会公众知法守法。落实人民陪审员制度，人民陪审员参审案件2372件，同比增长41%。深入基层提供司法服务，开展“百名法官下基层”活动，帮助解决群众关心的涉法涉诉问题。

四、努力加强自身建设，打造特区法院一流品质

以全省法院排头兵达标竞赛活动为契机，加强和创新审判管理，成立审判管理办公室，制定《创新和加强审判管理工作的若干意见》等一系列规范性文件，认真开展“百万案件评查”活动，扎实开展排头兵达标竞赛活动，促使审判执行工作跨入全省法院先进行列。创建“学习型法院”，开展“读书月”等多种形式的学习活动，创办《珠海审判指导》，成功承办全国二十城市刑事审判研讨会。加强法院文化建设，精心打造院史馆、图书馆和建院三十周年纪念画册的“两馆一册”工程，设置文化墙，征集廉政格言，狠抓廉政作风建设，弘扬“公正、廉洁、为民”的司法核心价值观。

五、自觉接受外部监督，不断加强和改进法院工作

认真听取各方面的意见、建议和批评，不断完善接受监督的工作机制。及时向人大报告法院工作的重要部署、重大情况，广泛听取人大代表意见。主动向政协通报工作情况，邀请政协委员视察法院工作。认真研究检察机关提出的检察建议，落实检察长列席审判委员会制度，通过法检联席会议定期听取检察机关意见。开通24小时举报电话，设立院长信箱，方便群众监督。健全新闻发布制度，主动接受社会舆论监督。

◀11月30日，最高院副院长苏泽林（前排中）在省高院副院长刘恒军（前排左一）陪同下到珠海中院调研，视察珠海中院审判办公综合楼。

►12月24日，珠海中院举行建院三十周年庆祝大会。省法院副院长凌祁漫、市委政法委书记杨金华、市人大常委会副主任罗春柏、市政府副市长陈洪辉、市检察院检察长金波等领导出席庆祝大会。

▼11月25日，珠海中院邀请市人大代表参与“百案调解”活动。

▲11月18日，第十四届全国二十城市中级人民法院刑事审判研讨会在珠海市召开，最高院刑五庭庭长高贵君（左三）、省法院副院长李毅峰（右二）、市委政法委书记杨金华（左二）出席会议。

香洲区人民法院

2010年，香洲区法院深入贯彻落实科学发展观，坚持“三个至上”指导思想，紧紧围绕“社会矛盾化解、社会管理创新、公正廉洁执法”三项重点工作，认真履行职能，主动服务大局，积极探索创新，促进社会和谐，回应群众关切，满足司法需求，狠抓队伍建设，增强司法能力，以“加速推进排头兵达标”竞赛活动为统揽，努力促进审判质量、效率、效果和形象的全面提升，各项工作取得了新成绩。全年共受理各类案件15002件，比去年上升2.5%；审执结14252件，比去年上升3.6%；结案诉讼标的金额27.96亿元，全院综合结案率达95%，同比上升1.3%，圆满地完成了各项审判任务。

一年来，香洲区法院紧紧围绕中心，全力服务大局，审判执行工作实现新发展，促进矛盾化解，推动管理创新，司法为民服务迈上新台阶，增强司法能力，促进司法廉洁，班子队伍建设展示新风貌，立足改革创新，强化法院管理，基层基础建设实现新突破。香洲区法院与时俱进完善信息化网络建设，积极推进“08工程”建设，启用新的OA办公自动化系统，全面推动各项管理的网络智能化办公，以整体科学发展观促进法院的可持续发展。

▲8月11日，香洲区法院公开审理一起涉案金额达4.1亿韩元、55名被告人的特大跨国电信诈骗案。

►7月30日，香洲区法院采取“圆桌审判”方式审理一起未成年人抢劫案件。

▼7月30日，为纪念香洲区法院建院二十五周年，香洲区法院邀请历任院领导相聚座谈。

斗门区人民法院

2010年，斗门区人民法院深入贯彻落实科学发展观，以推进“社会矛盾化解、社会管理创新、公正廉洁执法”三项工作为重点，坚持为大局服务、为人民司法，充分发挥审判职能作用，各项工作呈现出整体推进、重点突破、蓬勃发展的良好态势。

社会矛盾化解方面，共受理各类案件4953件，审（执）结4783件，结案标的金额11亿元，综合结案率97%，实际执行率88%，执行到位标的额4.34亿元，标的额到位率85.7%，上述各项指标均创历史新高，同时上诉率、二审改判率、信访投诉率均下降。调解工作成绩显著，积极开展审前立案调解，推进诉调对接，实行人民调解协议的同步确认，建立“大调解”格局，刑事附带民事案件及民商事案件的调解率、行政案件和解撤诉率、执行和解率都大幅提升。社会管理创新方面，贯彻主动执行理念，探索推行诉讼“大保全”制度，强化财产保全措施的使用，在立案阶段主动为当事人提供财产查控保全的法律咨询和程序引导，将执行工作的介入时间提前到立案阶段。公正廉洁执法方面，继续狠抓廉政建设，保持干警违法违纪零记录。司法为民卓有成效，推出多项便民利民措施，开展“村村有法官、和谐村共建”活动，全院50名法官挂点5个镇100个行政村，深入了解村情民意，加强与基层组织的沟通联系，广受群众好评。

斗门区法院连续第三次被评为“全省优秀法院”，行政审判庭被评为“全省法院行政审判工作先进集体”，法警大队荣获“全省标兵警队”。

►斗门区法院被珠海中院评为“2010年度全市法院排头兵达标竞赛活动先进单位”，图为斗门区法院院长徐素平（女）接受颁奖。

▼8月3日，斗门区法院与白蕉镇开展“村村有法官，和谐村共建”活动。

▲7月1日，斗门区法院开展“党在我心中”演讲比赛。

金湾区人民法院

▲12月3日，金湾区法院领导赴平沙镇走访人大代表，进一步加强人大代表联络工作。

2010年，金湾区法院坚持“三个至上”重要指导思想，深入学习实践科学发展观，牢牢把握“为大局服务、为人民司法”的工作主题，深入推进“三项重点工作”，认真开展“人民法官为人民”主题实践 、“创先争优”等重要活动，全面推进法院建设，各项工作在“加速推进排头兵达标”竞赛活动中取得可喜进展，为辖区的经济发展与社会和谐稳定提供了强有力的司法保障。

全年共受理案件3616件，其中：受理审判案件2278件，结案2222件，结案率97.54%；受理执行案件1338件，结案1274件，结案率95.22%，均创历史新高。刑事审判严格贯彻“宽严相济”的审判政策，结案率99.09%，刑事附带民事诉讼案件调解率80%；民商事案件坚持“调解优先、调判结合”的原则，结案率97.56%，其中调、撤率达70.99%；行政审判加大协调力度，结案率91.23%；执行工作创新机制，全力破解“执行难”，执结率达95.22%。2010年，金湾区法院被珠海市中级人民法院评为“2010年度全市法院排头兵达标竞赛活动先进单位”，被省档案局授予“省一级档案综合管理单位”，刑事审判庭和执行局分别荣立集体三等功，司法警察大队被广东省高级人民法院司法警察总队授予“广东省法院司法警察警备工作规范化建设一级警队”荣誉称号。

▲12月4日，金湾区法院参加区司法局组织的法制宣传咨询活动。图为金湾区法院党组书记、院长赵东升（右二）向群众发放宣传资料。

汕头市中级人民法院

2010年，汕头中院在市委的正确领导下，在市人大及其常委会监督下，突出“为大局服务、为人民司法”工作主题，扎实推进“社会矛盾化解、社会管理创新、公正廉洁执法”三项重点工作，认真贯彻落实市委九届九次全会精神，深入开展争当全国法院排头兵达标竞赛活动，充分发挥审判职能作用，坚持能动司法，注重调解和解，推动法院各项工作科学发展，为汕头经济平稳较快发展、社会和谐稳定提供有力司法服务和司法保障。全市法院共受理各类案件17478件，办结17028件，同比分别上升12%、13.9%，结案率97.4%。其中，中院办结各类案件1339件，结案率97%，同比分别上升1.6%、5.8%。

一、坚持能动司法，主动服务建设幸福汕头工作大局

深入学习领会市委九届九次全会精神，及时研究制定了主动服务汕头文化产业发展、充分发挥知识产权司法保护在建设文化强市中的作用等方面贯彻意见。紧紧围绕“坚持公正执法，维护公平正义”的指导思想，提出了建立调解激励机制、实行案件质量倒查、推行法官与律师的双向监督等20项具体措施。

启动“法官服务团”，深入知名企业、龙头企业，送法上门。组织召开座谈会、举办专题法律讲座及法律咨询服务活动等23场（次），召开有市工商联及各直属商会领导、企业家代表参加的座谈会，为企业解决法律问题25个。加强调研，及时出台了《关于财产保全担保问题的若干指导意见》，降低了诉讼保全担保对企业生产经营带来的不利影响。

建立知识产权案件审理、执行的快捷通道和建立回访制度，实行快速立案、优先开庭、主动执行；与汕头海关、市知识产权局、工商局和版权局签署协作协议，建立司法与行政双轨保护机制。降低汕头重点知名企业申请诉前临时措施的担保门槛，用足法律，切实加大侵权代价，努力降低维权成本。

二、充分发挥审判职能，推进社会矛盾化解

依法惩治各类刑事犯罪。两级法院共审结一审刑事案件2303件，判处罪犯3795人。依法审理故意杀人、故意伤害、抢劫、绑架等严重暴力犯罪以及多发性侵财犯罪案件1154件，判处罪犯2083人。依法惩处经济犯罪和职务犯罪，审结破坏市场经济秩序犯罪案件110件，审结贪污、贿赂、渎职犯罪案件31件。注重对未成年人犯罪的感化、教育、挽救，对103名未成年被告人判处非监禁刑。

及时公正处理民商事案件。两级法院共审结一审民商事案件7336件，诉讼标的额47.1亿多元。依法审结婚姻家庭、继承等案件1780件。依法审理事关经济发展的各类案件，审结各类合同案件4554件，劳动争议案件373件。审结专利、商标、著作权等知识产权案件44件。

切实加强行政审判工作。两级法院审结一审行政案件142件。积极探索行政诉讼案件协调和解工作机制，通过加大协调力度，行政相对人与行政机关和解后撤诉的82件，占一审行政案件57.5%。

转变观念推动执行工作。两级法院执结有财产可供执行案件6439件，执结标的额31亿多元，实际执行率86.8%。制定了《主动执行实施意见》等规范性文件，将主动执行的确认环节提前到立案阶段，共对467件案件启动主动执行程序。成立执行指挥中心，加强立、审、执的快速联动，建立联动平台和机制。

大力推进调解工作。全市一审民商事案件调解撤诉率为74.6%。构建法院内部全程、全员、全方位的调解机制。调动社会力量参与调解，全市特邀调解员共调解各类案件297件。积极推进诉调对接工作，与市综治委联合出台了《关于进一步加强综治信访维稳中心调解与诉讼调解衔接工作的暂行规定》，在全省率先就诉调对接工作做出规定。

三、大力深化司法改革，推进审判管理创新

加强对基层监督指导。中院通过检查督办、下发审判指导文件、组织业务培训、召开业务研讨会等方式，加强对各基层法院的监督指导。同时，加强与基层法院的沟通、协调，积极推行责任倒查机制。中院审结各类二审案件703件，改判及发回重审占9%，同比下降了4.3个百分点。

创设内部审限，加强审限监管。濠江区法院和潮南区法院根据审判实践，在法律规定的审判期限内制定内部审限，推动了审判提速。中院大力推广创设内部审限的做法，大大提高了两级法院民商事审判效率。

创新接受人大代表、政协委员监督的形式。首次以两级法院上下联动的形式邀请全国、省、市、区四级人大代表、政协委员旁听案件庭审。坚持改进工作不打折扣，认真办理代表关注的事项和案件，办结率达100%。

四、全面加强队伍建设，推进公正廉洁司法

狠抓司法廉政建设。加强与司法中介机构的互相监督，联合签订《司法委托工作廉政保证书》；与市司法局建立法官与律师管理工作协作机制；开设“汕头中院廉政账户”，邀请特邀司法监督员参与院长接待日活动，对新任法官和调入人员进行任前廉政教育。

大力提高司法能力。推行交流挂职、岗位轮换、法官教法官、新提拔人员到信访窗口锻炼等做法。加强思想政治教育，健全制度，改进学风。邀请全国二级英模庄宜生同志做先进事迹报告。举办“汕头法院学习讲坛”30多场次。2010年，汕头中院被授予“全国法院文化建设示范单位”、“全国模范职工之家”、“广东省五一劳动奖状”等荣誉称号。

◀8月17日至18日，省高院党组书记、院长郑鄂（左二）到汕头两级法院视察指导工作。

▶8月23日，汕头市委书记李锋（右一）到汕头中院调研指导工作。

◀6月11日，省高院副院长徐春建（左二）到汕头中院检查指导工作。

5月10日，汕头中院举行“光辉的历程”文艺晚会，庆祝建院60周年。

8月20日，汕头中院举行全国公安系统“二级英模”庄宜生同志先进事迹报告会。

3月18至19日，最高人民法院华南地区著作权司法保护座谈会在汕头市召开。

潮阳区人民法院

近年来，潮阳区法院院以科学发展观为统领，凝心聚力，开拓进取，内强素质，外树形象，整体工作先后步入了全市、全省先进行列，荣获了潮阳区“信访工作先进集体”和“维稳综治工作先进集体”、“汕头市精神文明单位”、“全市优秀法院”、“全省优秀法院”等荣誉称号，并先后于2009年、2010年荣立集体三等功、集体二等功。

一是班子带好头，勤政实干。班子带头讲学习、讲廉洁、干事创业，核心领导作用得到充分发挥，区委、区人大和上级法院称赞该院“班子团结核心好，工作尽责尽力，卓有成效。”二是强队伍素质，树良好形象。该院注重加强教育管理，先后制订了40多项规章制度并汇编成册，确保廉洁司法。同时，注重从优待警，倾心尽力解决干警的职级福利待遇，在全市率先成立困难干警扶助基金会，极大地激发了干警干事创业的工作热情。队伍形象广受好评，连续多年没有发生违纪投诉和干警违纪事件。排头兵竞赛活动指标综合排名进入全市三甲。三是立足本职，服务大局。该院牢固树立能动司法的理念，通过开展多场次专项审判、执行活动，尽职尽力协助区政府追收被拖欠的金融欠款，设立诉前联调工作室和交通事故调解工作室，派员参加区委综治维稳三级平台建设等举措，有力地促进了经济社会平稳较快发展。四是为民司法，彰显真情。从立案到审判执行均倡导微笑服务，积极推出便民举措，帮扶弱势群体，加强与代表委员联络和沟通等，温暖了民心，也赢得了全国人大代表徐源远等广大人民群众的赞许。

▲8月18日，省高院党组书记、院长郑鄂（左二）等领导到潮阳区法院谷饶法庭调研指导工作。

▲潮阳区人民法院领导班子。

▲潮阳区法院审判办公大楼。

潮南区人民法院

2010年，潮南区法院深入学习实践科学发展观，努力推进“三项重点工作”，积极开展“人民法官为人民”主题实践活动和"加速推进排头兵达标"竞赛活动，充分发挥审判职能作用。潮南法院创新的设定内部审限、实现审判提速和推行庭审观摩考评制度，保持建院7年多来没有发生违法违纪案件，得到市中院和省法院主要领导的高度评价。

一、法官队伍建设进一步加强

潮南区法院按照上级法院的部署，坚持实践"以效率促廉洁、以规范保廉洁、以廉洁树公信"的加强党风廉政建设工作思路，不断完善队伍管理和审判管理机制，摆正法院独立审判与党委领导的关系，确保法院工作正确的政治方向。

二、司法能力进一步提升

潮南区法院通过继续开展以促进庭审程序的规范、庭审行为的文明和庭审效能的提高为重心的庭审观摩考评活动等多种方式，培养、锻炼和提升法官的司法能力，有效地推动法院工作的科学发展。全年共受理各类案件1335件，结案1321件，结案率为99%，受结案数分别比前年增加37%和39%，结案率比省法院设定的目标值95%高出4个百分点。在全省法院"加速推进排头兵达标"竞赛活动中，全面衡量审判执行工作质效的12项指标，潮南区法院实现全部达标并优于省法院设定的目标值，竞赛累计积分在全市法院中名列第一。此外，潮南区法院严格执行内部审限的规定，在法定审限内设定内部审限，大大缩短了办案周期，节约了司法成本，减少了当事人讼累。

三、审判管理机制进一步完善

潮南区法院率先在全市法院中推行刑事案件量刑规范化工作，与公诉机关密切配合，把量刑纳入法庭辩论，加强了量刑的说理性，增强了量刑的准确性，规范了法官的自由裁量权，提高了裁判的公信度，提升了审判的质效。

▲8月19日，省高院党组书记、院长郑鄂（前排左一）等领导到潮南区法院调研指导工作。

▲8月19日，省高院党组书记、院长郑鄂（前排左五）等领导与潮南区法院中层正职以上干部合影。

佛山市中级人民法院

2010年，佛山市两级法院共办结各类案件117142件，结收比为103.47%。其中，市中级法院共办结各类案件16222件，结收比为101%，同比上升1.95个百分点。结案数同比上升34.76%，上诉率同比下降8.3个百分点，实际执行率同比提高13.78个百分点，来信、来访同比下降34.6%。

一、履行司法职责，维护社会公平正义

加强刑事审判，保障社会和谐稳定。全市法院共审结一审刑事案件7255件、二审刑事案件788件。审结成瑞龙案等故意杀人、故意伤害严重暴力犯罪案件1141件；审结抢劫、盗窃等侵犯财产犯罪案件3050件；审结贪污、贿赂、渎职案件61件。率先公开开庭审理减刑、假释案件，共减刑6193人，假释462人。

加强民商事审判，促进经济转型发展。全市法院共审结一审民商事案件52942件，二审民商事案件5608件，诉讼标的额138.04亿元，同比提高18.63%。市中院制定了《关于为我市推进经济结构调整和经济发展方式转变提供司法保障和法律服务的若干意见》。

加强行政审判，妥善化解行政争议。全市法院共审结一审行政案件673件，二审行政案件527件。慎重处理“三旧改造”过程中所引发的行政纠纷，审结土地征用、房屋登记等案件129件；加大行政纠纷协调和解力度，行政相对人自愿撤诉案件223件，同比上升76.98%。

加强执行工作，维护胜诉当事人权益。全市法院共执结各类执行案件40585件，实际执行率达74.64%，执行到位金额49.45亿元，执行到位率为45.56%，同比分别上升124.16%和6.76个百分点。清理往年中止执行的案件案件1418件，全市法院共组织354期集中拍卖会，拍卖成交价比起拍价高出48.13%。

二、体察社情民意，满足群众司法需求

密切联系人民群众。深入开展人大代表“百案调解”活动，全市法院共邀请各级人大代表参与案件调解活动200人次，调解成功率达67%；自觉接受人大代表监督，共办理各级人大代表提交的议案4件；积极应对网络舆情，共回复或办理了78条网民的投诉或建议。

妥善化解民生纠纷。突出保护妇女、儿童、老人的合法权益，审结婚姻家庭、继承等案件3489件；维护农民切身利益，审结农村承包合同纠纷等涉农案件284件；大力保护劳动者合法权益，共审结劳动争议工伤赔偿等案件14667件。

畅通申诉信访渠道。共办理信访积案100件，化解率为99%。加强对立案信访窗口的监督和指导，共处理群众来信751 件，接待群众来访 1260 人次，同比分别下降 17.2% 和41.88%。审结申诉案件268件、再审案件114件，同比分别下降10.96%和46.23%。

加大司法救助力度。依法对4095件案件的当事人减免缓诉讼费654.95万元，依法为682名符合法律援助条件的刑事被告人指定律师出庭辩护；对262名经济困难的申请执行人发放救助金171万元。

三、延伸司法职能，积极参与社会管理

完善诉调对接机制。市中院指导各区法院在交警部门、劳动仲裁所等部门分别派驻交通、劳动巡回法庭，制定《关于人民法院支持和委托工会组织调解劳动争议案件的若干规定》等制度，努力将纠纷解决在基层，化解在矛盾的初始阶段。全市法院一、二审民商事案件调解、撤诉率达63.53%。

完善未成年罪犯帮教机制。充分发挥佛山护航志愿服务队的作用，全市法院共对134名未成年罪犯进行帮教668次。联合佛山市12355青少年综合服务平台开展“关爱成长进社区”为主题的法律和心理咨询活动。全市法院未成年人非监禁刑适用率达23.63%，同比提高16.02个百分点。

完善司法行政良性互动机制。市中院与市人大常委会法工委、市法制局联合印发了《关于建立佛山市司法与行政良性互动机制会议纪要》，并推动市政府从2011年起正式实施行政机关负责人出庭应诉制度。向市委、市人大、市政府报送行政诉讼案件司法审查“白皮书”，发出司法建议29份。

四、坚持改革创新，促进法院科学发展

创新知识产权案件审判模式。两级法院全面开展由知识产权审判庭统一受理知识产权民事、行政和刑事案件试点工作。新的“三审合一”的审判模式，为知识产权提供了全方位、立体化的保护，有力地配合了我市自主创新发展战略。

创新审判管理模式。全市两级法院均成立了审判管理部门，强化对审判质量与效率的监控；市中院率先提出以“结收比”取代“结案率”指标，这一做法得到最高法院和省法院的肯定和推广；合理调配审判资源，通过“以案配人”、“以岗定人”方式合理配置审判力量。

创新基层执行模式。探索人民法庭执行工作模式，人民法庭承担立案、审判、执行职能，实现三者的有效协调配合。加强对基层法院和人民法庭执行工作的监督和指导，办结了顺德金龙油墨公司系列案等一批重大执行案件。

五、加强队伍建设，确保司法公正廉洁

抓好司法能力建设。继续推进法官司法实务能力培训，组织法官培训760人次。加大上下级法院双向交流锻炼力度，市中院选派3名中层干部及26名书记员到基层法院挂职，并从基层法院选调23名书记员到市中院锻炼。

抓好司法廉政建设。加大廉政教育力度，组织观看警示教育专题片；贯彻落实廉政情况申报登记、法官近亲属从业情况申报、过问案件登记等制度；加大查处违法违纪行为力度，全市法院查处违法违纪人员 5 人，调离审判执行岗位 2 人。

抓好法院文化建设。推动建立学习型法院，培育崇尚学习、积极进取、公正廉洁的文化氛围。邀请著名法律学者与全市法官共同研讨司法实践前沿问题，组织48名法官到北京大学深造；引导法官提高人生品位，追求真理，秉持公正。

◀12月27日，省委常委、省委政法委书记梁伟发（右三）在省高院党组书记、院长郑鄂（右四），佛山市委常委、市委政法委书记杨建华（左一）和佛山中院院长陈陟云（右一）的陪同下视察佛山法院诉前调解工作。

▶11月9日，省高院党组书记、院长郑鄂（前一）莅临佛山中院调研指导佛山法院改革创新工作。

◀5月19日，佛山市委书记陈云贤（前一）莅临佛山中院调研。

▶9月2日，部分高、中级人民法院案件统计问题座谈会在佛山召开，最高法院专职审委王秀红，省高院党组副书记、常务副院长陈华杰出席会议。

◀11月11日，佛山市委副书记杨晓光（右六）莅临佛山中院调研指导佛山法院改革创新工作。

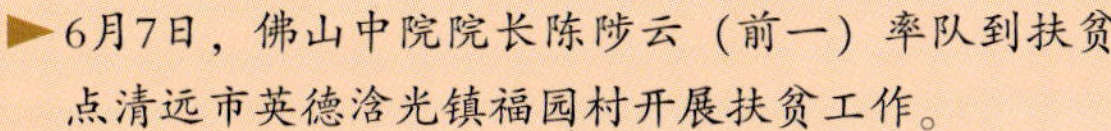

►6月7日，佛山中院院长陈陟云（前一）率队到扶贫点清远市英德浛光镇福园村开展扶贫工作。

◀10月28至29日，佛山中院举办法官论坛暨名家讲座活动纪念建院60周年。北京大学朱苏力、陈瑞华等教授分别作专题讲座和点评。

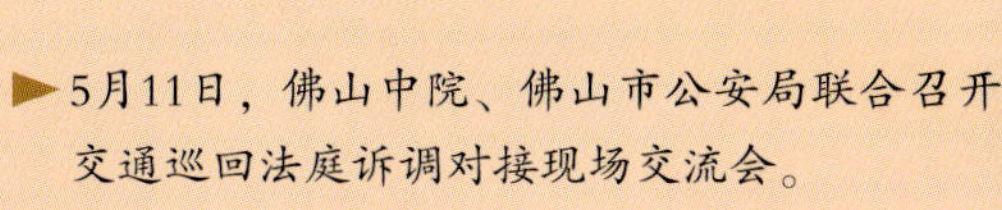

►5月11日，佛山中院、佛山市公安局联合召开交通巡回法庭诉调对接现场交流会。

禅城区人民法院

2010年，禅城区法院受理的案件数首次突破2万件，共受理各类案件21231件，共结案18625件，同比分别上升28%、33.3%。在工作中贯彻“风清气正、案结事了、协调配合、求真务实”的司法理念，法院整体工作取得了显著、真实、全面、均衡的成效。

一、发挥审判职能作用，服务稳定发展大局。民商事案件调撤率73.2%，居五区法院之首,其中妥善调处了涉季华货仓、蓝海外贸商业城等物业的19批群体性纠纷案件。探索行政争议化解新机制，成功审结了全国首例“地贫基因歧视”案。提高执行工作效能，实施主动执行制度，发布限制高消费令，建立与公安、检察部门的执行联动机制，创新执行方式。

二、构建多元化纠纷解决机制，积极推动社会管理创新。交通巡回法庭增设了就地立案、人民调解、立案调解、先予执行等职能。在区劳动仲裁委和各镇街劳动所设立5个劳动争议巡回法庭，实现诉讼与仲裁的无缝对接。在各镇街综治信访维稳中心设立4个法官工作室，在区公安分局永安派出所设立法官调解室，在南庄推行法官驻村联络点制度，靠前调处纠纷。

三、践行司法为民宗旨，不断创新便民利民举措。创新信访处理机制，设立审判、执行两个信访窗口，实行诉访分离机制，落实院长接待日和领导包案制，妥善办结信访案件92件，亚运期间未发生涉诉越级上访和矛盾激化事件。

四、推行审判精细化管理，切实提高办案质效。通过落实民商事案件归口管辖，对各项质效指标实行动态监控，提高审判质效。在排头兵达标竞赛活动评比中，12项质效指标综合得分连续四个季度稳居五区法院第一名。

◀3月18日，市禅城区法院召开市区律师事务所负责人代表座谈会，与律师代表展开广泛交流。

▶11月25日，市禅城区法院开庭审理佛山首例加装电梯纠纷案件。

顺德区人民法院

2010年，顺德区法院坚持抓班子、强队伍、促改革、求发展，以重点突破带动全局发展。全年共受理各类案件34489件，办结33373件，收结案数亦创历史新高，结案率达96.8%，居全市各区法院之首，法官人均结案达330件。先后荣获全省法院集中清理执行积案工作先进集体、全省法院文化建设示范单位等荣誉称号。

一是坚持改革创新，优化内部机制，促进法院工作科学发展。创新“1+10”执行工作模式，受到省法院郑鄂院长的高度肯定；推行“一中心、一平台、四延伸”诉调对接机制，开展家事合议审判试点和量刑规范化改革；实施“诉”、“访”分离机制，切实化解涉法涉诉信访纠纷；开展“开放法院·阳光司法”活动，邀请人大代表、政协委员280多人次参与庭审、调解、见证执行等。

二是切实履行审判执行职责，扎实推进社会矛盾化解。全力做好群体性、涉维稳、涉“亚运”案件的审理工作，依法审结顺德龙江仙塘赖某等隐匿、故意销毁会计凭证罪等群体性案件4件、依法审结涉枪、涉毒和涉黑案件279件334人；执结均安仓门搬迁等涉农案件，今年为3000多名工人追回工资款近3500万元。

三是坚持能动司法参与基层维稳，深入推进社会管理创新。通过人民调解工作室或巡回法庭参与基层综治维稳，通过诉调对接共调处劳资纠纷等类型案件6646件；健全“绿色审判执行通道”和涉法涉诉救助资金制度，为符合条件的852件案件当事人减、免、缓交诉讼费103万元，并对弱势群体提供司法救助。

四是培育先进法院文化、狠抓队伍建设，确保廉洁公正司法。以先进典型促队伍建设，以党建带队建，队伍中涌现出“好人法官”古春成、“全国法院办案标兵”周子昌等先进典型。

►7月8日，顺德区法院召开“开放法院·阳光司法”活动新闻发布会。

◄9月16日，顺德区法院到均安仓门强制执行鱼塘搬迁现场。

韶关市中级人民法院

2010年，韶关市两级法院以党的十七届四中、五中全会精神为指导，牢固坚持“三个至上”重要指导思想，深入践行“人民法官为人民”主题，紧紧围绕深入推进“三项重点工作”，促进全市法院审判执行及各项工作呈现向好发展的态势。全市法院共受理各类审判、执行案件（含减刑假释案件）30989件，同比上升6.6%，审结案件30605件，结案率达到98.8%，同比上升了1.6个百分点。

一、依法履行审判职能，全力维护公平正义

依法审理民商事案件，始终把加强调解与和解工作，进一步提高民商事案件的调解撤诉率，作为民商事审判的重点，努力实现“服判息诉、案结事了”的目标。全市法院共审结民商事一审案件10671件，同比上升23.6%。

依法审理刑事案件，积极落实“稳定是硬任务、是第一责任”的要求，依法严惩杀人、故意伤害、抢劫、涉毒等严重刑事罪犯，维护社会和谐与稳定。全市法院共审结刑事一审案件983件，判处被告人1628人。其中办结重大刑事一审案件60件，判处无期徒刑至死刑61人。

依法审理行政案件。全市法院共受理各类行政纠纷案件332件，审结251件，依法保护行政相对人的合法权益，监督、支持行政机关依法行政，强化社会管理。同时强化运用协调和解机制，缓解“官民”双方对立情绪，努力营造“官民”和谐相处的良好社会环境。全市法院一审行政案件和解撤诉率为39.4%，同比提高3.4个百分点。

依法推进执行工作。全市法院以深入开展“执行治理”活动为契机，积极开展“创建无执行积案先进法院”等活动，进一步完善执行工作联动机制，着力解决执行难问题。全市法院新收案件4890件，执结率为97.6%，同比提高9.4个百分点；实际执行率达到70.97%，执结标的到位率达到73.6%，均达到、高于省法院达标竞赛目标值70%的考核目标值；在全省法院委托执行案件专项清理活动中，共执结131件受托执行案件，结案率为100%。

二、推进社会矛盾化解，服务经济社会发展

认真贯彻“调解优先，调判结合”原则，深入落实“全程、全员、全面”调解要求，建立健全人民调解、行政调解、司法调解三位一体的大调解格局。重点抓好涉诉涉法信访“包案”的办理工作，切实抓紧抓好重大、疑难信访案件的排查和处置，及时有效化解社会矛盾。全市法院处理来信来访243件人次，同比下降90.8%；共完成上级政法委及法院交办、市委政法委督办的41宗涉诉涉法信访案件，结案率100%。

创新利民、为民方式，主动为经济特别困难的申请执行人、刑事被害人及其家属以及部分涉诉信访人员提供司法救助，依法对经济确有困难的当事人实行诉讼费缓减免。中院对12宗案件23名特困申请执行人发放了46.3万元执行救助款。全市法院共为793宗案件当事人减缓免诉讼费482.0892万元。

三、创新发展强化管理，确保办案质量效率

全市法院按照全省法院整体工作争当全国法院排头兵的目标，联系实际，立足“13项竞赛指标”，层层分解，落实到部门、到岗位、到人。充分发挥司法能动性，努力提升审判质量、效率和效果，客观真实、快速及时做好司法统计。全年全市法院的1项公正指标、2项效率指标、8项效果指标等11项指标已经达标，共获得32面红旗，在全省23个中院位居第10位。其中上诉发改率连续四个季度达标，是全省仅有的获得该项竞赛四面红旗的三个中院之一。

建立案件质量监督评查制度，建立健全审判管理办公室，将案件质量督查评查覆盖审判执行工作全过程，开展了“案件质量评查”、“百万案件评查”两项活动。在全市抽取1494件案件进行质量评查，未发现错案和重大质量问题案件，受到省法院的充分肯定。

加强信息化建设和管理，建成了标准的数据中心、法院三级网络、视频会议系统、法院综合业务系统、数字签名和电子印章系统、科技法庭，既提高了工作效率，也节省了大量的人力物力，为实施精细化审判管理打下了科技基础。

四、加强法院文化建设，努力确保廉洁审判执行

韶关两级法院以开展深入学习实践科学发展观和“人民法官为人民”主题实践活动为主导，广泛开展“创优争先”活动。中院万靖同志继被评为“全省先进工作者”以后又荣获“全省人民满意公务员”称号、张新民同志被评为全市先进工作者；祝平、张新民荣立个人一等功；刑一庭等四个单位荣立集体二等功，另有四位法官荣立个人二等功。从而提升全市法院队伍的整体司法能力和社会形象。同时，充分利用现有的培训条件，邀请全省的多名审判专家教授，先后举办各类培训班等26期培训班，共培训1640人次。

创新人大代表委员联络形式，深入开展了“百庭观摩”、“百场见证执行”、“百场走访下基层”、“百案调解”等活动，共邀请各级人大代表、政协委员监督参加听证会、见证参与调解、旁听庭审370人次。认真办理人大代表、政协委员提出的议案、建议。提高了代表委员对法院工作的信任度。

深入开展“司法作风建设”等活动，不断健全完善内部监督机制。结合实际以党建为着力点，提升队伍整体凝聚力、战斗力。进一步完善各项规章制度，落实“一岗双责”。建立廉政账户，完善反腐预防机制。保持查办案件的强劲势头，坚决遏制违法违纪行为。

3月19日，韶关中院迎来建院六十华诞，最高人民法院原院长、首席大法官肖扬出席该院系列庆祝活动。

▲肖扬在参观该院建六十周年成果展。

▲肖扬与省、市领导共同在韶关中院办公楼前植树纪念。

◀肖扬在韶关中院院长刘曙光陪同下，看望慰问仁化县法院退休老同志肖海云（左二）。

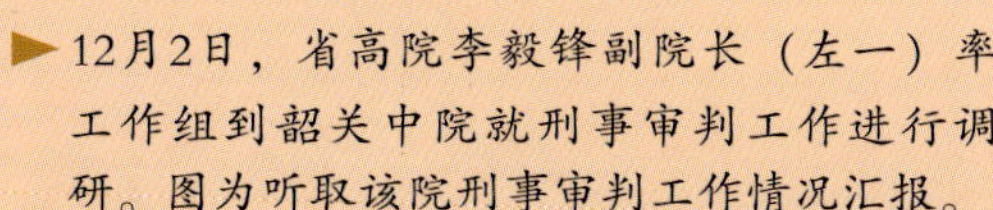

►12月2日，省高院李毅锋副院长（左一）率工作组到韶关中院就刑事审判工作进行调研。图为听取该院刑事审判工作情况汇报。

◀7月27日，韶关中院党组召开民主生活会，市委常委、市委政法委书记赖日先（左二）到会并作重要讲话。

◀2010年，韶关中院“规划到户、责任到人”工作成效显著，帮扶对象人均收入比上年增长42%。图为4月29日，韶关中院院长刘曙光（左三）指导帮扶对象养殖生产。

►5月26日，韶关中院院长刘曙光（左三）在政治处主任邹爱国的陪同下到乐昌法院慰问全国优秀法官邹赵秋（中）同志。

◀12月9日，韶关中院院长刘曙光（左二）到仁化法院就抓班子、带队伍、促审判等工作情况开展调研和指导。

►4月16日，韶关中院副院长宋良锋（右二）率民二庭的法官到新三联核查破产企业的财产。

◀4月21日，韶关中院召开特邀廉政监督员座谈会。

▲8月20日，韶关中院二审公开开庭审理首宗网络问政涉诉案，并邀请人大代表、政协委员和新闻媒体旁听案件审理和公开报道，接受社会监督。图为庭审现场。

▲11月30日，韶关中院首宗判后答疑接访在市中院信访大厅进行，并邀请韶关民声网记者参加。图为答疑现场。

▲韶关中院党组高度重视党员队伍建设。图为7月30日组织党员到大寨参观学习，增强了党员队伍的艰苦奋斗精神。

▲1月29日，韶关中院启动执行工作联动机制，使得吴某借贷纠纷执行一案顺利执结。申请执行人吴某自发请来醒狮队给中院送上锦旗和感谢信。

▲韶关中院注重对青年干警的教育、培养和使用，充分发挥其突击队作用。图为5月26日中院组织的青年干警前往乐昌市长来镇上坪村开展对口扶贫工作。

始兴县人民法院

2010年，始兴法院在县委的领导、人大的有力监督、政府的支持和上级法院的指导下，深入贯彻落实科学发展观，以推进中央政法委提出的“社会矛盾化解、社会管理创新、公正廉洁执法”三项工作为重点，忠实履行宪法和法律赋予的职责，各项工作取得显著成效。全年共受理各类案1708件，办结1670件，收案同比上年上升31.66%，结案同比上年上升23.25%，结案率97.78%。为当地经济和谐发展提供了有力的司法保障和优质的法律服务。

2010年，该院深入开展“人民法官为人民”主题实践活动，大力推进法院队伍建设，班子的凝聚力、战斗力得到明显增强。干警的廉政、职业道德意识以及司法文明理念不断增强，司法队伍更加纯洁，社会公信力不断提高。通过开展一系列教育活动，涌现出一批先进典型，该院行政审判庭被省高院评为“全省法院行政审判工作先进集体”，刑事审判庭、民二庭荣立集体三等功，法官刘建华、黄志斌、赵燏晴荣立个人三等功，4名法官分别受到市、县表彰奖励。

该院注重强化司法能动理念，增强服务意识。一是坚持立案调解，快捷化解矛盾纠纷，狠抓观念转变、机制和方法创新，调解工作实现了新跨越。全年一审案件调撤率68.87%，创历史新高，首次突破基层法院排头兵竞赛活动民商事调撤率60%的考核目标值；二是扶助弱势群体。全年办理缓、减、免交诉讼费9件16.79万元。三是接受监督，加强与人大代表联络。2010年，该院开展了“百案调解”、“百场走访下基层”活动。法院院长万宗成亲自带队走访了县多家外资企业，共同研讨新形势下法院为企业服务的新路子，赢得了企业的赞誉。

▲6月10日，省高院政治部主任聂式恢（右三）在韶关中院副院长张海力（右二）的陪同下，到始兴法院检查指导安全保卫工作。

▲8月25日，始兴法院院长万宗成（右三）深入走访外资企业始兴德宝玩具有限公司。

▲11月2日，始兴法院邀请人大代表“零距离”参与“百案调解”活动迎来开门红，顺利调和一宗离婚案件。

▲始兴法院行政案件协调和解工作成效显著。2010年，行政案件结案和解撤诉率占72.22%。图为10月18日行政审判庭法官深入当事人家中做协调工作。

河源市中级人民法院

2010年，河源市中级法院深入贯彻落实科学发展观，紧密围绕“三项重点工作”，以“为大局服务、为人民司法”为主题，以“加速推进排头兵达标竞赛”活动为契机，各项工作取得了长足进步。全市法院共受理各类案件11685件，办结11498件，同比分别增长7.3%和8.5%，为建设幸福河源作出了积极的贡献。

一、能动司法，充分发挥为大局服务的审判职能作用

始终关注经济社会环境的新变化，围绕转方式、调结构、保民生、保稳定工作大局，主动发挥审判职能作用。着力惩治各种刑事犯罪。全市法院共受理一、二审刑事案件1041件，审结1040件，生效判决判处罪犯1272人。发起成立河源市青少年犯罪研究会，整合社会资源研究预防和减少违法犯罪对策。着力化解民事行政纠纷。全市法院共受理一、二审民商事案件6709件，审结6585件，解决诉讼标的金额7.54亿元；全市法院共受理一、二审行政案件121件，审结121件。坚持“调解优先、调判结合”原则，一审民商事案件调解撤诉4249件，同比增长35.1%；一审行政案件和解撤诉26件，同比增长136%。全市法院民商事案件诉前调解率达30%，非诉行政执行案件诉前和解率达40%。“拉家常式导询”、“单方疏导”、“面对面化解”、“促成调解”的调解工作“四部曲”被兄弟法院学习借鉴并得到市委主要领导的充分肯定。积极开展行政审判“白皮书”活动，及时提出完善行政管理和服务的司法建议，得到了市政府首肯。着力化解“执行难”。紧紧依靠党委领导的执行联动机制，积极完善社会协助执行体系。市中院建立健全了执行指挥中心，统一调配执行力量，及时反应，快速出击。全市法院共执结案件1576件，其中主动执行460件，执结率96.3%，实际执行率90.2%，执行和解率22.6%，执行到位金额近7亿元。

二、加强管理，进一步提高审判质量和效率

实施科技兴院战略，已完成联通“三级专网”，利用“法院管理系统”完成从立案、排期、审理、结案和归档的各项业务管理工作，高清视频会议系统已开通至人民法庭。主动接受人大监督，邀请代表、委员视察法院、旁听大要案审理和参与案件调解394人次；深入企业和农村走访代表、委员381人次；承办代表、委员关注案件25件，办结回复率达100%。狠抓审务公开，规范裁判文书上网和庭审报道，拓展司法公开的广度和深度。狠抓廉政和作风建设，认真执行“五个严禁”，防范各类违法违纪行为。狠抓审判质量监管，在全省中院率先成立审务督察室，设立审务督察长，架起审判质量监管“高压线”。继续发挥法官自律考评委员会作用，每季度对两级法院审结生效的案件进行质量评查。

三、司法为民，落实好方便群众诉讼的各项措施

始终以人民满意作为衡量工作“硬标准”，不断增强关注民生、服务民生的自觉性。认真审理好涉民生案件。审结涉及医疗、住房、消费者权益保护等案件1411件，同比上升166.2%。依法保护公民人身财产权益，审结人身损害、宅基地纠纷、相邻关系、财产权属确认等案件741件，标的额达5600万元。依法保护妇女、儿童、老年人的合法权益，促进家庭和睦，审结婚姻、赡养、抚养、继承等案件2052件。认真做好司法救助和信访工作。全市法院累计为246件案件中经济确有困难的当事人缓减免诉讼费143.43万元，为符合法定条件的36名刑事被告人指定辩护律师。河源中院发起成立了全省首个市级法律救助研究会，倡导社会各界共同关注、研究新形势下法律救助问题，为符合条件的当事人提供法律救助6人次。紧紧围绕“平安亚运、和谐世客”目标，突出抓好“清理涉法涉诉信访积案”活动，全年累计化解信访案件1057件。全年全市法院群众来信来访分别同比下降36.5%和49.3%。认真做好延伸服务工作。创新实行将服务窗口延伸到社区、街道和网络，在市区碧水轩小区成立全省法院首个社区信访调解立案巡回庭，在未设立人民法庭的乡镇设立信访调解立案巡回庭，并在网上设立院长信箱，及时调解纠纷，得到了省法院主要领导及市委、市人大领导的充分肯定。

四、以人为本，进一步加强法院队伍建设

始终坚持“以党建带队建促审判”，以提高能动司法能力为重点，组织和选派全市法院干警参加各种培训710人次，全市90%的法官、法警、书记员及人民陪审员接受了培训。以承办最高法院重点调研课题“关于建设学习型法院的调研”为契机，开展法官辩论赛、学习考察、院长论坛、主题演讲、经验交流、庭审观摩、兴趣小组等活动，较好地树立了干警学习的理念。全力打造学术研讨阵地，坚持不懈办好《河源审判》，擦亮河源法院文化品牌。2010年，两级法院共完成21项专题调研，编辑出版《河源审判》4期96万字、《法苑书香》4期11万字。河源中院上报的材料被最高法院、省委、省纪委、省法院和市委信息简报、政工动态等各类专刊转发57条，上报的案例首次作为全国指导性范例在最高法院公报登载并在中央电视台播报。和平县、紫金县法院被评为全省法院文化建设示范单位。加强党风廉政建设，构筑教育、制度、监督、惩治四位一体的反腐倡廉体系。全市法院没有发生严重违法违纪的事情。

▲8月6日至8日，省高院党组书记、院长郑鄂到河源市法院视察指导工作。图为郑鄂院长（右三）视察紫金县法院法官书屋。

▲1月20日，河源中院公开开庭审理原韶关市委常委、市委政法委书记、公安局局长叶树养受贿案。

▲7月8日，河源中院成功协助省高院首次进行二审远程视频开庭审理刑事要案。

▲2月22日，河源市委副书记、市长刘小华（右六）率政府全体副市长、党组成员到市中院调研指导工作。

▲7月9日，河源中院在市区碧水轩花园小区成立社区信访调解立案巡回庭。图为市委常委、市委政法委书记彭定邦（右一），市人大常委会副主任曾瑞凤（左二）及市中院院长杨宗仁（左一）共同揭牌。

▲12月6日，河源中院召开创建学习型法院座谈会，来自全国各地的17名专家学者应邀出席。

▲10月8日，省高院凌祁漫副院长（中）来河源法院视察立案信访窗口建设。

▲12月30日，河源中院机关党委、紫金县法院党总支、紫金县龙窝镇党委签订协议共建学习型党组织。

源城区人民法院

2010年，源城区法院深入贯彻落实科学发展观，自觉坚持“三个至上”，以开展“人民法官为人民”和“加速推进排头兵达标竞赛”活动为契机，围绕“三项重点工作”为大局服务、为人民司法，各项工作取得新进展，不断增强科学发展能力和水平。全年共受理各类案件2606件，办结2530件，同比分别上升18.6%和19.8%，结案率97.1%，同比提高1.0个百分点，收案、结案均为全市最多。办案质量、效率和效果取得了突破性进展：

狠抓审判和执行工作，全力维护社会稳定。依法严厉打击刑事犯罪，以维护社会稳定为第一要务，审结刑事案件347件，结案率100%，突出抓好少年法庭工作，坚持教育、感化、挽救相结合的方针和“圆桌审判”模式，共审结未成年人犯罪案件32件51，因工作成绩突出，少年法庭荣获集体三等功。及时有效地调处民商事纠纷，以促进社会和谐为目标，审结民事案件1767件，结案率96.4%，调解撤诉率71.5%；稳步推进行政审判工作，审结行政案件12件，结案率100%；不断强化执行工作，受理执行案件420件，结案408件，执结率达97.1%。

▲3月11日，河源市源城区委政法委书记赖昌彬（左三）在源城区法院召开政法干警司法考试座谈会。

强化立案信访窗口建设，落实便民利民措施。创建审判服务中心，改建和规范立案大厅，为当事人提供导诉、咨询、立案、信访、材料收转、司法救助、判后答疑、调解等“一站式”服务，受到普遍好评。强化司法救助工作，全年共为81件案件经济确有困难的当事人缓减免诉讼费46万元。

加强与人大代表、政协委员的联络，自觉接受人民监督。主动接受人大监督，向市人大常委会调研组专题报告行政审判工作，根据市人大常委会会议有关审议情况，制定加强和改进行政审判工作的具体措施。深入开展“百庭观摩”、“百案调解”和“百场走访下基层”活动，邀请人大代表、政协委员视察法院、旁听案件庭审和参与案件调解89人次；深入企业和农村走访代表、委员36人次；承办代表、委员关注案件12件，办结回复率100%。

以廉政建设为后盾，为公正司法提供强有力保障。认真执行“五个严禁”，严格落实“一岗双责”和党风廉政建设责任制，坚决维护队伍廉洁。加强纪检监察工作，创新干警廉政档案制度，向社会公开举报电话，强化对干警八小时外廉政情况的监督。探索建立案件回访、审务督察等制度。

2010年，在全市排头兵达标竞赛活动中获得优胜、被荣记“集体三等功”。2010年，该院被市中院评为“全市法院宣传工作先进单位”、“全市法院调研工作先进单位”。

▲3月15日，河源中院院长杨宗仁（左二）、副院长林文晖（左三）、源城区委政法委书记赖昌彬（左一）参加全市法院调研宣传信息工作现场会。

▲7月14日，省高院副院长凌祁漫（右三）一行莅临河源市源城区法院视察立案信访窗口建设工作情况。

东源县人民法院

2010年，东源县法院共受理各类案件1385件，办结1359件，结案率为98.12%，收案数、结案数、结案率均创历史新高。全年受理并审结刑事案件96件165人，结案率为100%。共审结各类民商事案件1055件，结案率为98.5%，调撤率达71.1%，为历年来最高。共受理并审结行政诉讼案件14件。认真审查并依法裁定准予执行的行政非诉执行案件10件。共执结执行案件264件，执结率为96.35%。落实执行救助制度，共向26名经济确有困难的申请人发放救助金33.5万元。

积极践行能动司法理念，自觉服务科学发展。设立5个“人民法院信访调解立案巡回庭”，经常到边远乡镇的镇街综治信访维稳中心协助处理各类纠纷，全年巡回接待当事人法律咨询600多人次，巡回立案26件，巡回调解各类纠纷53件，巡回开庭16次。建立主动执行机制，成立执行指挥中心，全年主动启动执行程序的案件共52件，执结43件，进一步提高了执行工作效率。

▲7月13日，省高院副院长凌祁漫（左一）到东源县法院灯塔法庭视察。

▲2月4日，东源县法院组织法官到该县黄村镇慰问当地村民。

▲12月4日，原最高院院长肖杨同志（左一）到东源县法院视察。

梅州市中级人民法院

2010年，全市法院坚持“为大局服务，为人民司法”工作主题，深入推进“三项重点工作”，能动履行审判职能，努力在整体工作上争当全国法院排头兵，各项工作取得明显成效，为梅州实现“绿色的经济崛起”提供有力司法服务和保障。全市法院受理各类案件16851件，审结16723件，结案率99.2%，同比上年分别增加7.6%、7.9%和上升0.2%。其中，市中院受理案件3002件，结案2993件，结案率99.7%。全市法院有7个集体、13名法官获省级以上荣誉称号，其中市中院被评为“全省集中清理执行积案工作先进集体”，兴宁法院荣获“全国优秀法院”荣誉称号。

一、全面加强审判工作

依法严惩故意杀人、故意伤害、“双抢双盗”等严重暴力性和多发性犯罪以及危害公共安全犯罪，有力维护社会治安稳定。全市法院审结一审刑事案件1143件，判处犯罪分子1711人，判处5年以上有期徒刑至死刑265人，占16.5%。受理民商事一审案件9372件，审结9278件，结案率99%，同比分别上升17.6%、17.9%和0.3%。受理一审行政案件152件，全部审结。执结涉重点工程项目征地拆迁案件29件，面积10.5万平方米，大部分案件以和解方式执结，确保各项重点工程建设顺利开展。受理一审婚姻家庭、继承纠纷案件3637件，同比增长5.8%，维护和谐稳定社会秩序。受理二审案件626件，审结624件；基层法院案件质量和效率稳步提高，案件上诉率7.3%，发回重审、改判率9.8%，均达到省高院提出的争当全国法院排头兵指标。

二、认真开展执行清案工作

开展“无执行积案先进法院”创建活动，努力构建执行联动工作机制，全年受理执行案件3313件，执结3283件，执结率99.1%，执结标的额5.9亿多元，执行标的额实际到位率86.8%，执行和解率42.5%，取得“执行效率明显提高、执行到位率明显提高、执行申诉信访明显减少”的良好效果。在兴宁法院试点开展“主动执行”工作，该院执行到位率、执行和解率同比均提高30个百分点。

三、积极推进司法改革

制定实施细则落实量刑规范化改革和检察长列席审委会改革，积极开展监外执行人员帮教、回访工作，参与社区矫正，促进帮教人员和未成年罪犯尽快融入社会；认真贯彻“调解优先、调判结合”方针，构建调解工作联动网络，形成大调解工作格局，全市法院民商事一审案件调撤率75.8%，同比提高9.9%。落实各项便民诉讼措施，在人民法庭开设巡回办案点，兴宁法院和梅江区法院分别建立劳动争议和交通损害赔偿专业巡回法庭，依法快捷解决纠纷。

四、切实做好信访维稳工作

以开展“平安亚运”活动为契机，重点开展信访积案排查和化解工作，落实领导包案制度，建立中层以上领导干部信访轮值制度、重点信访事项听证制度、判后答疑和回访制度，注重源头治理。全年办理群众来信257件，接待来访469人次，其中院长接访64次195人，信访绝对数进一步下降。按照“事要解决”要求加大问题解决力度，至2010年4月中旬顺利完成中央交办9件涉诉信访案；对经多次处理仍然不服的谢应南、范满云等老上访户，申请人大、政法委等部门举行公开听证会，共同做好上访人息诉工作。

五、狠抓队伍作风和廉政建设

制定《深化作风建设提高执行力的意见》，明确纠风工作的重点和治理目标，市中院监察部门不定期对两级法院工作人员尤其是对24个人民法庭干部开展明察暗访，编印《司法作风建设活动专刊》，促进全市法院司法作风转变。严格执行最高院“五个严禁”规定，设立“廉政账户”方便干警处理公务活动中接受的钱、物。聘任15人为全市法院系统首届特约监督员，完善法院外部监督体系。

六、不断加强法院文化建设

开展创建“学习型法院”、“学习型部门”、争当“学习型标兵”活动，举办“读书与实践”征文比赛，全年有10篇学术研讨、理论文章在最高院、省高院获奖，市中院徐干忠被评为广东法院审判理论与审判业务专家。调研宣传工作再创佳绩，市中院承担全省法院重点调研课题《全省法院结对帮扶支援办案机制》调研任务；被上级采用的信息简报60篇，居全省各中院第3位；新闻宣传稿件被市级以上新闻单位采用430篇，其中被省级新闻媒体采用48篇，中央级新闻媒体采用50篇，居全省法院前列；所编写案例被最高院采用13篇，省高院采用4篇，居全省法院前列。

七、推进信息化建设和加强安保工作

完成市中院与省高院二级专网建设，“广东法院综合业务管理系统”正式上线运行，最高院通过远程视频系统在梅州直接提讯死刑被告人。不断完善机关大楼审判法庭的安检、监控设备等硬件设施，加强法警值庭、值班，以及保安人员日常值班，成立应急领导小组和应急队伍，加强与公安、武警等部门密切沟通，确保办公大楼、审判法庭和人员的安全。

◀12月8日，最高院政治部主任周泽民（中）到梅州法院视察工作。

▲7月12日至13日，省高院副院长凌祁漫（左二）到梅州法院检查“立案信访窗口”和“信访积案清理”工作情况。

▲12月，兴宁市法院被评为“全国优秀法院”。

▶11月5日，市中院与市人保局、市总工会联合召开劳动争议案件适用法律问题座谈会。

◀4月9日，市中院副院长朱杭基（左）与兴宁市委副书记罗颍安为罗岗巡回法庭揭牌。

◀6月11日，市中院邀请人大代表参与案件调解。

▲10月28日，市中院法官到企业开展法律服务志愿者行动。

▲9月29日，市中院举办全市法院迎国庆文艺汇演。

大埔县人民法院

2010年，大埔县法院始终坚持“三个至上”的指导思想，坚持能动司法，大力推进“三项重点工作”，努力践行“为大局服务、为人民司法” 和“人民法官为人民” 的工作主题，各项工作都取得较大的发展。

一是高质量、高效率完成审判执行工作任务。全年受理各类案件1049件，诉讼标的额2.4亿多元，结案1046件，结案率为99.7%，居全市各基层法院首位。上诉案件34件，已结32件，其中维持原判30件，维持率为93.7%，无发回重审案件，上诉维持率居全市基层法院前列。

二是坚持能动司法服务大局。围绕国企破产、拆迁、计生等工作大局，延伸审判职能，大力开展非诉行政案件的执行工作，为本县经济健康发展提供强大的法律保障。

三是注重维护和保障当事人诉讼权利。积极践行司法为民理念，90%以上案件在当天立案，70%以上案件适用简易程序审理，全年为当事人办理减、缓、免交和退还诉讼费合计14.25万元。

四是队伍建设成效明显。2010年，在全市各基层法院“整体工作争当全国法院排头兵”达标竞赛活动中居第三位，被大埔县委、县政府评为2010年全面工作表扬单位。同时，涌现出一批先进集体和个人，民一庭和1名干警被市中院报请省高院记二等功，执行局和2名干警被市中院记三等功，高陂法庭和5名法官获市中院“调解工作先进”称号，1位人民陪审员被省高院评为“人民陪审员调解先进个人”。

▲12月1日，大埔县法院院长叶仁基（左三）带领50多名干警成功执结“县人民医院迁建”征地拆迁案。

▲9月21日，大埔县法院邀请12名省、市、县人大代表观摩刑事案件庭审。

▲11月22日，大埔县法院采用“圆桌审判”方式审理一起未成年犯罪案件。

平远县人民法院

▲5月12日，梅州市人大常委会到平远县法院调研行政审判工作。

2010年，平远县人民法院围绕“三项重点工作”，开展“排头兵达标竞赛”和“创先争优”活动，充分发挥审判职能作用，维护社会稳定，促进地方经济发展。一是大力加强审判执行工作。全年受理各类案件645件，结案629件，结案率97.5%，调撤率70.4%，解决民商事案件诉讼标的额2000多万元，执结各类案件标的额500多万元。其中，刑事案件和行政案件结案率100%，刑事附带民事案件及行政案件全部以和解方式结案。执行工作以执行和解为首选，执行和解率达67%。加大司法救助力度，全年为211件案件实行缓、减、免交诉讼费，金额19万元。积极开展巡回审判进林区活动，为林区群众提供林权登记、林权抵押贷款、林权流转等法律咨询，发送法律宣传册，取得良好社会效果。二是抓党建促队伍。认真落实“一岗双责”工作要求，层层签订“党风廉政责任书”，创建“学习型法院”。加大法官培训力度，全年培训34场229人次，3人通过国家司法考试。加强人民陪审员参审工作，新任命的13名人民陪审员全年参审案件76件，为促进司法民主起了积极作用。三是狠抓基础建设。积极筹措资金，对法院大楼及法庭进行美化、绿化、净化，完善基础设施建设。加强安保措施，安装安检门，设置值勤警察，做好安全保卫工作。加快信息化建设进程，提高信息化应用技能，促进司法效率提高。加大法律宣传力度，提高应对舆论能力，树立法院形象，维护司法权威。

►5月19日，平远县委书记肖文浩（中）、梅州中院副院长郑理良（右）检查指导平远县法院工作。

惠州市中级人民法院

2010年，全市法院深入贯彻落实科学发展观，全面落实“三个至上”指导思想和“为大局服务、为人民司法”工作主题，围绕政法“三项重点工作”，深入开展“排头兵达标竞赛”活动，大力加强各项审判执行工作，全力推进班子队伍建设，各项工作都取得了新发展、新成效。全年全市法院共办结各类案件26727件，比上年增长了3.61%，结案率达到97.56%；一审民商事案件调撤率达70.36%，同比提高了15.59个百分点；案件执结率达94.91%，同比提高了1.5个百分点。其中市中院共办结各类案件4893件，同比增长了5.11%，结案率达到了97.99%；一审民商事案件调撤率达52.16%，同比提高了22.71个百分点。

一、大力加强各项审判执行工作

依法审理刑事案件。全市法院围绕“平安亚运”、“平安省运”，严厉打击故意杀人、抢劫等严重刑事犯罪，全力维护社会秩序安定。全年全市法院共办结各类刑事案件3080件，同比增长了1.82%；其中市中院办结案件505件判处926人，同比分别提高了19.95%和3.23%。注重加强对大要案件的审判，对罪大恶极的犯罪分子依法判处死刑。同时，认真执行宽严相济的刑事政策，对具有法定从轻、减轻情节的罪犯，依法从宽处理，全市法院共对620名被告人判处了缓刑，缓刑适用率为15.21%。

依法审理民商事、行政案件，保护公民合法权益，维护服务全市经济社会全面发展。全年全市法院共办结各类民商事案件15458件，同比提高了6.31%，解决诉讼标的金额43.08亿元；办结各类行政案件363件。其中市中院办结各类民商事案件2333件，解决诉讼标的金额8.2亿元；办结各类行政案件133件。

依法开展执行工作。积极组织全市法院开展集中清理执行积案统一行动、争创“无执行积案先进法院”和清理执行申诉信访积案统一行动，进一步加大执行工作力度，全面化解执行难。全年全市法院共执结各类案件6381件，实际执结率达84.96%，同比提高了40.53个百分点；执行标的到位总金额达20.42亿元。其中市中院执结案件302件，执结率达95.27%，同比提高了12.35个百分点；执行标的到位总金额达3.8亿元，同比提高了21.41%。

二、大力加强审判监督管理工作

全市法院陆续成立了独立建制的审判管理办公室，统一负责对办案效率、质量的管理考核。我院加强对上诉案件的审理，对确有错误的裁判，依法予以改判。如对陈伟良、曾必强盗伐林木案，我院二审中坚持司法理念创新，在加大经济处罚力度、责令两被告人保证补种10亩树木的前提下，依法对两被告人改判缓刑。该案经《人民日报》、新华社等各大媒体和网络媒体报道，获得社会各界一致好评。全年共办结不服基层法院一审判决的上诉案件2420件，依法发回重审、改判368件，发改率为15.2%，同比下降了3.95个百分点。

三、大力加强司法惠民工作

按照市委确定的在更高标准上建设科学发展“惠民之州”的目标要求，我院深入推进司法惠民工程建设。全面加强立案、信访窗口建设，建立了诉讼材料流转中心，设置了法官接访室，建立了导诉员制度，深入推进信访主题日、法院开放日、法律“六进”等活动。同时，大力加强司法救助工作，全市法院共为刑事被害人、涉诉信访人等申请司法救助资金达368万元。

四、大力加强基层基础工作

积极实行党组成员包片联系基层制度，及时掌握各地的工作状况，帮助解决遇到的困难和问题，检查督促各项工作措施的落实。深入总结、交流各基层法院的先进工作经验，先后在惠城区、大亚湾区、博罗县法院召开了法院文化建设、审判管理、调研宣传工作现场交流会，全面推广三地法院的先进经验。大力加强全市法院物质装备建设，实现了各人民法庭、县（区）法院与中院、省法院的“四级联网”。

五、积极争取党委领导、人大监督和社会各界的支持

我院创立了《法院重大情况专报》，去年共上报专报6期，及时向市委、人大报告重要工作部署和重大案件审理情况，以便于市委、人大更好地了解和支持法院工作。积极接受人大监督，邀请人大代表参加“百庭观摩”、“百场见证执行”、观摩死刑执行等项活动，主动接受人大代表对审判执行工作的评议和监督。积极接受当事人、媒体及社会各界的监督，我院在案件立案时向当事人发送《审判执行廉政监督意见反馈表》，主动接受当事人对法官办案过程的监督，对社会关注的重大案件，主动邀请媒体采访报道。

六、深入推进班子队伍建设

我院深入推进班子建设，顺利完成了班子的新老交接，配齐配强了班子成员。新一届班子坚持求真务实、开拓创新，围绕14项重大课题调研深入开展了“院党组带头调研”活动，积极研究法院工作新思路、新举措，制定出了一批加强各项工作的指导意见。全市法院深入推进学习型法院、学习型法官建设、推进法院文化建设、大力加强廉政建设，通过开办“法官讲坛”、举办全市首届“十佳法官”评选、组织开展集中述职述廉活动、设立廉政监察专员等，增进队伍的凝聚力和向心力，有效防止各种违法违纪行为的发生，干警队伍实现了“零违纪”。

5月31日，惠州中院召开"迎省运、保平安"集中宣判大会，对一批贩毒、故意杀人案件进行了集中宣判。

10月11日，市中院行政庭在龙门县会议中心公开审理备受关注的龙门县山林确权"第一案"，200多名社会各界人士和各级媒体记者参加了旁听。

6月29日，市中院举办首届趣味运动比赛。图为干警参加拔河比赛。

8月31日，惠州中院举行全省法院司法作风建设示范点、惠州市反腐倡廉法治教育基地揭牌启动仪式暨“法院开放日”活动。

10月29日，惠州中院举办第一期“法官讲坛”。惠州中院党组成员、纪检组组长唐正胜为全市法院干警作了一场题为《浅谈法官职业道德建设》的专题讲座。

11月19日，惠州中院举行全市首届“十佳法官”表彰暨先进事迹报告会。

博罗县人民法院

▲2月25日，博罗县法院党组率领全院干警进行廉政宣誓。

2010年，博罗县法院在县委的领导、县人大的监督、市中院的指导和县政府及社会各界的支持下，坚持以邓小平理论和“三个代表”重要思想为指导，落实科学发展观，深入贯彻党的十七大精神，践行“三个至上”，全面落实“为大局服务、为人民司法”工作主题，紧紧围绕“三项重点工作”，紧扣县委、县政府的总体部署，大力加强审判执行各项工作，为博罗社会和谐稳定和经济健康发展提供更加有力的司法保障和司法服务。全年共受理各类案件3967件、审结3872件、结案率97.6%，其中受理刑事案件615件851人、审结615件851人、结案率100%，同比收案数下降4%。受理民商事纠纷案件2301件、审结2252件、结案率97.9%。同比收案数上升2.4%；在审结的民商事案件中，调解结案（含撤诉）1742件，调撤率77.4%，比省高院下达的调解任务指标高出17个百分点。受理行政案件27件、审结27件、结案率100%，同比收案数下降3%。受理执行案件1011件、执结996件、执结率95.5%。同比收案数下降10%再审案件13件、审结12件、结案率92%。

我院各项工作得到上级法院的充分肯定，被最高院授予“全国优秀法院”荣誉称号。司法警察大队被广东省高级人民法院评为“一级警队”，行政审判庭被评为“惠州市行政审判工作先进集体”，执行局被市中院荣记“集体三等功”，审判监督庭庭长邓茂军荣获惠州首届“十佳法官”称号，行政审判庭庭长杨远忠被评为惠州市“行政审判先进个人”。

▲博罗县法院被评为2010年“全国优秀法院”。

▲1月18日，博罗县法院院长李龙飞向廉政监督员颁发证书。

惠城区人民法院

2010年，惠城区法院坚持“三个至上”指导思想，深入推进“三项重点工作”，紧扣“人民法官为人民”主题实践活动，深入开展排头兵达标竞赛、“素能提升年”及“司法服务年”活动，狠抓队伍建设，大力加强审判执行工作力度，各项工作得到了全面发展。

一、扎实推进能动司法，审判执行工作取得新成绩

全年共受理各类案件8195件，结案8016件，结案率97.8%，解决诉讼标的18.2亿元。法官人均结案182件，个人最高结案407件。全年受理刑事案件837件1313人，全部都在法定期限内结案；受理民商事案件4700件，审结4660件，结案率为99.1%，其中调解解决3259件，调解撤诉率为69.9%；受理执行案件2558件，执结2419件，解决执行标的总额7.07亿元，执结率为94.6%，实际执行率85%。在全市法院排头兵达标竞赛活动中，我院各项指标全面达标，多项指标超标完成，竞赛活动总成绩在全市基层法院中排名第一。

▲8月28日，在惠城区法院党组书记、院长陈伟华的带领全体干警在审判大楼前举行廉政宣誓仪式。

二、大力加强司法能力建设，队伍素质能力有了新提高

深入开展“素能提升年”活动，认真落实文化兴院各项措施，队伍建设取得了显著成效。我院被省高院评为“全省法院文化建设示范单位”，执行局被省高院荣记集体二等功，法警大队被省高院评为“一级警队”，民一庭被市中院记集体三等功；法官彭红被全国妇联评为“全国维护妇女儿童权益先进个人”，法官彭红、卜健被评为全市首届“十佳法官”。

▲10月13日，全市法院文化建设经验交流现场会在惠城区法院召开。惠州中院副院长董国路在院长陈伟华的陪同下，参观文化建设成果展。

三、积极参与社会管理创新，司法服务水平上了新台阶

深入开展“司法服务年”活动，大力推进司法惠民。积极开展法制宣传，提高公民法律意识，积极参与社会治安综合治理工作。拓宽立案窗口的司法服务途径，推行上门立案、周末立案、网上立案等服务。加大司法救助力度，全年共为符合条件当事人发放执行救助金142.9万元。编印《老百姓打官司100问》，将群众在打官司过程中常见的程序性问题编成精美手册，引导群众维权。

汕尾市中级人民法院

2010年，全市法院牢固坚持“三个至上”重要指导思想，深入践行“人民法官为人民”主题，紧紧围绕深入推进“三项重点工作”，以“加速推进排头兵达标”竞赛活动为工作统揽和落实方法，全面发挥司法职能维护公平正义，不断加强自身建设提高司法水平，较好地完成了各项审判执行任务，各项公正司法指标取得了新的发展。全市法院共受理各类案件4701件，办结4073件，结案率86.6%。其中，市中院受理717件，办结595件，结案率83%。

一、坚持为大局服务，切实抓好审判执行工作

加强民商事审判工作，服务经济平稳较快增长。共审结民商事案件2244件，解决诉讼标的5.5亿元。加大对婚姻家庭和继承纠纷矛盾的调处，突出保护妇女、儿童、老人合法权益，共审结此类一审案件1038件。加大对合同纠纷矛盾的调处，依法维护交易安全、促进诚信社会建设，共审结此类一审案件681件。加强刑事审判工作，促进“平安汕尾”建设。审结各类刑事案件815件，判处犯罪分子1052人。依法严厉打击各种严重刑事犯罪，审结一审故意杀人犯罪案件11件17人、故意伤害犯罪案件96件129人。严厉打击严重危害社会治安犯罪，为“平安亚运”营造安定有序的社会环境。加强行政审判工作，监督支持依法行政。突出依法审理好资源、城建、劳动、工商、环保等数量突出的行政案件，依法保护行政行为相对人的合法权益，监督、支持行政机关依法行政，审结行政案件90件。加强执行工作，努力实现当事人权益。加大对被执行财产的查控力度，加大对拒不执行行为的打击力度，探索“快速执行”模式，优化执行资源配置，统筹安排执行事项，提升执行效率。执结案件924件，执结标的金额2.8亿元。参与社会治安综合治理，积极化解社会矛盾。完善少年审判工作机制，探索建立未成年人犯罪社会调查员制度，做好教育、感化、挽救失足青少年工作，共判处未成年罪犯78 人，未成年人非监禁刑适用率达到42%。立足审判执行工作，积极参与“平安亚运”建设。中院成立了专门的领导小组。两级法院均抽调业务骨干，组成涉亚运案件专门合议庭，对应予受理的涉亚运案件，快立案、快审理、快执行。

二、坚持为人民司法，全力维护群众权益

着力加强对审判工作的监督管理，推进排头兵达标竞赛活动。将“人民法官为人民”主题实践活动具体落实为排头兵达标竞赛活动，将争当排头兵的目标分解成“上诉发改率、结案率、结案均衡度、民事案件调撤率、实际执行率”等12项体现审判执行工作质量、效率与效果的重点指标，层层分解，落实到部门、到岗位、到人。按照省法院关于信息化强力推进，强行入轨的要求，实现了法院三级联网。着力推进调解和息诉工作，健全诉讼与非诉讼相衔接的纠纷解决机制。贯彻“调解优先、调判结合”原则，努力做到案结事了、定纷止争。全市法院民事案件调解、撤诉结案1126件，调解撤诉率50%。着力加强立案信访窗口建设，为群众诉讼提供司法便利。设立诉讼服务中心，为当事人提供咨询指引、案件查询、诉讼材料收转等“一站式”服务。完善涉诉信访案件排查机制，对重大敏感案件，在立案、审理、执行等各个环节提前介入，从源头上预防和减少涉诉信访问题。全市法院接待群众来访154人次，处理群众来信254件次。着力加强司法救助工作，让困难群众打得起官司。继续依法推行诉讼费减免缓制度和法律援助制度，共为81件案件经济确有困难的当事人减免缓诉讼费49.6万元。出台了《刑事被害人特困救助办法》，依法为37名符合法律援助条件的刑事被告人指定律师出庭辩护。着力拓宽民意沟通渠道，自觉接受群众监督。落实审判公开制度，推行“阳光审判”、“阳光执行”，案件依法公开开庭、宣判、执行，裁判文书上网公开。进一步创新人大代表联络形式，大力开展人大代表“百场调解”活动。

三、狠抓自身建设，积极推动法院工作科学发展

加强司法能力建设，提升队伍司法水平。加强法院领导班子建设，打造自觉坚持科学发展、善于领导科学发展的领导集体。加大教育培训力度，着力提高法官化解社会矛盾、做群众工作的能力。健全干部考核任用机制，完善考核标准和考核程序，将调解率、上诉率、改判和发回重审率、申诉信访率、执行到位率等指标纳入法官考核范围，激励法官更加注重司法能力的自觉培养。加强党风廉政建设，提升防腐拒变能力。严格执行最高法院“五个严禁”的规定，用铁的纪律维护司法廉洁。加强基层基础建设，提升整体司法水平。坚持面向基层、服务基层、建设基层，着力解决影响基层工作发展的困难和问题，充分发挥基层为大局服务、为人民司法的前沿阵地作用。

▲11月16日，省高院党组副书记、常务副院长陈华杰（右）走访汕尾市人大代表，与市人大常务副主任林义君（左）座谈。

▲5月25日，省法院凌祁漫副院长到市中院检查指导立案信访工作，并参观市中院立案大厅。

▲5月21日，市中院陈孙院长（后排左一）将全院干警捐助的自来水安装工程建设资金，交到帮扶挂钩点陆丰市湖东镇霞埔村村干部手中。

▲11月30日，省法院副院长谭玲（中）到市中院检查指导工作。

▲3月8日，汕尾中院和城区人民法院十多名女法官走上街头，开展“反家庭暴力”法律咨询活动。

▲2月4日，汕尾中院开庭审理陆丰“4·24”温汉葵等人故意伤害案。

▲8月10日，汕尾中院干警参观市纪委举办的廉政建设漫画展。

▲8月12日，省法院第一司法巡查组到汕尾中院开展司法巡查工作。

城区人民法院

▲10月29日，城区法院党组成员与人大代表座谈。

2010年，城区法院认真贯彻全国、省、市、区政法工作会议精神，遵照上级法院和区委的工作部署，继续以“人民法官为人民”主题实践活动为统揽，牢固坚持“三个至上”重要指导思想，围绕“整肃作风，提高执行力”主题教育活动，以服务大局、保障民生为工作重点，充分发挥审判职能作用，为城区经济社会发展和社会稳定提供了有力的司法保障。全年共受理各类案件1298件，办结1003件，结案率为77%。其中，受理刑事案件158件，办结146件，判处犯罪分子215人；在生效判决中有34名犯罪分子被判处五年以上有期徒刑，重判率为17%。受理民商事案件725件，审结511件；在办结的493件民商事诉讼案件中，有228件以调解、撤诉方式结案，调解、撤诉率为46%。受理行政案件11件，审结5件；依法审查行政非诉案件8件。受理各类执行案件401件，执结341件，执结案件标的金额1159万元。重点抓了六方面的工作：一是认真履行审判职能，维护社会和谐稳定；二是关注民生，切实维护人民群众的合法权益；三是开展案件评查活动，促进案件质量和效率的提高；四是做好人大代表联络工作，自觉接受监督；五是加强队伍建设，推动审判质量与效率的提高；六是推进信息化管理系统建设，为精细化审判管理打基础。

海丰县人民法院

2010年，海丰县法院在县委的正确领导和上级法院的指导下，在县人大的监督和政府等有关部门的大力支持下，坚持以“三个代表”重要思想和“十七大”的精神为指导，深入贯彻落实科学发展观，紧紧围绕“为大局服务，为人民司法”工作主题，认真落实“从严治院，公信立院，科技强院”工作方针，较好地完成各项工作任务。全年共受理各类案件（含旧存76件）1190件，结案1131件，结案率95.04%，其中受理各类刑事案件242件，结案233件，结案率96.3%；受理民商事案件710件（含旧存52件），结案664件，结案率93.5%，结案标的1739.91万元；受理行政案件11件（含旧存1件），结案11件，结案率100%；受理审判监督案件2件，结案1件；受理执行案件225件（含旧存23件），执结222件，执结率98.7%，执结标的约2576.74万元，充分发挥了人民法院的审判职能作用，为海丰县经济协调健康发展营造稳定的社会环境和法治环境，为构建和谐海丰提供了扎实可靠的司法保障和法律服务。

▲12月31日，海丰县法院院长许木胜到海丰县广播电视台“行风热线”节目为听众朋友解疑释惑。

陆丰市人民法院

2010年，陆丰市法院围绕社会矛盾化解，坚持能动司法，积极发挥人民法院在社会管理中的作用，全年全院共受理各类案件1207件（含旧存154件），审结执结1089件，结案率90.2%。受理各类刑事案件234宗312人（其中发回重审1宗）已审结231宗305人，结案率97%。受理民商事案件757宗（含旧存62宗），审结680宗，结案率89.8%，审结的680件民商事案件中，调解结案的有415宗，撤诉的57宗，调解撤诉率达69.4%，超过全国和全省平均水平，比上一年同期上升23个百分点。受理行政诉讼案件4宗，非诉行政案件1宗，已全部审结，结案率100%，有3宗以和解撤诉结案，和解撤诉率达75%。共受理执行案件211宗（含旧存92宗），共执结案件173宗，执结率达82%，比上一年提高七个百分点。为加强司法廉政建设，院领导班子成员及部门负责人明确党风廉政建设岗位职责。院长与班子成员、班子成员与部门负责人，部门负责人与干警，均签订党风廉政建设责任书，形成一级抓一级，层层抓落实的工作格局。

▲3月12日，陆丰市法院院长陈俊鹏与院领导签订廉政建设责任书。

陆河县人民法院

▲7月28日，陆河县检察院检察长首次列席陆河法院审委会。

2010年，陆河县法院开展“院长下基层，法官进社区，案件听民意”活动，强化审判职能，狠抓队伍建设，增强司法能力，提高执法水平。全年共受理各类案件261件，审结247件，审结率94.6%。充分发挥民商事审判化解社会矛盾、维护社会稳定、促进社会和谐的职能作用。积极提高审判效率，创新调解方法，在司法实践中总结出中立信任法，欲擒故纵法，情绪发泄法等十多种调解方法，有效地提高了案件的调解率。全年受理民事案件149件，审结142件，结案率95.3%，其中调撤结案112件，调撤率78.8%，比全省的66.06%提高了12.74个百分点。民事审判呈现申诉少、信访少、无矛盾激化事件、无群体性事件“两少两无”的良好局面；依法准确打击刑事犯罪，贯彻打防结合的原则和宽严相济的方针。全年共受理各类刑事案件39件61人，审结39件61人，结案率100%，均在审限内审结，呈现了无上诉、无抗诉，零上访、零投诉的良好局面。加大执行保障合法权益。始终把解决“执行难”问题作为一项重要任务来抓，推行阳光执行，强化联动执法，主动争取人大、党委、政府各部门的配合，使执行工作步入了良性发展的轨道。重视立案窗口建设与基层综治信访维稳工作的衔接配合，通过挂点联系、专人指导、诉调对接等方式，指导基层综治维稳中心依法调解，有效化解了社会矛盾，取得了良好的法律效果和社会效果。

东莞市中级人民法院

2010年，东莞两级法院以科学发展观统揽全局，坚持“为大局服务、为人民司法”工作主题，进一步理顺工作机制，进一步增强能动司法，主动自觉地推进“三项重点工作”，各项工作取得了新进展。全年两级法院共受理各类案件117443件，审结各类案件113811件，结案率为96.91%，未结案件数减少了20.46%；诉讼标的额132.83亿元。其中，中院受理各类案件14030件，审结13580件，结案率为96.79%。两级法院法官人均结案287.4件，是全省法院法官人均结案99.59件的2.89倍，连续第四年居全省法院第一位。

一、优质高效地做好审判执行工作

提前谋划审判工作的重点方向。从2009年底，针对后金融危机时期可能多发的劳动争议案件、无因管理案件、破产案件、房地产纠纷以及金融借款纠纷等进行重点调研，提前确定审判对策、统一裁判标准、调配审判力量，做到未雨绸缪。积极开展“排头兵达标”竞赛活动。将竞赛活动的各项指标细化层层落实到人，每季度定期进行考核、检查、通报，开展季度评比先进集体、个人活动。加班加点及时结案。为保证各阶段的均衡结案，避免前松后紧，从上半年起，就开始制度性的加班加点办案。对未结案件登记造册，督促责任人尽快结案。

二、多项工作有亮点、有创新

（一）调解工作成绩突出。2010年，两级法院受理的民商事案件以调撤方式结案42025件，调撤率达62.28%，比上年同比上升5.08个百分点。一是诉讼调解水平不断提高。两级法院把调解贯穿于立案、审判和执行的各个环节，总结和推广各种有效的调解新方式，通过召开两级法院调解工作现场会，邀请香港“诉讼和解中心”的专家到法院授课等方式，提高法官的调解能力。二是立案调解工作取得突破。通过拓宽立案调解范围，规范调解程序，将立案调解与速裁工作结合起来，大大提高了立案调撤率。2010年，两级法院立案调撤案件9761件，速裁结案4185件。三是诉调对接持续创新。加强与行政机关、行业协会的密切联系，建立完善的诉调对接机制。全年通过诉调对接方式调解案件18621件，司法确认22062件，取得了良好的法律效果和社会效果。

（二）服务大局工作有新突破。2010年，两级法院不断强化司法工作的服务职能，扩展能动司法领域，有效提升了司法的社会效益。一是为党委政府排忧解难。2010年，两级法院与有关部门密切配合，主动介入、参与处置事关社会稳定的群体性劳动争议纠纷案件50余次。二是加强了与基层党委政府的司法协作。与镇街政府签订协议，共同成立司法协作协调小组，依托“镇街综治信访维稳中心”的建设，共建信息互通、诉调对接和协调配合三大机制，将司法关口前移，推动了基层的综治维稳和矛盾纠纷化解工作。三是高度重视司法宣传工作。成立了“法律志愿者服务基地”，主动派法官下社区、进企业送法，与新闻媒体联合开设《法官说案》等法制宣传栏目，联合制作节目报道达1000余篇（次）。

（三）基层法院工作不断创新。第一法院建立“社区法官助理”制度，成立了全省首家“交通事故巡回法庭”，设立东莞首家劳动争议巡回法庭，启用案件网上查询功能、法律文书电子送达平台，创新了司法便民的方式。第二法院探索和总结出“法官与未成年被告人四会面”制度、简易纠纷一站式快速处理机制、电子送达、案件质量“三评查”制度等特色做法。第三法院率先建立公检法联席会议制度，启动刑事案件“绿色通道”，创新“见证执行”机制，扩大了“见证执行”的影响力。

三、法院队伍政治业务素质进一步提高

两级法院深入开展“人民法官为人民”主题实践活动，以党建带队建，不断增强干警的大局意识和群众工作能力。全年，两级法院有64个集体和114名个人受到市级以上表彰。}

（一）深入推进学习型法院建设。按照“构建学习型法院，培养专家型法官”的建院目标，先后举办16期专项培训，加上其他的培训，共培训干警2657人次。加大对图书室、阅览室等学习场所建设的投入力度，创办“旗峰法律讲坛”，开展“法律沙龙”、“法官论坛”等专题实务研讨会，提高法官的业务能力。第一、第二人民法院分别被省院列为文化建设示范单位。

（二）多渠道增加干警对社情民意的了解。为了提高干警的群众观念和群众工作能力，2010年，选派了第三批9名中层领导干部到镇街党委政府挂职，推行上下级法院法官双向挂职锻炼，新进人员到信访窗口接受锻炼，选派了第一批10名年轻法官到贵州铜仁跨省体验山区法院干警扎根艰苦环境，学习锻炼基层工作能力和服务大局意识。

（三）狠抓司法廉政建设。开展“廉政文化宣传周”、“纪律教育学习月”，组织“廉政知识竞赛”、“廉政演讲比赛”、“廉政文化板报展”，集中观看廉政教育专题片等活动，提高队伍的廉洁自律意识。通过落实任前谈话、任中谈话、廉政账户、廉政档案、重大事项报告、“五个严禁”等各项廉政规章制度，建立常态化、规范化的内部监督机制。完善案件质量监督管理机制，开展司法作风检查、违规收费及违规管理涉案款物专项检查。2010年，共收到信访投诉203件，与上年同比下降7.3%。

5月22日，东莞中院承办全国法院行政审判工作座谈会。图为最高院副院长江必新（左三）及省委常委、省委政法委书记梁伟发（左四），东莞市委副书记、市委政法委书记黄双福（左二）等领导出席会议。

12月9日，最高院政治部主任周泽民（前排左四）视察东莞中院。

11月10日，东莞中院敲响省内公开开庭审理减刑假释案件第一槌。图为东莞中院在东莞监狱首次公开开庭审理减刑假释案件。

▲9月29日，东莞中院组织召开东莞市纪念《行政诉讼法》实施二十周年座谈会，邀请多个政府部门参会。

东莞市第一人民法院

2010年，东莞市第一人民法院受理各类案件50522件，结案49290件，结案率97.56%，调撤率69.21%，一线法官人均结案数421件。在大力推行刑事和解、行政和解、执行和解的基础上，率先开展探索社区法官助理机制、预立案机制，成立广东首家交通事故巡回法庭、东莞首家劳动争议巡回法庭等，不断延伸窗口服务职能，建立健全诉调对接机制，努力构建多元化纠纷解决机制。在队伍建设中，率先启动全员培训模式，开展中层领导竞争上岗等活动。通过确立"厚德、笃行、博学、创新"为内容的院训和融文化内涵与艺术美感于一体的院徽、创办旗峰法律讲坛、开通内网知行论坛、举办体育文化月等活动全力打造法院文化。全年集体和个人受到上级机关表彰32次。

►3月12日，东莞第一法院在"石排法庭诉调对接流动岗"的基础上，成立了广东首家交通事故巡回法庭。图为东莞市人大常委会副主任陈国辉（左三）为巡回法庭揭牌。

东莞市第二人民法院

2010年，东莞市第二人民法院共审结各类案件24065件，结案率达96.15%，一线法官人均结案353.89件。在圆满完成审判执行工作的同时，东莞第二法院还在文化建设、审判管理、改革创新等方面取得了骄人的成绩，创新推出了青年法官导师制度、电子送达、未成年刑事审判“四会面”制度、“2+1”陪审模式、“345”司法公开模式等举措，被评为“全省法院首批文化建设示范单位”和“全省优秀法院”，成为全省家事审判合议庭试点法院、全国百家“司法公开示范法院”之一和最高院确定的全国八家“多元纠纷解决机制改革试点单位”之一。

▲12月9日，最高院政治部主任周泽民（右三）、省高院院长郑鄂（右二）在东莞第二法院院长陈葵（左一）的带领下考察院文化建设工作。

东莞市第二人民法院

2010年，东莞市第三人民法院以争当全省法院排头兵为目标，围绕“打基础，健制度，寻突破，创佳绩”的工作思路，狠抓审执基础，创新发展思路。在全市基层法院的排头兵达标竞赛及年终综合考核中，多项指标数据名列第一。

▲3月26日，东莞市第三法院驻东莞市清溪镇诉调对接联络站正式成立，该院院长罗念卫（左四）与清溪镇党委书记陈浩林（右三）共同为联络站揭牌。

以科学发展观为指导，突破发展瓶颈，形成“见证执行”、刑事联席会议制、交通事故速裁通道等亮点机制，在全市良好示范效应；并突出发展法院文化，先后形成生日晚会、文化长廊、后花园景观工程等文化品牌，进一步增强了凝聚力，深受干警欢迎。全年共收案27863宗，结案26876宗，结案率达96.46%，调撤率为69.35%，执行标的到位率为72.31%，非监禁刑适用率高达45.12%，结案均衡度达46.13，生效案件发改率仅为0.01%，信访投诉率仅为0.03%，再审率仅为0.04%，受到了辖区政府和群众的高度肯定。

中山市中级人民法院

2010年，中山市中级人民法院紧紧围绕市委中心工作、紧紧围绕公平正义目标、紧紧围绕“社会矛盾化解、社会管理创新、公正廉洁执法”三项重点工作，狠抓审判执行工作、队伍建设和改革创新，法院各项工作取得了新的明显进步。

一、依法履行审判职能，维护社会公平正义。一是依法审理民事行政案件。全市法院共审结各类民事案件26385件，同比上升11.6%，解决标的总金额27.1亿元。积极探索建立化解行政争议新机制，畅通行政诉讼途径，全年共审结各类行政案件406件。二是依法审理刑事案件。全市法院共审结各类刑事案件3724件，同比上升3.7%，刑事判决生效3324件4967人，判处五年以上有期徒刑至死刑567人。三是全力破解执行难问题。全市法院共执结各类案件11166件，同比增长11.1%；执结标的总金额16亿元，实际执行率和执行到位率分别为78.4%和59.4%，均达到并超过省法院的目标要求。

二、围绕大局能动司法，服务经济社会发展。一是主动服务经济发展。紧紧围绕市委中心工作，制定下发了《关于为我市加快转变经济发展方式提供司法保障的实施意见》，从九个方面提出37条意见，有效指导了全市法院各项审判执行工作，得到了市委领导的充分肯定。二是创新机制化解矛盾。积极构建多元化纠纷解决机制。在市委的重视和支持下，以南头镇作为试点，在全市全面推行具有中山特色的诉调对接新机制，妥善化解了大量矛盾纠纷案件。三是全力保障平安亚运。通过加强领导、制订方案、落实领导包案、跟踪督办、限期办结等措施，较好地完成了亚运安保工作任务，得到了省委政法委和省法院的通报表扬。四是强化立案信访窗口建设，落实司法为民措施。认真开展集中清理信访积案工作，信访积案化解率达92%，促使信访矛盾减少。全年共处理人民群众来信411件，接待来访263人（次），同比分别下降23.5%和9.6%。强化司法救助工作，全年共为346名当事人减、缓、免交诉讼费100多万元，为生活确有困难的刑事被害人和申请执行人提供司法救助金30多万元，为410名符合条件的刑事被告人指定律师出庭辩护。

三、改革创新强化管理，推动法院科学发展。一是全面推行精细化审判管理。通过分解任务、明确责任、定期通报等措施，不断推动法院自身科学发展，在省法院排头兵达标竞赛活动中，综合得分居第一竞赛小组前列，法院整体工作水平显著提升。二是积极探索审判工作新机制。积极推行“家事法庭”和“圆桌审判”，加强与公安、妇联以及其他社会组织的沟通合作，充分彰显司法的人文关怀。探索推行知识产权案件“三审合一”试点工作。探索建立上下级法院之间的沟通协调机制，着力解决“同案不同判”、裁判标准不统一等问题，有效维护司法权威。三是强力推进信息化系统建设。在市委、市政府的重视和支持下，初步形成了“全覆盖、全业务、全流程”的信息化建设新格局。去年7月，全省法院信息化建设应用推进现场会在中山举行，市中级法院作为全省三个单位之一向大会作了经验介绍，受到省法院和其他中院一致好评。

四、狠抓队伍建设，确保廉洁、公正和效率。一是以党建为着力点，提升队伍政治素质。坚持“以党建带队建，以队建促审判”的工作思路，开展“支部建在法庭，党旗插到基层”活动，全市法院共建立起45个党支部，充分发挥党组织的战斗堡垒和党员的先锋模范作用。通过搭建文化平台促进“公正、廉洁、为民”司法核心价值观进一步形成，充分彰显了“团结进取、服务大局、尊崇法律、清正廉洁”的中山法官精神。全市法院队伍中涌现出了“全国维护儿童权益先进个人”、“全国执行工作先进个人”、“全国办案标兵”、“市示范青年文明号”等一批先进典型。二是加强与人大代表和社会各界的联系，自觉接受监督。认真办理人大代表的意见建议和政协委员提案，全年共办结意见、建议和提案13件，办结率为100%。认真落实人民陪审员制度，全市有50名人民陪审员共参与审理案件600件。依法接受检察机关的法律监督，主动邀请检察长列席审判委员会议，听取意见。加强与新闻媒体的沟通联系，自觉接受社会舆论和人民群众的监督。三是狠抓廉政制度建设，确保队伍公正廉洁司法。以市中级法院被省法院确定为司法作风建设示范法院为契机，积极探索建立案件回访、审务公开、审务督查制度，层级签订党风廉政建设责任书，进一步强化“一岗双责”责任制的落实。加强廉政教育，坚持经常性教育警醒活动，队伍公正廉洁为民意识有效增强，形象不断提升，全年群众的举报和投诉明显减少。

▲7月23日，省高院党组书记、院长郑鄂视察市第二人民法院。

▲3月18日，市委书记、市人大常委会主任薛晓峰（右）在听取市中级法院潘塴院长的工作汇报。

▲9月2日，市委副书记彭建文（左二），市委常委、市政法委书记黄树安（右三），市人大常委会副主任区碧群（左一），市中级法院党组书记、院长潘塴（右二）等领导参加市中级法院荣获“广东省文明单位”揭牌仪式。

▲8月9日，经中山市委研究同意，中共中山市中级人民法院机关委员会正式成立，中共中山市中级人民法院隆重召开第一次党员大会。

▲7月21日，全省中级法院院长工作会议暨信息化应用推进现场会在中山市隆重召开。

▲3月11日，法官对一起刑事附带民事赔偿案件进行调解，被告人家属自愿赔偿25万元给受害人。

▲“圆桌审判”体现司法人文关怀。

►法官通过现场调解，促使两位鱼塘承包人与中山市围垦总公司签署了搬迁补偿调解协议，为中山市重点建设项目东部快线工程扫清障碍。

中山市第一人民法院

2010年，中山第一法院紧紧围绕全市工作大局，坚持公正、廉洁、为民的司法核心价值观，深入开展创先争优活动和排头兵达标竞赛活动，积极推进“社会矛盾化解，社会管理创新，公正廉洁执法”三项重点工作，齐心协力，克服困难，推动创新，较好地完成了以审判为中心的各项工作任务，开创了法院工作的新局面。一年来，深入开展排头兵达标竞赛活动，全面加强各项审判执行工作。新收各类案件22438件（含旧存5681件为28119件），同比多收327件；结案23967件，同比增加1175件；未结案件4152件，同比减少1529件。

▲9月2日，中山第一法院院长罗嘉浩参加市交警支队为交通巡回法庭和诉调对接工作站成立挂牌仪式。

▲8月24日，中山第一法院执行法官冒着大雨，将被执行人刘某占据的37亩土地移交给申请执行人。

中山市第二人民法院

2010年，中山第二法院在市委领导、市人大监督、市政府支持和上级法院的指导下，坚持“抓队伍、保平安，抓管理、提效率，抓调解、促和谐，抓基建、改面貌”的二十四字治院思路，围绕争创全省法院排头兵达标竞赛活动为目标，各项工作不断取得新进步，为优化辖区经济发展环境提供了有力司法保障。全年共受理各类案件14823件（含旧存2515件），办结13162件，分别比2009年上升了9.3%和19.1%，结案率达88.8%，解决争议标的金额12.31亿元。全院一线法官人均收案352.9件，人均结案313.4件，人均结案同比上升14.7%，位居全市法院前列。中山市第二人民法院荣获“中山市文明单位”称号，立案庭被授予市级“青年文明号”荣誉称号。

▲1月14日，中山第二法院院长黄深满为辖区选任的28名人民陪审员颁发任命书。

江门市中级人民法院

2010年，江门市中级人民法院继续深入学习实践科学发展观，始终坚持“三个至上”重要指导思想，紧紧围绕“三项重点工作”，深入开展“加速推进排头兵达标”竞赛活动，依法全面开展审判执行工作，狠抓司法作风建设，努力提升队伍司法能力，较好地完成了各项工作任务。全市法院共受理各类案件52111件，结案50553件，结案率为97.0%，解决各类诉讼标的金额86.4亿元。其中，中院受理各类案件5766件，结案5549件，结案率为96.2%，解决诉讼标的金额17.5亿元。

一、强化审判执行工作，积极服务大局

以审判执行工作为第一要务，注重贯彻宽严相济的刑事司法政策，成功审结黄毅忠传播淫秽物品案、何清顺等15人拐卖10名婴儿案、涉案人数多达59名的“8107”走私案、陈炳球等9人贩卖假烟案等一批社会影响大、关注程度高的大要案。以推进社会矛盾化解和服务经济发展为重点，依法妥善处理医疗、社会保障以及消费者权益保护等涉及群众切身利益的纠纷案件，在保护劳动者合法权益的同时，依法保护企业合法利益。探索建立互动联动化解行政争议新机制，以纪念《行政诉讼法》颁布20周年为契机，联合市依法治市办、市法制局开展“行政审判宣传周”等一系列活动。全面推进主动执行工作，案件执结的平均周期缩短为45天，各项执行工作指标继续呈现良性发展态势，全市法院执行结案率为95.4%，同比上升6.3个百分点，执行案件信访件同比下降40.6%。

二、坚持能动司法，努力化解矛盾纠纷

坚持“全面、全程、全员”调解原则，全市法院民事案件调撤结案19324件，调解撤诉率为67.3%，同比上升21.6个百分点；36.9%的一审行政案件通过和解撤诉的方式结案。大力推行司法确认制度，全市法院共对3589件案件进行了司法确认。全面落实院、庭长预约接访、当事人约见法官、领导包案等制度，全年共处理来信794件，接待来访1721人。切实加强立案窗口建设，在立案大厅设立“导诉台”，免费发放便民诉讼手册，开展立案释明和诉讼指引、风险提示等工作。加快司法救助程序，实现救助申请网上审批，共对经济确有困难的1130件案件的当事人缓减免诉讼费826.4万元。积极参与社会治安综合治理，对未成年被告人开展庭审帮教工作，严格把握减刑、假释的法定条件，积极引导、促进罪犯改过自新，对有悔改、立功表现的服刑人员依法减刑2284人、假释22人。

三、加强内部管理，推进审判管理创新

完善案件质量监督管理规范，细化“优秀”、“良好”案件及“错案”、“不合格案”的标准。在全市范围内开展了三次大规模案件评查工作，共抽查案件840件，合格率为99.9%。全力推进“广东法院综合业务系统”试点工作，实现法律文书网上审批、案件信息自动统计、审判期限实时监控。探索推行二审民事案件速裁调解工作机制，以制度创新缩短办案周期。充分发挥审判管理办公室的作用，加强审限跟踪、督办及案件管理协调，严防案件超期审理。以省法院开展的“排头兵达标竞赛”活动为契机，每月通报全市法院审判执行工作的公正、效率、效果3大项12小项指标。推行均衡结案理念，制定每月结案任务，对连续两次排名末位的部门和个人进行通报批评。坚持重心下移，切实发挥基层法院和人民法庭化解矛盾、维护稳定的基础性作用，在确保审级独立的前提下为基层法院提供业务指导。

四、加强队伍建设，提升司法公信力

在全市法院持续深化廉政警示教育，深刻反思法院队伍管理、权力运行监督等方面存在的问题。积极探索制度防腐，建立和完善廉政监督员制度等“五项廉政制度”，接受当事人对审限等案件情况的查询和投诉。在2009年开展“作风建设年”活动的基础上，继续深入推进司法作风建设，领导干部到各基层法院和法庭以普通群众身份体验司法服务，重点纠正思想不积极、学习不深入、工作不踏实、行为不规范等问题。建立党组议定事项和院长批示台账，全年共对126项党组议定事项和院长批示进行跟踪通报，有效推动了各项工作的落实。大力宣传先进典型，开展调解能手、办案能手和优秀裁判文书评比，在全省法院优秀裁判文书评选活动中，全市法院有7篇文书被评为“优秀裁判文书”，入选数量位居全省法院前列。

五、自觉接受监督，促进司法公正

加大对市人大代表建议和关注案件的办理力度，对代表在市人大第十三届五次会议以及市人大常委会专项审议民事审判工作时提出的意见和建议进行专门研究、分解任务、立项督办。在全市法院开展“百案调解”活动，邀请人大代表参与调解案件24件次、观摩庭审27次。建立市中院与市检察院的工作沟通机制，共同制定《关于检察长列席审判委员会会议的意见》。进一步完善与各民主党派、工商联、无党派人士的沟通协调机制，着力拓宽民意沟通渠道，召开服务对象座谈会，听取市政协、纪委、国资委、金融机构、律师协会的意见和建议。举办“法院开放日”活动，邀请社会各界旁听开庭审理案件。市法官协会与市律师协会举办首次联席会议，共同签订联席会议纪要并建立法律培训共享机制。

▲12月7日，全国部分省市法官协会座谈会在江门中院召开，最高院审判委员会专职委员王秀红出席会议并讲话。

▲2月5日，市人大常委会常务副主任梁清兆等人大领导到江门中院听取民事审判工作情况汇报。

▲7月20日，省法院联络办到江门中院开展人大代表联络工作，倾听人大代表对法院工作的意见和建议。

▲10月21日，江门市法官协会与市律师协会举办首次联席会议，构建法官与律师良性互动关系。

▲7月13日，江门中院对海关总署督办的“8107”特大走私案进行公开审理。

▲8月23日，江门中院举办全市法院民事审判培训班，全面加强民事审判工作。

▲5月7日，江门中院组织全体法官到江门监狱开展廉政警示教育活动。

▲3月30日，当事人到江门中院赠送感谢信、锦旗和牌匾。

▲10月29日，五邑大学300多名大学生到江门中院参与“法院开放日”活动。

▲12月14日，江门中院与市人大法工委、市法制局等单位在东湖广场举办纪念《行政诉讼法》实施20周年法律咨询活动。

▲3月25日，江门中院与市委政法委等单位到乐昌五山镇青岭村开展帮扶工作。

▲4月28日，江门中院在市直机关第八套广播体操比赛中荣获三等奖。

▲3月16日，江门中院法官向媒体回答有关妇女权益保护的法律问题。

台山市人民法院

2010年，台山市法院在市委的领导、市人大常委会的监督、市政府和社会各界的支持下，贯彻落实科学发展观，坚持“三个至上”指导思想，围绕“为大局服务、为人民司法”工作主题，深入推进“三项重点工作”，牢固树立能动司法理念，认真开展“加速推进排头兵达标”竞赛活动，进一步改革创新，推动全院各项工作全面、协调发展，为台山市经济社会又好又快发展作出了新的贡献。全面加强审判和执行工作，为侨乡的改革开放、经济发展、社会和谐稳定提供了有力的司法保障；积极开展司法改革，创新社会管理模式，促进了和谐侨乡建设；认真落实司法为民措施，热忱为人民群众排忧解难，切实保障了当事人合法权益；积极推进队伍建设，加强社会主义法治理念教育，不断提高队伍的思想政治素质、业务素质和职业道德修养；切实加强基层基础建设，固本强基，全面提升司法水平。全年共受理各类案件5692件，同比上升24.1%，审结5555件，同比上升25.9%，结案率为97.6%，同比上升1.4个百分点，解决诉讼标的金额5.9亿元。该院继年初被省法院评为“全省优秀法院”之后，2010年底获最高人民法院授予“全国优秀法院”称号。

▲5月12日，台山市人民法院开展“送法进校园”活动，提高未成年人的法制意识。

▲8月28日，台山市人民法院首次通过摇珠方式选定人民陪审员。

▲台山市人民法院被评为2010年度“全国优秀法院”。

▲台山市人民法院被评为“全省优秀法院”。

阳江市中级人民法院

2010年，全市法院狠抓执法办案工作，受理各类案件11909件，办结11768件，结案率98.82%，同比上升0.8个百分点；一审民商事案件调撤率67.49%，同比提高11.63个百分点；终审服判息诉率99.65%，同比提高0.05个百分点，信访总量291件（人次），同比下降71.39%。此外，还办结减刑假释案件4722件。

一、依法开展审判执行工作，服务经济社会发展大局

依法审理刑事案件，严厉打击严重刑事犯罪分子，维护社会稳定。去年，全市法院共审结各类刑事案件1353件，结案率99.56%，判处罪犯2053人，对454人判处五年以上有期徒刑、无期徒刑或死刑。去年8月，我院配合省法院在我市连续8天二审开庭审理许建强、林国钦涉黑案。10月21日，省法院在我市公开宣判该案，对许建强、林国钦、李建定等主要被告人维持一审判决。12月23日，依照最高人民法院的死刑核准裁定，依法对许建强、李建定执行了死刑。

依法审理民事、行政案件，发挥司法能动性，服务经济社会发展。去年，全市法院共受理各类民商事案件7637件，审结7522件，同比分别上升20.89%和21.44%，审结标的额10.34亿元。其中，审结金融借款纠纷案件2204件，劳动争议案件202件，婚姻家庭纠纷案件 1535件，山林土地纠纷、购销种子化肥纠纷等涉农案件140件。共受理各类行政诉讼案件150件，全部审结，其中，通过协调方法促使原告与行政机关和解，原告撤诉的45件，占结案总数的30%。通过依法调节民事和行政纠纷，促进经济发展，维护社会和谐。

积极推进依法治市工作，通过开展协调和解工作，在政府和群众之间搭建起互信沟通的桥梁，有效保障社会稳定。如阳东县北惯镇某村428户村民与阳东县、北惯镇政府颁发国有土地使用权证纠纷一案，我院承办法官多次到政府协调工作，主动约访村民，主动疏通，化解矛盾，营造环境，积极引导村民与政府和解，最终促使村民与政府达成和解协议，村民撤诉，案件圆满解决，既有利于营造良好的招商引资环境，又进一步促使政府依法行政。

依法开展执行工作，努力解决执行难。深入开展创建“无执行积案先进法院”活动，全面推行主动执行制度，进一步完善解决执行难联席会议工作制度，使执行联动工作机制更加高效。去年，全市受理执行案件2728件，办结2708件，结案率99.27%，同比上升2.07个百分点，执行到位率69.24%，同比上升 39.24个百分点，执行和解率21.42%，同比上升 15.78个百分点，兑现当事人债权8.05亿元。

坚持司法为民，依法保护群众合法权益。关注民生，密切与群众感情，积极落实各项便民利民措施，努力解决人民群众最关心、最直接、最现实的诉讼利益问题。抓好息诉罢访工作，深入开展清理涉诉信访积案活动，妥善解决了一批缠诉多年的涉诉上访案件。去年，全市法院来信来访291件（人次），同比大幅下降。

二、创新调解工作，努力化解社会矛盾

创新诉前调解工作。充分利用镇街综治信访维稳中心的力量，把诉讼调解与维稳中心调解工作衔接起来，将矛盾纠纷化解于诉讼之前。创新庭前调解工作。对依法可以调解的民商事案件，开庭审判之前，必须先行调解，调解不成功的才进入开庭审判，把矛盾纠纷解决在开庭之前，减轻当事人讼累。通过大力开展诉前调解和庭前调解，进一步促进了全市法院的调解工作。去年，全市法院民商事一审案件调撤率达67.49%，位于全省法院前列。其中，我院调撤率65.63%，基层法院调撤率67.57%，最高的达到77.39%。

三、加强审判管理，主动接受监督，确保公正高效

加强对案件的管理，提高办案效率，确保案件质量。实行目标管理和绩效考核，促进案件质量进一步提高；加强信息化管理，利用科技手段，对从立案到结案全过程实行动态管理，提高办案效率。开展“百名法官走访基层乡镇”活动，认真听取人民群众的意见，自觉接受群众监督。开展“百名法官送法下乡”活动，组织近百名法官在镇街开展法制宣传活动，提高基层群众法律意识。主动接受人大权力监督、政协民主监督、检察机关法律监督和社会各界监督，增强接受监督的实效。

四、加强队伍建设，确保公正廉洁

深入开展“人民法官为人民”主题实践活动，加强队伍思想政治建设；深入开展司法作风建设活动，进一步转变司法作风；积极开展“排头兵达标竞赛”和“创先争优”活动，充分调动广大干警的积极性，推进各项工作全面发展。去年，我市法院“排头兵达标竞赛”活动取得明显成效，排名位于全省法院前列。一年来，全市法院涌现出一批先进集体和先进个人，有 3个集体荣立二等功或受省法院表彰，1个集体荣立三等功；1人荣立一等功，2人荣立二等功，9人荣立三等功。其中，阳西县人民法院荣获“全省优秀法院”荣誉称号，江城区人民法院民事审判第一庭、阳春市人民法院刑事审判庭荣立集体二等功，江城区人民法院许玲法官荣立一等功，荣获“全省优秀法官”荣誉称号。

五、加强基层建设，夯实工作基础

坚持巡回指导基层法院业务制度，我院法官与基层法官面对面进行座谈和交流，分析发改案件原因，对同类案件提出指导意见，增强业务指导的针对性。按照“科技强院”要求，加强对基层法院信息化建设的指导，不断升级硬件和软件，实现三级联网，提升信息化管理水平。完善阳西县法院法官助理制度改革试点工作，破解基层法院法官断层和法官力量不足的问题，有效提高了案件质量和效率，改革取得明显成效，省法院给予充分肯定，把此改革经验作为先进典型上报最高人民法院，向全省法院推广。

▲3月24日，省高院党组书记、院长郑谔（左一）到阳东县法院考察综治信访维稳工作。

◀8月3日，省高院副院长凌祁漫（右二）一行到阳江市法院检查“两个窗口”建设和涉诉信访工作。

►10月28日，省高院副院长谭玲（中）一行到阳江中院调研。

▲7月8日，阳江中院召开纪律教育月活动暨法官核心价值观教育动员大会。

►3月9日，阳江市中级人民法院召开"贯彻三项重点工作"学习交流会。

◄10月21日，省高院在阳江对以许建强、林国钦为首的43人涉黑案件二审公开宣判。

江城区人民法院

2010年，江城区法院围绕“为大局服务，为人民司法”工作主题，坚持“宽严相济”刑事政策，率先实行量刑规范化改革，维护社会治安的稳定；以“三项重点”工作为主线，加强人民调解与诉讼调解的衔接工作，努力化解各种矛盾纠纷，促进社会和谐；加大执行工作力度，努力解决执行难，维护法律的权威；全面落实司法为民措施，提供到位法律服务，努力让人民群众满意；全面加强队伍建设，不断提高队伍素质；自觉接受人大的监督、政协的民主监督、检察机关的法律监督和社会监督，各项工作取得新的进展。全年，共受理各类案件4547件，办结4526件，结案率99.54%，分别比上年增加8.64%、11.04%和2.14个百分点。民商事案件调撤率66.95%，比上年上升11.86个百分点。民商事案件服判率91.36%，比上年上升0.66个百分点。全年有34名个人和11个集体分别被上级评为先进，其中，何静虹同志被评为“全国优秀法官”，许玲同志被评为“全省优秀法官”。

▲3月21日，案结事了后当事人送来锦旗。

阳春市人民法院

2010年，阳春市法院以推进三项重点工作为抓手，以开展“人民法官为人民”主题实践活动和“创先争优”活动为载体，坚持人民性，增强能动性，充分发挥审判职能作用，积极为当地经济社会的稳定、和谐、发展提供有力的司法保障和高效的司法服务。全年共受理各类案件3230件，办结3198件，同比分别上升5.8%和4.75%，结案率为99%，同比提高0.34个百分点，解决标的总金额2.83亿元。

▲7月8日，人大代表参与调解。

依法审理刑事犯罪案件，积极推行量刑规范化改革和贯彻宽严相济的刑事政策，打击各类犯罪活动，全力维护国家安全和社会稳定。积极发挥民商事审判调节功能，依法妥善审理与当地经济建设有关的重大案件，促进经济又好又快发展。全面实行主动执行制度，全面推进“阳光执行”工程，及时兑现当事人合法权益。大力推进调解工作，全年民商事案件调撤率高达62.41%；刑事附带民事案件调解率为68.52%，执行案件和解结案率为21.84%。创新完善与人大代表联络机制建设，实现与人大代表联络常态化。积极邀请人民陪审员参与案件审理各类案件300多件，有力地推进了司法民主。

2010年，阳春市人民法院被省委政法委、省法院评为“全省集中清理执行积案工作先进集体”，行政审判庭被省依法治省办、省政府法制办和省法院联合评为“全省法院行政审判工作先进集体”，春城人民法庭被省法院评为“全省法院调解工作先进集体”，陈权姗被授予“全省人民陪审员调解工作先进个人”称号。

阳东县人民法院

▲阳东县法院与检察院召开工作联席会议。

2010年，阳东县人民法院坚持以科学发展观为统领，以“三个至上”为指导，按照“为大局服务、为人民司法”的要求，全面履行审判职能，不断加强队伍建设，创新机制，规范管理，各项工作取得新进展。

全年共受理各类案件1513件，结案1506件，结案率为99.5%；服判率为91%；上诉案件维持率为86%，改判率为2%，发回重审率为0.35%。审判工作全面发展，案件质量进一步提高。

2010年，阳东县人民法院坚持宽严相济的刑事审判方针，依法严厉打去犯罪分子，确保社会稳定，增强人民群众的安全感。不断加大民商事审判力度，坚持“调解优先，调判结合，案结事了”的原则，进行立案调解、审判调解、诉调对接、刑事附带民事调解、执行和解，推行多元化调解纠纷机制。全年调解、撤诉案件660件，调撤率达69.6%。执行工作积极探索建立以政府主导、法院推动、相关部门配合、社会各界广泛参与的解决执行难问题的机制。

阳西县人民法院

▲阳西县法院被评为“全省优秀人民法院”。

2010年，阳西县人民法院深入开展“人民法官为人民”主题实践活动，扎实推进三项重点工作，各项工作取得了新的成绩。2010年，该院再次荣获“全省优秀法院”荣誉称号；在全市法院“加速推进排头兵达标”竞赛活动以及2010年度年终考核中均取得排名第一的好成绩。一是大力加强审判执行工作，妥善化解矛盾纠纷。全年共受理案件1655件，审（执）结1642件，结案率达99.21%。二是进一步深化法官助理制度改革，审执质效水平显著提高。2008年以来，该院的案件发改率逐年下降，2010年比2007年下降了22个百分点；上诉率也从2007年的7.25%下降到2010年的3.02%；结案率连续三年在全市法院排名第一；涉诉信访率也逐年大幅下降。该院的法官助理制度为全省经济欠发达地区法院解决法官断层问题提供了经验，得到了省法院的高度肯定，并被作为先进典型向全省法院推广。三是切实推进队伍廉政建设，连续多年没有出现违法违纪的人和事，树立了人民法院的良好形象。四是全面推行庭前调解和诉调对接工作，2010年，该院民商事案件调撤率达77.39%，其中溪头法庭的调撤率达84.3%，在全市11个基层法庭中独占鳌头。

湛江市中级人民法院

2010年，湛江中院以参加全省法院排头兵达标竞赛活动为统揽，扎实开展“三项重点工作”，各项工作呈现出良好的发展势头。全市法院共受理各类案件28928件，办结28249件，同比分别增长6.81%和11.62%，其中市中院受理案件2781件，办结2633件。审判质量、效率和效果取得了突破性进展：办案效率明显提高，全市法院结案率达97.65%，市中院结案率为94.68%；上诉率和上诉案件发改率逐步下降，审判质量进一步提高；调解工作取得较大进步，全市法院一审民事案件调撤率达69.7%，市中院一审民事案件调撤率为40.54%，取得近年来最好成绩。

一、夯实司法基础，发挥职能作用，维护司法公正

（一）刑事审判工作突出法律和社会效果。全市法院共审结一审刑事案件2448件、二审刑事案件166件，再审刑事案件7件。全面贯彻宽严相济的刑事政策，确保公正审判。坚持依法从重从快原则，迅速审结了雷州“4·28”校园凶杀案、廉江“矿霸”吴亚贤等22名被告人涉黑大案。

（二）民商事审判突出民生主题，追求案结事了。全市法院共新收一审民商事案件17516件，审结18099件，结案率为97.46%，解决诉讼标的额56.5亿元；市中院共受理一、二审民商事案件1465件，审结1375件，解决诉讼标的额40.5亿元。全市一审民商事案件调撤率稳步提高，跃居全省中上游水平。

（三）行政审判以大局为重，积极推进依法治市进程。全市法院新收一审行政案件398件，同比增长54.26%，审结一审行政案件392件，结案率为94.92%；市中院全年共受理一、二审行政案件234件，审结225件，结案率为96.15%，依法指定172宗行政案件异地管辖。市中院行政庭被评为“全省法院行政审判工作先进集体”。

（四）进一步加大执行力度，努力解决“执行难”问题。全市法院深入开展清理执行积案工作，结案率达到98.14%，市中院执行局、遂溪法院执行局被评为“全省法院清理执行积案先进单位”。强化能动司法作用，依法支持企业克难求进，全力保障经济社会发展。

二、创新司法理念，主动服务大局，促进法院科学发展

（一）虚心接受人大代表、政协委员和社会各界的监督。全市法院先后开展了庭审观摩、千案调解、百场走访下基层等活动，邀请人大代表、政协委员和媒体等观摩庭审、见证执行37场，召开与人大代表、政协委员、执法监督员座谈会39次，组织人大代表、政协委员视察法院12次、参加庭审调解活动57次。

（二）不断加强司法能力建设。通过开展法律文书评比、庭审观摩、法官论坛等活动，继续推进法官“五种司法能力建设”，加强审判管理，量化排头兵竞赛活动考核指标，实行每月研讨、考评、通报制度。大力加强信息化“08工程”建设，通过开通门户网站实现对外宣传、法务公开、法律咨询、网上信访等一体化功能。

（三）强势推行“能动司法”理念。全力配合支持市委、市政府中心工作，为钢铁基地、中科炼化、“三旧改造”等项目提供强有力司法保障，市中院获得“湛江市支持重点工程项目建设先进单位”荣誉称号。成功审结中谷集团破产重整系列案，妥善安置中谷集团两省六区近3000名职工，全额兑现3.6万蔗农的2400多万元甘蔗款，依法偿付410名债权人的债权19.01亿元，实现破产不停产的资产重整最佳效果，该案被中央和地方各大媒体广泛报道，并入选最高法院“2010年度人民法院十大典型案件”。

（四）基础设施建设稳步推进，办公环境逐步优化。两级法院新审判综合楼建设全面推进，“两庭”建设进展顺利。针对近年全国法院庭审安全出现的严峻形势，市中院探索建立各级应急预案机制，增强对突发事件处置能力；购置了安检设备和警械器具，配强安保设施；与公安、武警等单位开展精神文明共建活动，有力维护了法院办公和庭审秩序。

三、加强队伍建设，创新管理机制，提升法院司法形象

（一）加强司法作风建设，反腐倡廉工作取得实效。坚持从严治院、从严治警，涌现出一批先进典型；完善党组中心组和党支部“学习园地”，丰富干警理论学习的内容和形式；通过基层授课、纪检巡查、廉政档案等工作制度，加强机关作风和效能建设，被指定在全市经验交流会上作经验介绍；加强纪检监察部门对审判执行案件的监督，进一步加大对违纪违法行为的查处力度。

（二）创新干部管理机制，深化人事制度改革。进一步优化风清气正的用人环境，市中院通过公平、公正、公开的竞争原则，新提拔了12名优秀中青年干警充实到中层领导干部队伍中，并对11名中层领导干部进行交流轮岗，充分调动干警干事创业的积极性。

（三）宣传、文化体育工作成效显著。市中院联合各级媒体先后对两级法院的2个先进集体和9名先进个人进行宣传推广，刊载11篇大型报道。联合最高法院、省法院组织新华社、《人民日报》、中央电视台等中央、地方媒体报道广东中谷集团破产重整案件和林保南同志先进事迹。国内各级媒体争相转载，取得了良好的社会效果，受到省法院的通报表扬，并在全省法院宣传工作会议上作经验介绍。

▲9月20日至21日，省高院党组书记、院长郑鄂到湛江市调研，并与有关法院进行座谈。

►10月15日，湛江市两级法院开展领导大接访活动。

▲3月29日，湛江中院隆重举行新审判综合楼奠基仪式。

◀8月26日，湛江中院在坡头区法院召开全市法院案件审判流程管理现场会。

►8月底，广东中谷集团及其下属公司大型破产重整案经湛江中院圆满审结，受到社会各界广泛关注和好评。图为当事人向湛江中院送锦旗。

◀1月23日，湛江中院在雷州市召开宣判执法大会，对严重破坏经济、社会生活秩序的陈安斌等31名被告人组织、领导、参加黑社会性质组织等犯罪案件进行二审公开宣判。

▲10月25日，湛江中院举办全市法院“法正风清”书画摄影展开幕式。来自全市法院系统的近200多名干警积极参加比赛。

▼坡头区法院重视法院文化建设。图为该院建起了湛江市法院系统首个院史室。

►9月7日，湛江中院隆重举行首场“湛江市法院系统优秀法官事迹报告会”。全市法院的400多名干警参加了报告会。

◄1月，由湛江中院主办、市篮球协会协办的湛江市法院系篮球赛在市中院举行。

坡头区人民法院

2010年，坡头区法院忠实履行宪法和法律赋予的审判职责，各项工作再创佳绩。一是收、结案数和结案率创历史新高，全年共收各类案件1550件，办结1535件，结案率99.03%，“十二率”考核成绩居全市各基层法院首位，各项考核指标良性平衡发展；二是完成了内部局域网建设，最终实现了各类案件审、执流程管理信息化的目标，有效提高了案件审判、执行工作的透明度；三是队伍建设取得新成就，有1名法官被省法院评为“全省优秀法官”，有1个部门被省法院记集体二等功，此外还有多个部门、多名干警受到了市委、市中院、市妇联、区委等的表彰。法院外部形象不断提升，社会各界对法院的评价逐年好转，法院工作报告连续六年获人大会全票通过。

◀6月2日，坡头区法院邀请市人大常委会副主任万向南（前左一）、李尚富（前左二）及全市依法治市工作与会代表到坡头法院监督指导工作。

赤坎区人民法院

2010年，赤坎区法院忠实履行宪法和法律赋予的审判职责，各项工作再创佳绩。一是收、结案数和结案率创历史新高，全年共收各类案件1550件，办结1535件，结案率99.03%，“十二率”考核成绩居全市各基层法院首位，各项考核指标良性平衡发展；二是完成了内部局域网建设，最终实现了各类案件审、执流程管理信息化的目标，有效提高了案件审判、执行工作的透明度；三是队伍建设取得新成就，有1名法官被省法院评为“全省优秀法官”，有1个部门被省法院记集体二等功，此外还有多个部门、多名干警受到了市委、市中院、市妇联、区委等的表彰。法院外部形象不断提升，社会各界对法院的评价逐年好转，法院工作报告连续六年获人大会全票通过。

▲5月20日，赤坎区法院与有关单位召开诉讼调解与人民调解、行政调解衔接工作座谈会。

茂名市中级人民法院

2010年，茂名中院在市委的正确领导下，在市人大及其常委会、上级法院的有力监督和指导下，以深入开展“加速推进排头兵达标”竞赛活动为工作统揽，围绕“三项重点工作”，不断加强法院建设，各项工作取得了新的发展。全年全市法院共受理各类案件18631件（含减刑假释案件，下同），同比下降5.3%，结案18063件，同比下降2.7%，结案率97%，同比上升2.7个百分点；其中中院收案2146件，结案2036件，同比分别下降12.1%和11.5%，结案率94.9%，同比上升0.7个百分点，审判质效明显提高。

一、依法开展审判执行工作，服务社会和谐稳定发展

刑事审判工作。全市法院审结刑事案件2051件，判处罪犯2797名，同比分别上升9.2%和11.8%。全面贯彻落实宽严相济刑事政策，积极参与“打黑除恶”、涉枪涉爆等专项整治，对具有法定从轻、减轻处罚情节的犯罪分子特别是未成年人罪犯依法从宽处理，非监禁刑适用率为12%，同比提高6.4个百分点，未成年人罪犯非监禁刑适用率为18.4%，同比提高15.9个百分点。严格减刑、假释程序，对352名确有悔改和立功表现的服刑人员予以减刑或假释。

民商事审判工作。全市法院共审结各类民商事案件9877件，结案标的金额14.6亿元。全市法院一审民商事案件调撤率为63.4%，其中，中院一审民商事案件调撤率达到68.4%，同比上升28.9个百分点，创历史新高，全市法院合同纠纷案件调撤率达到66.6%。

行政审判工作。全市法院共审理行政案件418件，同比上升10.9%。突出审理好土地、城建等与群众利益密切相关的行政案件，此类案件占所有行政案件的74.7%。加强行政审判和解力度，全市一审行政案件和解撤诉率为28.3%，同比大幅提高12.7个百分点。

执行工作。全市法院执结各类案件5214件，结案率为95.7%，同比提高7.7个百分点。扎实开展创建“无执行积案先进法院”活动和清理委托执行积案专项活动，案件实际执结率为68.2%，同比提高24个百分点，执行到位金额6.4亿元。

二、坚持为民司法，切实化解社会矛盾

积极参与综治维稳工作。通过中心法庭积极加强与镇（街）综治信访维稳中心的联系，完善司法调解和人民调解的衔接。根据市委分配的任务，加强对高州、信宜两市的2个县级和47个镇级综治信访维稳中心的建设进行督导。

加强人大代表联络工作。全市法院共邀请人大代表、政协委员716人（次）视察法院工作、旁听庭审、参与调解、见证执行、参加座谈会等。办理代表关注的案件4件、代表建议8条，办复率100%。邀请人大代表参与“百案调解”活动，在人大代表的见证和协助下，中院调解了4件刑事附带民事案件和10件民事案件。

努力化解涉诉信访积案。扎实开展“百万案件质量评查”活动，两级法院排查调处中央交办的涉诉信访案件140件，已全部办结。全市法院共审查申诉和申请再审案件85件，立案再审34件，同比分别下降41.8%和34.6%。

强化司法为民措施。加大司法救助力度，全市法院对经济确有困难的1786名当事人实行减、缓、免诉讼费355万元，依法为110名刑事被告人指定辩护律师。完善人民陪审员制度，全市法院共有人民陪审员182人，参与审理各类案件567件。

三、强化审判管理，提升审判质效

建立审判管理体系。中院和3个基层法院设立了专门的审判管理机构，配备专职人员，对审判执行工作的流程、质量、绩效进行规范化、信息化管理。

抓好案件质量检查监督。完善案件质量评查机制，在中院和基层法院之间建立改判发回重审案件沟通机制，加强和改善对基层法院审判工作的监督与指导。

推进信息化建设和基础建设。完成信息化建设“08工程”任务，联通了从省法院到人民法庭的四级网络，实现了全市法院审判办公的信息化管理；改造原有的内部信息网，建立了两级法院数据中心和专网邮件系统。加快中院新审判综合楼的建设，目前已完成工程投入2800多万元，主体框架已顺利封顶。

四、加强队伍建设，提高司法能力

抓好领导班子建设。发挥班子的带头表率作用，落实党风廉政建设责任制和“一岗双责”，带好队伍，管好工作，形成合力。

抓好队伍教育培训。推进“学习型党组织”和“学习型法院”建设，举办民商事、刑事等业务培训班4期，组织干警参加上级法院举办的业务培训班20期，全市受训干警474人次。实行干部轮岗、上下级法院互派法官挂职锻炼等制度，增强法官做群众工作、解决实际问题、化解矛盾纠纷的能力。

深化“人民法官为人民”主题实践活动。积极响应全省扶贫济困日活动，中院及全体干警共捐款14万多元。建党节组织党员干警深入钩扶贫点信宜白石镇金林村为该村及学校捐助近10万元及教学设备、文体用具一批。

深入开展创先争优活动。举办了全市两级法院创先争优先进事迹视频报告会，大力加强法院文化建设，培育先进法院文化，信宜法院荣获第二批全省法院文化建设示范单位。全市法院共有4个单位和个人被上级法院评为先进集体、先进个人，29个单位和个人记功受奖，电白法院被评为“全省优秀法院”。

强化反腐倡廉和司法作风建设。加大对重点岗位和重要事项的监督力度，建立完善反腐倡廉长效机制。结合茂港区法院原院长严得等严重违法违纪案件开展警示教育，引导广大干警树立正确的人生观、价值观、权力观。开展司法作风建设活动和纪律教育月活动，加强队伍作风整顿，2010年全市法院纪检监察部门共立案查处11人，给予党纪政纪处分9人，2人正在处理中；另有3人涉嫌犯罪分别被逮捕或提起公诉，1人被追究刑事责任。

▲9月19日，省高院党组书记、院长郑鄂视察茂名中院审判综合大楼建设工地。

▲4月8日，茂名中院在电白县召开全市法院“加速推进排头兵达标”竞赛活动动员大会。

▲3月8日，茂名中院12名女法官走上街头，开展反家庭暴力法律咨询活动。

◀4月23日，茂名中院举行全市法院民商事审判业务培训班。

▲7月1日，茂名中院院长谭掌泉率党员法官深入“双到”联系点开展帮扶工作。

▲7月1日，茂名中院对一起故意伤害致人死亡案的附带民事赔偿部分成功调解。

◀9月16日，茂名中院举行“创先争优”先进事迹宣讲暨表彰大会。

信宜市人民法院

2010年，信宜市法院坚持以“三个至上”为指导，紧紧围绕“为大局服务，为人民司法”工作主题，大力推进“三项重点工作”，扎实开展“加速推进排头兵达标”竞赛活动，依法履行审判执行职能，为促进辖区经济社会平稳较快发展提供了强有力的司法保障。全年共受理各类案件3326件，办结3271件，分别比上年增加2.24%和3.78%，结案率为98.3%；审结非诉行政案545件，结案率为100%，审判执行工作质量、效率、效果和形象的全面提升，排头兵达标竞赛的12项指标全部达标，在茂名中院每月公布的排头兵排名和年终排名中，综合得分均排在第一名。信宜法院被省委政法委和省法院评为“全省集中清理执行积案工作先进集体”，被省法院评为“全省法院司法警察警务工作规范化建设一级警队”、“标兵单位”，被省法院确定为第二批全省法院文化建设示范单位，被茂名中院荣记集体三等功。

信宜法院突出“调解品牌”，在全院开展民商事案件调解、刑事附带民事案件调解、行政案件协调和解、执行和解“四大调解”竞赛，全力抓好调解工作。根据信宜早几年已形成“大调解”格局的优势，除了建立人民调解与司法调解衔接机制之外，该院以推进镇街综治信访维稳中心建设为契机，在各镇（街道）设立巡回办案点，加强与各镇（街道）综治信访维稳中心的沟通衔接，实现了人民调解、维稳综治与诉讼调解的“无缝对接”。该院还创新工作方式，建立行政纠纷协调机制，在环保局、房地产管理局、国土资源局、林业局和工商局等五个掌管民生部门的试点单位挂牌成立行政纠纷协调工作室，建立司法与行政良性互动机制，有效化解行政纠纷。通过采取一系列加强调解工作的有效措施，该院在调解、和解工作方面成效显著，全院民商事案件调撤率为70.1%，行政诉讼案件协调和解率为32.2%，刑事附带民事案件调撤率为67%，执行和解率为35%。

◀6月30日，信宜市法院与江门新会区法院联合举办了“弘扬法律精神，共建和谐司法”法院文艺晚会。

▲9月23日，信宜市法院在钱排灾区设立法律服务点，解答灾区人民的法律咨询。

▲12月28日，信宜市法院到钱排灾区便民办案点接受灾区人民的立案请求。

高州市人民法院

2010年，高州市法院在市委领导、人大监督、政府支持和上级法院的指导下，以邓小平理论和“三个代表”重要思想为指导，全面贯彻落实党的十七届五中全会精神，深入贯彻落实科学发展观，深化社会矛盾化解、社会管理创新、公正廉洁执法三项重点工作，深入开展“加速推进排头兵达标竞赛活动”，进一步强队伍建设，各项工作取得了新进展。全年共受理各类案件（含旧存，下同）3517件，办结3415件，结案率97.1%，同比收案下降2.85%、结案上升1.22%、结案率上升3.9%。该院先后获得高州市“计生先进单位”、“烟草打假工作先进单位”、“关心下一代工作先进集体”等殊荣；有16个先进集体和70名先进个人受到各级的表彰。

根据上级法院的部署，该院在排头兵达标竞赛活动中，通过采取加大调解力度、推行审判精细化管理、加强刑事司法协作等行之有效的措施，极大地促进了办案质量、效率、效果和队伍形象的提升。12项竞赛指标全部达标，其中民商事案件调撤率达62.5%；行政案件和解撤诉率达68.4%；刑事附带民事案件调解撤诉率达70%；执行案件实际执行率达72.2%，综合得分排名居全市法院前列。

落实便民措施，方便群众诉讼。为群众免费提供诉讼指南，告知诉讼风险，实行电话立案、邮政立案、预约立案、巡回立案。在人民法庭中普遍开展假日法庭、预约法庭、巡回法庭，实行预约立案，预约开庭，就地审理，为群众减轻诉累。加大司法救助力度。2010年共对1533件案件缓、减、免交诉讼费用212万多元。彰显大爱精神。2010年，全院干警为遭受“9·21”特大洪灾群众踊跃捐款246800元，帮助受灾群众重建家园。

◄4月15日，茂名中院院长谭掌泉深入高州法院新垌法庭调研。

►茂名中院副院长陈文松到高州法院调研刑事审判工作。

肇庆市中级人民法院

2010年，全市法院在市委的领导、省高院的指导和市人大、市政府、市政协及社会各界的监督、支持下，牢固坚持“三个至上”重要指导思想，深入践行“人民法官为人民”主题，以创先争优活动为载体，加速推进排头兵达标竞赛及“三创”活动，扎实推进“三项重点工作”，较好地完成了各项任务，为促进我市“两个尽快”、“两个成为”目标实现提供有力司法保障。办案质量、效率和效果取得了突破性进展。肇庆中院达标竞赛综合成绩名列全省第7名；1人被最高法院授予“全国优秀法官”称号；2个集体、3名个人被省高院记二等功；2个单位被授予“全省法院调解工作先进集体”称号，3人被授予“全省法院调解能手”称号。

一、充分发挥审判职能，全力维护公平正义

全市法院忠实履行执法办案第一要务，受理各类案件26674件，办结26502件，结案率为99.4%，同比分别上升13.7%、12.3%、2%，比2005年分别上升10.4%、26.2%、12.5%。解决诉讼标的总金额38.6亿元。其中，中院受理各类案件7178件，审结7145件，结案率为99.5%，同比分别上升5.9%、7.6%和1.5%。

以促进和谐稳定为目标，加强刑事审判。全市法院共受理刑事案件1837件，审结1835件，结案率为99.9%，同比收、结案数均下降2.1%、结案率上升0.2%，判处罪犯2418人，被判处五年以上直至死刑的罪犯327人，重判率13.5%。其中，中院受理214件，审结213件，结案率为99.9%，同比收、结案数均下降0.5%、结案率上升0.4%。

以化解社会矛盾为目标，加强民事审判。全市法院共受理各类民商事案件13017件，审结12869件，结案率98.9%，同比分别上升14.5%、15.9%和1.3%，比2005年分别上升21.8%、23.7%和1.5%。解决诉讼标的金额26.4亿元。其中，中院受理1252件，审结1225件，结案率97.8%，同比分别上升5.3%、7.1%和1.5%，解决诉讼标的金额10.1亿元。

以优化政务环境为目标，加强行政审判。全市法院共受理各类行政案件353件，审结351件，结案率99.4%，同比分别提高38.6%、49.6%和7.5%，比2005年分别提高51.6%、88%和18.4%。其中，中院受理86件，审结86件，结案率100%。

以提升执结率为目标，加强执行工作。全市法院共受理各类执行案件6029件，执结6009件（其中终结本次执行1443件），执结率为99.7%，同比分别上升7.5%、11.4%和3.4%。执结到位标的额12亿元。其中，中院受理各类执行案件188件，执结183件（其中终结本次执行115件），执结率为97.3%，同比分别下降24.8%和上升7%、28.9%，执结到位标的额5.4亿元。

二、深化和谐能动司法，服务社会发展大局

能动审判，强化服务。全市法院加强服务型司法建设，专门出台了《强化服务型司法，保障经济发展方式转变的意见》，推行上门立案、巡回立案、主动调查、上门调解等措施，能动审判，服务社会。

优先调解，息诉服判。深入贯彻落实“调解优先、调判结合”原则，推进全面、全程、全员　“大调解”格局。调解、撤诉结案的民商事案件8196件，调撤率为72.1%，同比提高17.2个百分点。

参与综治，延伸职能。全市两级法院“一把手”亲自到镇街综治信访维稳中心上一天班。推行领导带案下访工作机制，院领导直接面对当事人调处涉诉信访。为提高基层组织化解社会矛盾能力，启动法官挂点镇街综治维稳中心新机制，选派法官就近挂点全市109个综治信访维稳中心，参与、指导纠纷化解。

三、创新发展强化管理，大力破解发展难题

全面推行主动执行改革。在全市法院启动主动执行制度，提高执行效率。主动与人行肇庆市支行建立共享信用信息合作机制，将600名恶意欠款、逃避执行的“老赖”列入银行征信系统“黑名单”。

统一标准规范裁量权。全面推进刑事量刑规范化改革，进一步规范刑罚裁量权。继续深化案例指导制度、案件质量评查机制、裁判文书评选等质量管理措施，进一步规范自由裁量权，统一裁判标准。

实行大民事审判格局。中院通过推行“大民事审判”，在全体民事法官中按岗位职责实行计算机均衡派案，改变原来收案不均的现象。

完善干部下挂工作机制。为解决我市山区法院法官断层问题，中院分3年统筹调配基层法院部分干部指标，统一招录干部，下派到基层法院工作。

四、加强队伍建设，提升队伍司法能力

坚持以党建带队建，以队建促整体战斗力提升。坚持“党建带队建，队建促审判”的工作思路，进一步探索加强法院党建工作的新渠道和新思路，开展把支部建在法庭上，党旗插到基层活动，增强法院党组织的凝聚力、战斗力。

强化教育培训，提高队伍司法能力。全市法院着力建立能力型、素质型的高层次教育模式，使学历转化为素质，知识转化为能力。积极组织法官参加人民法庭庭长、民事法官调解技能、刑事法官量刑规范化、执行干警、领导干部廉洁从政为主要内容的大规模干部轮训。

加强廉政建设，增强拒腐防变能力。扎实开展司法作风建设、纪律教育学习月活动和廉洁执法“松、竹、梅”工程，深入推进教育、制度、监督、惩处和保障“五位一体”保廉促廉机制建设。严格执行“五个严禁”，加大对重点岗位和重要事项的监督力度。利用党支部平台，深入开展党性、良知、自律教育，营造风清气正，积极向上的法院文化氛围。

10月14日，省高院党组书记、院长郑鄂（中）到肇庆中院调研。

9月28日，最高院政治部主任周泽民（中）视察四会市综治维稳中心。

12月27日，肇庆中院召开肇庆市法官协会第二次会员代表大会暨女法官协会成立大会，省高院副院长谭玲（右三）出席会议并讲话。

1月4日，市中院院长伍建昌（后排左一）亲自带队到各基层法院开展执行大检查。

2010年，市中院刑二庭审判员方仲伟荣获“全国优秀法官”称号。

11月22日，党委、人大、法院联手跨省成功化解一起劳动纠纷。

11月11日，市中院院长伍建昌（右二）到中院扶贫点广宁县潭布镇井屈村视察扶贫工作开展情况。

端州区人民法院

2010年，端州区法院新收各类案件4578件，办结4522件，结案率为98.78%。民商事案件调解撤诉率大幅度上升，调解撤诉案件2099件，调撤率为76.58%，同比上升28.13个百分点。未结案件数量大幅下降，全院未结案件56件，同比下降了63.64%，法官人均结案数为119件。案件实际执结率明显提高，执结各类执行案件844件，案件实际执结率为91.47%。深入推进“排头兵达标”竞赛活动，加强立案信访窗口建设，依法为困难当事人缓、减、免诉讼费24.72万元。成立执行指挥中心和设立执行申诉信访办公室，建立执行工作联动机制，全面推进主动执行。创新人大代表、政协委员联络方式，定期向区人大、政协部门寄送《人民法院报》、《法院简报》、《审判信息》等刊物，邀请代表参与调研和“百场调解”活动。

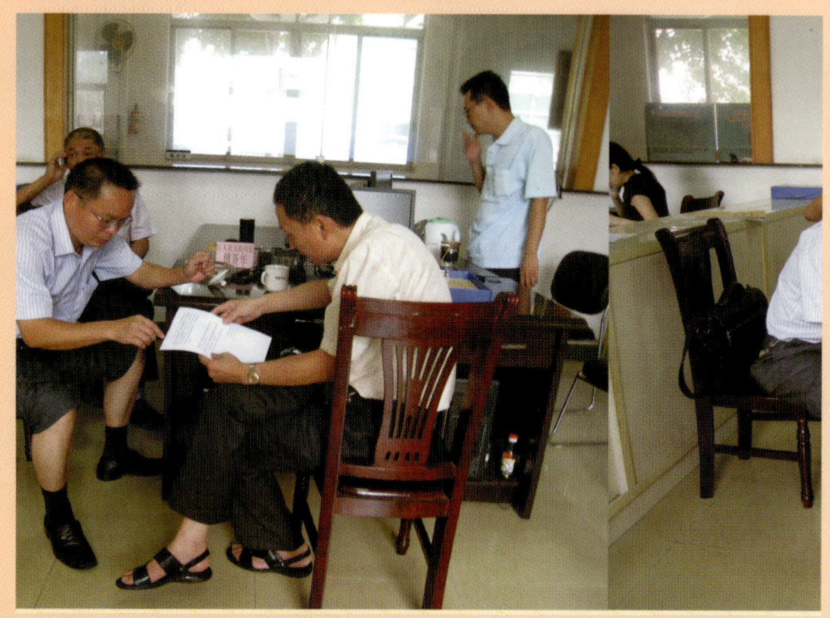

▲7月30日，端州区法院傅新华院长到城东综治信访维稳中心上一天班，图为傅院长（右一）接待来访群众。

鼎湖区人民法院

2010年，鼎湖区法院坚持以邓小平理论、“三个代表”重要思想为指导，切实落实科学发展观，着重抓好创先争优、以服务社会稳定和经济发展为出发点，依法履行审判职责，进一步加强了各项审判和执行工作，排头兵达标竞赛活动排在全市基层法院中首位。共受理案件1251宗，结案1248宗，结案率为99.8%。

该院安保工作和信息化建设走在全市基层法院前面。购置了身份识别仪、电子安检门以及多种警用设备，对法院、法庭实现视频监控。开通了鼎湖法院网和启动了数字法庭。建立了我市法院第一个法院网站，为对外展示法院良好形象增添了新的重要窗口，为广大当事人及各界群众了解我院、支持我院提供了一个良好的桥梁。

▲9月6日，鼎湖法院网站开通暨数字法庭系统启动，市中院院长伍建昌（中）、市中院党组副书记张建国（右二）、鼎湖区法院院长刘伊君（左二）参加了启动仪式。

高要市人民法院

2010年，高要市法院共受理各类案件3513件，同比上升32.4%，审结3478件，同比上升35.5%，结案率为99%，同比上升2.2%，解决诉讼标的金额7.3亿元，执结标的金额2.9亿元；调撤案件1122件，调撤率73%，同比上升22.7%，全部案件均在法定期限内审结，没有超审限审理的案件。排头兵达标竞赛活动中12项指标全部达标，取得了较好成效。

该院以开展创“优秀先进法官”、“典型精品案例”、“人民满意法院”活动为载体，深入推进排头兵达标竞赛活动，推动审判质量、效率、效果整体加速提升，及时发现和培养先进典型，树立人民法院公正廉洁，执法为民的新形象。积极开展司法救助。继续推动司法救助基金建立和完善，依法对44个确有经济困难的当事人缓、减、免诉讼费，金额达19.4万元。.

▲10月13日，省高院党组书记、院长郑鄂（左二）在肇庆市委副书记、市委政法委书记吴华钦（右二）、高要市委书记范汝雄（右三）、中院院长伍建昌（中）、高要市法院院长李坚（左一）等领导的陪同下，视察高要市法院在建审判综合大楼。

四会市人民法院

2010年，四会市法院在市委的领导和上级法院的指导下，牢牢坚持“三个至上”指导思想和“为大局服务、为人民司法”工作主题，紧紧围绕三项重点工作，努力实现法院工作的新发展。全年共受理各类案件2438件，办结2435件，结案率99.9%，解决诉讼标的31175.8万元。在“加速推进排头兵达标”竞赛中成绩居全市法院第二名，周志坚同志被评为全省法院行政审判工作先进个人，黄建强同志被评为全省法院调解工作先进个人。收到群众赞扬法院公正司法、一心为民的感谢信15封及锦旗5面。通过推行民商调解逐月排名通报、调撤结案逐案奖励，以及加强法官调解与人民陪审员调解的互动对接，使全院民商调解工作取得了重大突破，调撤率达83.3%，同比上升39.3个百分点。

▲10月13日，省高院党组书记、院长郑鄂（中）到四会市法院调研。

怀集县人民法院

怀集县法院全年受理各类案件2570件，办结2565件，同比收结案分别下降14%、13.6%，结案率99.8 %，同比提高0.4个百分点，解决诉讼标的金额1.18亿元。该院被省法院授予“全省法院调解工作先进集体”称号、行政审判庭被省依法治省工作领导小组办公室和省法院授予“全省法院行政审判工作先进集体”称号、司法警察大队被省法院授予“全省法院司法警察警务规范化建设标兵单位”称号。

▲9月30日，怀集市法院罗振明院长（右二）到桥头镇综治信访维稳中心，接访群众，为群众解决涉诉信访问题。

初步构建大民事调解格局，积极落实行政案件和解新机制。全年民事调撤率71.4% ，协调和解撤诉率88.9%，刑事附带民事案件调解撤诉率56%，执行和解率24.2% 。主动执行率26.8%。在达标竞赛中，该院获得2010年全市排头兵达标竞赛活动第3名。

封开县人民法院

2010年，封开县法院在上级法院的指导下，紧紧围绕“为大局服务、为人民司法”工作主题，积极推进三项重点工作，各项工作成效显著，被省高级法院授予“全省优秀法院”荣誉称号。共受理各类案件1307件，结案1302件，结案率99.6%。

在加速推进争当排头兵进程，该院将竞赛活动的12项工作指标，分解到业务庭和办案法官。设置达标竞赛公告栏，逐月公布各人竞赛活动的达标情况，激励、鞭策参赛干警，取得了竞赛的12项工作指标全部达标的好成绩，实现竞赛12项指标全面达标。

该院认真组织开展“我承诺、你监督，抓落实、促发展”活动，建立以目标倒逼进度，时间倒逼程序，社会倒逼部门，下级倒逼上级，督查倒逼落实的抓落实机制。将全年的工作指标任务分解到干警个人，明确各人的责任，层层抓落实，确保抓落实工作出成效。

▲3月25日，封开县法院院长温伟东“全省优秀法院”挂牌暨人民陪审员任命书颁发仪式上讲话。

清远市中级人民法院

2010年，清远市法院坚持“为大局服务，为人民司法”工作主题，大力推进社会矛盾化解、社会管理创新、公正廉洁执法三项重点工作，全年受理各类案件22603件，结案22084件，结案率为97.7%，其中中院受理各类案件6269件，结案6209件，结案率为99.04%。

一、加强刑事审判，维护社会稳定

全年受理刑事案件1549件，全部审结，结案率为100%。依法从严惩处故意杀人、抢劫、绑架等严重暴力犯罪和多发性犯罪、毒品犯罪，以及涉黑、涉恶犯罪。判处5年以上有期徒刑408人。贯彻落实“宽严相济”刑事政策。全年判处3年有期徒刑以下806人，全市青少年罪犯非监禁刑适用率名列全省第三。审结减刑、假释案件4838件。规范法律适用。积极推行量刑规范化，统一量刑尺度，避免“同案不同判”情形发生。

二、加强民行审判，提升公正司法水平

全年受理一、二审民商事案件11096件，结案10801件，结案率为97.34%。其中中院受理一、二审民商事案件976件，结案944件，结案率为96.7%。加强行政审判工作，全市法院受理行政一审案件162件，二审50件，全部审结。加强执行工作，全年受理执行案件4537件，结案4315件，执结标的金额64661万元，结案率为95.1%，实际执行率为79.3%。其中中院受理执行案件87件，执结74件，结案率为85%，实际执行率70.27%。

以全省法院“加速推进排头兵达标”竞赛活动为契机，着力提升案件的质量与效率：办案质量的指标持续向好，全市法院生效案件发改率为0.09%，同比下降0.03个百分点。办案效率的指标显著突进，全市法院结案率为97.7%，同比上升0.86个百分点；结案均衡度为59.8，同比上升21.68。办案效果的指标明显改进，全市法院上诉率为9.7%，同比下降0.97个百分点；实际执行率为79.3%，同比上升32.9个百分点。

三、加强调解，促进社会和谐

贯彻“调解优先、调判结合”原则。全市一审民商事调解结案4449件，撤诉2393件，调撤率69.34%，与上年相比上升18.02个百分点，其中中院一审民商事调撤率达52.2%，同比上升32.2个百分点。加强行政和解工作，全年经调解撤诉的行政案件55件，占总数的33.95%，其中中院调撤13件，占总数的31%。抓好执行和解工作，市中院执结的74件案件中，和解结案15件，和解率为20.27%，其中有13位被执行人是通过细致的说服工作主动履行了债务。两级法院出现一批法律效果与社会效果好的典型调解案件。

四、自觉接受监督，提高司法为民水平

认真落实人大及其常委会的决议，就全市刑事审判工作向市人大常委会作专题汇报。继续深入推进人大代表联络工作。全年组织开展“百庭观摩”、“百场见证执行”、“百案调解”及“法院开放日”等活动52场次，共邀请了300多名代表、委员参加活动。开展“百场走访下基层”活动。

加强司法救助，对确属困难的当事人减免缓交诉讼费200多万元。认真办理来信来访，全年处理来信257件，接待群众来访540人，其中中院处理来信180件，接待来访210人。认真开展涉诉信访积案清理专项活动，共排查涉法涉诉信访案件95件，积极做好化解工作。市中院两个窗口建设得到了最高人民法院的肯定。清新法院立案信访窗口获清远市五十佳“文明示范窗口”称号。

五、加强队伍建设，确保公正廉洁司法

公正司法，理念先行。进一步加强社会主义法治理念教育，做到三个坚持，即：坚持当事人举证与法官依职权取证相结合的理念；坚持程序公正与实体公正同等重要的理念；坚持办案法律效果与社会效果相统一的理念。增强六种意识：即增强程序意识、公开意识、公平意识、审限意识、文明执行意识和管理有序意识。

创建“学习型法院”，着力提高法官素质。一是加大教育培训力度。中院举办了全市包括基层人民法庭参加的170多人的民商事法官培训班、100人参加的人民陪审员培训班。还与省法院共同举办了粤北地区法院全体行政审判业务人员培训班。二是邀请中国人民大学法学院、华南师大法学院著名学者作专题讲座。三是选送131人到国家法官学院、省法官学院培训。四是加强法院文化建设，市中院正建设图书室、电子阅览室等，为干警创造良好的学习平台。

规范法官行为。规定法官应当保持中立，应当遵守司法礼仪，遵守法庭规则。加强廉政建设。开展司法作风建设和“廉风和畅”教育活动。利用反面典型，进行警示教育，警钟长鸣。加强廉政文化建设，将廉政建设融入到文化建设中。

加强基础建设。全市法院实现了三级联网，为审判工作的公正高效管理提供了技术保障。加强对基层法院的业务指导，运用视频等先进手段对发回重审或改判案件进行剖析指导。加强对基层法官特别是法庭法官的业务培训，逐步提高基层司法能力。加强与省法院及地方党委政府的联系和沟通，协调基层解决法院实际困难。

11月2日，省高院党组书记、院长郑鄂到清远市两级法院检查指导工作。

2月27日，在清远市第五届人民代表大会第五次会议上，黄炯猛高票当选清远中院院长。

11月23日，清远中院当庭展开非法言词证据调查。

12月15日，市中院法官深入基层开展“百万案件评查”工作。

12月1日，在清远市2010年“12·4”全国法制宣传日暨法治广东宣传教育周上，市中院法官为群众释法答疑。

12月8日，清远中院运用三级网视频系统成功协助最高院提审在押被告人进行死刑复核。

阳山县人民法院

▲6月8日，清远市纪委书记黄兆芬到阳山县法院检查指导廉政建设示范点工作。

2010年，阳山县人民法院在县委县政府的正确领导下，在县人大及其常委会的监督下，在上级法院的指导下，坚持“公正司法、一心为民”的宗旨，贯彻落实三项重点工作，坚定政治方向，努力提高司法能力，全年共受理各类案件2167件，办结2144件，结案率为98.9%，同比分别增长16.8%、16.9%。

贯彻宽严相济的刑事政策，全力维护社会治安稳定。全年受理刑事案件85件123人，同比分别下降11.8%和13%，结案率为100%。判处非监禁刑的罪犯38人，对59名未成年犯、从犯、过失犯等依法从轻或减轻处罚。妥善化解民商事矛盾纠纷，促进经济发展，共受理民商事纠纷案件1468件，审结1454件，以调解、撤诉方式结案的民商事案件1044件，调撤率为71.9%，同比上升11.2个百分点。牢固树立“行政协调”的司法理念，成功地协调处理了两宗行政纠纷案件，均以撤诉方式结案。同时，裁定准予强制执行征收社会抚养费的行政非诉案件70件，涉及标的320万元。践行执行新理念，切实保护当事人的合法权益，受理移送执行案件531件，结案522件，结案率为98.3%，执结标的金额2068.35万元，以和解执行方式结案的案件340件，执行和解率达65.1%。审判管理案件质量有了进一步的提高，二审发改率为7.4%，同比下降11.9个百分点。

在深入开展“加速推进排头兵达标竞赛”活动，各项重要指标均已完成或超额完成。队伍司法素质有了进一步的提高，行政庭长陈彩霞同志荣获“全省行政审判先进个人”的荣誉称号，司法警察大队被省法院授予“广东省法院司法警察警务工作规范化建设一级警队”荣誉称号。

▲3月22日，清远中院院长黄炯猛到阳山县法院开展调研。

佛冈县人民法院

2010年，佛冈县人民法院紧紧围绕“社会矛盾化解、社会管理创新、公正廉洁执法”三项重点工作要求，解放思想，开拓进取，审判工作、法院管理和队伍建设等都取得了新的进展，获全市法院 “加速推进排头兵达标”竞赛和年度综合考核双冠军。

坚持为大局服务、保障民生、构建和谐社会的司法理念，把化解社会矛盾贯穿于审判和执行工作的始终。全年共受理各类案件1505件，审（执）结1472件。坚持把打击惩治犯罪活动、保护人民生命财产安全作为重要任务，全年共受理各类刑事案件95件139人，全部审结。依法审理各类民商事案件，着力化解经济发展矛盾，维护社会公平正义，实现经济发展与民生保障的统一。全年共受理各类民商事案件984件，审结961件。全年共受理行政案件4件，全部审结。审查和执行各类行政非诉执行案件10件。以破解“执行难”为抓手，大力加强执行工作，全年共受理各类执行案件422件，执结412件。执行和解率23.1%，比上年提高了12.6个百分点，实际执行率83%，比上年提高17.6个百分点，执行金额实际到位率74.4%。以服判息诉、案结事了为目标，认真贯彻“调解优先、调判结合”原则，积极做好调解工作。全年通过调解撤诉结案的民商事案件721件，比上年增长19.37%，调解撤诉率达75.3%，比去年提高13个百分点。

积极参与社会治安综合治理，大力推进“立案信访窗口”建设，认真落实司法为民措施，加强司法救助工作，全年共为17件案件40名经济确有困难的当事人缓交、减交或免交诉讼费39150元。

▲5月18日，最高院立案庭庭长邢国麟和省高院立案庭副庭长叶向荣一行四人到佛冈县法院检查指导立案信访窗口建设工作情况。

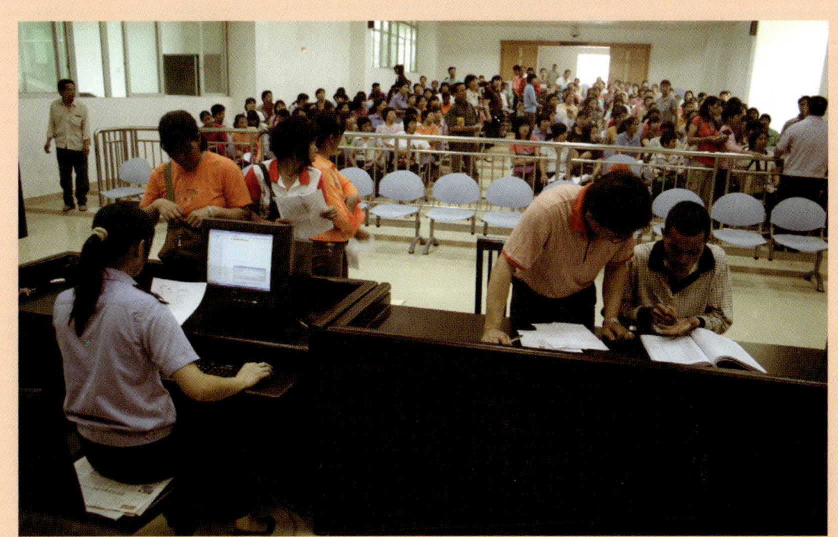

▲8月，佛冈县法院法官在第一审判庭向企业员工发放经济补偿金。

▲3月8日，清远中院院长黄炯猛一行到佛冈县法院开展调研。

潮州市中级人民法院

2010年，潮州市两级法院坚持以邓小平理论和“三个代表”重要思想为指导，全面贯彻落实科学发展观，充分履行职能，较好地完成了各项工作。两级法院共受理案件6409件，办结6215件，审、执结标的额约12.74亿元，同比分别提高6.9%、10.4%和73%；结案率97%，同比上升3.1%，高于全省法院94.83%和2.46%的平均水平；一审案件上诉发改率2.58%，同比下降0.42%；一审调解撤诉率70.8%，同比上升5.1%。

一、坚持公正司法，抓好“执法办案”

重拳打击严重犯罪，全力维护社会稳定。办结刑事案件1101件，判处罪犯1391人，结案率98.48%，其中，中院办结146件，结案率99.32%。先后依法快审快判彩塘“12?8”抢劫杀人案、登塘“4?03”持枪杀人案、庵埠等地54宗持刀拦路抢劫团伙案等恶性案件，有效地震慑了犯罪分子。依法维护社会秩序，为经济发展保驾护航。全年共办结民商事案件3703件，结案率96.86%，审结标的额8.43亿元，其中，中院办结325件，结案率98.19%，审结标的额5.04亿元。积极探索行政诉讼协调、和解机制，妥善化解“官民”纠纷。全年办结行政案件39件，其中，中院办结18件，结案率90%。主动回应社会的热切期盼，加快推进执行治理工作。全年办结执行案件1340件，结案率96.3%，执结标的额达4.17亿元，其中，中院办结75件，结案率92.6%，执结标的额0.9亿元。

二、坚持能动司法，强化服务职能

全市法院突出司法的政治性，服务发展大局，既立足本职，积极作为，又延伸职能，主动服务。刑事审判部门贯彻“宽严相济”刑事政策，积极参与“三会”安保和“打黑除恶”行动，开展“维护校园安全专项行动”。民事审判部门主动“上门办案”、提供法律咨询、化解经济纠纷。行政审判和执行部门建立与地方党政联席调处机制，妥善解决多宗敏感案件，维护社会稳定。积极参与“三项重点工作”、“治安重点地区综合治理”等重大策略研究，提供司法服务。突出司法的人民性，坚持为民司法。成立“关心下一代工作委员会”，强化未成年人罪犯帮教工作，实行“圆桌审判”，试行社区矫正。加大司法救助力度。推行巡回法庭、夜间法庭、节假日法庭。推进立案、信访窗口“两个文明”建设。开展“知识产权”、“禁毒”、“预防青少年犯罪”、“预防村官犯罪”等普法活动，与地方党报、电视台联办《法官说法》、《周日说法》专栏80多期，取得良好社会效果。

三、坚持和谐司法，化解矛盾纠纷

司法工作全程贯穿“调解优先”理念。着力推进“全面、全程、全员”大调解格局建设，努力实现案结、事了、人和。中院在全市法院开展调解竞赛，推动诉调对接，开辟“调解绿色通道”，推广判前调解、送达前调解，坚持凡案必调和快立快调快执，最大限度降低当事人诉讼成本。一审民商事案件调解撤诉率创历史新高，比判决率超出147%，在全省排名前列；实行简繁分流，适用简易程序审结案件2237件，同比上升5.9%；调解关口前移，立案调撤率达45%；推广行政案件协调工作，协调和解率达30.4%；实行和谐执行，执行和解与自动履行率达51.4%。

四、坚持阳光司法，规范司法行为

中院自觉接受外部监督。邀请人大代表、政协委员参加百案调解、观摩庭审等活动。举办“法院开放日”，开展“司法公开宣传月”活动，实施司法“六公开”制度。推进法官、公诉人、辩护人等共同参与的量刑辩论改革，使量刑更加公开化、透明化。加大群众参与审判工作力度，全年人民陪审员参审案件1018件，同比上升2.7%。积极强化内部监督。中院在全省法院率先改革审委会制度及6项配套细则，理顺工作流程，提高办案效能。单独设置审委会工作机构，配备资深法官，强化审判管理。加强案件管理质量监督，组织专项评查5场，评查、核查案件377件。推行院长、庭长带头办案制度，强化案中监督，有效地指导了审判实践。全面推进规范化建设。建立竞赛机制，逐月通报办案效能，公布法官办案排名。针对法律适用中带有共性的存在问题，及时研究出台“金融不良债权转让案件处理”、“交通事故损害赔偿案件法律适用”、“诉讼时效制度”等指导文件，统一裁判标准。完成“三级法院专网”和高清视频系统建设，实现工作科技化和网络化。

五、坚持文明司法，改进队伍作风

中院积极开展创先争优活动。大力宣传张林武同志先进事迹，树立法院良好形象、激发法官工作热情。全力推进“学习型法院”和法官文化建设，出台《研讨、调研成果奖励办法》，提高奖励标准，营造学习氛围。健全学习、培训、考核制度，提升队伍法律水平和司法能力。编印《潮州法官研讨成果荟萃》，将30万字优秀文章汇编成书。在法院机关开展作风整顿，组织廉政集中教育16场，1600多人次受到教育。聘请廉政监督员，设立廉政信箱，建立法官廉政档案，狠抓廉政制度落实，进一步严格队伍管理，改进队伍作风，较好地培养法官“公正、廉洁、为民”司法核心价值观。

我市法院所取得的成绩，得到上级充分肯定。中院被授予全国维护妇女儿童权益先进集体、全市文明单位称号，饶平法院被评为全省优秀法院，湘桥法院被评为全省集中清理执行积案工作先进集体，潮安法院立案庭被评为全省法院调解工作先进集体。此外，两级法院干警先后荣获“人民的好法官”、“全国模范法官”、广东省人民满意公务员、广东省依法治省先进个人、广东省卷烟打假先进个人、广东省审判业务专家、全省优秀法官、全省行政审判工作先进个人、全省集中清理执行积案工作先进个人、全省法院信息工作先进个人等称号。

12月8日，最高人民法院、中共广东省委在潮州市委礼堂召开追授张林武同志“全国模范法官”、“人民的好法官”荣誉称号大会。

12月8日，最高院党组成员、政治部主任周泽民（左二），广东省委常委、省委政法委书记梁伟发（中），省法院党组书记、院长郑鄂（右二），潮州市委书记、市人大常委会主任骆文智（左一）等领导在潮州中院党组书记、院长陈文毓（右一）的陪同下，视察潮州中院立案、信访窗口建设。

7月2日，潮州中院邀请人大代表开展“百案调解”活动。

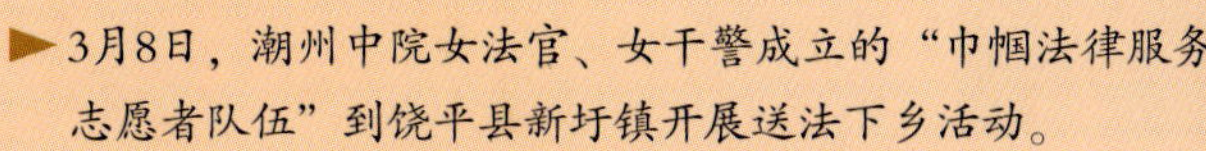

3月8日，潮州中院女法官、女干警成立的“巾帼法律服务志愿者队伍”到饶平县新圩镇开展送法下乡活动。

潮安县人民法院

▲6月2日，潮安县委在县政府礼堂隆重举行追授张林武同志“人民的好法官”荣誉称号大会。

2010年，潮安县法院进一步学习实践科学发展观，增强自身整体素质，实现自身科学发展，各项工作不断取得新成效，涌现出一批先进集体和个人。古巷人民法庭原审判员张林武同志先后被潮安县委、潮州市委、广东省委追授为“人民的好法官”荣誉称号，被最高法院追授为“全国模范法官”；潮安县法院被市中院荣记“集体三等功”，刑事审判庭被省法院荣记“集体二等功”。审判执行工作亮点突出，全年共受理各类案件2873件，结案2769件，结案率96.4%，同比上升3%。继续加强未成年人刑事审判工作，全年共审理未成年人犯罪案件69件，判处未成年犯95名，均依法给予从轻或减轻处罚，未成年犯非监禁刑适用率达20%。特别是对在校的未成年罪犯，积极帮助其联系就读学校，并着力做好回访、帮教工作。共有6名在校的未成年罪犯被依法判处缓刑后，经多方努力，全部重返校园就读。继续深入开展调解竞赛活动，全年民商事案件调撤率达66.5%，同比上升6.2%。立案调解工作再创佳绩，立案调撤率47.9%。进一步加强与人大代表、政协委员的联络工作。按照省法院“08”工程建设的要求，完成信息化网络工程建设。加强法院文化建设，创办综合性刊物《听潮》，以提升干警的人文素养。全院审判质量、效率、效果与队伍形象全面提升。

▲6月25日，潮安县法院召开打击毒品犯罪专项宣判大会维护社会安定。

饶平县人民法院

2010年，饶平县人民法院认真贯彻落实科学发展观的要求，坚持“三个至上”重要指导思想，紧紧围绕“为大局服务、为人民司法”工作主题，深入开展“人民法官为人民”主题实践活动。以“加速推进排头兵达标”活动为契机，全面推进审判执行工作，全年共受理各类型案件875件，办结845件，结案率96.57%。集体和部门干警多次受到上级法院的表彰，饶平法院被省法院授予“全省优秀法院”荣誉称号、被市中院记“集体三等功”，一名干警被省高院记“个人二等功”，两名干警被市中院记“个人三等功”。

▲8月20日，省高院党组书记、院长郑鄂（左）到饶平法县院调研。

▲7月1日，饶平县法院院长陈佾（右一）在蔡子角村指导扶贫工作。

饶平法院以司法办案为第一要务，全面履行审判执行工作职能。注重正确把握宽严相济刑事政策，依法灵活适用非监禁刑，全年刑事案件结案率97.65%。民商事审判坚持“调判结合、案结事了”的原则，贯彻“调则解、解则顺、顺则和、和则稳”的调解工作思路，民商事案件结案率92.26%，调解撤诉率达70.56%。充分发挥执行联动机制的作用，强化与相关职能部门的沟通协调，加强与福建省诏安县人民法院等邻近兄弟法院的执行协助工作，2010年执结率97.14%，执行财产到位率79.97%。

►9月17日，饶平县法院开展学习“人民的好法官”张林武同志演讲比赛。

湘桥区人民法院

2010年，湘桥区法院认真践行“为大局服务、为人民司法”工作主题，狠抓审判工作、改革创新和队伍建设。全年受理各类案件2051件，结案2006件，结案率97.8%，比上年提高2.5百分点。全院被省政法委、省高院授予“全省集中清理执行积案工作”先进集体，被市中院记“集体三等功”。

狠抓办案第一要务，全力护社会和谐稳定。贯彻落实“宽严相济”刑事政策，突出打击重点，加大打击力度，共受理刑事案件206件346人，结案200件337人，结案率97.1%；坚持司法为民，妥善化解矛盾纠纷，受理民商事案件1285件，结案1262件，结案率98.2%，解决诉讼标的额1.53亿元，案件调撤率76.3%，提高6个百分点；受理行政案件6件全部结案，66.7%和解撤诉；受理执行案件554件，结案538件，结案率97.1%，提高18.9个百分点，执行标的总金额1.43亿元。

扎实推进改革创新，办案质量和效率进一步提高。推行案件繁简分流、流程管理和量刑规范化工作，落实证据规则和陪审员制度，开展“百万案件评查”等工作，设立执行指挥中心，推行执行联动机制，邀请人大代表参与“百案调解”活动，开通院内局域网，实现审判管理信息化。全年案件上诉发改率3.9%，生效案件发改率、申请再审率、信访投诉率均为零，结案均衡度53.1，上诉率6.9%，民事实际执行率71.7%。

进一步加强队伍建设，公正、高效、廉洁司法形象得到树立。抓好教育、培训、竞赛活动，提高司法能力；聘请廉政监督员，扎实做好“全区纪律教育”活动先行点和“廉政文化进机关、进农村”示范点活动，推进廉政建设。全年有2名干警被省高院评为先进个人；2名干警被市中院记“个人三等功”，执行局被市中院记“集体三等功”。

▲►湘桥区法院坚持“和谐执行”，依法保障债权人的合法权益。

揭阳市中级人民法院

2010年，揭阳中院进一步强化“三个至上”指导思想和“为大局服务、为人民司法”工作主题，以落实“三项重点工作”为主旨，以开展“加速推进排头兵达标”竞赛活动为动力，切实增强工作能动性，促进法院工作全面发展。全市法院圆满完成市科学发展考评的目标任务，各项审判执行工作指标综合得分名列全省23个中院榜首，获全省法院排头兵达标竞赛活动年度优胜单位。

一、狠抓公正司法，促进社会和谐稳定

全市法院以公正司法为第一要务，全面履行各项审判执行职能。全年共受理各类案件21636件，办结21013件，同比分别增长2.2%和3.8%，其中中院办结各类案件3322件。

严厉打击犯罪。坚持把惩治犯罪、保护人民作为突出任务，共审结刑事案件1479件，判处犯罪分子2147人。突出打击重点，依法宣判胡益华故意杀人、抢劫等一批社会危害大、各界广为关注的案件，有效震慑了犯罪分子。认真落实“宽严相济”刑事政策，确保法律、社会和政治效果的统一。完善定罪量刑标准，中院牵头市公、检、法有关部门，学习贯彻最高法院新颁布的两个《证据规定》并达成共识。进一步规范减刑、假释案件的审理，严格审批程序，共办理减刑案件2534件、假释案件215件，促进犯罪分子的改造。

妥善解决纠纷。共审结民商事案件14165件，解决诉讼标的金额5.1亿元，促进诚实信用、有序竞争。审结行政案件27件，依法保护合法权益，监督、支持行政机关依法行政。积极落实执行措施，执结案件2572件，执结率91.4%，执结标的金额10.9亿元。深入开展创建“无执行积案先进法院”和委托执行案件专项清理活动，成功执结了市路源股份有限公司与供电部门用电合同纠纷等多宗老大难积案。

加强调解工作。认真贯彻“调解优先、调判结合”原则，建立健全调解机制，有效化解社会矛盾，实现案结事了人和。全市法院一审民商事案件调解撤诉结案3210件，同比增长23%，调解撤诉率达70%，同比提高6.7个百分点。

二、坚持能动司法，积极服务大局

全市法院紧紧围绕市委发展思路，按照关键在于抓落实的工作要求，能动地服务发展大局。

主动服务全市大项目建设。认真落实好市委“狠抓大项目，猛促大发展”的要求，明确全市法院在大项目建设中的政治责任和历史使命。中院结合实际，制定了《市中院为揭阳大项目建设提供司法服务和司法保障的工作意见》，加强对涉及大项目建设的各类案件的审理执行，确保大项目建设的顺利进行。

积极参与社会治安综合治理。中院领导深入市东山区和揭阳经济开发试验区调研督导，做好镇街综治信访维稳中心建设和基层维稳工作，努力发挥主体作用。去年，上述两区综治维稳中心共办结案件397件。全面落实领导包案等制度，深入开展矛盾纠纷专项排查，确保亚运会、粤东侨博会平安。组织开展纪念行政诉讼法实施20周年等法制宣传活动，弘扬社会公平正义。

不断加强司法惠民工作。继续加强立案、信访文明窗口建设，大力推行“一站式”诉讼服务体系，完善便民利民措施。加大司法救助力度，共为42件案件经济确有困难的当事人减免诉讼费，依法为40名刑事被告人指定辩护人。

三、切实加强监督管理，全面提高司法水平

强化审判管理。建立健全审判质量、效率和绩效考核管理机制，开展案件质量评查、优秀裁判文书评比活动，中院制订实施《关于强化合议庭、庭长、院长和审判委员会职权的规定》，促进审判质量、效率与效果同步提升。全市法院结案率达97.1%，同比提高1.5个百分点；上诉案件改判、发回重审率为1.5%，同比下降0.2个百分点。

完善接受监督机制。紧密结合联络工作，积极开展“百庭观摩”、“百案调解”等活动，人大代表、政协委员和社会各界对法院工作更理解、支持。强化接受人大、检察机关监督等工作，拓展接受监督的领域。落实人民陪审员制度，全市共选任79名人民陪审员参与审理案件。

加强基层基础建设。大力推进基层基础建设，全市基层法院新办公大楼均已投入使用。加快信息化建设进程，实现信息化管理系统的对接互通。积极同深圳法院开展“结对帮扶、共同发展”活动，在业务交流、人才培养等方面取得明显效果。认真开展扶贫开发工作，中院筹集款物30多万元帮扶惠来县岐石镇朱埔村。该村182户贫困户1115人，已有87户571人脱贫。

5月19日，揭阳中院举办廉政教育辅导课，省高院纪检组组长贾永庆给中院全体干警上廉政教育辅导课。

3月29日，“全市法院开展加速推进排头兵达标竞赛活动动员大会”在揭阳中院召开。

6月29日，揭阳中院院长林仰平带领院班子成员和各部门负责人深入到中院扶贫挂钩点——惠来县岐石镇朱埔村开展调研和扶贫活动。

▲5月27日，揭阳中院举行新一届法院执法监督员聘任会，院长林仰平（右）为新聘请的11位执法监督员颁发聘书。

▲2月10日，涉群体性劳动争议案件的当事人专程到揭阳中院民一庭向法官赠送锦旗。

▲12月8日，揭阳市女法官协会理事及中院全体女干警到惠来县岐石镇朱埔村开展“感恩奉献，送法下乡”活动。

▲8月9日，揭阳中院公开开庭审理“7·5”胡益华故意杀人、抢劫案。

普宁市人民法院

▲5月19日，省法院市纪检组组长贯永庆（右三）在揭阳中院院长林仰平等的陪同下到普宁法院检查指导工作。

2010年，普宁市法院深入贯彻落实科学发展观，坚持“三个至上”指导思想，扎实开展“三项重点工作”和“加速推进排头兵达标”竞赛活动，各项工作取得新的进展。共受理各类案件4481件，审结4312件，结案率96.2%，一审民商事案件调撤率79.2%，执行案件和解率26.7%，刑事附带民事和解率53.4%。解决诉讼标的额15069万元，形成调撤率再创新高，当事人来信、来访和申诉持续减少，上诉率大幅下降，为普宁崛起振兴作出应有贡献。普宁市人民法院被省法院评为“全省法院调解先进单位”，被普宁市委评为“普宁市依法治市工作先进单位”，在2010年度揭阳市法院系统综合考评中蝉联第一名。

榕城区人民法院

2010年，榕城区人民法院以科学发展观为统领，紧紧围绕“为大局服务，为人民司法”工作主题，认真履行宪法和法律赋予的职责，依法惩治各类犯罪分子，化解各类民商事纠纷案件，有力地维护社会稳定，为地方经济发展和社会和谐作出了积极的贡献。共受理刑事案件303件，审结302件，判处犯罪分子504人；受理各类民商事案件2134件，审结2074件，解决诉讼标的额1.2亿元，民商事案件调解、撤诉率达到65.2%；共受理执行案件752件，执结705件，执结率93.7%，执结标的额1.16亿元。

▲6月23日，在“6·26”国际禁毒日前夕，榕城区法院召开宣判大会，对一批犯罪分子进行公开宣判。

揭东县人民法院

▲11月16日，揭东县法院档案管理晋升省特级。

2010年，揭东县法院始终坚持以科学发展观和“三个至上”为指导，紧紧“围绕为大局服务，为人民司法”工作主题，积极推进“社会矛盾化解，社会管理创新，公正廉洁执法”三项重点工作，为揭东县的经济和社会发展提供有力的司法保障。全年共受理各类案件3511件、办结3403件、结案率96.92%，同比提高了1.1个百分点，解决诉讼标的金额15040万元。其中受理各类刑事案件175件，办结175件，判处犯罪分子300人；受理各类民商事案件2937件，办结2838件，解决诉讼标的12080万元，民商事调解撤诉率达70.9%；受理各类执行案件3971件，办结388件，执结率97.7%，同比提高9.8个百分点，执结金额2960万元。

揭西县人民法院

▲6月27日到30日，揭西县法院在县职校举办中层领导干部计算机操作培训班。

2010年，揭西县法院深入贯彻落实科学发展观，自觉接受党的领导和人大、政协及社会各界的监督，以推进“社会矛盾化解、社会管理创新、公正廉洁执法”三项工作为重点，以优化发展环境、维护社会稳定为目标，坚持能动司法，坚持“为大局服务、为人民司法”工作主题，切实履行宪法和法律赋予的职责，狠抓审判和执行工作等各项工作，取得了新的成效。全年共受理各类案件3612件，办结3527件，同比分别上升9.8 %和11.5%，结案率达到97.7 %，解决涉案标的28738.8万元；未结85件，同比下降了32%。

惠来县人民法院

2010年，惠来县法院进一步深化“三个至上”指导思想，以深入开展“加速推进排头兵达标”竞赛活动为工作统揽，全力维护社会公平正义、能动服务大局，各项工作呈现出加速向好发展的态势。共受理各类案件3469件，结案3363件，结案率为96.9%；受理各类刑事案件155件，审结143件，结案率为92.3%，判处犯罪分子246人；受理各类民商事案件3133件，审结3045件，结案率为97.2%，解决诉讼标的776.23万元，民商事案件调解撤诉率达62.7%；受理各类执行案件178件，执结172件，实际执结率73.4%，执结标的总额1781.6万元。

▲4月13日，惠来县法院依法对一宗林业承包合同纠纷案件进行强制执行。

云浮市中级人民法院

2010年，云浮市法院深入贯彻落实科学发展观，紧紧围绕“为大局服务、为人民司法”工作主题，认真履行审判职责，切实加强队伍建设，稳步推进法院改革，不断夯实基层基础，各项工作取得新发展、新进步。全年全市法院受理各类案件10550件，办结10176件，结案率为96.45%，比2009年提高了0.56个百分点。未结案件374件，比2009年减少83件，同比下降18.16%。其中中级法院受理各类案件936件，办结903件，结案率为96.47%。案件质量、效率、效果均保持良好发展态势。

一、坚持服务大局，为实现经济社会又好又快发展提供司法保障

依法惩治犯罪，全力维护社会稳定。全市法院始终把维护社会稳定作为第一责任和首要任务，针对诉至法院的刑事案件增多的实际，认真贯彻执行宽严相济的刑事政策，全面发挥刑事审判职能。全年共受理各类刑事案件1046件，审结1019件，结案率为97.42%，判处犯罪分子1359人，无超期羁押现象。尤其在“打黑除恶”专项斗争中，对严重危害社会治安的暴力犯罪、黑恶势力犯罪、毒品犯罪和多发性财产犯罪，坚持该重判的坚决重判，应当适用死刑的坚决判处死刑。积极开展量刑规范化试点工作，规范法官自由裁量权，努力实现量刑的公正与平衡。认真落实社会治安综合治理各项措施，积极开展少年审判、减刑假释、法制宣传、参与社区矫正、提出司法建议等工作，不断拓展办案效果。

依法调处矛盾纠纷，促进经济发展与社会和谐。全市法院紧紧围绕市委提出的“积极推进双转移，努力实现跨越发展”的主线，全面加强民商事审判工作，依法调处社会矛盾。全年共受理各类民商事案件6163件，审结5947件，同比分别上升17.73%和17.07%，结案率为96.5%。全市法院一审民商事案件调解撤诉率达65.35%，在上一年调解结案数超过判决结案数的基础上，又提高了3.02个百分点。2010年全市法院民商事案件上诉发改率为4.21%，同比降低了1.77个百分点。

推行新审判机制，促行政机关与行政相对人和谐解决争议。2010年全市法院共受理各类行政案件143件，审结140件，结案率为97.9%，比2009年提高0.34个百分点。在行政审判工作中，积极推进审判方式改革，探索试行行政审判和解机制，引导当事人以合法、理性、和谐的方式解决行政争议，营造行政机关与行政相对人之间的和谐关系。全年行政案件和解14件，和解率达17.72%，同比上升13.33%。

二、坚持司法为民，着力维护人民群众合法权益

着力解决涉诉信访突出问题。坚持以化解矛盾纠纷、维护人民权益、促进社会和谐为目标，积极采取院长接访、领导包案、挂牌督办、带案下访、公开听证等措施，妥善解决涉诉信访问题。全年共处理来信、来访481件（人）次，比2009年有了明显的下降，其中受理涉诉信访48件，信访投诉率为0.51%，比2009年的2.79%降低了2.28个百分点。亚运会期间，两级法院倾全力做好涉诉信访工作，省、市交办的38件信访积案全部在规定时限内办结，为实现“平安亚运”提供了有力的司法保障。

创新和完善便民利民举措。从立案、审判、执行、信访申诉、监督等方面，进一步完善司法为民措施。加强窗口建设，实行立案诉讼指导、风险告知、立案缴费“一站式”服务；推行接访首问负责制、立案释明制，热情、耐心解答当事人的法律咨询，免费为来访群众提供诉讼指引资料，依法告知和提示当事人诉讼风险，引导当事人理性诉讼；在农村和偏远地区积极推行预约立案、上门立案、巡回办案等便民措施；继续推行简易程序和速裁程序，不断提高审判效率，全市基层法院民事案件简易程序适用率达57.74%。

畅通民意沟通渠道。全市法院积极组织开展“百庭观摩”、“百场走访下基层”、“百案调解”等各项活动，全面加强与人大代表、政协委员的联络，自觉把法院工作置于人大监督之下。全年共邀请各级人大代表、政协委员470多人开展各类联络活动60余场次，有力地加强了人大代表对法院工作从面上到个案的监督。

加强司法救助工作。2010年，全市法院共对经济确有困难的当事人依法缓交、减交、免交诉讼费210多万元。为帮助生活特别困难的申请执行人，中院积极与财政、民政等部门协调建立了执行救助基金，制定了特困群体案件执行专项援助制度，市财政已拨付10万元作为启动资金，目前已对1名特困申请执行人进行了救助。

三、坚持固本强基，全面加强法院自身建设

全市法院大力加强队伍建设和基层基础建设，不断提高保障科学发展的能力和水平。2010年共有6个集体和10名干警受到省级以上表彰奖励。一是抓好队伍整体素质的提高。认真开展学习型法院建设，抓好干警学习培训工作；组织召开了刑事、民商事、信息宣传等专项会议，举办了全市法院刑事政策培训班、民商事审判业务培训班等。二是抓好党风廉政建设工作。深入开展司法作风暨反腐倡廉建设、“人民法官为人民”、纪律教育学习月活动等专项教育整改活动；在全市法院全面推行“一案双卡一抽查”制度，通过抽查案件，没有发现法官在办案过程中有违法违纪行为。三是开展形式多样的集体活动，活跃了全院干警文化生活，进一步增强了队伍的凝聚力和感染力。

▲10月14日，省高院党组书记、院长郑鄂一行视察并听取云浮中院工作汇报。

▲省高院党组书记、院长郑鄂（右一）一行在云浮中院院长陈铸谋（中）的陪同下视察中院立案窗口。

8月10日，云浮市委书记王蒙徽，市委副书记姚康等市领导来中级法院视察工作。

▲12月13日，云浮市市长黄强（中）带领市领导一行到云浮中院调研。

▲10月18日，云浮市市长黄强到中级法院视察立案窗口建设情况，并与工作人员亲切握手。

云城区人民法院

2010年，云城区法院牢固坚持“三个至上”重要指导思想和“三项硬要求”的工作思路，深入开展“加速推进排头兵进程”竞赛活动，各项工作不断取得新进步。一是坚持能动司法，充分发挥审判执行职能作用。全年共受理各类案件1706件，审结各类案件1575件，结案率达92.32%。执结标的额达3276.16万元，执行标的额实际到位率77.38%。二是切实践行保障民生，着力推进社会矛盾化解。贯彻“调解优先、调判结合”方针，构建诉调对接机制，开展“百案调解”、“百庭观摩”活动。减、缓、免诉讼费10.15万元，调撤率达54.58%。三是全面加强审判管理监督，努力争当全市法院排头兵。结案均衡度、行政案件和解撤诉率、非监禁刑适用率、实际执结率等四项指标在全市名列前茅。四是全面加强法院自身建设，着力提升法院整体形象。完成审判综合大楼的装修，开通三、四级专网和视频会议系统，全面运行“广东省法院综合业务系统”。2010年，云城区法院被区委、区政府评为文明单位，刑事审判庭被云浮中院记集体三等功，1名人民陪审员被评为“全省人民陪审员调解工作先进个人”，2名干警被云浮中院记个人三等功。

▲“双到扶贫”工作中，云浮中院院长陈铸谋深入到贫困户家中走访，了解贫困户的生产生活情况。

▲10月20日，云浮中院邀请人大代表参与案件调解。

▲11月18日，云城区委书记、区人大常委会主任肖向荣到区法院调研。

▲6月24日，云浮中级法院邀请部分省、市人大代表旁听行政案件的庭审。

罗定市人民法院

2010年，罗定市法院坚持以“三个至上”为指导思想和“为大局服务、为人民司法”工作主题，深入推进“三项重点工作”，积极履行宪法和法律赋予的职责，共受理各类案件3413件，办结3305件，解决诉讼标的金额9572.79万元。审结刑事案件289件，判处各类犯罪分子433人；审结民商事案件1984件，其中以调解或撤诉方式结案的1412件，调撤率高达71.43%，居云浮市两级法院首位；审结行政案件14件；开展“创建无执行积案法院”活动和“集中清理委托执行案件”专项活动，执结案件1018件，执行到位标的金额7486.61万元。年内，在云浮市基层法院年度综合考核中总分名列第一；被省委政法委和省高院评为“全省集中清理执行积案工作先进集体”、“全省法院调解工作先进集体”；1名法官被最高法院评为“全国法院办案标兵”，1个集体被省高院记予集体二等功，1名法官被省高院评为“全省优秀法官”和“全省调解能手”，另有2个集体和3名个人分别获省法院和云浮中院记功或表彰奖励。

▲罗定市法院获“全省集中清理积案工作先进集体”奖牌。

新兴县人民法院

2010年，新兴县法院按照“三个至上”的要求，继续以实现“三个提升”为目标，以“人民法官为人民”主题实践活动和“创先争优”活动为载体，积极开展审判和执行工作，法院各项工作和队伍建设均取得可喜的成绩，法院的整体形象和社会评价继续提升。通过在立案大厅设立“党员示范岗”、举办“法官论坛”和开展“农家开庭”等活动，不断深化法院文化建设，积极落实各项便民措施，不断提升服务质量，使队伍的整体素质和精神面貌继续明显改善。2010年，新兴县人民法院共收各类案件1738件，办结1741件（包含27件旧存案件）；解决诉讼标的金额8036.86万元，结案率为98.7%；民商事案件调撤率达到60.13%；上诉改判率仅为3.15%；上诉发回重审率仅为0.37%；信访投诉率仅为0.35%。所有案件均在法定审限内审结，结案率等多项办案指标优于省下达的目标任务。被省法院授予“警务规范化建设标兵单位”，被县评为政法工作先进单位；一个集体被记三等功，两名干警分别被授予二等功和三等功，是县的惩防体系建设示范点和党建工作示范点。

▲7月2日，新兴县法院举办“法官论坛”，进一步加强法院文化建设，提高法官的司法能力。

郁南县人民法院

2010年，郁南县法院在党委的正确领导下，以党的十七届四中、五中全会精神为指导，坚持公正、廉洁、为民的司法核心价值观，深入开展创先争优活动和排头兵达标竞赛活动，积极推进三项重点工作，深入开展排头兵达标竞赛活动，创新审判高效工作机制，充分利用办公信息化网络实行案件审判流程管理，审判执行各项工作取得了新进展，全年共办结案件1326件，较好地完成了以审判为中心的各项任务。同时发挥人民法院在加强社会建设、创新社会管理中的职能作用，积极参与县委组织的社会诚信体系建设，充分利用地方征信中心建设成果，通过数据信息共享，取得了审判工作与社会诚信体系建设“双赢”的良好成效，为维护社会稳定和经济发展，促进社会诚信体系建设创造了良好的和谐环境。

▲10月15日，郁南县法院派出巡回法庭到南江口镇深约村委对一起离婚纠纷进行开庭审理。

云安县人民法院

2010年，云安县法院坚持深入贯彻落实科学发展观，围绕“社会矛盾化解、社会管理创新、公正廉洁执法”三项重点工作，履行宪法和法律赋予的职责，能动司法，服务大局，各项工作取得新进展。全年共受理各类案件1372件，审执结1335件，同比分别上升14.7%、13%，结案率97%，解决诉讼标的额3490万元，执结标的总金额3667万元，法官人均结案167件，结案数最高者达203件。其中全院共受理各类民商事案件914件，同比上升56%，审结879件，同比上升53%，调解撤诉率达到67%，解决诉讼标的额3490万元；受理刑事案件61件，审结61件，结案率100%，惩处犯罪分子112人，无超期羁押、超审限案件，保持了刑事案件连续十三年无一错案的良好成绩；执结新收案件389件，标的额3667万元，执结率达97%。

2010年，我院先后被县委、县政府评为科学发展好班子、维稳及综治工作先进集体，在法院系统排头兵达标竞赛活动中综合得分排名全市第一，石城法庭被广东省高级人民法院评为全省法院调解工作先进集体，执行局被云浮市中级人民法院记集体三等功，5名干警分别受到上级法院和县委、县政府的记功或表彰奖励。

▲9月1日，云安县法院先派法官到南乡小学为全校师生上了一堂法制安全教育讲座。

广州海事法院

2010年，广州海事法院在省委的领导下，在市人大和上级法院的监督、指导和支持下，认真落实科学发展观，坚持“为大局服务，为人民司法”的指导思想，增强司法能动性，依法履行审判职能，有力地促进了审判、执行工作的开展。全年共受理案件1585件，办结1404件，结案率88.58%，比上年提高2.48个百分点；结案诉讼标的金额31.67亿元，比上年增长1.08倍；执结案件283件，执结率95.93%，比上年提高10.74个百分点，其中执行到位金额7.72亿元，实际执行到位率达83.15%，在全省法院名列前茅，各项工作取得了新进展。

一、全面实施精品战略，促进审判公正、高效

一是明确工作目标。制定实施精品战略的意见，提出了“适用程序严格规范、实体处理务必正确、裁判文书多出精品、审判业务水平高”的总体目标，并建立了相配套的工作制度。二是突出抓好审判效率、质量。把实施精品战略与省高级人民法院组织的深入推进争当法院工作排头兵达标竞赛活动结合起来，以审判效率、审判质量、审判效果为重点，加强检查督促，审判效率、审判质量有了新的提高，与上年相比，结案率提高2.48个百分点；发改率下降6个百分点。三是突出抓好裁判文书制作。增强文书的分析说理性，并将已结案的裁判文书上网公开。四是突出抓好涉外案件审判。坚持公开公正、平等保护中外当事人的原则，严格执行诉讼程序，树立中国海事审判良好形象。

二、落实司法为民措施，提升司法服务水平

一是方便当事人诉讼。从立、审、执各个环节完善便民措施，对财产保全及扣押船舶实行二十四小时受理制度，对当事人的申请即时依法审查，快速保全、扣押。同时，深入海港渔村巡回开庭或者到船上开庭。二是促使当事人调解和好。建立由有关部门、人大代表、律师参与的多元调解工作机制。一年来，全院审结的案件中，调撤率达 65.13%，比上年提高8.7个百分点。三是努力兑现当事人债权。采取主动执行的新做法，在审判阶段征求当事人同意后，裁判文书一旦生效即进入执行，既节省了执行立案时间，又防止被执行人转移财产。在执行中，注重和解工作。四是积极实施司法救助。对于涉及弱势群体、关系民生的案件，积极实行司法救助。一年来，我院对135件案件实行诉讼费缓、减、免，金额达73万元。设立执行专项救助基金，有7名特困对象得到了救助。

三、加强审判工作管理，完善审判监督机制

一是提升审判流程管理水平。对办案的各项数据每月通报，做好办案数据分析，防止案件积压。二是完善审判质量评查机制。对办结的案件全面评查，尤其对上级法院改判、发回重审的案件逐件分析。三是实行办案指标量化管理。制定了岗位目标考核方案，对法官的收案数、结案数、改判率、调撤率等进行考核，作为奖励、评先、提拔的重要依据。四是自觉接受人大监督。同时，聘请一批具有法律知识又懂港航业务的人员担任人民陪审员，落实人民群众参与司法的权利。五是建立海事专家咨询机制。聘请了15名航海院校、港航企业、海洋渔业及船舶检验等领域具有高级职称的专家、学者担任我院咨询委员会成员，为法院审理案件中遇到的复杂疑难问题提供专业意见。

四、扎实推进队伍建设，努力提高干警素质

一是深入开展“创先争优”活动，发挥基层党支部战斗堡垒作用，团结和带领干警完成各项工作任务。二是抓好教育培训。先后开展了海事海商审判业务培训、执行业务培训、书记员业务培训、司法警察警示教育，提高干警业务素质。三是加强业务研讨交流。围绕当前海事审判的重大问题，先后举办了“水域污染公益诉讼国际研讨会”、“实施海事审判精品战略研讨会”，形成了一批质量较高的论文，在全国性的海事审判研讨会中多次获奖。四是推进廉政建设。认真学习廉政制度，加强对容易滋生腐败的重点岗位、重点工作的监督，实行“阳光审判”、“阳光执行”、“阳光评估拍卖”，严格执行政府采购招标，定期公布财务情况。

▲7月12日，标的达六个多亿的执行案，在执行人员的主持下，双方当事人和解结案，申请人向法院赠送锦旗。

◀4月9日，澳大利亚联邦法院法官应邀访问海事法院。

▲12月15日，广州市人大常委会主任张桂芳视察广州海事法院。

▲10月14日，广州海事法院海事专家咨询委员会成立。

▲5月13日，广州海事法院与中山大学法学院联合举办“水域污染公益诉讼国际研讨会”。

广州铁路运输中级法院

2010年，广铁中院牢固树立“三个至上”指导思想，紧密围绕“为大局服务、为人民司法”工作主题，以“人民法官为人民”主题实践活动为主线，以“排头兵达标竞赛”活动为载体，扎实推进三项重点工作，各项工作都有新发展。两级法院共新收各类案件782件，审理812件，审结804件，综合结案率为99%，同比上升2.5%。在全省排头兵达标竞赛中，上半年夺第一，全年居第二位。

一、突出维护社会稳定，为铁路建设创造良好环境

充分发挥刑事审判职能，坚决打击严重危害铁路运输安全和人民群众生命财产的犯罪活动，两级法院刑事一审收案同比下降5.7%。重点打击破坏高铁运输和严重危害铁路运输安全的重大犯罪，确保高铁运营安全。一年来共审理涉及高铁刑事案44件，对165人处以刑罚，有效遏制拆盗铁路设施设备的犯罪活动。贯彻“宽严相济”的刑事政策。针对审判实践中出现的问题，与公安、检察机关沟通、协调，召开联席会议，妥善解决。积极开展量刑规范化的调研和实践，建立了“以定量分析为主、定性分析为辅”的方法，取得了明显的成效。

二、突出社会矛盾化解，贯彻调解优先调判结合原则

开展“巡回审判、送法上门”活动，方便铁路沿线铁路职工群众诉讼，就地调解，用快捷方便的形式解决群众的法律难题。院领导带队到海南东环铁路、粤海公司、多元中心上门提供法律服务。最高院关于铁路运输人身损害赔偿的司法解释出台后，中院会同广铁集团安监室、企法处先后在广东、湖南举办了站段主管领导培训班，提高铁路安全管理水平。强化“注重调解、做强调解”的导向，开展“调解竞赛”活动，两级法院民事一审案件调撤率达83.96 %，同比上升了10个百分点。积极应对快速上升的铁路运输人身损害赔偿案，100%以调解方式结案。推动诉调对接，初步构建起了“2–3–4”架构，大调解格局初步显现。

三、突出司法便民利民，保障群众依法正当表达诉求

依法审查立案，法定期限内立案率和立案正确率达到100%。加强立案信访窗口建设，制定了《进一步加强“立案信访窗口”建设的实施细则》，窗口功能更加完备、规章制度更加健全，行为举止更加规范。全力加强信访维稳工作，认真做好涉亚运矛盾排查防控，对近年来可能存在隐患的涉诉信访进行排查，研究制订应急处理措施，实行由主管院长负责的层级处理机制，成立亚运期间涉诉信访突发事件处置工作领导小组，制定应急处置预案，实行了24小时值班制度，全年没有发生当事人进京上访和亚运期间到穗上访事件。

四、突出维护裁判权威，大力规范和创新执行工作

继续采取有效措施化解“执行难”，两级法院执结标的额达20.33亿元，执行到位12.33亿元，执结率为100%，实执率为87.3%，执行到位率为60.7%，执行和解率为30.16%。对指定案件进行了全面清理，清退积案896件。全国人大等多方关注的广东宏远公司执行案，经艰苦努力促成双方和解，确保了知名民企的可持续经营和社会稳定。全面推行主动执行制度，制定了《关于加强立案、审判与执行工作协调配合的若干规定（试行）》，对民事案件均进行主动执行告知，由执行局采取财产保全措施10件，主动执行案件7件，主动执行申请执行标的9580.4万元，到位标的612.09万元。

五、突出审判管理，促进办案质量、效率和效果统一

以“达标竞赛活动”为载体，以服务审判为中心，加强审判管理和信息化建设，在全国铁路两级法院审判管理研讨会上作了经验交流。以第一批运用省法院综合业务系统为契机，实现了精细管理、动态监控。在全省中级法院“排头兵达标竞赛”活动中，夺取了总分第二的好成绩。着力加强案件质量评查，制定了《案件质量评查工作实施细则》、《案件质量评查工作操作流程》、《案件质量评查内部通报》等制度，两级法院共组织对上年生效的497件进行了自评，随机抽查130宗案件。

六、突出公正、廉洁、为民的队伍建设

积极开展系列主题教育实践活动，不断巩固党风廉政建设成果，努力提升干警司法能力，举办了刑事法官宽严相济刑事政策培训班等多期专业培训，联合结对帮扶法院开展了第十五次审判调研活动。年度重点调研课题首次在全国法院评比中荣获三等奖、在全省法院获二等奖。坚持落实党风廉政建设责任制，厉行“五个严禁”，设立了廉政账户，建立了干警廉政档案、重大事项报告制度，持续开展了“廉政每月一课”讲座活动，参加省法院“公正、廉洁、为民”演讲比赛荣获第一名，实现了案子不出事、干警不掉队、形象不受损的目标。年中，省院党组成员、纪检组长贾永庆在实地视察湖南三家法院后对我们的队伍给予了充分肯定；年末，省高院司法巡查组对中院党组抓班子、带队伍的做法和成绩也给予了高度评价。

6月7至9日，省高院纪检组组长贾永庆一行到广铁中院辖区湖南三个基层法院调研检查指导工作。

3月3日，广铁中院召开两级法院反腐倡廉建设暨司法作风建设视频会议，部署两级法院反腐倡廉和司法作风建设工作。

8月16日，广铁中院召开两级法院院长工作会议，强力推进“排头兵达标竞赛活动”，借力加快法院信息化建设。

▲12月28日，广铁中院对深圳市金鹏停车场开展强制执行行动，快速执结民生纠纷。

▲5月19日，长沙铁路法院审理首例涉高铁犯罪案件，保障武广高铁运输安全。

▲12月28日，肇庆铁路法院李晓群院长担任审判长，利用休庭期间做调解工作。

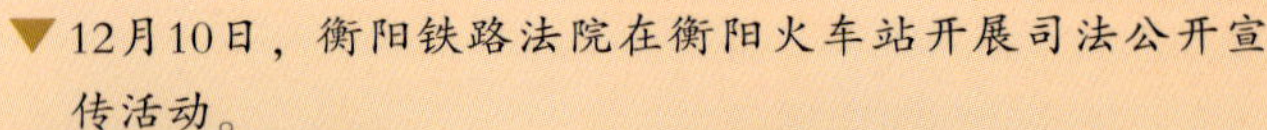

▼12月10日，衡阳铁路法院在衡阳火车站开展司法公开宣传活动。

▼7月7日，怀铁法院立案法官在立案大厅与参加两级立案工作现场会的同志一起交流工作经验。

▼8月13日，广铁中院受广铁集团之邀在铁路单位讲解最高院关于铁路运输人身损害赔偿司法解释。

◄9月28日，广铁中院选手获全省法院“公正、廉洁、为民”演讲比赛第一名。

►12月13至21日，广铁中院对五个基层法院当年审结的案件开展综合评查工作。

◄5月24日，广铁中院院长田凤云带队到海南东环铁路和粤海铁路开展专题调研法律服务。

全省各中级法院院长、基层法院院长名录

广州市中级人民法院　吴树坚

越秀区人民法院　郭英汉

海珠区人民法院　关锦新

荔湾区人民法院　何惠生

天河区人民法院　甘正培

白云区人民法院　何国雄

黄埔区人民法院　杨正明

花都区人民法院　贾志生

番禺区人民法院　莫家齐

南沙区人民法院　杨建成

萝岗区人民法院　叶三方

从化市人民法院　邬耀广

增城市人民法院　曾醒萍

深圳市中级人民法院　邓基联（2010年6月离任）

李华楠（2010年6月到任）

福田区人民法院　孙　同

罗湖区人民法院　丁建华

盐田区人民法院　邓琼南

南山区人民法院　龙光伟

宝安区人民法院　胡　鹰

龙岗区人民法院　黄常青

珠海市中级人民法院　万国营

香洲区人民法院　黄智江

金湾区人民法院　蔡美鸿

斗门区人民法院　贾和平

汕头市中级人民法院　林　平

金平区人民法院　卢文礼

龙湖区人民法院　胡克敏

澄海区人民法院　刘继青

濠江区人民法院　辛惠松

潮阳区人民法院　曾澄熙

潮南区人民法院　陈歌今

南澳县人民法院　刘育生

佛山市中级人民法院　陈陟云

禅城区人民法院　陈恩泽

南海区人民法院　李声让

顺德区人民法院　何树志

高明区人民法院　李少锋

三水区人民法院　郑道永

韶关市中级人民法院　刘曙光

浈江区人民法院　温桂新

武江区人民法院　杨乐华

曲江区人民法院　林　英

乐昌市人民法院　黄月成

南雄市人民法院　肖裕忠

仁化县人民法院　肖　海

始兴县人民法院　万宗成

翁源县人民法院　张少雄

新丰县人民法院　叶伟胜

乳源县人民法院　易志光

河源市中级人民法院　杨宗仁

源城区人民法院　李庆光

东源县人民法院　彭春文

和平县人民法院　何火源

龙川县人民法院　肖　明
紫金县人民法院　刘洪天
连平县人民法院　程平凡

梅州市中级人民法院　钟勇生
梅江区人民法院　徐　吨
兴宁市人民法院　张晓辉
梅县人民法院　邱忠强
平远县人民法院　郭广善
蕉岭县人民法院　陈小清
大埔县人民法院　叶仁基
丰顺县人民法院　王利珍
五华县人民法院　毛嘉鹏

惠州市中级人民法院　王海清
惠城区人民法院　陈伟华
惠阳区人民法院　李富国
惠东县人民法院　陈　密
博罗县人民法院　李龙飞
龙门县人民法院　江永良
大亚湾经济技术开发区人民法院　何　学

汕尾市中级人民法院　陈　孙
汕尾市城区人民法院　徐海茹
陆丰市人民法院　陈俊鹏
海丰县人民法院　范益堂
陆河县人民法院　沈伟育

东莞市中级人民法院　何碧霞
东莞市第一人民法院　陈　斯
东莞市第二人民法院　陈　葵
东莞市第三人民法院　罗念卫

中山市中级人民法院　潘　墀
中山市第一人民法院　严一林
中山市第二人民法院　黄深满

江门市中级人民法院　江基云
蓬江区人民法院　伍厚德
江海区人民法院　冼坚业
新会区人民法院　傅志坚
台山市人民法院　林其俊
开平市人民法院　冯惠祥
鹤山市人民法院　何煜培
恩平市人民法院　李敬华

阳江市中级人民法院　黄　雄
江城区人民法院　杨国开
阳春市人民法院　邓康成
阳东县人民法院　曹伟光
阳西县人民法院　陈建光

湛江市中级人民法院　敖广恩
赤坎区人民法院　陈　健
霞山区人民法院　陈晓东
麻章区人民法院　李　伟
坡头区人民法院　丁永平
雷州市人民法院　揭琦龙
廉江市人民法院　钟　广
吴川市人民法院　彭绍全
遂溪县人民法院　常志明
徐闻县人民法院　黄和敖
湛江经济技术开发区人民法院　陈康寿

茂名市中级人民法院　谭掌泉
茂南区人民法院　陈克铁
茂港区人民法院　郑明海
信宜市人民法院　梁旭有
高州市人民法院　李惠滨
化州市人民法院　谢琼进
电白县人民法院　黄兴南

肇庆市中级人民法院　伍建昌

端州区人民法院　傅新华

鼎湖区人民法院　刘伊君

四会市人民法院　李广培

高要市人民法院　李　坚

广宁县人民法院　邓成明

德庆县人民法院　黎朝晖

封开县人民法院　温伟东

怀集县人民法院　罗振明

清远市中级人民法院　黄炯猛

清城区人民法院　黄波泉

英德市人民法院　黄勇军

连州市人民法院　陈伟源

佛冈县人民法院　罗伟图

清新县人民法院　潘钢鸣

连山壮族瑶族自治县人民法院　颜伟强

连南瑶族自治县人民法院　黄昌伟

阳山县人民法院　刘永华

潮州市中级人民法院　陈文毓

湘桥区人民法院　谢保伟

潮安县人民法院　林　彤

饶平县人民法院　陈　佾

揭阳市中级人民法院　林仰平

榕城区人民法院　林育胜

普宁市人民法院　李文光

揭东县人民法院　刘文强

揭西县人民法院　李宁生

惠来县人民法院　相礼炳

云浮市中级人民法院　陈铸谋

云城区人民法院　方淑明

罗定市人民法院　林小柳

新兴县人民法院　岑义强

郁南县人民法院　黄志辉

云安县人民法院　陈启波

广州铁路运输中级法院　田凤云

广州铁路运输法院　高巨政

长沙铁路运输法院　孙世湘

怀化铁路运输法院　李旭明

长沙铁路衡阳运输法院　秦竹波

肇庆铁路运输法院　李晓群

广州海事法院　刘年夫

全省人民法庭名录

广州中院

白云区人民法院

第一中心人民法庭

第二中心人民法庭

黄埔区人民法院

长洲人民法庭

番禺区人民法院

大石人民法庭

石楼人民法庭

大岗人民法庭

大学城人民法庭

花都区人民法院

花东人民法庭

花山人民法庭

狮岭人民法庭

炭步人民法庭

南沙区人民法院

南沙人民法庭

万顷沙人民法庭

萝岗区人民法院

萝岗人民法庭

增城市人民法院

新塘人民法庭

中新人民法庭

石滩人民法庭

小楼人民法庭

从化市人民法院

太平人民法庭

鳌头人民法庭

吕田人民法庭

深圳中院

宝安区人民法院

西乡人民法庭

沙井人民法庭

龙华人民法庭

观澜人民法庭

松岗人民法庭

公明人民法庭

龙岗区人民法院

布吉人民法庭

坪山人民法庭

平湖人民法庭

横岗人民法庭

大鹏人民法庭

坑梓人民法庭

坪地人民法庭

南山区人民法院

蛇口人民法庭

西丽人民法庭

沙河人民法庭

粤海人民法庭

珠海中院

香洲区人民法院

南湾人民法庭

斗门区人民法院

五山人民法庭

横山人民法庭

汕头中院

金平区人民法院

鮀浦人民法庭

岐山人民法庭

龙湖区人民法院

下蓬人民法庭

外砂人民法庭

澄海区人民法院

凤东人民法庭

凤西人民法庭

莲下人民法庭

溪南人民法庭

东里人民法庭

隆都人民法庭

濠江区人民法院

河浦人民法庭

潮阳区人民法院

海门人民法庭

和平人民法庭

铜盂人民法庭

贵屿人民法庭

谷饶人民法庭

西胪人民法庭

关埠人民法庭

潮南区人民法院

陇田人民法庭

两英人民法庭

胪岗人民法庭

司马浦人民法庭

陈店人民法庭

南澳人民法院

云澳人民法庭

佛山中院

顺德区人民法院

大良人民法庭

容桂人民法庭

伦教人民法庭

北滘人民法庭

陈村人民法庭

乐从人民法庭

龙江人民法庭

勒流人民法庭

杏坛人民法庭

均安人民法庭

禅城区人民法院

南庄人民法庭

石湾人民法庭

祖庙人民法庭

南海区人民法院

桂城人民法庭

罗村人民法庭

九江人民法庭

西樵人民法庭

丹灶人民法庭

狮山人民法庭

大沥人民法庭

里水人民法庭

高明区人民法院

荷城人民法庭

明城人民法庭

更合人民法庭

杨和人民法庭

三水区人民法院

西南人民法庭

白坭人民法庭

乐平人民法庭

大塘人民法庭

韶关中院

乐昌人民法院

乐城人民法庭

坪石人民法庭

南雄人民法院

全安人民法庭

湖口人民法庭

乌迳人民法庭

曲江人民法院

乌石人民法庭

始兴人民法院

马市人民法庭

顿江人民法庭

司前人民法庭

翁源人民法院

官渡人民法庭

江尾人民法庭

武江人民法院

龙归人民法庭

仁化人民法院

董塘人民法庭

长江人民法庭

周田人民法庭

新丰人民法院

马头人民法庭

遥田人民法庭

乳源人民法院

大桥人民法庭

大布人民法庭

桂头人民法庭

浈江人民法院

犁市人民法庭

河源中院

东源县人民法院

灯塔人民法庭

蓝口人民法庭

连平县人民法院

隆街中心人民法庭

忠信中心人民法庭

和平县人民法院

彭寨人民法庭

下车人民法庭

龙川县人民法院

鹤市人民法庭

龙母人民法庭

车田人民法庭

麻布岗人民法庭

紫金县人民法院

龙窝人民法庭

蓝塘人民法庭

柏埔人民法庭

古竹人民法庭

梅州中院

梅县人民法院

松口人民法庭

丙村人民法庭

大坪人民法庭

畲江人民法庭

蕉岭人民法院

新铺人民法庭

蓝坊人民法庭

大埔人民法院

茶阳人民法庭

高陂人民法庭

枫朗人民法庭

丰顺人民法院

附城人民法庭

汤南人民法庭

丰良人民法庭

留隍人民法庭

五华人民法院

龙村人民法庭

长布人民法庭

华城人民法庭

河东人民法庭

安流人民法庭

兴宁人民法院

宁中人民法庭

龙田人民法庭

叶塘人民法庭
坭陂人民法庭
平远人民法院
东石人民法庭
仁居人民法庭

惠州中院

惠城区人民法院
陈江人民法庭
水口人民法庭
小金口人民法庭
惠阳区人民法院
秋长人民法庭
平潭人民法庭
博罗县人民法院
杨村人民法庭
龙溪人民法庭
园洲人民法庭
长宁人民法庭
石湾人民法庭
惠东县人民法院
多祝人民法庭
黄埠人民法庭
稔山人民法庭
龙门县人民法院
左潭人民法庭
平陵人民法庭
永汉人民法庭

汕尾中院

城区人民法院
田乾人民法庭
海丰人民法院
梅陇人民法庭
可塘人民法庭
公平人民法庭
后门人民法庭
陆丰人民法院
潭西人民法庭
博美人民法庭
大安人民法庭
甲子人民法庭
碣石人民法庭
南塘人民法庭
陆河人民法院
河口人民法庭
水唇人民法庭

东莞中院

第一人民法院
东城人民法庭
道滘人民法庭
石龙人民法庭
麻涌人民法庭
石排人民法庭
石碣人民法庭
松山湖人民法庭
南城人民法庭
寮步人民法庭
中堂人民法庭
第二人民法院
虎门人民法庭
厚街人民法庭
大朗人民法庭
大岭人民法庭
第三人民法院
清溪人民法庭
樟木头人民法庭
横沥人民法庭
常平人民法庭

中山中院

第一人民法院
沙溪人民法庭
张家边人民法庭
三乡人民法庭
坦洲人民法庭
第二人民法院
黄圃人民法庭
东凤人民法庭
古镇人民法庭

江门中院

蓬江区人民法院
杜阮人民法庭
棠下人民法庭
荷塘人民法庭
江海区人民法院
外海人民法庭
礼乐人民法庭
新会区人民法院
会城人民法庭
大泽人民法庭
双水人民法庭
崖门人民法庭
三江人民法庭
古井人民法庭
台山市人民法院
台城人民法庭
水步人民法庭
三合人民法庭
斗山人民法庭
广海人民法庭
海宴人民法庭
开平市人民法院
水口人民法庭
苍城人民法庭
马冈人民法庭
赤水人民法庭
赤坎人民法庭
恩平市人民法院
沙湖人民法庭
圣堂人民法庭
鹤山市人民法院
雅瑶人民法庭
龙口人民法庭
鹤城人民法庭
宅梧人民法庭

阳江中院

江城区人民法院
闸坡人民法庭
平冈人民法庭
阳春市人民法院
春城人民法庭
春湾人民法庭
合水人民法庭
潭水人民法庭
阳西县人民法院
溪头人民法庭
儒洞人民法庭
阳东县人民法院
合山人民法庭
东平人民法庭
塘坪人民法庭

湛江中院

坡头区人民法院
南三人民法庭
麻章区人民法院
湖光人民法庭
吴川市人民法院
覃巴人民法庭

塘缀人民法庭

黄坡人民法庭

长岐人民法庭

廉江市人民法院

安铺人民法庭

青平人民法庭

石岭人民法庭

塘蓬人民法庭

良垌人民法庭

遂溪县人民法院

城月人民法庭

北坡人民法庭

杨柑人民法庭

雷州市人民法院

唐家人民法庭

龙门人民法庭

雷高人民法庭

乌石人民法庭

徐闻县人民法院

海安人民法庭

迈陈人民法庭

曲界人民法庭

锦和人民法庭

开发区人民法院

硇洲人民法庭

东海人民法庭

茂名中院

茂南区人民法院

镇盛人民法庭

公馆人民法庭

茂港区人民法院

第一人民法庭

第二人民法庭

化州市人民法院

杨梅人民法庭

丽岗人民法庭

那务人民法庭

官桥人民法庭

合江人民法庭

信宜市人民法院

北界人民法庭

朱砂人民法庭

怀乡人民法庭

合水人民法庭

镇隆人民法庭

高州市人民法院

长坡人民法庭

新垌人民法庭

金山人民法庭

大井人民法庭

石板人民法庭

电白县人民法院

岭门人民法庭

电城人民法庭

博贺人民法庭

林头人民法庭

沙琅人民法庭

麻岗人民法庭

那霍人民法庭

肇庆中院

高要市人民法院

禄步人民法庭

新桥人民法庭

白土人民法庭

金利人民法庭

广宁县人民法院

新楼人民法庭

古水人民法庭

石涧人民法庭

江屯人民法庭

怀集县人民法院

凤岗人民法庭

梁村人民法庭

冷坑人民法庭

永固人民法庭

四会市人民法院

江谷人民法庭

大沙人民法庭

封开县人民法院

南丰人民法庭

渔涝人民法庭

鼎湖区人民法院

莲花人民法庭

德庆县人民法院

播植人民法庭

清远中院

城区人民法院

源潭人民法庭

横荷人民法庭

飞来峡人民法庭

清新人民法院

太平人民法庭

禾云人民法庭

石马人民法庭

浸潭人民法庭

阳山人民法院

岭背人民法庭

黎埠人民法庭

七拱人民法庭

佛冈人民法院

迳头人民法庭

汤塘人民法庭

英德人民法院

望埠人民法庭

大镇人民法庭

含光人民法庭

西牛人民法庭

九龙人民法庭

青塘人民法庭

连南人民法院

寨岗人民法庭

连州人民法院

星子人民法庭

东陂人民法庭

连山人民法院

永和人民法庭

小三江人民法庭

潮州中院

潮安人民法院

浮洋人民法庭

古巷人民法庭

磷溪人民法庭

文祠人民法庭

枫溪人民法庭

饶平县人民法院

钱东人民法庭

汫州人民法庭

三饶人民法庭

浮山人民法庭

所城人民法庭

饶洋人民法庭

揭阳中院

榕城区人民法院

东山人民法庭

渔湖人民法庭

仙桥人民法庭

揭东县人民法院

曲溪人民法庭

炮台人民法庭

新亨人民法庭

白塔人民法庭

揭西县人民法院

五云人民法庭

河婆人民法庭

京溪园人民法庭

金和人民法庭

棉湖人民法庭

钱坑人民法庭

惠来县人民法院

靖海人民法庭

神泉人民法庭

葵潭人民法庭

隆江人民法庭

大南山人民法庭

普宁市人民法院

占陇人民法庭

洪阳人民法庭

池尾人民法庭

里湖人民法庭

梅林人民法庭

大坪人民法庭

云浮中院

云城区人民法院

河口人民法庭

罗定市人民法院

罗镜人民法庭

船步人民法庭

泗纶人民法庭

苹塘人民法庭

新兴县人民法院

天堂人民法庭

稔村人民法庭

集成人民法庭

太平人民法庭

郁南县人民法院

连滩人民法庭

千官人民法庭

建城人民法庭

云安县人民法院

石城人民法庭

广州海事法院

深圳人民法庭

汕头人民法庭

湛江人民法庭

江门人民法庭